中國學術思想

研究輯刊

十 編

林 慶 彰 主編

第 23 冊

李二曲思想研究（上）

葉 守 桓 著

花木蘭文化出版社

國家圖書館出版品預行編目資料

李二曲思想研究（上）／葉守桓 著 — 初版 — 台北縣永和市：
花木蘭文化出版社，2010〔民 99〕
目 6+280 面；19×26 公分
（中國學術思想研究輯刊 十編；第 23 冊）
ISBN：978-986-254-352-8（精裝）
1.（清）李顒　2.學術思想
127.1　　　　　　　　　　　　　　　　　99016462

ISBN - 978-986-2543-52-8

9 789862 543528

中國學術思想研究輯刊
十 編　第二三冊　　　　　　　ISBN：978-986-254-352-8

李二曲思想研究（上）

作　　　者　葉守桓
主　　　編　林慶彰
總 編 輯　杜潔祥
出　　　版　花木蘭文化出版社
發 行 所　花木蘭文化出版社
發 行 人　高小娟
聯絡地址　台北縣永和市中正路五九五號七樓之三
　　　　　　電話：02-2923-1455／傳眞：02-2923-1452
網　　　址　http://www.huamulan.tw 信箱 sut81518@ms59.hinet.net
印　　　刷　普羅文化出版廣告事業
封面設計　劉開工作室
初　　　版　2010 年 9 月
定　　　價　十編 40 冊（精裝）新台幣 62,000 元

李二曲思想研究（上）

葉守桓　著

作者簡介

葉守桓，1969 年生，臺南人，東海大學中文研究所博士。曾任職育達技術學院應用中文系助理教授，現為國立臺中護理專科學校通識教育中心助理教授、東海大學中文系兼任助理教授。其研究領域為明代思想與心學部份。

提　　要

　　本論文主要是討論明末清初之大儒──李二曲之思想。其目的除對二曲思想之形成與發展有所釐清與說明外，並論述其在時代變遷中，對學術人心、政治社會問題之反省與檢討。

　　在討論方法上，本論文主要為一動態歷時性之考察，依二曲「早年為學的歷程」、「中年之教──體用全學的思想與經世實踐」、「晚年著述──《四書反身錄》之研究」等三個環節來做討論，論其思想的「形成與發展」、「成熟與定型」，以及「完成階段」等幾個階段。

　　從思想發展脈絡而言，二曲早年由程朱「道問之學」轉向「切己之學」，進而形成〈悔過自新說〉說的自得之論，此一切己悔過，亦是形成其「證悟」等「立德成己之學」的發展，此為二曲思想中的「形成與發展」。〈悔過自新說〉，實其思想理論之雛形，此一心性工夫，即成為其後來〈明體適用〉中「明體」之基礎。在「中年之教」中，二曲在〈悔過自新說〉的基礎中，開出一套涵蓋「內聖」之道德修養，與「外王」的社會實踐的〈明體適用〉思想。在此之中，二曲將「明體」中劃分為「明體中之明體」、「明體中之工夫」，調和陸王之本體、程朱之工夫，於是其心性論、修養工夫，即為全備而齊全；而有關治道、世道的經世之著的論述，如〈匡時要務〉、〈司牧寶鑑〉，亦闡明了二曲思想的外王層面，故「中年之教」，實其思想的「成熟與定型」，亦為其「立功成人之教」的發展。而「晚年著述」，則見二曲對學術思想與時代弊端之反省，以及其思想系統性的立說，故可曰其思想的「完成階段」，亦是其「立言羽翼聖賢之教」的發展。明此三期之發展與演變，實可見二曲思想動態發展之全貌與意義，亦可窺見其成己、成人成物等歷程。

　　總的來說，就思想史之發展來論二曲之特點、貢獻與限制。二曲對王學未流之修正，對程朱陸王之調和，對人性幽暗意識之重視，對道德實踐之落實，對道德節義之關注，對講學經世之實踐，對儒學經世精神之闡明，實為對明末清初之學術、宋明理學、王學有其積極之貢獻。這說明了，二曲個人之道德修養與心性工夫，實為宋明理學以來最為成熟之發展；二曲面對時代課題的回應上，在學術人心之弊等層面的反省，是有其深刻之見解的；但相對的，二曲過於重視「內省」之特點，實亦壓縮他對客觀問題之檢討，故在論經世致用層面，如政治制度與社會經濟之反省與批判上，二曲則是明顯不足的，這是二曲在面對時代之轉型與變遷下，具體所形成的貢獻與限制之處，亦是本論文對其研究所提出的結論與說明。

壹、緒　論

第一節　研究動機

　　從中國文化之發展方向整體而言，是以生命之學爲其特質的。牟宗三（字離中，1909～1995）就認爲：「中國文化在開端處的著眼點是在生命，由於重視生命、關心自己的生命，所以重德。」〔註1〕此說明生命的自我實現是以成德爲基礎的。而就此生命成德之學的特質，牟宗三就掘其要的指出：

> 中國哲學特重「主體性」（subjectivity）與「內在道德性」（inner-morality）。中國思想的三大主流，即儒釋道三教，都重主體性，然而只有儒思想這主流中的主流，把主體性復加以特殊之規定，而成爲「內在道德性」，即成爲道德的主體性。西方哲學剛剛相反，不重主體性，而重客體性。它大體是以「知識」爲中心而展開的。〔註2〕

重知識或重生命，此乃中西學問之異趣所在。「主體性」實意涵一「意志自由」之意義；「道德性」實爲行爲合乎一「合理性」與「理想性」。這說明了人性之全體，實應爲一合「主體性」與「道德性」的兼具之狀態〔註3〕。而剋就儒學來說，其目的在於以「成德」爲中心，由此展開的生命智慧、道德學問之修行，以達主體生命價值之貞定，與現實生命之安頓。故就其學說之本質特

〔註1〕見牟宗三著，《中國哲學十九講》（臺北：學生書局，民國80年12月），第三講，頁45。

〔註2〕見牟宗三著，《中國哲學的特質》（臺北：學生書局，民國79年10月），頁8。

〔註3〕見曾師昭旭著，〈自我意識與道德意識的衝突辯證〉，見氏著，《良心教與人文教——論儒學的宗教面相》（臺北：臺灣商務印書館，2003年8月），頁39。

徵，即是探討如何成德？成就道德心性價值的「生命之學問」。關於其義，牟宗三就指出：

> 生命的學問，可以從兩方面講：一是個人主觀方面的，一是客觀集團方面的。前者是個人修養之事，個人精神生活升進之事，如一切宗教之所講。後者是一切人文世界的事，如國家、政治、法律、經濟等方面的事，此也是生命上的事，生命之客觀表現方面的事。如照儒家「明明德」的學問講，這兩方面是溝通爲一的。個人主觀方面的修養，即個人的成德。而個人的成德是離不開家國天下的。依儒家的通義，沒有孤離的成德。因爲仁義的德性是不能單獨封在個人身上的。仁體一定要向外感通的。〔註4〕

這說明了「生命之學問」，其目的在於經由主體的道德修養與社會實踐，而達至「人文關懷」的感通潤物爲其「終極目標」。勞思光亦指出中國哲學作爲一整體看，其基本性格是「引導的哲學」。所謂「引導的」（orientative）的意義，即在由「自我的轉化」導向「世界的轉化」之過程〔註5〕。此皆爲中國哲學乃至儒學之精神特質所在。而具體來說，成德之學發展至宋明之際更後出轉精，其本體工夫修養與實踐則更爲細密。曾師昭旭就指出：

> 傳統的心性學（廣義的心性學包涵儒道佛三家）就是一種窮究價值之源（徹法源底）的學問。而且他所肯定的價值之源，就是人的自由無限心（良知、佛性、眞宰）這自由無限心的肯定當然不能只是理論言說，而更須在實踐或修行中體證（所謂逆覺體證，下學上達、當下即是）。〔註6〕

〔註4〕見牟宗三著，《生命的學問》（臺北：三民書局，民國59年9月），頁37。

〔註5〕見勞思光著，〈對於如何理解中國哲學之探討及建議〉一文，見氏著，《思辨錄——思光近作集》（臺北：東大圖書股份有限公司，民國85年1月），頁18～19。關於勞思光所謂的「自我之轉化」、「世界的轉化」之意義。吳有能就指出：「就轉化自我言，就是成聖成賢；就轉化世界言，就是所謂人文化成。前者即『工夫』，後者即『教化』。從價值自覺的覺醒到價值的充份實現，內歸一心，外達萬物，展現爲一通貫的道德秩序的建立，這一種自我是德性我，是德性我的作用使我們步步自求轉化，止於至善；這一種世界觀是積極肯定現世的世界觀，是求在世界中實現價值的一種世界觀。」見氏著，《百家出入心無礙——勞思光教授》（臺北：文史哲出版社，民國88年4月），頁71。

〔註6〕見曾師昭旭著，〈論宗教活動與宗教學〉，見氏著，《良心教與人文教——論儒學的宗教面相》，頁9。

這意謂著「生命的學問」，實突顯了「道德之自覺」與「道德修養工夫」等交兼而成的「心性本源之學」。此「心性本源之學」的特質，強調的是主體之修行與實踐，而非議論與言說的。亦惟有奠基於此心性本源工夫，方能對外展開主體的「人文教化」與「經世實踐」。這種「生命的學問」，重視道德心性本源工夫與修養，以及躬行實踐以爲經世致用之本，實亦清初大儒——李二曲之學的特質所在。

　　李顒（1627～1705），字中孚，陝西盩厔人，山之曲曰「盩」，水之曲曰「厔」，故學者稱之二曲先生（以下簡稱二曲）。二曲自幼苦學而成，《六經》、諸史百家、佛經、《道藏》、天文地理，無不博覽。顧炎武（字寧人，學者稱其亭林先生，1613～1682）即曰二曲之學乃「艱苦力學，無師而成。」〔註7〕之後因病靜坐而悟道，即對爲學之道有所轉變。自悟道後，二曲則講學於靖江、無錫、常州、武進、華陰、東林書院等處。康熙十二年癸丑（1673），二曲即應總督鄂善聘至「關中書院」執講，在此二曲即立下〈會約〉與〈學程〉，以爲講學之〈學規〉。此次講學「鼓蕩摩厲，士習丕變，論者謂其力破天荒，默維人紀，視馮少墟功尤鉅。」〔註8〕同年，二曲便爲鄂善會同阿撫軍以「地方隱逸」薦疏於朝，二曲三以疾辭，堅不應詔；此外，康熙十七年戊午（1678），兵部主政房廷禎亦以「海內眞儒」薦舉二曲，二曲亦絕食不就，這是二曲重視氣節與躬行實踐之處〔註9〕。之後，二曲則閉門謝世，潛心著述，著有《四書反身錄》一書。其相關著作經後人刊刻，稱之爲《二曲集》。今人陳俊民則將《四書反身錄》、《二曲集》與相關文獻加以合併與點校，亦稱《二曲集》〔註10〕。二曲在清初因其躬行實踐與經世講學之影響，與黃宗

〔註7〕見〔清〕顧炎武撰，《顧亭林詩文集》（臺北：漢京文化事業有限公司，民國73年3月），卷之六，頁134。

〔註8〕見李元春撰，《增定關學編》，收入於〔清〕吳懷清撰、陳俊民校編，《關中三李年譜》（臺北：允晨文化實業有限公司，民國81年），頁141～142。

〔註9〕《清史稿校注》於〈選舉四〉中即曰：「順、康間，海內大師宿儒，以名節相高。或廷臣交章論薦，疆吏備禮敦促，堅臥不起。如孫奇逢、李顒、黃宗羲輩，天子知不可致，爲歎息不置，僅命督、撫抄錄著書送京師。」參見趙爾巽等編著，《清史稿校注》（臺北：國史館，民國75年），卷一一六，志九十一，頁3197。此外〈儒林一〉中亦曰：「國初講學，如孫奇逢、李顒等，沿前明王、薛之派，陸隴其、王懋竑等，始專守朱子，辨僞得眞。高愈、應撝謙等，堅苦自持，不愧實踐。」見趙爾巽等編著，《清史稿校注》，卷四八七，列傳二六七，頁10967。

〔註10〕見〔清〕李顒撰、陳俊民點校，《二曲集》（北京：中華書局，1996年3月，

羲（字太沖，號南雷，學者稱之梨洲先生，1610～1695）、孫奇逢（字啓泰，
1584～1675）被時人稱之爲「清初三大儒」。全祖望（字紹衣，號謝山，學者
稱謝山先生，1705～1755）於〈二曲先生窆石文〉一文中就指出：

> 當是時，北方則孫先生夏峰，南方則黃先生梨洲，西方則先生，
> 時論以爲三大儒。然夏峰自明時已與楊、左諸公稱石交，其後高陽
> 相國折節致敬，易代之後，聲名益大；梨洲爲忠端之子，證人書
> 院之高弟，其後從亡海上，故嘗自言生平無責沈之恨，過泗之慼。
> 蓋其資格皆素高。先生起自孤根，上接關學六百年之統，寒餓清
> 苦之中，守道愈嚴，而耿光四出，無所憑藉，拔地倚天，尤爲莫
> 及。〔註11〕

全氏認爲二曲既無師友之證，又爲困苦之境，故其成就更尤爲不易。除此，
二曲倡理學於關中，與富平李因篤（字天生，又字子德，1633～？）、郿縣李
柏（字雪木，1624～1694）號稱「關中三李」〔註12〕。而二曲作爲關中學者，
更有其特殊之歷史地位。全祖望即言：「關學自橫渠而後，三原、涇野、少
墟，累作累替，至先生而復盛。」〔註13〕此乃以二曲上承關學六百年之統，
乃爲自宋之張載（字子厚，1020～1077）、明之馬理（字伯循，號溪田，1474
～1555）、呂涇野（呂柟，字仲木，號涇野，1479～1542）、馮少墟（馮從吾，
字仲好，號少墟，1556～1627）後，成爲弘揚關學之重要人物。

　　本論文主要是針對二曲思想作爲研究，關於思想史研究之法，西方學者史
華慈（Benjamin Schwartz）就明確指出：「思想史的中心課題就是人類對於他
們本身所處的『環境』（situation）的『意識反應』（conscious responses）。」
〔註14〕質言之，就思想理論之考察，本質上是脫離不了與當時歷史情境之互

　　《理學叢書》），以下簡稱《二曲集》。

〔註11〕見《二曲集》，附錄二，頁614。此外，今人論清初三大儒，實謂顧炎武、黃
宗羲、王夫之（字而農，號薑齋，學者稱船山先生，1619～1692），此名稱之
歷史變化與內在因由，可參何冠彪著，〈黃宗羲、顧炎武、王夫之之合稱清初三
大儒考——兼說清初四大儒及五大儒的成員〉一文，見氏著，《明清人物與著
述》（臺北：臺灣商務印書館，1996年12月），頁49～63。

〔註12〕見《清史稿校注·儒林一》載：「是時容城孫奇逢之學盛於北，餘姚黃宗羲之
學盛於南，與顋鼎足稱三大儒。晚年寓富平，關中儒者咸稱『三李』。三李者，
顋及富平李因篤、郿李柏也。」見〔清〕趙爾巽等編著，《清史稿校注》，卷
四八七，列傳二六七，頁10975。

〔註13〕見〈二曲先生窆石文〉，《二曲集》，附錄二，頁612。

〔註14〕見史華慈（Benjamin Schwartz）著，〈關於中國思想史的若干初步考察〉，收

動關係的。以二曲而言，實際上即是探討明末清初變局中，其時代之課題爲何？二曲對此又提出什麼解決之道？其理論之意義、貢獻爲何？其不足與限制又爲何？

　　對二曲思想之接近與觀察，其實是必須就其思想之背景，以及提出之理論作一深思與明辨的。二曲處於明末清初之際，此時乃爲一「天崩地裂」的大亂局，明清政權鼎革，滿清入主，明代宣告終結，每一個知識份子處此之際，必然的針對學術人心之弊、民族政治之危機，提出貞定世界之建言。首先，就民族危機而言，二曲未如顧炎武、黃宗羲、王船山等人一般，有其反清復明之志與經歷，二曲一生孤窮自立，雖未有明顯的政治抗爭之活動，但二曲一生不入公門，重視道德節義，屢薦而不仕清廷，晚年更以隱居以全其志，實亦展現個人之道德與節操。其次，從晚明至清初的學術變遷發展來說，陽明（王守仁，字伯安，世稱陽明先生，1472～1528）末學鳩合三教，空談心性，自東林諸子到劉蕺山、乃至清初諸儒無不對此有其批評與針砭。如明儒顧憲成（字叔時，別號涇陽，1550～1612）即「深慮近世學者，樂趨便易，冒認自然，故于不思不勉，當下即是，皆令究其源頭，果是性命上透得來否？勘其關頭，果是境界上打得過否？而于陽明無善無惡一語，辨難不遺餘力，以爲壞天下教法，自斯言始。」〔註15〕又曰：「嘗言官輦轂，念頭不在君父上；官封疆，念頭不在百姓上；至於水間林下，三三兩兩，相與講求性命，切磨德義，念頭不在世道上，即有他美，君子不齒也。」〔註16〕此爲顧氏對陽明〈四句教〉義理所衍生之爭議，以及學術轉趨空談性命，而缺乏經世實踐的反省。劉蕺山（劉宗周，字起東，別號念臺，學者稱蕺山先生，1578～1645）亦言：「今天下爭言良知矣，及其弊也，猖狂者參之以情識，而一是皆良，超潔者蕩之以玄虛，而夷良于賊，亦用知者之過也。」〔註17〕此乃劉氏對陽明後學「玄虛而蕩，情識而肆」之弊的批評。清初大儒顧炎武亦批判指出：「不習六藝之文，不考百王之典，不綜當代之務，舉夫子論學論政之大端一切不問，而曰一貫，曰無言。以明心見性之空言，代修己治人之實

　　　　入於張永堂等譯，《中國思想與制度論集》（臺北：聯經出版事業公司，民國74年11月），頁3。

〔註15〕見〔清〕黃宗羲撰，《明儒學案下・東林學案一》，收入於《黃宗羲全集》（臺北：里仁書局，民國76年4月），第八冊，卷五十八，頁1377。

〔註16〕見〔清〕黃宗羲撰，《明儒學案下・東林學案一》，卷五十八，頁1377。

〔註17〕見〔清〕黃宗羲撰，《明儒學案下・蕺山學案》，卷六十二，頁1572。

學，股肱惰而萬事荒，爪牙亡而四國亂。」〔註18〕此亦顧氏論虛學而形成政治衰敗之說。

　　整體而言，陽明後學「空談心性」之弊，已然形成學術批判與修正之處〔註19〕；陽明之《朱子晚年定論》亦衍生程朱陸王學術之紛爭，而尋求經典之證實；另一方面，清初程朱官學，因政治化之目的，已走向「實用化」之目的，而喪失其學術生命的思辨與篤行；更因舉業之影響，而形成學術雜染功名利祿，造成了儒學經世致用思想有變質之趨〔註20〕；尤更甚者，自明末清初政權鼎革，人趨名務利而喪失節義與廉恥。此學術人心之失，自為思想家所必須面對之課題，亦為二曲所見所感，而欲力斥而扶正之所在。

　　二曲對於明末清初學術之看法與反省，其著眼點主要是從學術人心之面向作為建設之處。具體而言，二曲認為學術政治之衰敗，功利之弊病，歸根究柢來說，其主因在於儒學的異化所導致的，故其講學著述之目的，即在於如何重新建構儒學基本精神，與如何彰顯儒學之意義上作努力的，此為二曲對時代弊病的補偏救弊之處，亦是其學術特質之所在。二曲對儒學精神之揭示，主要透過其核心思想，如〈悔過自新說〉、〈明體適用〉說，與《四書反身錄》作為展現的。二曲論學術人心之弊是即學術即政治的，其目的在於透

〔註18〕見〈夫子之言性與天道〉條，見〔清〕顧炎武撰，《原抄本日知錄》，卷九，頁196。

〔註19〕唐君毅（1909～1978）即分析指出：「陽明之致良知之學，原重人之自反諸心，則人即可只求自反諸心以為學，而置天下事于不問。再如學王門江右之聶雙江、羅念菴之歸寂主靜者，更可自逸於山林枯槁；如學王門之王龍溪、羅近溪之當下見性者，亦可同乎流俗、合乎污世，而自謂皆不離聖賢之域。然此皆不可說為此諸人講學之本旨。偽者自偽，真者自真。諸人之講學，不任咎也。然此王學之致良知之論，更可有為人所假借者，則要在此致良知之論，乃教人自見其是非，而自是是非非。于是我自己之是非，可為他人所不得而非；而我又可自本其是非，以是非天下之人；以為此皆所以自致吾良知之是，此則可形成一如佛家所謂大我慢，既拒天下人之對我之是非，而更無忌憚；又可以我之是非，是非天下人，以自于自尊之位，即又成一大狂肆。此則其機甚微，而其害至大，為言良知之學者，最易陷入之大魔障。晚明王學之弊，蓋由於此。」這說明了立學興教，本即容易形成偽襲而有流弊，略於工夫直證本心，更直接導向束書不觀等空疏之學風。見氏著，《中國哲學原論：原教篇》（臺北：學生書局，民國73年2月），第十七章，頁442～443。

〔註20〕關於清初思想的演變與發展，可參張麗珠女士著，〈理學在清初的沒落過程〉一文，見氏著，《清代新義理學——傳統與現代的交會》（臺北：里仁書局，民國92年1月），第二章，頁53～82。

由學術人心的救正，藉以完成政治秩序化之過程。故就二曲思想之觀察上，可明顯的窺見，其途徑是以「道德實踐」作為入門之功，以「窮本究源」、「證悟本體」為其基礎，以「經世致用」為其宗旨目的的思想，是透由經世講學來昌明學術，由學術之昌明來指導政治的。是故，學術政治人心之弊，實為二曲須面臨之時代課題，而此學術政治人心之弊，乃源於儒學異化所致，故回歸儒學之精神實義，實為二曲心中解決此弊之不二法門。

　　如上所述，二曲是以〈悔過自新說〉、〈明體適用〉說與著《四書反身錄》作為解決學術人心之弊的，這是他經由儒學之觀念，藉以解決學術政治人心之危機。關於二曲之學。二曲在其〈悔過自新說〉中，即首重切己自省、反躬實踐，以為成德入學之門。清人鄭重於〈序〉中即指出：

> 盩厔李先生以理學倡關中，以躬行實踐為先務，自人倫日用、語默動靜，無一不軌於聖賢中正之說，而尤以「悔過自新」一語，為學者入德之門，建瓴挈綱，發矇起瞶。〔註21〕

此乃二曲繼承儒學經典之要義、宋明諸子之反省，以及個人體悟和世風之道德衰敗，而提出的立己之道。其論〈明體適用〉之學，即以心性體認與道德修養工夫為本，作為其經世致用、人文教化之基礎；此一學說實為解決儒學之弊、朱王之爭、三教之失，乃至科舉學術弊端等諸多問題之反思與重建。二曲弟子王心敬（字爾緝，1656～1738）〔註22〕於《二曲集·序》中即明確的指出：

> 聖學至明季而大明，實至明季而大晦。蓋自門戶之弊興，重悟者鮮實修，重修者罕實悟。鮮實修者，或以力行為徇迹。罕實悟者，或至以真知為騖空。東林雖當折衷調停，而持論過刻，至以深文鍛成姚江莫須有之罪，而沒其探本窮源不可掩之功，亦終無以服天下萬世公是公非之心，而消其不平之鳴。迄於今，朱、陸、薛、王之辨，紛紛盈座，而千裏同歸一致之理，遂不可復問。諸儒先補偏救弊之旨。亦遂齊、楚、秦、晉之分疆別域，而不可相藉，又甚者如吳越

〔註21〕見〈序跋〉，《二曲集》，附錄四，頁705。

〔註22〕據《清史稿校注·儒林一》載：「王心敬，字爾緝，鄠縣人。乾隆元年，舉孝廉方正。心敬論學，以明、新、止至善為歸。謹嚴不逮其師，注經好為異論，而易說尤篤實。其言曰：『學易可以無大過矣，是孔子論易，切於人身，即可知四聖之本旨。』著有《豐川集》、《關學編》、《豐川易說》。」見趙爾巽等編著，《清史稿校注》，卷四八七，列傳二六七，頁10975～10976。

之大怨深冤、而終不可相能。一門之內，自尋矛盾，洪水猛獸之禍，不烈於是矣。其弊始於倡教者矯枉之過直，而其後遂中於人心世道，而不可卒解。二曲先生崛起道敝學湮之後，不由師傳，獨契聖真。居恆所以自治與所以教人，一洗從前執方拘曲之陋，而獨以《大學》「明新止善」之旨爲標準。其言曰：「有真知乃有實行，實行乃爲真知。有真本體乃有真工夫，有真工夫乃爲真本體。體用一源，天人無二。」信斯言也，博文約禮，天德王道，一以貫之。不惟世儒門戶之獄片言可折，即朱、陸、薛、王之學殊途同歸，百慮一致，不惟不悖，而反相爲用，並異同之形，亦可以不存，蓋自是而聖學始曾極歸極於孔孟矣。自昔論者謂朱子集諸儒之大成，王文成接孔孟之真傳，然皆不免於偏重之勢，以啓天下後世紛紛之爭。自先生出。而不爲含糊兩可之說。而數百年不決之訟，獨能悉泯於無形，以融諸一途，相攜而論，將所謂集諸儒之大成，接孔孟之真傳者，識者知其端有攸歸矣。〔註23〕

王氏對二曲之論雖有過多之贊譽，但相當程度的體現了二曲其學的特質所在。於此亦可窺見二曲針對王學末流學術之弊，以及程朱陸王等門派之爭所衍生之問題，而進行的功能性之互補，並以此建立學術周全普遍的「下學而上達」、「博文而約禮」之學的總體意向，藉以消弭程朱陸王其學之紛爭，以作爲學術人心之弊的對治與反省。其著《四書反身錄》，更認爲讀聖賢書者，當體之於身、驗之於行。全祖望即言：

> 所至講學，門人皆錄其語。而先生曰：「授受精微，不在乎書，要在自得而已。」故其巾箱所藏，惟取《反身錄》示學者。〔註24〕

這說明了，讀聖賢書乃以反身切己爲學，以自得爲目的，而非口說言談以爲資名求利之徑，這是二曲針對程朱官學形成後功利成風之弊，所提出的反思與解決之道。除此，二曲一生講學於世，以作爲其「講學經世之實踐」；更重要的，其以道德即事功，寧死不仕清廷，以爲風俗之教，終身恪守孝道與節義而不苟取，更爲「道德經世之典範」。故其人格思想之光輝，與實踐躬行之嚴謹，乃至節義之持守，實爲儒學「生命之學問」的真體真行之人。尤其於今儒學多已淪爲學院式的知識教育與研究，喪失人文關懷與道德實踐之時，

〔註23〕見〈序跋〉，《二曲集》，附錄四，頁711～712。

〔註24〕見〈二曲先生窆石文〉，《二曲集》，附錄二，頁614。

二曲其人其學更有其值得我們自省與效法之處。是故，選擇二曲作為研究對象，實有筆者主觀面之情感所在。而針對知識客觀化之研究來說。本論文之研究動機，實有數因，茲說明如下：

第一、傳統宋明理學之研究，多集中於陽明心學與程朱之學的論述，對於在明代時期開始，亦有其發展的「關學」一脈，大多缺乏重視與討論〔註25〕；其次，對於明末清初之研究，亦多集中於「清初三大儒」，即顧、黃、王三者之中，對於在歷史上被當時真正名之為「清初三大儒」，除黃宗羲外，如孫奇逢、李二曲之研究與討論上，相對的則明顯不足，這對於明末清初學術思想研究上，誠為一大缺口。此為本論文所欲研究之主因。

第二、在既有的研究上，無論在質量上，雖有若干精彩之論述，但可補足與論述之空間，實為甚大。以國內研究來說，多集中於二曲之本體思想、體用全學、明體適用說之中，雖掌握二曲思想之精義所在，但對於二曲其他觀念思想的研究與拓展，則明顯不足。大陸地區之研究，則側重於「關學」；此關學之研究，雖可見其學風之影響，但陷此框架，亦難見二曲之學的真諦與全貌。此為本論文所欲補足與調整之處。

第三、在既有的研究，如上所述，多集中側重於某些學說之中，對於二曲晚年之著——《四書反身錄》的論述，亦未能獨立作一專門之討論，以至其書僅僅成為本體思想、體用全學、明體適用等說的資料佐證。對於二曲晚年之著，既無法彰顯其著之特殊意義性，亦無法見其晚年學術思想的若干轉變。此為本論文所欲加強補充之處。

第四、在既有的研究上，雖亦注重學思歷程之轉變，但畢竟著墨不多，亦非深刻，實難以突顯二曲思想之形成與發展，其內在理論的演變，以及其對治之問題，實必須透由一思想動態之考察，方得以釐清。此為本論文所欲處理之研究態度與方法。

第五、在既有的研究上，對於二曲之研究，普遍帶有過高之推崇，無法彰顯二曲學術思想之正反評價。故本文除對思想動態之考察外，亦將針對二曲以學術人心之救正，而達其經世致用之意圖加以評論，以明其說是否能有

〔註25〕《陝西省‧西安府志（三）》，馮從吾〈本傳〉「按語」云：「按關學自橫渠、二張、藍田諸呂而後，明代最盛。」見〔清〕舒其紳等修、嚴長明等纂，《陝西省‧西安府志（三）》，收入於《中國方志叢書‧華北地方‧第二‧二號》（臺北：成文出版社，民國 58 年，清乾隆四十四年刊本），卷第三十六，頁1925。

效達其目的，並從傳統中國儒學發展的特點、貢獻與限制上予以定位。

基於上述之因素與說明，本論文《李二曲思想之研究》，在研究論述上，將採一動態學思歷程的研究方式。將李二曲思想之研究，劃分爲「早年爲學的歷程」、「中年之教——體用全學的思想與經世實踐」、「晚年著述——《四書反身錄》之研究」等三個環節作爲討論。此三個環節，非必然的是思想理論之轉變關鍵，但確能清楚而明確的彰顯二曲「成己立德之學」、「成人立功之事」、「羽翼經典立言之書」等三層面向，亦是二曲基礎核心理論與著述〈悔過自新說〉、〈明體適用〉說與著《四書反身錄》完成之階段。本文亦期許藉由此論述方式，對於二曲一生之學思歷程，能有明確之彰顯；對其思想理論的轉變，能有明確的說明；對其以學術之救正，而達其經世致用之貢獻與限制，能有客觀之評述。藉以完備二曲研究之一環，此即本論文所欲達成之目的所在。

第二節　歷來研究與討論

作爲明清之際的關中大儒李二曲，歷來無論大陸與國內之研究皆未能予以重視，故在討論與研究上仍爲不足。約略的說，大陸部份之研究，侯外廬（1903～1987）於五十年代所編著之《中國思想通史》、八十年代主編的《宋明理學史》，亦皆有專章討論二曲之思想。之後由陳鼓應、辛冠潔、葛榮晉主編的《明清實學簡史》一書，亦針對二曲實學思想有所探究。而 1996 年由陳俊明整理點校、中華書局排印的《二曲集》出版，爲研究李二曲之思想提供了更完整的資料。此外，同年便在李二曲故里陝西省西安市周至縣召開全國首屆「李二曲及明末清初學術思潮」研討會〔註 26〕，對李二曲的學術思想展開較全面的討論。之後，陝西地區之學者對二曲之研究就明顯的增加了。而國內部份，早期僅有陳秀蘭、許春雄在 1970 年、1975 年有碩士論文之研究，此後，惟有林繼平著力最深、研究成果亦最佳，並出版《李二曲研究》一書。單篇論文亦僅有劉滌凡、鍾彩鈞之作。直至 1990 年才有方慶雲碩士論文之研究，1999 年有楊自青碩士論文之研究、2002 年有許鶴齡的博士論文之研究。

〔註26〕相關討論，可參孫萌著，〈「李二曲及明末清初學術思潮」研討會綜述〉，《唐都學刊》第十三卷第二期，1997 年，頁 37～40。此文主要針對李二曲的思想特徵、學術宗旨、與關學之關係、二曲的「悔過自新」、「明體適用」思想、啓蒙思想、經世致用思想、理論貢獻、現代意義等議題作一綜述之說明。

　　釐清二曲學說思想之研究現況，進一步討論其研究之趨向。整體來說，對二曲之研究，本質上，按其屬別，可劃分為「學案」與「學術史」、「哲學思想史」以及「思想」等三大領域。在討論上本文亦針對若干研究有其檢討與反省。以下則依序論之：

一、「學案」與「學術史」之討論

　　關於「學案」之研究，清儒江藩（字子屏，號鄭堂，1761～1831）之《漢學師承記》與方東樹（字植之，1772～1851）之《漢學商兌》首開其例，均對二曲有所論述。江氏之書，實一傳記之載，論其學則曰：「以悔過自新為始基，靜坐觀心為入手。謂：『必靜坐乃能知過，知過乃能悔過，悔過乃能改過』，此顏子不遠復之功也。」〔註27〕對二曲之論，實為簡略。方氏之論則從二曲同姚江之弊而予以批評。其言二曲：「『明德』與『良知』無別，念意微起，『良知』即知其善與不善；知善即實行其善，知惡即實去其惡，不昧所知，心方自慊。」、「故孔孟之教，必從下學入手，故朱子（朱熹，字元晦，號晦庵、晦翁，後世簡稱朱子，1130～1200）所以苦爭之也。二曲〈學髓圖說〉與蕺山〈人極圖〉皆沿姚江之謬。」〔註28〕方氏認為二曲之學，實如同陸王頓門而缺克治之功，而異於孔門之教。〔註29〕

　　紀昀（字曉嵐，1724～1805）在《四庫全書總目提要》於《四書反身錄六卷續補一卷》論及二曲之說，則曰：「如《大學》格物之物，為身心意、知、國、家、天下之物，即『物有本末』之物。又謂『明德與良知無分別。念慮微起，良知即知善與不善。知善即實行其善，知惡即實去其惡。不昧所知，心方自慊』云云。其說皆仍本王守仁。」〔註30〕紀氏言二曲學出陽明，此論無誤，但以二曲論格物之處，則有問題。〔註31〕

〔註27〕見〔清〕江藩、方東樹撰，《漢學師承記（外二種）》（北京：三聯書店，1998年6月），卷上，頁190。

〔註28〕見〔清〕江藩、方東樹撰，《漢學師承記（外二種）》，卷中之上，頁286～287。

〔註29〕以二曲學同陽明，誠為無誤，但論二曲陽明缺克治之功，則無視二曲「悔過自新」與陽明「事上磨鍊」之學。程朱陸王之學本有其優缺，此論未必為實，二曲晚年亦重下學上達之工。

〔註30〕見《四書類存目》，〔清〕永瑢等撰，《合印四庫全書總目提要及四庫未收書目禁燬書目》（臺北：臺灣商務印書館，民國74年5月），卷三十七，頁45。

〔註31〕二曲論「格物」實非朱王「窮至事物之理」與「正己」之說，二曲格物之討論，可參下編《四書反身錄》之研究中關於「格物」之討論。

　　唐鑑（字栗生，號敬楷，又號鏡海，1778～1861）於所撰之《國朝學案小識》中之「翼道學案」，亦論及「盩厔李先生」〔註32〕。他指出：「先生學在反身，道在守約，功在悔過自新於人。」〔註33〕又曰：「門人所記『體用全學』，謂象山陽明之書爲斯道大原，程朱諸錄及康齋、敬軒等集可以盡下學之功，或者自反之初，亦有取於陸王之體乎，觀乎『六經皆我注腳』，爲象山之失；『滿街都是聖人』爲陽明之失，則其確宗程朱家法，亦大可知矣，所著《二曲集》、《四書反身錄》。」〔註34〕其論及二曲爲學之道與工夫，誠爲實論，但言二曲宗程朱家法，則有疑義。〔註35〕

　　徐世昌（字菊人，1855～1939）所撰之《清儒學案》，亦有「二曲學案」論二曲之學〔註36〕。他指出：「二曲以悔過自新爲入德之基，反身求己，言言歸於實踐，爲高談性命、標榜門戶者痛下鍼砭。論學雖兼取程朱，實以陸王爲主體。述二曲學案。」〔註37〕其書之後亦有論「二曲弟子」、「二曲交遊」、「二曲私淑」等相關文獻與撰述。

　　而楊向奎所著的《清儒學案新編一》中，亦有《二曲學案》論及二曲之學〔註38〕。楊氏著重論二曲本體工夫，以及經世之治的層面。而在論二曲之本體工夫調和朱王之說法。楊氏則指出「二曲實在沒有合朱王爲一，仍是援朱以入王，以王解朱而朱非朱。」〔註39〕亦即，楊氏認爲二曲之下學上達，

〔註32〕見〔清〕唐鑑撰，《國朝學案小識》，收入於《四部備要》（臺灣：中華書局，民國54年），卷四，頁3～4。

〔註33〕見〔清〕唐鑑撰，《國朝學案小識》，卷四，頁3。

〔註34〕見〔清〕唐鑑撰，《國朝學案小識》，卷四，頁4。

〔註35〕陳祖武於所著《中國學案史》中，即針對此書之門戶拘囿有所批評。他指出：「清初理學界，在順治及康熙初葉的二三十年間，主持一時學術壇坫風會者，實爲王學大儒。這便是以孫奇逢爲代表的北學，以李顒代表的關學和以黃宗羲爲代表的南學。而《清朝案小識》無視歷史實際，既以入清以後首倡『心宗』而黜孫奇逢於不錄，又強宗陸、王的李顒入程朱『翼道』者之列以張大門牆，於黃宗羲則貶入《經學學案》之中。如此編次，淆亂歷史，實不可取。」見氏著，《中國學案史》（臺北：文津出版，民國83年4月），第六章，頁237。則可見其書之失。徐世昌亦於《清儒學案》中批評唐氏之論。他指出：「唐氏於陸王之說，屏之甚嚴，故所論如是。」見〔清〕徐世昌等撰，《清儒學案》（臺北：國防研究院，民國56年10月），卷二十九，頁509。

〔註36〕見〔清〕徐世昌等撰，《清儒學案》（臺北：國防研究院，民國56年10月）。

〔註37〕見〔清〕徐世昌等撰，《清儒學案》，卷二十九，頁499。

〔註38〕見楊向奎著，《清儒學案新編一》（濟南：齊魯書社，1985年2月）。

〔註39〕見楊向奎著，《清儒學案新編一》，頁266。

所謂「格物」之學即是「致良知」，而非朱子之格物，故實非調和朱王，乃是「援朱入王而辟朱」。〔註40〕

至於「學術史」之研究，梁啓超（字卓如，號任公，又號飲冰室主人，1873～1929）於《中國近三百年學術史》中論及「陽明學派之餘波及其修正」亦對二曲有所討論〔註41〕。梁氏指出：「清初講學大師，中州有孫夏峰，關中有李二曲，東南則黃梨洲。三人皆聚集生徒，開堂講道，其形式與中晚明學者無別。所講之學，大端皆宗陽明，而各有所修正。」〔註42〕論二曲講學則曰：「他絕對不作性命理氣等等哲理談，一力徒切身逼拶，所以他的感化力入人甚深。他自已拔自疏微，所以他的學風，帶有平民的色彩。著有《觀感錄》一篇。」〔註43〕梁氏認為二曲乃極結實的王學家，其倔強堅苦的人格，實為「王學後勁」。而在《清代學術概論》中則曰：「其猶為舊學（理學）堅守殘壘效死勿去者，則有孫奇逢、李中孚、陸世儀等，而其學風已由已由明而漸返於宋。」〔註44〕又曰：「北人樸愨堅卓，故向力行方面發展。」〔註45〕大抵梁氏論二曲之學，並未觸及其思想內容，僅僅闡明其講學經世與平民思想而已，但對其實踐力行則頗有贊許。〔註46〕

而繼梁氏之著，錢穆（字賓四，1895～1990）於《中國近三百年學術史》中對二曲之討論，亦屬簡略。錢穆認為在論近代學術者當始於宋。他指出：「不知宋學，則無以平漢宋之是非。且言漢學淵源者，必溯諸晚明諸遺老。然其時如夏峰、梨洲、二曲、船山、桴亭、亭林、蒿奄、習齋，一世魁儒耆碩，靡不寢饋於宋學。」〔註47〕在論「東林氣節之實踐」時，則曰：「及於清初，

〔註40〕楊氏論二曲言「格物」，非朱子之「格物」，誠無疑義，但二曲論朱子之工夫，實乃重視其明體中之「居敬窮理」為主，亦即重視道德修養以及道德學習等下學之工夫，其言朱子乃「洙泗家法」，未有辟朱之舉。

〔註41〕見梁啓超著，《中國近三百年學術史附清代學術概論》（臺灣：里仁書局，民國84年2月）。

〔註42〕見梁啓超著，《中國近三百年學術史附清代學術概論》，頁61。

〔註43〕見梁啓超著，《中國近三百年學術史附清代學術概論》，頁65。

〔註44〕見梁啓超著，《清代學術概論》，頁9。

〔註45〕見梁啓超著，《清代學術概論》，頁27。

〔註46〕實確的說，二曲思想乃以陸王為本體、程朱為工夫，實欲對治王學末流之空疏學風之弊，而非返之宋學，其論明體適用，重視的是內聖外王之經世，實為晚明經世學風之影響與延續。

〔註47〕見錢穆著，《中國近三百年學術史上冊》（臺北：臺灣商務印書館，1996年7月），第一章，頁1。

如顧亭林之耿介，李二曲之堅卓，其人格之峻，操持之高，皆東林之嗣響也。」〔註48〕在言「東林遺響」時則曰：「余又考無錫東林道南一脈，自鼎革以來，尚綴不驟絕。主其事者有高彙旃世泰，乃景逸之從子也。一時大儒碩望，南方如太倉陸桴亭，北方如關中李二曲，皆來講學。而河北有容城孫夏峰，浙東有山陰劉蕺山，其學風所被，幾分中國，迹其先皆與東林顧、高聲氣相胖蠻，蓋亦聞東林之風而起者。即謂清初學風盡出東林，亦無不可。」〔註49〕錢氏論清初學術淵自宋學，而非如梁氏所言王學之反動，並直指東林對清初學風有其正面積極之影響。〔註50〕

1996 年劉蔚華、趙宗正所著《中國儒家學術思想史》一書，對二曲之討論，則從「悔過自新」與「明體適用」二說為主軸，此大抵把握二曲學術精神所在。但他認為「悔過自新」之說的認識基礎，「立足于儒學性善之論，宗本于陸王的心學思想。」〔註51〕在論述則稍有商榷之處。〔註52〕

1998 年苗潤田所著的《中國儒學史》，在「明清卷」中亦論及「李顒的『明體適用』之學」〔註53〕。此文主要亦從「悔過自新」與「明體適用」作為二曲論述主軸。並認為二曲「明體適用」思想，乃進一步深化「悔過自新」的心性學說，對儒學內聖外王有所發揮，也是對宋明理學的一種修正，對清初經世學風有其積極推動作用。

二、哲學、思想史之討論

關於哲學史、思想史之部份，歷來之研究多略而不論。就「思想史」部份，最早為 1958 年侯外廬主編的《中國思想通史》第五卷中，論十七世紀至

〔註48〕見錢穆著，《中國近三百年學術史上冊》，第一章，頁 19。

〔註49〕錢穆著，《中國近三百年學術史上冊》，第一章，頁 21～22。

〔註50〕錢穆將清初之學風與氣節與講學，皆盡出東林之說，實為一說。但以二曲而言，二曲曾與高彙旃世泰一同會講，其對顧高之學亦頗為推崇，而關中書院會約之訂立，亦針酌於東林書院會約。然嚴格的說，重氣節、重講學，對二曲更深切之影響，當來自關學中之馮從吾。馮氏論學重「辭受取予之不苟」，講學重視自家之檢點，而非訾議國政，這都是二曲推崇並實踐與效法之處。

〔註51〕見劉蔚華、趙宗正著，《中國儒家學術思想史》（山東：山東教育出版社，1996年 12 月），頁 1546～1555。

〔註52〕其論述之問題，在於將二曲悔過自新的修養論，等同於二曲本體思想之論述，真正確立二曲心學之思想，當從〈明體適用〉說來證成。

〔註53〕見苗潤田著，《中國儒學史》（廣東：廣東教育出版社，1998 年 6 月），頁 215～222。

十九世紀四十年代中國早期的啟蒙思想史中，言及「李顒的思想」〔註54〕。其書內容主要認為二曲在體用思想與性氣思想中，修正了傳統理學的二元論，而具有「調和論」的色彩，似與黃宗羲晚年的「工夫所至即其本體」之義相同。其次，則針對二曲所著之〈觀感錄〉，與其講學中所代表之平等與自由的觀念，乃是中國近代的啟蒙思想。〔註55〕

　　1982年韋政通所著的《中國思想史》，則在顧黃王之後，亦論及李顒之思想〔註56〕。其內容除對二曲整合陸王之學說、論及靈原與工夫外，另外亦側重於二曲「道德意志」與「聖賢人格」的特質加以陳述。他指出：「飢餓能困其身，卻不足以困其心，說明他是長期依賴著道德意志力在支撐，生死皆不足以動其心。人能把自的生命處理到這個地步，在困身與困心之周，必然經過長期的掙扎與磨鍊，他為人類自由意志的存在，留下鮮活的見證。」〔註57〕此乃從道德意志之層面來，突顯二曲之人格與實踐之精神。

　　而1983年朱葵菊所著《中國歷代思想史：清代卷》，則著有「李顒的『悔過自新』思想」〔註58〕。其內容主要扣緊〈悔過自新說〉、〈明體適用〉以及〈學髓〉三說加以申義。朱氏指出二曲的學術思想，是以〈悔過自新〉為宗旨，以倡道救世和「反身躬行」為特徵。

　　就「理學史」部份，1987年初版、1997年新版，由侯外廬、邱漢生、張豈之主編之《宋明理學史》，在第三編中「明末清初對理學的總結及理學的衰頹」中對李顒生平、著作與理學思想、理學史上的地位皆有所論述〔註59〕。此說主要從〈學髓〉之本體與工夫談起，並從「悔過自新」之修養論，乃至〈觀感錄〉、《四書反身錄》皆有所論及，乃早期二曲研究中最為全面之討論。

〔註54〕見侯外廬主編，《中國思想通史》（北京：人民出版社，1958年1月），頁289～300。

〔註55〕見侯外廬主編，《中國思想通史》，頁294。但二曲之本體工夫思想，本質上與黃宗羲「工夫所至即其本體」所論是有差異的。二曲雖重工夫，但強調的是識本為先，以工夫保任操存本體之觀點，而非如黃宗羲「工夫所至即其本體」之意涵。

〔註56〕見韋政通著，《中國思想史》（臺北：水牛出版社，民國81年9月），頁1383～1405。

〔註57〕見韋政通著，《中國思想史》，頁1387～1388。

〔註58〕見朱葵菊著，《中國歷代思想史：清代卷》（台北：臺灣學生書局，民國82年12月），頁292～316。

〔註59〕見侯外廬、邱漢生、張豈之主編，《宋明理學史下》（北京：人民出版社，1997年10月），頁823～853。

而對二曲思想之評價，他指出：「李顒的明體適用之學，悔過自新之學，囿於理學家的思想範圍，沒有什麼新意。雖然自成一家之言，其思想價值是不高的。但是其思想中的『同民之欲』觀點，其《觀感錄》中表章出身卑賤學者的觀點，其《四書反身錄》中，主張講學，主張集會結社的觀點，是十分寶貴的。由此，李顒思想就多少具有啟蒙思想的性格。」〔註60〕則可見其評價之取捨所在。〔註61〕

而「哲學史」部份，僅有1992年由王茂、蔣國保、余秉頤、陶清著等著之《清代哲學》中，在「清初北方心學的餘波」中，以「倡導理性獨立與精神自由的李顒」，針對二曲思想加以討論〔註62〕。此書所謂「倡導理性獨立與精神自由的李顒」，主要是從王學心靈主體之獨立理性，精神得到解放為詮釋。其結論並歸結至「李顒有一種對世俗的超越意識，對社會的游離態度，追求性靈，蔑視名教，和莊子超然物外的精神相通。」〔註63〕故「李顒的哲學是消極的，然而是可以理解的，它的理論出發點是『吾性體原無一物』的陽明心學（即是『無善無惡心之體』），而歸宿則是莊周的無對和兩忘。」〔註64〕而論及其經世部份則言，「李顒和其他王學學者，都是只重精神領域，而對解決修齊治平的物質手段（包括略政策），則采取不屑一顧的態度，這是王學的致命弱點。」〔註65〕這樣的結論，本質上是較為偏頗與不實的。〔註66〕

〔註60〕見侯外廬、邱漢生、張豈之主編，《宋明理學史下》，頁852。

〔註61〕此書乃在社會階級意識下品評二曲之學，自有不客觀之處。此外，此書初版之錯誤，乃將二曲之生平誤為（1627～1750），二曲生卒年實為（1627～1705）；此外，以〈學髓〉一說為雍正六年戊申（1728）所著，然實為康熙七年戊申（1668）所著，此類錯誤甚多，即不一一辨明。但在新版之書皆予以修正。

〔註62〕見王茂、蔣國保、余秉頤、陶清著，《清代哲學》（安徽：安徽人民出版社，1992年1月），頁449～462。

〔註63〕見王茂、蔣國保、余秉頤、陶清著，《清代哲學》，頁445。

〔註64〕見王茂、蔣國保、余秉頤、陶清著，《清代哲學》，頁445。

〔註65〕見王茂、蔣國保、余秉頤、陶清著，《清代哲學》，頁462。

〔註66〕關於此說之問題。首先，理學家所謂的心靈的逍遙並不礙其拯救，心靈的解脫無執與無滯，方能成就現實經驗界的至善。其次，二曲重視氣節與名教，雖有言及莊子之工夫，但此為三教對心靈境界一致性之追求，二曲對於社會人倫並非採取一游離之態度，而是透由講學以經世。第三、二曲雖為王學，然為王學之修正，其修正處正在於經世之注重，而非不屑一顧。傳統儒學重視有天德自有王道，以道德引導政治之態度。

三、「思想」之討論

關於二曲思想之研究，其研究取徑之管道較爲多元，有從其思想特徵——體用思維加以分析，並從其延展出「明體適用」思想、以及儒學之批判等分析，亦有從「關學」躬行之特色，與切實有用之「實學」角度作爲切入的。除此，《四書反身錄》之部份、經世講學教育部份，乃至修養論知識論皆有所論及。本文在此即予以分類加再依序陳述。

（一）哲學思想部份

對二曲思想之研究，最早爲許春雄於 1970 年完成的《李二曲研究》之碩士論文〔註67〕。其後並發表於《臺北商專學報》第一期與第二期。此文乃從二曲傳略、學術概述、《四書反身錄》之精神、著述考、師友記等作探討，但此書整理資料居多，對其思想之論述則明顯不足。〔註68〕

此外，王壽南主編的《中國歷代思想家》第七冊，亦有由王孺松執筆的「李顒」之單元〔註69〕。此書主要討論二曲〈悔過自新說〉、實踐省察之法，以及教育觀等論述。〔註70〕

而國內對李二曲思想研究最多、著力最深的，即爲林繼平於 1980 年初版的《李二曲研究》一書〔註71〕。此書最早發表於各大雜誌，最後集結成書，誠爲對李二曲思想研究極有貢獻之作。此書之章節寫作乃「明末清初學」論起，以明時代學術變遷與發展；接續從二曲生平、志抱與著作，與成學的全部經歷，以明其學之形成與轉變。此外，則著重從「本體的來源、意義與內涵」加以說明，並從程朱陸王之學說論二曲「本體的認識及知識主體之建立」。最後，則從「人文思想」以及「文化哲學」，以明二曲的「人文思想」、「政治思想」、「教育思想」等。整體而言，林氏認爲從「縱切面」而言，二曲的爲學經歷之疏證，如「明性見道」、「虛明寂定」、「經綸參贊」、「無聲無臭」，可以揭露宋明哲理學的秘奧，以了解其深度。從「橫斷面」而言，二曲對其思

〔註67〕見許春雄著，《李二曲研究》，國立政治大學中國文學研究所碩士論文，民國59年。

〔註68〕此書在「師友記」中，誤以馬稜土爲「二岑先生」，馬稜土乃馬二岑先生之子。其師友記主要是整理徐世昌《清儒學案》一書而成的。

〔註69〕見王壽南主編，《中國歷代思想家》（臺灣：臺灣商務印書館，民國67年）。

〔註70〕此書並非是對二曲思想之深入研究之書，討論上呈現散文式之寫法，並非嚴格之研究專書。

〔註71〕見林繼平著，《李二曲研究》（臺北：臺灣商務印書館，1999年9月）。

想核心——靈明本體的呈現，有其清晰之描述，並以其神妙之作用，與形下學結合，而展開其思想的廣度。故林氏認為宋明哲學之發展，應到二曲為一大結局。而就理論之貢獻與缺陷，在於二曲揭露「知體」之概念，實欲解決程朱、陸王之偏差，可惜誤認知體與道德主體同一來源，遂未能對形下學部份有其更充實、圓滿之發展。〔註72〕

鍾彩鈞於 1979 年、1980 年所發表的〈李二曲思想概說〉一文〔註73〕，則分別收入於《陝西文獻》與《孔孟月刊》中。鍾氏此文首先闡明二曲孤苦的出身與遺民之身份與氣質對其思想的關係。此身世形成了他重視內斂的道德實踐與氣節之特質。而就其思想概念而言，〈悔過自新說〉乃恢復本體之工夫，〈學髓〉乃了悟本原，確立道德實踐的基礎。最後就二曲思想的地位與限制。他認為二曲的體用全學給我們一個通觀理學的角度。「從明體類，我們可以看到兩大學派怎樣可以在道德實踐的觀點下統一起來；從適用類，我們可以糾正一些視理學家為腐儒的偏差概念，並認識到理學可能包涵發展的境界。」〔註74〕但整體上他指出對比顧、黃之學對政治、社會制度風俗提出意見而言，二曲之學尚差一著。而二曲太重道德實踐與致用，無法給純知識予以地位，自然無法啟發清代學術之發展，而成為舊時代之總結。

1993 年陳祖武有〈李二曲思想研究〉一文〔註75〕，此文之述大抵不脫之前對二曲思想之研究範圍，惟增加了對二曲《清史稿》中對〈本傳〉的辯證。既而澄清「抉齒離家」說不可信、「閉關謝客」說正誤、避地富平非晚年等幾層問題之考證。

1997 年對二曲思想之研究共有三篇文章。首先，劉學智著有〈心學義

〔註72〕此書對二曲「本體」之研究，實有其精彩之論述，對二曲學思發展亦有清楚、明確的說明。惟此書過於側重本體，對二曲工夫論述則稍有不足。其次，就文獻上對《四書反身錄》引用不足，未能對其晚期思想有所陳述。第三、對二曲之學缺乏反思而有過高之譽，則為此書之限制。最後，其論二曲知體之確立乃與道德主體同一來源，此說則可商榷。大抵上二曲論「德性之知」與「聞見之知」，亦循傳統道德知識來源之說法，未有所謂以認知主體「聞見之知」是與道德主體同一來源。只不過他認為須藉「聞見之知」以輔「德性之知」等鑑衡之意義，對程朱陸王之學亦有所修正。

〔註73〕見鍾彩鈞著，〈李二曲思想概說〉，《孔孟月刊》第十八卷第三期，1979 年 11 月。以及《陝西文獻》第四十一期，1980 年 4 月。

〔註74〕見鍾彩鈞著，〈李二曲思想概說〉，《孔孟月刊》，頁 19。

〔註75〕見陳祖武著，〈李二曲思想研究〉，《淡江史學》第五期，1993 年 6 月，頁 185 ～201。

趣，關學學風——李二曲思想特徵略析〉一文〔註 76〕。劉氏主要在釐清二曲之思想特徵所在，而駁斥二曲之學乃折衷朱王之學。他認爲要把握二曲思想的特徵，其關鍵是要辨明兩個問題。第一、是二曲之學與程朱、陸王之間關係；第二、是二曲之學與關學之關係。劉氏認爲，二曲之學并非如折衷朱、王，調和心學與理學的，而是立足陸王之心性本體，不遺程朱的「主敬窮理」工夫，其心學義趣脈絡井然。而就關學而言，二曲雖推重張載，但與其學說「氣本論」有其殊異，但與張載標示的切用務實、躬行實踐學風則一脈相承。

其次，趙馥潔所著的〈論李二曲建立價值主體的思想〉一文〔註 77〕。則從二曲「價值主體」作申義。趙氏認爲二曲所建立之主體，不是認識主體，也不僅僅爲道德主體，而是價值主體。所謂「價值主體」，就是崇高的社會價值和人生價值的承擔者、體現者和創造者。二曲深處道德不振、名心爲重、學風浮弊，即以其學術思想與實踐對社會、學術、政治問題有所承當與創造。

第三、孔令興所著的〈李二曲的思想及其現代價值〉一文〔註 78〕。則從二曲對人心之研究、認識與體悟所著的〈悔過自新〉說、〈明體適用〉思想，對于現代人缺乏道道德意識、功利成風有其重要價值。其論點在於二曲學說突顯了道德自律、突顯良知善性，專注內心修養與理性自覺，以及重視生命的終極價值之追求上，具有不可忽視的現代價值。〔註 79〕

同年陶清所著的《明遺民九大家哲學》一書，則有「李顒哲學思想研究」一章，對二曲思想有所討論〔註 80〕。陶氏對二曲之研究主要區分「悔過

〔註 76〕見劉學智著，〈心學義趣，關學學風——李二曲思想特徵略析〉，《孔子研究》第二期，1997 年，頁 99～114。

〔註 77〕見趙馥潔著，〈論李二曲建立價值主體的思想〉，《人文雜誌》第一期，1997年，頁 24～29。

〔註 78〕見孔令興著，〈李二曲的思想及其現代價值〉，《唐都學刊》第十三卷第四期，1997 年 4 月，頁 68～72。

〔註 79〕此文對二曲兼采朱王之因素，分析其因指出：「在清朝初年，八股取士，程朱一學依然是官方的意識型態，占有主流、正統地位，而王學卻在民間有著廣泛的傳播，在此情勢下，欲尊王學，若不兼采程朱，王學實難以立足。」（見孔令興著，〈李二曲的思想及其現代價值〉，頁 68）此對二曲兼采朱王之因素分析，實爲不確。二曲立足王學，兼采朱說，主要在於王學學風之浮弊因素，並非是針對官學意識型態而有所迎合的。

〔註 80〕見陶清著，《明遺民九大家哲學》（臺北：洪葉文化事業有限公司，1997 年 6

自新」說、「明體適用」思想，以及《四書反身錄》成書後的思想的差異。他認爲二曲早期針對王學末流之弊，以由博返約、下學而上達之學，建立了本體工夫的「明體適用」哲學思想體系。而自康熙二十五年（1683）《四書反身錄》的刊行，標誌著李顒哲學思想體系的確立。他指出：「李顒透過闡釋《四書》宗旨要義，以發明儒學本旨；反身而誠，建構了自己的哲學思想體系。李顒的哲學思想體系，以『性善本旨』、『本立用行』、『學以致用』、『由用達體』諸命題爲中介環節，以體用、本末合一並進邏輯關係爲支架，進而建構了自己的哲學思想體系的知識／價值理論內容和邏輯支架。」〔註81〕因此他認爲不能因二曲以體用思想爲邏輯支架，即將他學說規結爲「明體適用」之學。

1999 年則有李錦全所著的〈下學上達，坐言起行——兼論李二曲學術思想的歷史地位〉一文〔註82〕。此文只是約略的從二曲工夫實踐、實行與實學，以及經世致用等特點，指出二曲在明清之際的早期啓蒙思想史中，亦當占有一席之位。

2000 年鄭宗義著所著的《明清儒學轉型研究》一書〔註83〕。則從「心學系統之修正」作爲討論。其書主要扣緊宋明儒學的形上與形下之間的緊張，解析王學末流產生的道德與經世之間的問題，藉以闡明儒學「心學系統內的救正」、「心學系統外的救正」、以及「反宋明儒學思潮」等說，以釐清明清諸儒在面對此時代課題所形成的救正，作一哲學思想史之研究。在此書中鄭氏認爲二曲與孫夏峰即屬「心學系統內的救正」。其型態之特色爲，「他們都是通過自身的實踐不依門戶來契入心學系統，故面對王學空談心性的流弊，一方面較能守住自己有眞切體會的形上世界，不隨波逐流；另一方面學思的用力則首先落在如何保任、守住本心的工夫上。」〔註84〕整體而言，鄭文認爲二曲體用論重視體驗而缺乏分解之問題，故無法建立起比較客觀學說宗旨，而他那看似規模宏大的體用全學，亦只能靠他的身體力行來彰顯，結果自然

月），頁 279～340。

〔註81〕見陶清著，《明遺民九大家哲學》，頁 287。

〔註82〕見李錦全著，〈下學上達，坐言起行——兼論李二曲學術思想的歷史地位〉，《河北學刊》第五期，1999 年，頁 18～19。

〔註83〕見鄭宗義著，《明清儒學轉型研究——從劉蕺山到戴東原》（香港：中文大學出版社，2000 年），頁 103～109。

〔註84〕見鄭宗義著，《明清儒學轉型研究——從劉蕺山到戴東原》，頁 108。

是隨他踐履生命的結束而停止。

　　同年，謝揚舉所著的〈李二曲安身立命思想述評〉一文〔註85〕。主要從二曲心理之焦慮的需求與克服，來論述二曲之安身立命之學。其文指出二曲早年貧困與孝道之匱乏，形成其心理的巨大缺失與壓力，故著〈堊室感錄〉以明其不孝之罪。此內在之困境形成，二曲則藉由傳統學術中之性命哲學如心性論，開出內在超越之路。如「即心盡性明體」、「存理克欲」、「誠動乎鬼神」、「打通天人、升入天人合一之佳境」。此外，其中〈學髓〉中的「虛明寂定」的境界與靜坐之工夫中，即體現了精神平衡之自控與心理內在穩定過程，是二曲思想中「安身立命」最為重要的體現方法。

　　2001 年則有姜國柱著所著的〈李二曲的哲學思想〉一文〔註86〕。其文主要闡釋二曲的「靈原心體論」、「明體適用說」、「知行統一觀」三個層面。以說明二曲心性本體、內聖外王，以及實踐躬行之特點。

　　同年朱康有著有〈李二曲「心性實體」範疇論〉一文〔註87〕。朱文主要闡明二曲心性實體之特徵，具有「空虛性」、「光明性」、「寂定性」、「超時空性」、「超認識性」、「至善性」、「可實證性」、「統攝性」等特點。而這種心性體認之工夫是超悟言外、非聞見可得、往內而求的成己之學，由此心性之證悟，方能就立經世外王之事業。

（二）「體用思想」與「儒學」

　　由「體用思想」為開展之「明體適用」之說，為二曲思想之主旨。歷來研究二曲者思想對此皆有所論述。然關於專論其內容的，最早為 1994 年劉滌凡所著的〈李二曲體用思想發微〉一文〔註88〕。劉氏此文主要分別從「本體」、「適用」二說加以考定。前者從「本體」的名稱、意義、內涵特色，以及「內在修證工夫」與「外在讀書」兩種加以說明。「適用」部份，主要從經世到講學之轉變加以陳述。最後則從體用思想進一步論「明體適用」思想背景、名

〔註85〕見謝揚舉著，〈李二曲安身立命思想述評〉，《中國哲學史》第一期，2000 年，頁 123～128。

〔註86〕見姜國柱著，〈李二曲的哲學思想〉，《咸陽師範專科學校學報》第十六卷第一期，2001 年 2 月。

〔註87〕見朱康有著，〈李二曲「心性實體」範疇論〉，《中國哲學史》第二期，2001 年，頁 68～74。

〔註88〕見劉滌凡著，〈李二曲體用思想發微〉，《孔孟月刊》第三十二卷第六期，1994 年 2 月，頁 40～50。

稱定義與功效。劉氏認為從「明體適用」說「可以辨腐儒、霸儒」、「可以辨儒學、俗學」、「可以辨真、虛體用」、「可以辨博學、雜學」。其文總結認為朱王之體用，朱子缺乏形上之實證，陽明體用一源只是概說，直至二曲方將體用有一完整的調和與圓滿之解決。

　　楊自青於 1999 年完成的《李二曲「明體適用」思想的教育意義》碩士論文〔註 89〕。此文主要從二曲「明道存心以為體，經世宰物以為用」之要語形成的「明體適用」思想作為分析，進一步作為開啟現代教育理念與具體作法之進路。就內容之論述上，他認為二曲提出此說「明體適用」之動機與用義。在於只論明體，則修養工夫無所掛搭，談適用基本上即為明體之實踐處，進而避免走向心性修養的虛無或唯我是尊的極端中。就教育的意義而言，明體思想不外教人認清自家生命的價值與尊嚴，並進一步反省社會文化之改革。是故，明體乃為一「檢視生命中的墮落驅力與人生本原的究竟義，以及對治生命墮落驅力與回歸人生本原」之過程，而此修身進而形成「經世判準與實踐典範」。最後，則從二曲明體適用之說回歸現今，對當前教育從「學習之目的」、「施教的角度」、「學習者的角度」、「學習與升學之間」、「教育之意義」提出反省與批判。此一論文目的在藉由二曲思想之考察，對現今教育進行新的省思與超越。在研究態度與方法上，實為對二曲學研究的新發展。

　　而許鶴齡著於 2002 年完成的《李二曲「體用全學」之研究》之博士論文〔註 90〕，並於 2004 年出版成書〔註 91〕。則著重從二曲「體用全學」之角度，對二曲思想進行考察與研究。在論述上，其文先考察二曲學思歷程與思想淵源；接續，分別從「明體」與「適用」觀念作為開展，依續論及「明體中之明體」與「明體中之工夫」作為說明。之後則從「本體論」、「修養論」、「境界論」、「體用論」分別陳述。最後，則總結言及「體用全學」之特色與倫理、教育、政治之引伸。許氏認為二曲以體用範疇來處理明末學術不能經世而亡國的問題。以體用融攝程朱陸王之學本體工夫之學，並適切的處理兵法、農田、水利、行政、軍事等經濟之問題，實合道德經濟為一體，以實心實政，

〔註89〕見楊自青著，《李二曲「明體適用」思想的教育意義》，國立東華大學教育研究所碩士論文，民國 88 年。
〔註90〕見許鶴齡著，《李二曲「體用全學」之研究》，輔仁大學哲學研究所博士論文，民國 91 年。
〔註91〕見許鶴齡著，《李二曲「體用全學」之研究》（臺北：文史哲出版社，民國 93 年 8 月）。

期許儒者能學以致用，其內聖外王格局是恢宏的。許氏論文精準的掌握二曲學術之精髓所在，在討論與處理亦頗為詳細，是目前在二曲研究上，值得參考之作。

2003 年朱康友所著的〈論李二曲以「本體」為基礎的「適用」觀〉一文〔註 92〕。則在強調外王必基於內聖，王道必本之天德，用必基於體之觀點，來闡明二曲體用之思維與實踐之精義。而由此推展而出的體用之論述有三。首先，在「本體發用之表現」，即在強調道德本體與道德行為之關係。其次，則為道德與知識關係之配合，其目的在建立以道德為準則，知識專能配合的經世致用之實踐。第三、「本體發用之極詣」，就道德實踐與應世之目標，即為「體用兼該」、「體用互攝」、「體用一源」。就主觀心境而言，則為即用返體，不為世俗功業所累。朱氏此文詳細的討論二曲體用思維與實踐之特色。

此外，從二曲「體用全學」、「明體適用」之思想而延展出來的研究方向，即是從儒學的界義與對比中，進而闡明儒學真儒之特徵，以批判腐儒、霸儒與異端之論述。

首先，如 2002 年蔡德貴著所著的〈李二曲真儒論和儒學適用論〉一文〔註 93〕。此文主要從二曲對真儒、君子儒乃相對於應付儒、小人儒之觀念出發，指出二曲之真儒乃能明體適用、能夠重視道德修養、實行之工夫，以及經濟實用之學。

同年許鶴齡著，〈李二曲「體用全學」所展開之真儒典範〉一文〔註 94〕，則從二曲對儒之界說與時儒之反思與批判為開展，進而論結出二曲對儒之界義，進而建構出「全儒」、「真儒」之展現。而所謂「全儒」、「真儒」，即是「知行合一」、「德功合一」、「體用兼學」、「內外交養」、「本末一貫」，融知識、經濟、道德之實踐。

而朱康友〈論李二曲對儒學正統的辯護〉一文〔註 95〕。則側重於二曲如何對儒學正統的正面揭示與反面批判。前者乃從體用、工夫與本體角度，確

〔註92〕見朱康友著，〈論李二曲以「本體」為基礎的「適用」觀〉，《西安電子科技大學學報》第十三卷第三期，2003 年，頁 1～4。

〔註93〕見蔡德貴著，〈李二曲真儒論和儒學適用論〉，《西北大學學報》第三十二卷第一期，2002 年 2 月，頁 54～56。

〔註94〕見許鶴齡著，〈李二曲「體用全學」所展開之真儒典範〉，《東方人文學誌》第一卷第三期，2002 年 9 月，頁 81～110。

〔註95〕見朱康友著，〈論李二曲對儒學正統的辯護〉，《寶雞文理學院學報》第二十二卷第四期，2002 年 12 月，頁 23～27。

立儒學的內涵與外延，後者則從起心動念、知識聞見的爲人之學加以辨明。

　　而曾師春海在於 2004 年所著的〈對李二曲儒學觀的形成之考察〉一文〔註96〕。則從明清之際學術、政治、文化之困境因素，考察二曲何以提出「明體適用」之命題與界定儒學之意義，進而點明二曲提出理論的時代背景之問題，其文最後並從關學的淵源說明二曲理論之形成的關係，並總結其理論得失之檢討。此文乃一系列討論儒學意涵中，最值得參考之作。

（三）「關學」之研究

　　關於關學之研究，是作爲研究二曲最爲重要的詮釋方式之一。所謂「關學」定義爲何？本質上其概念最初爲一人文地理概念，泛指關中地區爲主。其後關學概念，從狹義被視爲張載創立之學派〔註97〕；從廣義泛指宋元明清以來關中地區的理學〔註98〕。或又指嚴格之定義，即「指此學者既是關中地區的人士，也專治關學或其學術思想兼具關學之特色。」〔註99〕大抵而言，關學之定義，學界上仍無共識，仍存有一定之複雜性。〔註100〕

　　對於以關學角度對二曲進行討論的，最早有陳秀蘭於 1975 年完成的《關學源流暨清初李二曲學派》之碩士論文。其文乃溯源於「關學」之淵源作爲起點，闡明由宋至清關學之發展演變，及對二曲之影響。其文認爲明代關學中呂涇野、馮少墟之「安貧改過」與「講學經世」思想對二曲有一定之啓發。接續，則從二曲生平學術、學派之考察、門人弟子、交遊考數章討論二曲。最後，則論二曲後清代年間關學之流變以爲總結。此文大抵釐清了廣義關學

〔註96〕見曾師春海著，〈對李二曲儒學觀的形成之考察〉，《哲學與文化》，頁 93～108。

〔註97〕見侯外廬、邱漢生、張豈之主編，《宋明理學史上》，頁 94。

〔註98〕陳俊民教授指出：「關學不是歷史上的『關中之學』，而是宋元明清時代關中的理學」、「關學不只是一個張載思想，它同理學思潮相關連，共始終，也有一個相對獨立的發展史。無論就外在形式，還是內在思想而論，張載→呂柟、馮從吾→李顒的演進，基本上反映了關學從北宋興起，經南宋衰落，明代中興，到明清之際終結的歷史過程。」見陳俊民著，《張載哲學與關學學派》（臺北：學生書局，民國 79 年 11 月），頁 5～6。顯然可見的，陳氏不認同侯外廬等之結論而將關學視爲張載之學派，並言到了南宋，關學作爲一個學派，已不復存在之結論。

〔註99〕見曾師春海著，〈對李二曲儒學觀的形成之考察〉，《哲學與文化》第三十一卷第八期，2004 年 8 月，頁 105。

〔註100〕相關討論可參吳有能著，〈陳俊民教授與關學論爭〉，《中國文哲研究通訊》第八卷第一期，1998 年，頁 135～150。

思想演變，有助於對關學變遷之了解。

　　此外對關學之論述，最爲重要的爲陳俊民對於關學的古籍校理、研究與討論。針對二曲之研究，陳俊民最早發表於1983年《論宋明理學》一書中，今收入於《中國哲學研究論集》中有〈「關學」思想流變〉一文〔註101〕，以及1985年《二曲集》之〈前言〉〔註102〕。此外即發表於1989年《河北師院學報》中〈李顒其人其學與其書——《二曲集點校整理弁言》〉，今亦收入《中國哲學研究論集》中〔註103〕。以及1990年出版的《張載哲學與關學學派》一書中，則從「關學思想源流論」、「關學形成發展論」來說明其對關學之研究〔註104〕。陳俊民數篇文章大抵內容論點一致，主要在闡明二曲受關學影響之特質，其內容主要爲，改革宋儒學風，提倡「經濟實學」，以及實修實證，達成「開物成務，康濟群生」之特質〔註105〕。並以其「悔過自新」說還原儒學，最後終結了關學。他認爲關學之歷史發展，實乃展現出獨特的「否定之否定」的辯證過程，他以關學實乃「躬行禮教爲本」的「崇儒」爲原則，此說至明呂柟、馮從吾雖依然保持「崇儒」之原則，揚棄了張載「融合」，而傾倒於朱王之學，而形成了「否定的環節」。而二曲則接受了張載之「融合」，而把理學還原爲儒學，最後拋棄了理學，也終結了「關學」〔註106〕。其說乃從關學之內在特質與外在思想之交互影響下，論述二曲在關學脈絡中的發展與定位。〔註107〕

〔註101〕見陳俊民著，《中國哲學研究論集》（臺北：臺灣商務印書館，1994年1月），頁95～113。

〔註102〕見《二曲集》，頁1～11。

〔註103〕見陳俊民著，《中國哲學研究論集》，頁137～152。

〔註104〕見陳俊民著，《張載哲學與關學學派》，頁3～65。

〔註105〕見陳俊民著，〈李顒其人其學與其書——《二曲集點校整理弁言》〉一文，收入氏著，《中國哲學研究論集》，頁144～145。

〔註106〕見陳俊民著，〈「關學」思想流變〉一文，收入氏著，《中國哲學研究論集》，頁113。

〔註107〕陳俊民對關學之研究，主要之問題呈現於「關學」之定義與詮釋之問題。而針對其問題之討論。首先，陳俊民獨以二曲早年修養工夫論——「悔過自新」說作爲二曲思想的定位，未能以證悟後〈學髓〉之說，乃至「明體適用」之學來定位二曲思想，實未能清楚彰顯二曲的思想特徵。其次，二曲誠有關學學風之影響，但更本質的，他的思想應屬於宋明理學下，程朱陸王學術流弊下的修整，此乃其立論講學之本意所在。第三、融合之說，實乃明末清初思想家之特質，未必純爲張載哲學之學風，二曲在「體用全學」之本體工夫中皆未論及張載，而「悔過自新」說，雖具原始儒學之特質，但其心性修養

　　而從關學「躬行禮教」、「氣節」作爲討論的，2001 年有年劉學智所著的〈關學宗風：躬行禮教，崇尙氣節——從關中三李談起〉一文〔註 108〕，其文主要以關中三李，二曲與李柏、李因篤承繼關學「躬行禮教，崇尙氣節」宗風作爲論述。同年趙吉惠〈關中三李與關學精神〉一文〔註 109〕。亦從廣義之關學的角度，論述關中三李堅持「經世致用」學風，回歸孔孟爲正宗，使關學走上了實學化道路，體現「剛毅厚樸」、「務實重禮」、「崇尙氣節」、「躬體力行」的關學精神。

（四）「實學」之研究

　　對於二曲研究，第二種重要之詮釋，即爲明清實學思朝之研究。關於「實學」爲何，誠如「關學」一樣，亦存在界定與爭議之處〔註 110〕。不過一般而

　　　工夫，實亦宋明理學家之特徵。故筆者認爲關學之論述，實當視爲一廣義的學風，而非內的思想特徵，二曲其學當置之於明末清初理學發展脈絡下來觀照與釐清，方能不遺關學，亦不囿於關學，而能究其全貌。這說明二曲雖爲關學之代表人物，但實然上，其思想理論仍爲宋明理學發展脈絡下之一環，若純以所謂「關學」角度來思考，實難以呈現二曲之思想特質，亦可能產生解釋的錯誤。是故，如吳有能提出的「關學心學化」之語（見於筆者之電訪與請益），或劉學智所謂「心學義趣，關學學風」（見劉學智著，〈心學義趣，關學學風——李二曲思想特徵略析〉），《孔子研究》第二期，1997 年）。實較能夠彰顯二曲思想之特徵。此外，以二曲爲關學爲終結，亦有學者提出疑義，如武占江即認爲關學至晚清劉古愚才宣告終結。見武占江、孟昭信著，〈關學、實學與心學〉，《西安電子科技大學學報》第九卷第四期，1999 年 12 月。

〔註 108〕見劉學智著，〈關學宗風：躬行禮教，崇尙氣節——從關中三李談起〉，《陝西師範大學繼續教育學報》第十八卷第二期，2001 年 6 月，頁 35～37。

〔註 109〕見趙吉惠著，〈關中三李與關學精神〉，《西北交通大學學報》第二十一卷第三期，2001 年 9 月，頁 77～80。

〔註 110〕如葛榮晉將實學界定爲「北宋以降的實體達用之學、明清實學是源于張載而又超越張載。趙吉惠提出爲確定實學的研究對象、實學概念的內涵外延，必須對實學給予確定位，把實學分爲『廣義』與『狹義』，廣義實泛指自先秦以來追求實際、重在致用的學向；狹義實學特指北宋至清末由張載奠定思想基礎，并堅持經世致用傳統、反對虛無玄理的文化息潮，是儒學發展演變的一種特殊理論形態。……。高晨陽認爲『實學』是一門以外王爲根本內容的實用性學問，源于儒的經世致用思想。」見石軍著，〈關學與實學研究的反思與突破〉，《孔子研究》第一期，2000 年，頁 124。羅熾於〈論中國實學範疇內涵的歷史演變〉一文中則指出：「『實學』本義爲切實有用之學。中國實學可溯諸漢代儒學以經學興起之時，然作爲概括一種學術本質特色的特指範疇，則始于北宋。宋儒視先秦孔孟儒學爲崇實黜虛，修己治人的實學。程、朱宣稱『惟理爲實』，學者泛觀博覽、格、致、正、誠，窮理、盡性，進而

言，其意義乃指相對於虛無之學的，而爲切實有用之學、「經世致用」之實學，在不同之際，實學範疇有其不同之界義與演變。

歷來關於二曲實學之研究，首以 1994 年陳鼓應、辛冠洁、葛榮晉等主編《明清實學簡史》中，由陳祖武執筆的「李顒的『明體適用』思想」〔註 111〕。陳祖武對二曲之討論，最早見之於其著，《清初學術思辨錄》一書中「李顒與關學」一章〔註 112〕，不過二篇討論，結論大致相同。陳祖武對二曲實學之論述，乃集中於「明體適用」學說中。他指出：「李顒把『悔過自新』同『康濟時艱』相溝通，賦予他的實學主張以積極的社會意義，從而將其實學思想推向了新的、更深刻的層次。所以我們說，『明體適用』說是李顒實學思想的成熟形態，是他的全部實學體系中最有價值的部分。」〔註 113〕而對於二曲實學的思想價值。陳氏指出：「其一，是他立足王學，會通朱陸，以『明體適用』學說和『道學即儒學』的主張，重倡儒學經世傳統，對宋明理學所做出的積極修正。其二，是他以『戒空談，敦實行』的務實學風，對明末的空疏學風和清初的章句之學猛烈鞭撻，李顒在這方面的努力，客觀上同清初批判理學的思潮合流，爲促進健實學風的形成，產生了積極的推動作用，從而使他站到了實學思潮的前列。」〔註 114〕

1988 年趙吉惠著所著的〈論李二曲堅持實學方向，重建清代儒學〉一文〔註 115〕。亦從「明體適用」之觀點來闡明。趙氏認爲李二曲實學的核心是「明體適用」是承繼顧炎武「明道救世」之警語，乃克服、糾正傳統空談心性、不務實際的致思方向和學風，而且恢復和重建了「經世致用」的傳學傳統。故認爲二曲實應繼明清之際三大家顧、黃、王三家後，稱之「明清之際四大

修、齊、治、平的功夫，就是聖門實學；陸王則宣稱『心即理』、『心學即實學』。明清之際，實學表現爲一股具有憂患意識、經世意識、批判意識、啓蒙和改良意識、實證科學意識和哲學唯物論意識的批判現實主義思潮。近代實學表現出了重振儒學經世傳統，救亡圖存、中體西用和趨時更新等新的理論特色。」見氏著，《湖北大學學報》第四期，1996 年，頁 1。

〔註 111〕見陳鼓應、辛冠洁、葛榮晉主編，《明清實學簡史》（北京：社會科學文獻出版社，1994 年 9 月），頁 619〜629。

〔註 112〕見陳祖武著，《清初學術思辨錄》（河北：中國社會科學出版社，1992 年 6 月），頁 152〜178。

〔註 113〕見陳鼓應、辛冠洁、葛榮晉主編，《明清實學簡史》，頁 626。

〔註 114〕見陳鼓應、辛冠洁、葛榮晉主編，《明清實學簡史》，頁 628。

〔註 115〕見趙吉惠著，〈論李二曲堅持實學方向，重建清代儒學〉，《開封大學學刊》第十二卷第四期，1998 年 12 月，頁 65〜70。

家」。〔註116〕

　　1998年龔杰所著的〈簡論實學家李顒〉一文〔註117〕，則從二曲思想三種層面加以申義。首先二曲發展了關學「不以類拘」的社會改革。此方面乃著重於二曲〈觀感錄〉中的平等思想，以及「集會結社」的講學意義來說明。其次，則從二曲發展了關學「學貴有用」的思想，提出了「經世宰物」的主張。此乃二曲戒空談、敦實行、重視農田水利建設與西方的自然科學知識為主。第三、則謂二曲發展了關學重視《四書》的思想，提出了「新而又新」的主張，此即二曲悔過自新的人格創造。他總結的指出：「如果把李顒視為關學家，那是脫離時代的發展和他本人思想的實際。他是一位深受關學影響的、具有近代啟蒙思想的實學學者，這才是他在歷史上應有的定位。」〔註118〕

　　2000年朱康友所著的〈李二曲心性實學發微〉一文〔註119〕。雖亦從「明體適用」的角度論證二曲之實學。但更強調的是「心性實學」層面的重要性。亦即，須有實修實證的內聖工夫，方有經綸參贊的外王之學，這是兼具體用、工夫本體之的修證以成就外王的過程。故朱氏認為，二曲之學術傾向實為「實學化的心學」或「心學實學化」。

（五）《四書反身錄》之部份

　　關於《四書反身錄》之研究，主要在早期二曲作品《四書反身錄》與《二曲集》均各自印行，而傳統之研究多偏重於《二曲集》，未能對《四書反身錄》一書，有其詳盡的研究與討論，故有針對其書作一專門性拓展與討論。

　　方慶雲於1990年所完成的《李二曲《四書反身錄》之研究》之碩士論文〔註120〕。方氏之寫作動機，乃有鑑二曲之作品《四書反身錄》與《二曲集》均各自印行，目前研究李二曲思想較為詳盡的，如林繼平的《李二曲研究》

〔註116〕此外，趙氏於文中提出「李二曲提出的『明體』，也就是顧炎武的『明道』。」（見趙吉惠著，〈論李二曲堅持實學方向，重建清代儒學〉，頁68）此說誠有爭議的。二曲言明體乃窮之於內，是一心性體認之學，顧氏之學乃重歷史制度之考察，反對心性之學與講學，二者是有差異的。

〔註117〕見龔杰著，〈簡論實學家李顒〉，《西北大學學報》第二十八卷第二期，1998年，頁29～32。

〔註118〕見龔杰著，〈簡論實學家李顒〉，頁32。

〔註119〕見朱康友著，〈李二曲心性實學發微〉，《晉陽學刊》第四期，2000年，頁30～36。

〔註120〕見方慶雲著，《李二曲《四書反身錄》之研究》，逢甲大學中國文學研究所碩士論文，民國79年。

一書，只以《二曲集》爲據，對《四書反身錄》只略爲引述，未能究其書之內容與思想。故以此爲題，以補林著之不足。其內容主要從「心性論」、「修養論」、「讀書論」、「政治論」下手研究，而認爲《四書反身錄》與《二曲集》二書各有詳略，互有補充，都是研究二曲不可或缺的珍貴資料。最後其總結的指出《四書反身錄》一書之價值與批評。方氏認爲其書，第一、闡發孔孟心性，有功於《四書》，第二、強調躬行實踐，有補於世。第三、提倡適用之學，內容較空泛。第四、墨守理學舊規，未能創新局。〔註121〕

　　1998 年則有趙吉惠所著的〈李二曲《四書反身錄》對傳統儒學的反省與闡釋〉一文〔註122〕。趙文主要認爲《四書反身錄》是李二曲發揮儒學內在精神的有體係、有理論深度之作，代表了李二曲的儒學、理學的獨到見解和學術方向。其論述上，主要從「儒學是一明體實用之學」、「儒學是修己之學」、「儒學是性命之學」等層面來作申義。最後其總結李二曲學術思想與現代價值爲：一、重實踐、重實用、反對空談的務實學風。二、強調道遭德自覺、修己自律、悔過自新的品德。三、安貧樂道，獨善其身，闡明正學的素養。四、剛直不阿的高尚入格。〔註123〕

（六）經世講學與教育思想部份

　　經世講學與教育思想部份，主要討論的是二曲經世講學歷程之實踐考察，以及二曲講學的內在理論之探討，並說明其教育思想之內容與方式。

　　以「經世思想」作爲討論的，則有姜國柱於 2000 年所著〈李二曲的淑世思想〉〔註124〕，以及同年林樂昌所著〈李二曲的經世觀念與講學實踐〉一文〔註125〕。姜氏之著主要從二曲思想中關於「仁政德治」、「修己愛民」之心等

〔註121〕此文對二曲思想之結論，大抵詳確。不過所論之四項要義，如「心性論」、「修養論」、「讀書論」、「政治論」，本質上二曲思想精義大多存於《二曲集》中，故應當「併而論之」。筆者認爲若單獨作《四書反身錄》之研究，應著重闡明二曲《四書學》之概念，或作《四書學》之詮釋與傳統詮釋的對比研究，比較能彰顯其意義所在。

〔註122〕見趙吉惠著，〈李二曲《四書反身錄》對傳統儒學的反省與闡釋〉，《中國哲學史》第一期，1998 年，頁 71〜80。

〔註123〕此文對傳統儒學的反省，實不夠深入，尤其未能側重傳統士人對《四書》閱讀之動機與「反身實踐」之問題。其所論仍無法突顯二曲對《四書反身錄》創作之內在動機與目的。

〔註124〕見姜國柱著，〈李二曲的淑世思想〉，《咸陽師範專科學校學報》第十五卷第五期，2000 年 10 月，頁 40〜45。

〔註125〕見林樂昌著，〈李二曲的經世觀念與講學實踐〉，《中國哲學史》第一期，2000

關學的淑世精神為討論，而就主體實踐上則闡明了二曲「身體力行」、「言行一致」的特質，進而體現了「學貴有用」、「內聖外王」的思想〔註126〕。而不同姜氏之切入點，林樂昌之著，從側重於二曲經世轉變之考察，並釐清了所謂「經世」之內涵。林氏認為經世當有三個層面，他涵蓋了政治制度、物質經濟與精神文化等。二曲之經世實透由講學完成了其精神文化的經世意義。其文並考察了二曲講學的歷程，以及講學的體用思想，他總結的指出，二曲體用思想是反對經世「非本體化」與「實用化」的道德教育，於今於時仍具有特殊的價值意義。這是二曲講學研究中，極有貢獻之作。

以「教育思想」作為討論的，1999年朱銀全則著有〈李二曲教育思想略述〉一文〔註127〕。其文之論述志在闡明二曲教育思想之內容與方式，其內容主要為「『悔過自新』為核心的道德自律思想」、「德育第一，兼收并蓄，兼學技能的原則」、「『明體適用』、『躬行實踐』教學思」等三層面來說明。其方式則為以「講學為手段，傳播其思想」作為其教育之實踐。

此外，從清初書院教育來討論二曲之講學教育，則有陳祖武於2002年所著的《清初學術思拾零》一書中，以「從關中、彰南二書院看清初的關學與北學」之單元〔註128〕，討論二曲之關學教育。陳氏之著主要從二曲與顏元各主的關中書院與彰南二書院為對比，討論其教育思想、教學內容及教學方式。此文指出關中書院，主要為講求理學之書院教育，其內容主要以〈悔過自新說〉為主，並立足王學，會通於朱陸之的學術主張。最後，陳氏總結的指出：「李顒的書院教育，走的是繼承明季講學遺風的路。不過，這種繼承又并非一成不變，而是在舊的軀殼中充實進新的歷史內容，對空談理學之風進行了積極的修正。」〔註129〕

2003年朱康有則著有〈論李二曲的文化教育思想體系〉一文〔註130〕。其

年，頁115～122。

〔註126〕此文之討論，本質上缺乏了二曲講學經世動態考察，未能彰顯二曲淑世實踐的展現。

〔註127〕見朱銀全著，〈李二曲教育思想略述〉，《西安石油學院學報》第四期，1999年，頁78～80。

〔註128〕見陳祖武著，《清初學術思拾零》（湖南：湖南人民出版社，2002年6月），頁91～105。

〔註129〕見陳祖武著，《清初學術思拾零》，頁99。

〔註130〕見朱康有著，〈論李二曲的文化教育思想體系〉，《陝西教育學院學報》第十九卷第四期，2003年11月，頁28～32。

文主要從一「歷時性」的考察，將二曲教育劃分三階段。分別以〈讀書次第〉經、史、文之青少年教育思想；中青年的教育思想則以「體用全學」、「明體適用」思想爲主；晚年則以「返觀默識、潛心性命」的「安身立命」之學爲原則。朱氏認爲就二曲的文化教育思想體係，乃以本體爲核心的文化思想型態。〔註 131〕

（七）「修養論」與「知識論」部份

「修養論」與「知識論」，乃傳統思想研究中偏於證成本體德性之知、心性本體之輔助工夫。傳統論「知識論」，多爲探討知識如何輔助成德所在。而「修養論」，則爲討論如何保任涵養本體之工夫。

對二曲修養論之研究歷來集中於「悔過自新」說部份。首先，1997 年黃釗所著的〈論李二曲「悔過自新」的德育教法及其現實價值〉一文〔註 132〕。主要從〈悔過自新〉說方法論之意義、思想淵源、與現實價值爲論述主軸。他指出就修養方法層面，〈悔過自新〉說乃爲日用常行之實踐、須從起心動念處下工夫，要切實做到愼獨，而此工夫乃一永無止盡之實踐歷程；就淵源層面來說，此說乃孟子求放心、朱子革欲復理之思想，以及陽明致良知說之融合。故其道德自省對今日道德之教育仍有其積極意義性。

2001 年孫萌所著的〈李二曲「悔過自新」的基本內涵〉一文〔註 133〕。則從二曲思想發展環節中來說明「悔過自新」說的意義。孫氏認爲〈悔過自新〉說乃入德之門、立人之本。故就二曲思想體係而言，〈悔過自新〉是〈明體適用〉之基礎，〈明體適用〉則是〈悔過自新〉的落實與指向。

而全面性論二曲之修養論，則有姜國柱於 2002 年所著的〈李二曲的人身修養論〉一文〔註 134〕。此文首以二曲之學乃是以成聖賢爲目標，故工夫著重於「自體自認正己正物」、「省察涵養悔過自新」方面。具體來說，「省察涵養

〔註 131〕此文對二曲教育劃分三階段之說，實可商榷。應該說〈讀書次第〉、〈體用全學〉乃爲學之本末，不宜以青少年、中青年爲別。而「返觀默識、潛心性命」的「安身立命」之學，乃二曲爲教學之基本原則，更非獨以晚年爲重。

〔註 132〕見黃釗著，〈論李二曲「悔過自新」的德育教法及其現實價值〉，《鄭州大學學報》第三十卷第二期，1997 年 3 月，頁 82～86。

〔註 133〕見孫萌，〈李二曲「悔過自新」的基本內涵〉，《蘭州大學學報》第二十九第三期，2001 年，頁 20～25。

〔註 134〕見姜國柱著，〈李二曲的人身修養論〉，《咸陽師範專科學校學報》第十五卷第四期，2002 年，頁 48～53。

悔過自新」內容涵括「涵養用敬」、「澄心返觀」、「自我檢點」、「常惺惺法」、「悔過自新」等方面之修養。

此外方慶雲於 1991 年所著的〈李二曲的讀書論〉一文〔註 135〕，則從二曲對傳統尊德性與道問學中之流弊中，論述二曲對此之看法。方氏指出二曲的「讀書論」，目的在於彰明道德本心，以求性命之學而非記憶學問。故其雖重讀書道問學，但其對「學」之理解，乃在於生命意義的學問，而非知識之學習。〔註 136〕

而從「知識論」作爲探討的，尚有勃韋士圖於 1996 年所著的《李顒與儒學知識論》一書〔註 137〕。相關討論可參王煜著，〈評：李顒與儒學知識論〉（〈Li Yong and Epistemological Dimensions of Confucian Philosophy〉，Anne D Birdwhistell 著）一文。〔註 138〕

綜上所述，對於清儒二曲之研究，大抵呈現幾層問題。首先，就研究之主題部份，〈悔過自新〉、〈明體適用〉等修養論與體用論，既有之研究較爲深入。至於二曲其他之學說如〈學髓〉、〈觀感錄〉、〈匡時要務〉乃至二曲經世講學之考察，《四書反身錄》之研究則相較缺乏。其次，討論上側重於心性論，略於修養工夫論上。第三、囿於關學之紛圍，對二曲思想特徵與學風，缺乏清楚而明確的釐清。第四、對於二曲實踐切己之學，亦未能突顯其意義所在。最後，對二曲學術思想缺乏反思，對其思想定位，亦呈現較爲紛雜之看法。

第三節　研究內容與方法

本論文「李二曲思想之研究」的「研究資料」，主要是以陳俊民點校之《二曲集》爲主。此《二曲集》共分四十六卷，並有附錄。本論文「李二曲思想

〔註 135〕見方慶雲著，〈李二曲的讀書論〉，《逢甲中文學報》，1991 年 11 月，頁 187 ～192。

〔註 136〕此文之論述缺乏二曲「體用全學」與「讀書次第」中所彰顯的知識對成德意義之探索，亦爲討論上較缺乏之處。

〔註 137〕見 Anne D Birdwhistell: Li Yong (1627~1705) and Epistemological Dimensions of Confucian Philosophy, Stanford, California, Standford University Press, 1996.

〔註 138〕見王煜著，〈評：李顒與儒學知識論〉（〈Li Yong and Epistemological Dimensions of Confucian Philosophy〉，Anne D Birdwhistell 著），《哲學雜誌》，1997 年。

之研究」之「研究內容」，主要是針對二曲思想作分析與討論。在討論上，本論文側重幾層方向。首先，對二曲思想之分析，乃作一思想之形成、發展與完成的「歷時性考察」，故論文分爲上、中、下三編，實有其思想的動態發展考察之意義存在。其次，除思想理論外，本論文亦兼具經世實踐之論述，以明二曲講學經世之層面。第三、本論文在討論上，亦參照儒學視域之討論，以明其學說之淵源發展與轉變所在。第四、本論文本質上，是將二曲置之於宋明理學之發展脈絡下予以論述，其研究之取徑並不從所謂的「關學」、「實學」作切入。其因在於所謂的「關學」，其學風宗旨與條件，實爲爭議之處，甚難作一清楚之定義與釐清。而從實際之層面來看，誠如吳有能所言的：「在《馮少墟集》、《二曲集》中，還保留很多關中學人向二先生問學的記錄，我們可以發現在大家談的問題中，問禮的並不多見，倒是有不少人時常討論陽明良知說，尤其是有關四無之旨，更是很多人討論的焦點。此外，亦有不少人討論朱子的問題。從這些現象，我們可以知道朱子學與陽明學畢竟影響極大，即使地處關中，學人仍然不免深受這兩大傳統所影響。如果我們要說關學發展的相對獨立性，我們似乎要明白這個獨立性在馮從吾、李二曲的時代，應該是相對的更低了。而隨著陽明學的普及，心性論便成學者所關心的主題，關學不例外。」〔註139〕這說明了關學實已轉爲心性之學的發展，尤其其學術內容，實亦不出朱王二家的視域之中。至於所謂的「實學」，更非有特定的學問內容與特定領域，鄭宗義就指出：「實學本是泛稱，宋明理學家也講實學，又知明清之際流行的實行、實習、實功等言實之辭乃是因有激於王學末流空談心性而來的一種要求崇實黜虛風氣，便知不可以把實學講成是一有特定內容的學問領域。……。所以明末清初流行的實行、實功、實學等詞之實應是實際義、實用義、篤實義，而非實有所指。」〔註140〕可見「實學」實非如宋明理學般有其學術上的指涉，只是一種學風之特質而已。是故，本論文之論述上，即從宋明學術之發展，尤其從朱王之學的發展中，加以爬梳、陳述、論證、解釋二曲之學。以下則依序說明本論文之「研究內容」與「研究方法」：

　　「上編部份」之討論共有三章。在「研究內容」上，主要考察二曲早年

〔註139〕見吳有能著，〈陳俊民教授與關學論爭〉，《中國文哲研究通訊》，頁146。
〔註140〕見鄭宗義著，《明清儒學轉型研究——從劉蕺山到戴東原》，第七章，頁184～185。

為學的歷程，闡明二曲由「自學」到「證悟」之間的學術思想轉變，與工夫實踐等層面之問題。在「研究方法」上，則從二曲之思想文獻、傳記資料之作一整合與分析，剖明「早年為學之歷程」中，其思想發展脈絡之問題、問題之對治，以及問題之超克等過程。其章節論述如下：

第一章：主要討論二曲「學術背景與學思之轉變」。「學術背景」主要闡明二曲早期受程朱之學的影響，而有其道問學特質，故有著經史與經世之著，而這些注述，在其注重「切己之學」，以及「政權鼎革」等多重因素下，有其明顯的「學思之轉變」。此「學思之轉變」，主要確立其「成己之學」與「講學經世」等「道德修養」與「經世實踐」之走向。

第二章：則討論二曲「切己之學」下體驗結晶──〈悔過自新說〉之思想。在討論上先從傳統儒學之說作一歷時性考察外，在詮釋上則從「儒學經典中的悔過自新精神」、「宋明諸子思想之思考與反省」、「主體因素之考察與社會之問題」三層因素作為理論提出之分析。在內容上，則從「復性思想」、「悔過自新的態度與內容」、「靜坐與知幾的工夫」等三個環節，詮釋二曲〈悔過自新說〉之理論。

第三章：則談二曲的「證悟」經驗的意義與影響。此章之討論，先從儒學主靜、靜坐工夫談起，以明「證悟」修養工夫之淵源。其次，則具體針對二曲證悟之經驗之分析、證悟經驗之反省，說明其體悟之內容與意義。經由此分析，可進而確立二曲思想工夫之進路，以及往後教學之方法。

「中編部份」之討論共有五章。在「研究內容」上，主要闡明二曲中年之教中的思想理論、修養工夫，以及與經世實踐等層面之問題。在「研究方法」上，主要從「意義結構」，整合其思想文獻與傳記資料，並依其不同之主旨，分為「成聖之道」、「心性思想」、「修養工夫」、「經世思想與經世實踐」等四大層面，藉以突顯二曲思想之整體性。其章節論述如下：

第一章：主要討論二曲的「體用全學」之思想。在討論上先從傳統儒學「體用觀」之淵源談起。其次，則將對二曲之「明體適用」思想作為討論。在論述說明上，主要闡明「明體適用」思想的本體工夫之教、儒學經世之義，並論及其對三教之批判與反省。

第二章：主要討論二曲的「成聖之道」。在討論上主要援「治療學」之觀念作為詮釋之主軸。藉以說明二曲論成聖之道中的治療意義。在討論上則從「治療之開展」、「存有的異化」、「治療之態度」、「經典之閱讀」、「主體之自

療」等五個層面來架構二曲對成聖之道的看法。

　　第三章：主要討論二曲心性論思想──〈學髓〉一說之旨義。本章之討論，主要依據陽明〈四句教〉加以參照說明。在討論上，首先釐清〈學髓〉之宗旨涵義；其次，則針對「人生本原圖」所指涉之內容加以分析。第三、則從「現象界」來分析「念起」之狀，並言良知本心異化之過程。最後，則就此良知本心的異化，談「無念」之工夫，以闡明二曲的本體工夫之教。

　　第四章：主要討論二曲的修養工夫論。二曲論修養工夫，首從「良知本心」與「涵養省察」之本體工夫等關係先作說明。其次，則分別從「主靜」、「主敬」二大工夫作為討論。第三、則論及「常惺惺」、「終日乾乾」與「慎獨」之說。最後，則討論二曲晚年「肘後牌」所論之修養工夫，藉以完備二曲的修養工夫之說。

　　第五章：主要討論二曲的「經世思想與實踐」。在討論上，首先就「經世思想」等理論之部份，分別陳述二曲〈司牧寶鑑〉之「治道」改革，與〈匡時要務〉中「世道」學術人心教化之意義。其次，則從二曲之「經世實踐」部份，則針對「二曲之講學歷程之考察」、「關學的推動與弘揚」、「關中書院的教育與學規之定立」、「道德節義之展現」等四個層面，以闡明其學術教化、人格氣節等經世實踐。

　　「下編部份」共有五章。其「研究內容」，主要以二曲晚年之著──《四書反身錄》作為討論的主體，討論其對《四書》之詮釋。其「研究方法」，則以「經典詮釋」，為作為論述的主軸，首以彰明詮釋之主旨目的；其次，則逐次討論二曲對《四書》之詮釋與傳統論述的異同，藉以釐清二曲《四書學》詮釋觀念中，深化發明與限制之處。最終則可對比其中年至晚年思想之變化所在。其章節論述如下：

　　第一章：主要討論《四書反身錄》創作之因，這層問題將導向朱子《四書章句集注》成書後，形成的對《四書學》的「詮釋經典之謬誤」與「儒學志道之異化」的兩大問題。此章主要在闡明其「經典詮釋」的概念，並論其主體異化與病根之診斷，以及二曲提出的「反身」的治療、自療之道。

　　第二章：主要討論二曲對《大學》一書之詮釋。在內容上首論二曲對「三綱領」之道，如「大學之道」、「明德」、「明明德」與「止於至善」說法之釐清。其次，則論及「格物致知」之說，以明其為學之進路與方法。第三、則言二曲對「修齊治平」之道的討論。

　　第三章：主要討論二曲對《中庸》一書之詮釋。在內容上首論二曲對「中庸」一義之釐清；其次，則論其「盡性至命」之工夫，主要闡明其「識本之學」與「慎獨之論」。第三、則言其「中和」與「致中和」等主體修養與經世實踐之義。

　　第四章：主要討論二曲對《論語》一書之詮釋。在內容上首論「為學之宗旨與工夫」，以明其「為學之道」與「成德之學」。其次，則談「道德本體」與「道德實踐」之詮釋，突顯其良知學之背景與特色。第三、則從對「上帝」、「天」、「鬼神」之詮釋，闡明二曲對「道德規範」之申義。最後，則從其「道德節義」之詮釋，以明二曲對廉恥之心、道德操守之重視。

　　第五章：主要討論二曲對《孟子》一書之詮釋。在內容上首論「心性思想」之詮釋，言其「性善說」、「求心之學」、「良知之學」、「節義之說」等說法。其次，則論「求放心的實踐之道」，內容乃談其「求放心之工」、「本體之識」、「涵養省察」等本體工夫。最後，則論其仁政王道思想，主要論及「仁政之說」、「王道思想」、「經界之說」等政治經濟與社會改革之思想。

　　結論部份：則將在動態考察後，對二曲思想作一整體性的說明，並從中國傳統儒學之視域中，對二曲思想之特點、貢獻與限制與不足處加以說明，藉以闡明其在思想史之意義。

貳、上編部份：早年爲學的歷程

　　本編主要討論二曲早年爲學的歷程，所指的是從崇禎十七年甲申（1644）到順治十四年丁酉（1657）其思想之形成與變遷的過程。崇禎十七年（1644）乃二曲自學之開始，順治十四年（1657），乃二曲見道證悟之時。總的來說，此階段之特徵：是對儒學「爲己之學」探索與回歸，以及經世思想的發展。前者之說，主要關切的是，德性如何完善的「切己之學」；後者之論，則體現二曲治世改革的宏願。二曲早年著作不多，主要的作品爲成書於順治十三年前（1652）的〈悔過自新說〉〔註1〕與〈盩厔答問〉〔註2〕。前者代表了其「入

〔註 1〕 關於〈悔過自新說〉的完成時間，〈年譜〉並未有記載與討論，惟一有討論此作品之年代爲林繼平所著的《李二曲研究》一書。他在書中指出：「二曲於『見道』之次年，即著〈悔過自新說〉」（見林繼平著，《李二曲研究》，頁 123）。所謂「見道」乃指順治十四年丁酉（1657）的悟道歷程，依林氏所言，〈悔過自新說〉當完成於順治十五年戊戌（1658）。不過此說可能有誤。筆者主要根據的是樊巘〈悔過自新說·序〉中所提到「順治歲在柔兆涒灘瓜月之朔」等時間爲證（見《二曲集》，卷一，頁 2）。根據《爾雅·釋天》言，大歲在「丙」曰「柔兆」，大歲在「申」曰「涒灘」。見〔晉〕郭璞注、〔宋〕邢昺疏，《爾雅·釋天》，收入於《十三經注疏》（臺北：藝文印書館，民國 86 年 8 月），卷六，頁 95。是故，此序寫作之時當爲順治十三年丙申（1656）。據上述之說，〈悔過自新說〉至少在順治十三年丙申（1656）前已完成。兩者時間至少差異兩年，這也牽涉到對其思想發展的解釋之不同。根據林說，主要是認爲〈悔過自新說〉是見道、悟性後所提出的學說；而筆者則認爲，〈悔過自新說〉乃一切己經驗的凝結，也因此方能產生後來所謂的見道與悟性之過程。

〔註 2〕 〈盩厔答問〉主要討論的是關於儒學之義、三教之問題，以及儒學體用之思想等諸多問題。因成定論與主軸，此處之內容，將於下章一併討論。而關於〈盩厔答問〉作品的時間，陳祖武生在其著〈李顒與關學〉一文中曾提出質疑。他認爲吳懷清所著之〈年譜〉中，提及〈盩厔答問〉著於順治十三年丙

聖之工」的掌握；後者；則爲其對儒學思想之討論。本編主要根據二曲早年之作品與傳記等文獻資料，對二曲早年思想的軌跡加以分析與說明。整體而言，這階段的發展可從四個層次來說明：

第一、乃針對二曲學術背景之探討及其影響。討論的是二曲學術的基礎與源頭，並論其影響所在。這個過程將著重在二曲受宋學、程朱之學的影響與說明。

第二、討論二曲「經世思想」，與經史的「著述之學」之轉變。此單元主旨在釐清二曲觀念變化之因素。前者之因素，將以政權之轉變，以及講學之意義性來加以說明；後者，則從「切己之學」來作此轉變之討論。

第三、將討論二曲早期思想之重要理論——〈悔過自新說〉。此處將先明其說之詮釋與傳統儒學之關係，作一歷時性的考察；其次，則將從其復性思想、悔過自新之內容，以及靜坐知幾工夫，以釐清二曲所論。

第四、則就此切己之學的實踐與得力處，談二曲的「證悟」經驗的意義與影響。此層之討論，將從二曲證悟經驗之分析、證悟經驗之反省，說明其體悟之內容與意義，以及思想轉變之過程。

申（1656）之署年當爲有誤，正確之著作的時間，當是其后二十年的康熙十五年丙辰（1676）。其反對吳說之因素，大抵從學術思想的發展、教學的經歷以及編排之過程三項來論定。他認爲〈明體適用〉說當晚於〈悔過自新說〉，二曲啓迪後學顯然是他四十歲之後的事。是故，〈盩屋答問〉編排上當介於康熙十二年癸丑（1673）的〈關中書院會約〉，以及康熙十四年乙卯（1675）至十八年己未（1679）〈富平答問〉之間（見陳祖武著，《清初學術思辨錄》，頁160～163；以及〈李二曲思想研究〉一文，頁191～192）。但值得注意的是，明體適用本爲儒學之通論，未必晚於〈悔過自新說〉；其次，在二曲的〈體用全學〉一文的〈識言〉中，其弟子張珥就指出：「先生隨資開發，誠懇不倦。其接人有數等，中年之後，惟教以返觀默識，潛心性命；中年之前，則殷殷以明體適用爲言。」（見《二曲集》，卷七，頁48）此文之時間乃康熙八年己酉（1669）。可見，在二曲早年即有「明體適用」之說；此外，在順治十六年己亥（1659），吳懷清所著之〈年譜〉載駱鍾麟曾具文指出：「其學以『慎獨』爲宗，以『養靜』爲要，以『明體適用』爲經世實義，以『悔過自新』爲作聖入門。」（見《二曲集》，附錄三，頁636）。是故，從以上諸例皆可證明〈年譜〉亦非無據，列在順治十三年丙申（1656）的〈盩屋答問〉，亦可能存在。而將〈盩屋答問〉置於〈關中書院會約〉與〈富平答問〉之間，也可能是將同性質之〈答問〉放置一處而已，未必有時間上之必然順序。

第一章　學術背景與學思之轉變

第一節　緒　論

　　二曲之學本質上是一是艱辛而困苦的自學過程。早年因家貧而不能為學，九歲（1634）方入小學。其讀《三字經》，私問學長云：「性既本善，如何又說相近？」〔註1〕學長無以回答，這是其對性善思想之初契。爾後，即隨母舅讀《學》、《庸》，但因舊疾之關係，所以作綴不常。十七歲（1643）時，因家貧，人或招之共事，堅之不從，故里中之惡少，以不孝目之。有一卜者以授子平助其營生，二曲「將從其術，途經社學，聞誦書聲有感，遂卻步返，矢志讀書。」〔註2〕後仍因家貧，故鄰里教授者，皆弗收。於是李母恚曰：「『無師遂可不學耶？古人皆汝師。』先生感泣，遂發憤讀書。」〔註3〕此為二曲真正為學之開始，代表其自學／志學的開展。之後二曲逢人質義，「自《六經》、諸史、百家、列子、佛經、《道藏》、天文、地理、無不博覽。」〔註4〕這是他廣博治學泛覽諸家的開端。這個過程直至三十一歲時，一味切己自反後，「覺靈機天趣，流盎滿前，徹首徹尾，本自光明。」〔註5〕的悟道經驗產生，才始悟從前所學之非。故從崇禎十七年甲申（1644），到順治十四年丁酉（1657），乃為二曲早年為學的「自學階段」。

〔註1〕見吳懷清撰，〈年譜〉，《二曲集》，附錄三，頁624。
〔註2〕見吳懷清撰，〈年譜〉，《二曲集》，附錄三，頁627。
〔註3〕見劉宗泗撰，〈盩厔李徵君二曲先生墓表〉，《二曲集》，附錄二，頁605。
〔註4〕見劉宗泗撰，〈盩厔李徵君二曲先生墓表〉，《二曲集》，附錄二，頁605。
〔註5〕見吳懷清撰，〈年譜〉，《二曲集》，附錄三，頁634。

在這自學過程中，最值得注意的是二曲之學術背景。整體而言，早期自學之階段，是廣泛受到宋學／程朱之學的影響。如十九歲（1645）時「始借讀《春秋公穀左氏》、《性理大全》、《伊洛淵源錄》。見周程張朱言行，掩卷歎曰：『此吾儒正宗，學而不如此，非夫也！』至是步趨遂定，嚮往日篤，枵腹忍凍，有以自間。」〔註6〕二十歲（1646）時借讀《小學》、《近思錄》、《程子遺書》、《朱子大全集》〔註7〕。二十二歲（1648）時借讀司馬公《通鑑》、文公《資治綱目》暨《紀事本末》等集〔註8〕。二曲所閱之學，大抵皆為程朱學的作品。《程子遺書》、《朱子大全集》為程朱之著作；《性理大全》則為明胡廣、楊榮等人等奉敕編的書〔註9〕。此書是以朱學為準繩，其內容或為朱子所寫、所注，或其門人之作品；而《伊洛淵源錄》，乃朱子編集，是以周、張、二程、邵雍等人及其弟子為主的傳記資料，主要是以二程為中心，而安排的道學系譜〔註10〕；而《近思錄》則為朱子與呂祖謙（字伯恭，學者稱東萊先生，1137～1181）二人據周、張二程之言，取大體而切日用者，分十四專題加以類編，以使初學可知下手處〔註11〕。可見此時的程朱之學，已逐漸成為二

〔註6〕 見吳懷清撰，〈年譜〉，《二曲集》，附錄三，頁 627。
〔註7〕 見吳懷清撰，〈年譜〉，《二曲集》，附錄三，頁 628。
〔註8〕 見吳懷清撰，〈年譜〉，《二曲集》附錄三，頁 630。
〔註9〕 據《明會要》〈學校下〉永樂十二年（1414）十一月載：「命學士胡廣等脩《五經》、《四書》及宋儒性理諸書，諭曰：『《五經》、《四書》傳註之外，諸儒有所發明者，其採附於下。周、程、張、朱所著，如《太極通書》、《西銘》、《正蒙》亦類聚成編。』命舉朝臣及四方文學之士同纂脩，開館東華門外，廣總其事。書成，名曰《大全》。」見〔清〕龍文彬撰，《明會要上》（北京：中華書局，1998 年 11 月），卷二十六，頁 426。此外，《明會要》亦於永樂十五（1417）年四月丁巳，「頒《五經》、《四書》、《性理大全》於兩京六都、國子監及天下府、州、縣學。諭禮部曰：『此書，學者之根本。聖賢精蘊，悉具於是。其以朕意曉天下學者，令心講明，無徒視為具文也。』」同上，卷二十五，頁 419。
〔註10〕 李世安於〈伊洛淵源錄·後序〉即曰：「昔孔子纘述群聖之道，至孟子而愈明。孟子之後，至二程夫子，始克紹其緒，程子之學得於周子而益闡之。當時師友之盛，可追洙泗諸子，非漢儒之所敢望，及考亭朱子出，又能集厥大成而折衷之。」見朱熹撰，《伊洛淵源錄》（臺北：文海出版社，民國 57 年 1月），頁 393。可見此書是以二程為中心所作的學脈發展。
〔註11〕 朱子在《近思錄·序》中言：「淳熙乙未之夏（1175），東萊呂伯恭來自東陽，過予寒泉精舍，留止旬日，相與讀周子、程子、張子之書；歎其廣大閎博，若無津涯，而懼夫初學者不知所入也。因而共掇取其關於大體而切於日用者，以為此編。」見古清美註譯，《近思錄今註今譯·大學問今註今譯》（臺北：臺灣商務印書館，2000 年 9 月），頁 9。

曲為學之本與學行之典範。

　　基本上，受程朱之學影響所及，促使了二曲有二個面向之發展。首先，引導二曲走向經世治道之關切；其次，則促使二曲走向一「道問學」之背景，並從事著述之作。但這兩者之發展，後來都在二曲實踐切己的因素下，有所改變與調整。此轉變之過程與因素，則為論其早年為學中最重要之課題。以下則依序論之：

第二節　經世思想的發展與轉變

　　二曲對經世之注重，發源甚早，二曲在二十三歲（1649）之時，即多方涉獵史籍與經世之著。如〈年譜〉載：

> 是年，借讀《大學衍義》、《文獻通考》、杜氏《通典》、鄭樵《通志》、《二十一史》。謂：「《函史》下編與《治平略》、《文獻通考》相表裏，有補治道，《函史》上編、《史纂左編》不過分門別類，重疊可厭，然不失為史學要冊。」〔註12〕

《大學衍義》為南宋真德秀（字景元，學者稱西山先生，1178～1235）所著，其書主要談格物致知、誠意正心、修身與齊家等四種主體修養之討論。真氏認為只要懂這四者，則「則治國平天下在其中矣。」〔註13〕杜佑（字君卿，735～813）《通典》、鄭樵（字漁仲，1102～1162）之《通志》、馬端臨（字貴與，1254～1323）之《文獻通考》，即傳統所謂的「三通」，是歷代典章制度之作〔註14〕。《二十一史》乃歷代史書之總名。至於《治平略》，乃明人朱健

〔註12〕見吳懷清撰，〈年譜〉，《二曲集》，附錄三，頁631。

〔註13〕《大學衍義》一書成後，明代之丘濬認為此四項尚為不足，於是揭「治國平天下新民之要，以收明德之功；采古今嘉言善行之道，以發經傳之指。」而有《大學衍義補》之作。見周谷城主編，《中國學術名著提要：經濟卷》（上海：復旦大學出版社，1995年6月），「大學衍義補」條，頁257。

〔註14〕杜佑之《通典》上起黃帝時代，下迄唐玄宗天寶末年，書分九門乃為食貨、選舉、職官、禮、樂、兵、刑、州郡、邊防等九門。乃「中國歷代第一部專記歷代經濟、政治、社會、文化等典章制度的專史。」見周谷城主編，《中國學術名著提要：歷史卷》（上海：復旦大學出版社，1995年6月），「通典」條，頁564。鄭樵之《通志》乃為記傳體通史，上起三皇，下迄隋代，為二百卷之著，除傳統之帝紀、后妃、世家、年譜、列傳外，又有所謂「二十略」之撰。其書之特點大致為「強調修史貴在貫穿古今，力求反映史事的因果聯係，注重典章制度的沿革與變化」、「反對空言著述，提倡義理與實學的融會貫通。」成為後來著史者所法之處（見周谷城主編，《中國學術名著提要：歷

之著，全名爲《古今治平略》；《史纂左編》全稱《歷代史纂左編》，乃爲明人唐順之所著〔註15〕；而《函史》一書乃爲明人鄧元錫所著〔註16〕。這幾本書皆爲有關於治道與經世之著。

從以上書籍之討論與閱讀可知，無論是歷史之認識、歷代典章制度的沿革，以及治道之意義，皆有其經世致用之意。二曲除史籍研讀外，尚有經世之著。據駱鍾麟〈匡時要務‧序〉言：

> 先生甫弱冠，即以康濟爲心，嘗著《帝學宏綱》、《經筵僭擬》、《經世蠡測》、《時務急著》諸書，其中天德王道，悲天憫人，凡政體所關，靡不規畫。既而雅意林泉，無復世念，原稿盡付「祖龍」，絕口

史卷》，「通志」條，頁569）。而馬端臨的《文獻通考》上起上古，下迄南宋末年，全書共分二十四考，此書「詳載宋代部份的歷史，力圖探索宋代社會制度的得失，希望找到亡國的原因，一方面借此寄託對故國的哀思，一方面也給後來的統治者提供借鑒。」（見周谷城主編，《中國學術名著提要：歷史卷》，「文獻通考」條，頁573）

〔註15〕《史纂左編》一書之體例，是「人以類分，事從人係」、「以史實經，以事實理」做爲從諸史中求治之書，其目的在於「從歷朝事實中總結出正反兩方的治國經驗與教訓。」就其意義與價值，錢茂偉認爲：「《左編》從史學自身的發展來看，沒有什麼樣大的貢獻。但從理學化史學的角度來說，這部書是值得研究的。明朝前期，官方編的史鑑書，都是小冊子，只有《左編》才是大型作品。《左編》之編纂，最能體現理學化史家提倡的摘編風格。在程朱化學者眼裡，史著不是獨立的學科著述，而是替義作注腳的。」見錢茂偉著，《明代史學的歷程》（北京：社會科學文獻出版社，2003年10月），第十一章，頁196～197。

〔註16〕二曲認爲《函史》下編與《治平略》、《文獻通考》相表裏，有補治道，《函史》一書分上下編。《函史‧下編》起自上古，終至明代萬曆，是以天、地、人「三極之道」爲編排之方式。其首爲天地人三官，而天官中又有時令、歷數、災祥；地官中又有土田、貢賦與漕河，人官中又有封建、任官、學校等。其五則有經籍、儀禮、樂律。其六則爲貨賄、刑法、兵制。其七則爲邊防、戎狄、異教等。這是一部「核于考古，詳于證今」之書，其目的當然在於「參贊將來」的意義。此正二曲認爲有補於治道之處。《函史‧上編》則起自洪荒，下迄元代，其目的在於「考天人貞一之統，察古今遇合之變、王路道術善敗之故。」即要「通過天人關係的研究，搞清古今政治興衰、學術好壞的規律與原因。」（見錢茂偉著，《明代史學的歷程》，第十一章，頁200）但在體例上則較爲繁雜。這樣之問題亦見於《史纂左編》，此書重視經世王道之意涵，而非存純粹記事，故亦爲二曲所肯定。但此書分類之特點乃采「撮其行事」、「分類定品」與「評騭品類」三種，而將全書分爲君、臣、相、……等二十四門，門下又分目等若干等。此分類之繁雜處，正二曲所謂「分門別類，重疊可厭」之意所在。

不道，惟闡明學術，救正人心是務。〔註17〕

在順治十二年二十九歲（1655）時〈年譜〉載：

> 是年，究心於經濟，謂「天地民物，本吾一體，痛癢不容不關。以
> 學須開物成務，史遷謂：『儒者博而寡要』，元人《進宋史表》稱『議
> 論多而成功少』，斯言切中書生通弊。於是參酌經世之宜，時務急著，
> 中竅中會，動協機宜。」〔註18〕

從上述資料來看，二曲對經世的關切，當從弱冠之際而至三十歲之間。其經
世精神之發端「天地民物，本吾一體」，乃本之張載〈西銘〉中「民胞物與」
之說。張載於〈乾稱篇第十七〉言：「故天地之塞，吾其體；天地之帥，吾其
性。民吾同胞，物吾與也。」〔註19〕「凡天下疲癃殘疾、惸獨鰥寡，皆吾兄
弟之顛連而無告者也。于時保之，子之翼也。」〔註20〕此說強調的是儒學的
一體之仁。其次，經世志向之發起，亦與程伊川（程頤，字正叔，學者稱伊
川先生，1033～1107）、邵雍（字堯夫，1011～1077）相關。其弟子言：

> 先生少時慕程伊川上書闕下，邵堯夫慷慨功名，遂有康濟斯世之志，
> 嘗著《帝學宏綱》、《經筵僭擬》、《經世蠡測》、《時務急著》等書，
> 憂時論世，悲天憫人，蓋不啻三致意焉。既而盡焚其稿，謝絕世故，
> 閉戶深居，獨以明學術、正人心、繼往開來爲己任。〔註21〕

程伊川在皇祐二年（1050）曾上書仁宗皇帝，對當時北宋現狀，提出改革治
危之道〔註22〕。其〈書〉主要強調「以王道爲心，以生民爲念，黜世俗之論，
其非常之功。」〔註23〕期許「一面天顏，罄陳所學。」〔註24〕而邵雍，據《宋

〔註17〕見〈匡時要務·序〉，《二曲集》，卷十二，頁103。著作的時間，據吳懷清之
　　　判斷，亦當在三十歲之前。吳懷清言：「應此數年事。年次不定，姑識於此。」
　　　見〈年譜〉，《二曲集》，附錄三，頁634。
〔註18〕見吳懷清撰，〈年譜〉，《二曲集》，附錄三，頁633。
〔註19〕見〔宋〕張載撰，《張載集》（臺北：漢京文化事業公司，民國72年9月），
　　　頁62。
〔註20〕見〔宋〕張載撰，《張載集》，頁62。
〔註21〕見劉宗泗著，〈盩厔李徵君二曲先生墓表〉，《二曲集》，附錄二，頁606。
〔註22〕據《宋史·道學一》載：「程頤字正叔。年十八，上書闕下，欲天子黜世俗之
　　　論，以王道爲心。」見〔元〕脫脫撰，《宋史》（臺北：洪氏出版社，民國63
　　　年），卷四二七，頁12718。
〔註23〕見〈河南程氏文集〉，〔宋〕程顥、程頤撰，《二程集》（臺北：漢京文化事業
　　　公司，民國72年9月），卷第五，頁515。
〔註24〕見〈河南程氏文集〉，〔宋〕程顥、程頤撰，《二程集》，卷第五，頁514。

史・道學一》載「雍少時，自雄其才，慷慨欲樹功名。於書無所不讀，始爲學，即堅苦刻厲，寒不爐，暑不扇，夜不就席者數年。」〔註25〕其更著有《皇極經世書》一書，以明其經世之意。其子邵伯溫（字子文，1057～1134）即言其著書之因主要在：「窮日月星辰飛走動植之數，以盡天地萬物之理，述皇帝王霸之事，以明大中至正之道，陰陽之消長，古今之治亂，較然可見矣。故書謂之《皇極經世》，篇謂之〈觀物〉焉。」〔註26〕

　　整體來看，從治道政書的參究，到關心經濟與經世之精神，乃至對時務、經世治道之著，這是二曲在早年的經世面的發展，但這個發展最後卻「焚稿而隱居」，他的轉折因素爲何？是否代表其經世思想之萎縮？其原因是值得觀察的。此處可分幾點來談：

　　首先，二曲受伊川布衣上書之舉所影響，二曲也期許著能「得君行道」而爲王者師，故著述了「帝學」與「經筵」等一系列經世之書。這意謂二曲此時心理存在著「致君堯舜上，再使風俗淳」爲王者師的改革理想。王者師之功能與目的，即期許著能夠從君主身心處加以導正，直接產生政治改革與建立王道之目標。但這種「得君行道」之想法，在現實面至少存在著幾個問題：首先，「君權」畢竟非理性思維下運作之產物，歷代知識份子與政治之緊張關係，早已使部份知識份子產生「政權之退縮」，這是值得借鑑的。尤其二曲身處明清易位的「政權改變」，更涉及文化大義、民族思想與氣節人格等問題，這是二曲無法迴避的。所以現實的問題，迫使二曲經世觀念之轉折，此間之因素，我們可藉由葛兆光之說來討論。葛氏認爲宋以來儒者「得君行道」觀念之改變，主因在於現實困境與個人理想性的一種調和。他指出：

　　　　「道理」和「政治」並不是兩端，當然有時後確實不能合二爲一。
　　　　在「師」與「君」、「道」與「權」不能尋求找到共同點，士人不能
　　　　「得君行道」的時候，重建知識與思想的制高點，藉助一個絕對和
　　　　超越的領域，確立士大夫的批評權威，就成了這些處於邊緣的大夫
　　　　實現政治意圖的途徑。……他們提出的根本拯救辦法卻是「心」
　　　　與「性」的自覺。他們堅持這種高調的理想主義，並把這種叫做「道

〔註25〕見〔元〕脫脫撰，《宋史》，卷四二七，頁 12726。
〔註26〕見〔宋〕邵康節撰，《皇極經世書》，收入於《四部備要》（臺北：中華書局，民國 54 年），頁 7～8。

學」或「理學」的思路看成是「重建秩序」的唯一途徑。〔註27〕
「得君行道」畢竟是難以實現之理境，故以講學作爲道德理想之實現，已逐
漸成爲儒學經世致用之發揮〔註28〕。這說明了，重建秩序已從政治之改革，
轉向一人心與人性之重建。此爲北宋以來儒學之特質，二曲之爲亦當如此。
是故，在政治與學習體驗等諸多因素之下，選擇隱居是其調整與改變之處，
但這不意謂「經世思想之萎縮」，方向或許不同，本質並非有異。這說明了
以修身爲基，導向一政治合理化爲目標的入世關懷，是有其彈性的。「得志，
則恩澤於民；不得志，則修身見於世。」這是儒者的調整。二曲選擇隱居，
以明學術、正人心作爲未來之發展，正是此些因素下的轉折與改變，此意
謂著他將由「帝者師」、「得君行道」之實踐，轉向至「天下師」、「講學」之
實踐。

　　所以二曲經世目標之轉變，代表著他從政治改革走向教育，由帝者師轉
爲天下師的發展，他期許藉由學術教育來發展儒學思想之傳遞，以完成其經
世之弘願。此爲二曲早年爲學歷程中的第一層轉變所在。

第三節　從「著述之學」到「切己之學」

　　二曲早年爲學的第二個值得觀察之處，即受程朱之學的影響，廣泛的對
經史有其討論，而產生一「著述之學」的特質。在順治四年二十一歲時（1647），
〈年譜〉載：

> 是年，借讀《九經郝氏解》、《十三經註疏》，駁瑕糾謬，未嘗盡拘成
> 說。」《紀略》。按：「先生著有《十三經註疏糾謬》，應在是時，後
> 以非切己之學，盡焚其稿。」〔註29〕

從順治五年二十二歲（1648），〈年譜〉又載：

> 是年，借讀司馬公《資治通鑑》、文公《綱目》暨《紀事本末》等集。
> 謂《綱目》繼「獲麟」之作，誠史中之經，第成於文公晚年，未及

〔註27〕見葛兆光著，〈拆了門檻便無內外：在政治、思想與社會史之間：讀余英時先
　　　　生《朱熹的歷史世界》及相關評論〉，《當代》第一九八期，2004年2月，頁
　　　　94。
〔註28〕對於宋明理學與政治文化之問題，與講學「覺民行道」之意義性等關論述，可
　　　　參余英時著，《朱熹的歷史世界》（北京：三聯書店，2004年8月）、《宋代理
　　　　學與政治文化》（臺北：允晨文化實業股份有限公司，2004年7月）等書。
〔註29〕見吳懷清撰，〈年譜〉，《二曲集》，附錄三，頁630。

更定，中間不能無牴牾。尹氏發明，固有補世教，而持論時偏亦多，不得文公之心。如鄧艾兵至成都，後主出降，大書『帝降漢亡』者，言漢至是而始亡也。此正文公帝漢賊魏，申明正統，力扶人紀之初心。尹氏不得其解，乃云：『後主信任中官黃皓，以喪其國，是漢之自亡也。』若然，則孫皓之暴亦足以自喪其國，於自亡也，何不書『吳亡』？如此之類甚多。欲一一釐正，念著述之學非切己急務而止。《紀略》。按：「先生著有《二十一史糾謬》，後亦焚之。」〔註30〕

從以上所載來看，二曲曾有《十三經註疏糾謬》與《二十一史糾謬》等經史之著，但此著皆因非「切己急務」而加以焚燬，這說明了二曲此時進入了一種學習歷程中的轉變。就此過程，我們可從幾個層面來談：首先，何謂「切己急務之學」？此處即將從程朱、陸王之學的觀點，來加以整合說明。其次，這種轉變意義又為何？此處則須從「著述之學」與「切己之學」兩者之辨證，來加以解釋。以下則依序論之：

一、儒學「切己之學」的討論

儒學論「切己」之說，首發其論的為程伊川。這是他針對儒學經典之閱讀所歸納而出的心得與體驗。他指出：

凡看《論》、《孟》，且須熟玩味、將聖人之言切己，不可只作一場話說。人只看得此二書切己，終身儘多也。〔註31〕

所謂「須熟玩味」，即為一種身心體驗的過程，是由「閱讀主體」與「客體文本」經驗交流的過程，重視的是主體藉由客體文本所揭示的經驗，進一步對主體身心形成「自我轉化」的意義。而這層意義，本質上是由儒學「為己之學」之意義所帶動而來的。「為己」之說，出自孔子（孔丘，字仲尼，前551～479）所言。《論語》載：

古之學者為己，今之學者為人。〔註32〕

所謂「為己」之學目的在於「成己」，追求的是主體道德人格真實與完善的實踐與體現，而非為迎合外在聲譽的虛榮。而「切己」即是以成己為目的下的

〔註30〕見吳懷清撰，〈年譜〉，《二曲集》，附錄三，頁630。
〔註31〕見〈河南程氏遺書〉，〔宋〕程顥、程頤撰，《二程集》，卷第二十二上，頁285。
〔註32〕見《論語集注》〈憲問第十四〉，〔宋〕朱熹撰，《四書章句集注》（北京：中華書局，2003年6月，《新編諸子集成》），卷七，頁155。

學習之法。就其整體學習之功能與涵意，溫偉耀就指出：

> 這是一種以生命體驗切入生命體驗的工夫。故伊川論讀聖賢典籍
> 時，讀者需要「子細體認」、「將聖人之言語切己」。這種「切己體認」
> 的詮釋工夫，狄爾泰稱之為「再體驗」（nacherleben）的歷程。他認
> 為關乎人文世界的作品，由於它是源自人的內在生命體驗的呈現和
> 表達（Ausduck），因此雖然是用文字語言記載，但它的指向，卻是
> 文字所不能言盡的體驗境界。故此，僅對文字進行分析、或抽出其
> 中客觀的普遍原理的認知方法，根本就不能對應和把捉原作者自己
> 內在生命世界的體驗。作者的生命體驗，必須以詮釋者的生命體驗
> 去迎對才可以獲得真正的理解（Verstehen），而不是依賴那種抽象的
> 理論化過程。這就是所謂「再體驗」的歷程與工夫。〔註33〕

這種切己之工夫，強調主體在閱讀之後的轉變。伊川即嘗言：「今僧家讀一卷
經，便要一卷經中道理受用，儒者讀書，卻只閒讀了，都無用處。」〔註34〕
所謂的「受用」，即是強調身心變化的意義，這是伊川揭示的讀書與體驗之
法。爾後，此說受到朱子之重視與提倡，成為其讀書之法〔註35〕。朱子論「切
己」，首先點明的讀書與切己之關係。朱子指出：

> 學問，就自家身己上切要處理會方是，那讀書底已是第二義。自家
> 身上道理都具，不曾外面添得來。〔註36〕

〔註33〕見溫偉耀著，《成聖之道——北宋二程修養工夫論之研究》（臺北：文史哲出
　　　　版社，民國85年10月），頁99。

〔註34〕見〔清〕黃宗羲撰、〔清〕全祖望續修、〔清〕王梓材校補，《宋元學案・伊
　　　　川學案上》（臺北：河洛書局，民國64年），第五冊，卷十五，頁103。

〔註35〕朱子之後學程端禮（字敬叔，學者稱畏齋先生，1271～1345），在〈集慶路江
　　　　東書院講義〉一文中言「朱子為學之法」，他指出：「端禮竊聞之朱子曰：『為
　　　　學之道，莫先于窮理，窮理之要，必在于讀書，讀書之法，莫貴于循序而致
　　　　精，而致精之本，則又在于居敬而持志，此不易之理也。』其門人與私淑之
　　　　徒，會萃朱子平日之訓，而節取其要，定為讀書法六條：曰循序漸進，曰熟
　　　　讀精思，曰虛心涵泳，曰切己體察，曰著緊用力，曰居敬持志。……。所謂
　　　　切己體察者，朱子曰：『入道之門，是將自箇己身入那道理中去，漸漸相親，
　　　　與己為一。而今人道在這裏，自家在外，元不相干。學者讀書，須要將聖賢
　　　　言語體之于身，如『克己復禮』，如『出門如見大賓』等事，須就自家身上體
　　　　覆。我實能克己復禮、主敬行恕否？件件如此，方有益。』其切己體察之說
　　　　如此。」見〔清〕黃宗羲撰、〔清〕全祖望續修、〔清〕王梓材校補：《宋元
　　　　學案・靜清學案》，第二十二冊，卷八十七，頁54～55。

〔註36〕見〈學四：讀書法上〉，〔宋〕黎靖德編、王星賢點校，《朱子語類一》（北京：

> 人之爲學固是得之於心，體之於身。但不讀書，則不知心之所得者
> 爲何事。〔註37〕

朱子所謂的「學問」，並非知識系統之建立，而是指成德之學。朱子認爲成德首要之處在於主體的自省，透由讀書的過程，已是第二層之步驟。但此「讀書」之步驟，就道德實踐來說雖屬其次，然實際在主體成德之學的操作中，卻具有優先的意義。這是朱子理性智識化之傾向，也是他避免主體的臆斷與循序工夫的態度所在。朱子就曾分別提出所謂「切己省察」、「虛心切己」、「切己體認」、「涵泳切己」、「切己用工」等說，來強調讀書應有的態度與實踐。質言之，就朱子而言，「切己之學」是其學術精神——道問學的基本路徑，也是其「格物」工夫之體驗〔註38〕。而這種切己之體驗，明顯的是指向對經典之閱讀。朱子指出：

> 看經書與看史書不同：史是皮外物事，沒緊要，可以簡記問人。若
> 是經書有疑，這箇是切己病痛。如人負痛在身，欲斯須忘去而不可
> 得。豈可比之看史，遇有疑則記之紙邪！〔註39〕

這說明經典之意義並非如史籍一般，是屬於主體以外客觀經驗的記錄，他具有與主體生命成長攸切相關的意義。故對經典之理解，不該僅停留在對史籍知識的理解與討論層次而已，當是進入對主體生命的「對映」；此對映之目標與意義，即是指向主體病痛之發覺與醫治的過程，亦即對「人性」與「性格」的對治意義。這是朱子區別經史對主體身心之意義的差別。具體來說，朱子對「切己」之把握，首先強調的是「虛心」的狀態。朱子指出：

> 讀書須是虛心切己。虛心，方能得聖賢意；切己，則聖賢之言不爲
> 虛說。〔註40〕

> 看文字須是虛心。莫先立己意，少刻多錯了。又曰：「虛心切己。虛

中華書局，1999 年 6 月），卷第十，頁 161。

〔註37〕見〈學五：讀書法下〉，〔宋〕黎靖德編、王星賢點校，《朱子語類一》，卷第十一，頁 176。

〔註38〕朱子指出：「格物，須是從切己處理會去。待自家者已定疊，然後漸漸推去，這便是能格物。」見〈大學二：經下〉，〔宋〕黎靖德編、王星賢點校，《朱子語類一》，卷第十五，頁 284。

〔註39〕見〈學五：讀書法下〉，〔宋〕黎靖德編、王星賢點校，《朱子語類一》，卷第十一，頁 189。

〔註40〕見〈學五：讀書法下〉，〔宋〕黎靖德編、王星賢點校，《朱子語類一》，卷第十一，頁 179。

心則見道理明；切己，自然體認得出。」〔註41〕

> 凡讀書，須有次序。且如一章三句，先理會上一句，待通透；次理
> 會第二句，第三句，待分曉；然後將全章反覆紬繹玩味。如未通
> 透，卻看前輩講解，更第二番讀過。須見得身分上有長進處，方爲
> 有益。如《語》、《孟》二書，若便恁地讀過，只一二日可了。若要
> 將來做切己事玩味體察，一日多看得數段，或一兩段耳。〔註42〕

儒學之說雖貴在「自得」，但個人的學習經歷，則須藉由經典的體會以及師友
的指正，方能不偏而趨之於正。故「讀書」之要，首在「虛心」。「虛心」指
的是將主體的自我意識（己意）先加以懸置，細心深入的對經典所揭示的義
理生命加以仔細體會。體會後再加以「返觀於己」，作切己之工。不虛心即構
成先見、成見之流弊，朱子就指出：「學者不可用己意遷就聖賢之言」〔註43〕。
「己意遷就」容易對「經典」形成一種不實之理解。虛心之後即能體，能體
才能「做」。朱子指出：

> 先看《大學》，次《語》、《孟》，次《中庸》。果然下工夫，句句字字，
> 涵泳切己，看得透徹，一生受用不盡。只怕人不下工，雖多讀古人
> 書，無益。書只是明得道理，卻要人做出書中所說聖賢工夫來。若
> 果看此數書，他書可一見而決矣。〔註44〕

這說明了，理解本身不僅停留在對經典文字的字義理解而已，所謂「讀書，
須要切己體驗。不可只作文字看」〔註45〕，這是一種「明此理」而後「做工
夫」之開展。這種閱讀所形成的旨趣，其實指向的是一種「反身」的工夫。《朱
子語類》即載：

> 讀書，不可只專就紙上求理義，須反來就自家身上推究。〔註46〕

〔註41〕見〈學五：讀書法下〉，〔宋〕黎靖德編、王星賢點校，《朱子語類一》，卷第
　　　　十一，頁179。

〔註42〕見〈學五：讀書法下〉，〔宋〕黎靖德編、王星賢點校，《朱子語類一》，卷第
　　　　十一，頁189。

〔註43〕見〈學五：讀書法下〉，〔宋〕黎靖德編、王星賢點校，《朱子語類一》，卷第
　　　　十一，頁185。

〔註44〕見〈大學一：綱領〉，〔宋〕黎靖德編、王星賢點校，《朱子語類一》，卷第十
　　　　四，頁249。

〔註45〕見〈學五：讀書法下〉，〔宋〕黎靖德編、王星賢點校，《朱子語類一》，卷第
　　　　十一，頁181。

〔註46〕見〈學五：讀書法下〉，〔宋〕黎靖德編、王星賢點校，《朱子語類一》，卷第

先生嘗舉程子讀《論》、《孟》切己之說，且如「學而時習之」，切己看時，曾時習與否？句句如此求之，則有益矣。〔註47〕

問曾子三省。曰：「此三省自是切己底事。為人處如何不要忠！一才不忠，便是欺矣。到信，只就事上去看，謂如一件事如此，為人子細斟酌利害，直似己事，至誠理會，此便是忠。如這事我看得如此，與他說亦是如此，只此便是信。程先生云：『循物無違之謂信。』極好。不須做體、用說。」〔註48〕

問：「『諸子之學，愈遠而失真』，莫是言語上做工夫，不如曾子用心於內，所以差否？」曰：「只為不曾識得聖人言語。若識得聖人言語，便曉得天下道理；曉得理，便能切己用工如曾子也。」〔註49〕

前輩說得分曉了，如何不切己去理會！如今看文字，且要以前賢程先生等所解為主，看他所說如何，聖賢言語如何，將己來聽命於他，切己思量體察，就日用常行中著衣喫飯，事親從兄，盡是問學。若是不作切己，只是說話。今人只憑一己私意，瞥見些子說話，便立箇主張，硬要去說，便要聖賢從我言語路頭去，如何會有益。〔註50〕

這說明對經典所揭示的問題，他必須反身於己的。質言之，「學而時習之」、「三省吾身」與「喻於義而不喻於利」之體會，不是停留在對字義與文句，甚至注解理解而已，他必須指向日常之際的「主體」是否？有否？能否？「時習」與「三省」等道德踐履之過程。亦即在人倫社會之互動場域過程中，為人謀是否能忠？與朋友交能否有信？傳能否習乎？能夠從「義之所在」之「應當性」中做切己之觀省，方可謂之「切己體會」。此層意義，我們可藉由《宋元學案》之記載來說明：

十一，頁181。

〔註47〕 見〈論語一：語孟綱領〉，〔宋〕黎靖德編、王星賢點校，《朱子語類二》，卷第十九，頁444。

〔註48〕 見〈論語三：學而篇中〉，〔宋〕黎靖德編、王星賢點校，《朱子語類二》，卷第二十一，頁482。

〔註49〕 見〈論語三：學而篇中〉，〔宋〕黎靖德編、王星賢點校，《朱子語類二》，卷第二十一，頁489。

〔註50〕 見〈學二：總論為學之方〉，〔宋〕黎靖德編、王星賢點校，《朱子語類一》，卷第八，頁140。

王深寧《困學紀聞》曰：「呂成公讀《論語》『躬自厚而薄責于人』，
遂終身无暴怒。絜齋見象山讀《康誥》，有感悟，反己切責，若无所
容。前輩切己省察如此。」〔註51〕

這說明閱讀經典，所展現的是一種深切、且持續不絕的體驗工夫，其目的即
在於「身體心驗，使吾身心與聖賢之言相應」〔註52〕之過程，必須將所觀所
省之處加以對治而不犯才謂切己，故切己之工必指向「克己」之過程。為己
之學即是「身心體認」之學，乃是針對主體的身心之過加以對治與反省，閱
讀經典即要掌握其義，並且能切實體會其意。這樣的切己之學，朱子認為這
是儒學「明道」的價值意義的創造。他指出：

今人讀書，多不就切己上體察，但於紙上看，文義上說得去便了。
如此，濟得甚事！「何必讀書，然後為學？」子曰：「是故惡夫佞
者！」古人亦須讀書始得。但古人讀書，將以求道。不然，讀作何
用？今人不去這上理會道理，皆以涉獵該博為能，所以有道學、俗
學之別。〔註53〕

學須做自家底看，便見切己。今人讀書，只要科舉用；已及第，則
為雜文用；其高者，則為古文用，皆做外面看。〔註54〕

朱子認為讀書之意乃在於「明道」，這是主體對真理的覺解與把握，乃為「道
學」之所在；以解文義貴務博者乃非讀書，即不能切己之體驗者，乃是「俗
學」也。從其本質動機而言，此不但為「道俗之別」，亦為「義利之辨」所在。
這是朱子從切己之學延展出對儒學本質的區別與論述。

故針對上述之論，我們對朱子「切己之學」的整體意義，可做下面的理
解：

（一）「切己之學」，首先是對整章之文句反覆細心、虛心理解後，此層
謂之「理解」層次，這是指向對文本原意的正確掌握，而此理解之目的在於

〔註51〕見〔清〕黃宗羲撰、〔清〕全祖望續修、〔清〕王梓材校補，《宋元學案·絜
　　　齋學案》，第十九冊，卷七十五，頁110。
〔註52〕見陸九齡〈復齋文集〉，〔清〕黃宗羲撰、〔清〕全祖望續修、〔清〕王梓材
　　　校補，《宋元學案·梭山復齋學案》，第十四冊，卷五十七，頁124。
〔註53〕見〈學五：讀書法下〉，〔宋〕黎靖德編、王星賢點校，《朱子語類一》，卷第
　　　十一，頁181。
〔註54〕見〈學五：讀書法下〉，〔宋〕黎靖德編、王星賢點校，《朱子語類一》，卷第
　　　十一，頁182。

第二層之「體會」。

（二）所謂「體會」是指向經典的。是在文字理解後，體會其中所呈現的聖賢生命情境之問題，與其對治的義理工夫。這是一種「以身心驗之」的體驗過程。而在體會經典時，也同時對映於主體而「反觀於己」，即就經典聖賢所揭示的個人經驗與工夫，做「反身而誠」的「反身」動作。此即「驗之於己」的過程。這是由體會經典，而同時返之體驗自己的過程。

（三）當反身與反觀於己，進一步之問題就落在主體的檢點與對治之工，此為道德自省與實踐之階段。而此工夫得力處，即形成「身分上有長進處」的身心轉化，德性自當有所增益，即能產生「反身而誠」之「誠」的意義。

（四）是故，切己之學乃一「反身而誠」的體驗過程，是指向主體生命之實踐的。是在日常生活中從事親從兄等孝悌處做工夫的。整體來說，其工夫進路，是由閱讀、理解、體會，以身心驗之經典後，反之於身而驗之於己，實切的做克己之工而達至成己、反身而誠的道德實踐。

其次，除程朱論切己之學外，象山（陸九淵，自子靜，學者稱象山先生，1139～1193）陽明亦論此學。象山曾在白鹿洞書院討論君子「喻於義而不喻於利」一章，言及切己之學。他指出：

> 此章以義利判君子小人，辭旨曉白，然讀之者苟不切己觀省，亦恐
> 未能有益也。某平日讀此，不無所感，竊謂學者于此，當辨其志。
> 人之所喻，由其所習，所習由其所志。志乎義，則所習者必在于義，
> 所習在義，斯喻于義矣。志乎利，則所習者必在于利，所習在利，
> 斯喻于利矣。故學者之志，不可不辨也。……。〔註55〕

可見象山亦重視閱讀經典中，能否切己省察之意。但本質上來說，象山論切己之學，乃直就人性、人心之負面處來討論的。如《宋元學案・象山學案》載：

> 或問先生之學，當來自何處入。曰：「不過切己自反，改過遷善。」
> 〔註56〕

象山以其學乃從「切己自反」與「改過遷善」為下手處。這是一種自省自反

〔註55〕見〔清〕黃宗羲撰、〔清〕全祖望續修、〔清〕王梓材校補，《宋元學案・象山學案》，第十五冊，卷五十八，頁16。

〔註56〕見〔清〕黃宗羲撰、〔清〕全祖望續修、〔清〕王梓材校補，《宋元學案・象山學案》，第十五冊，卷五十八，頁36。

之學，自省後反之於己，則當有所克己，改過遷善即是克己之工。而此切己自反所針對之問題，指的是個人的「物欲」與「意見」。象山指出：

> 愚不肖者之蔽在於物欲，賢者之蔽在於意見，高下之汙潔雖不同，
> 其爲蔽理溺心而不得其正，則一也。〔註57〕

物欲指的是人之欲望，意見則爲人心之妄意與私意之處，此皆人之所陷溺而使其心無法清明之因，故治弊之道即在於「剝落」之工夫。象山認爲人之氣稟清濁不同，不逐物時尚能保持清明，但一逐物時便有所昏眩，故即要有工夫加以導正。他指出：

> 人心有病，須是剝落。剝落得一番，即一番清明，後隨起來，又剝
> 落，又清明，須是剝落得淨盡方是。〔註58〕

剝落之工夫即是將意見與物欲之妄，加以掃蕩廓清，以使本心清明如理之過程。其工夫亦只是不斷的反復剝落而已。此外，陽明亦論切己之學。他指出：

> 刊落聲華，務於切己處著實用力。〔註59〕

> 人若眞實切己用功不已，則于此心天理之精微，日見一日，私欲之
> 細微，亦日見一日。若不用克己工夫，天理私欲終不自見。如走路
> 一般，走得一段方認得一段，走到歧路處，有疑便問，問了又走，
> 方纔能到。今于已知之天理不肯存，已知之人欲不肯去，只管愁不
> 能盡知，閒講何益？且待克得自己無私可克，方愁不能盡知，亦未
> 遲耳。〔註60〕

陽明認爲人要能夠摒除對外在聲愈之迎合，須從切己之處著實而爲。具體來說，此切己處即是從人欲中行「克己之工」，眞實對映於主體身心之過加以對治與反省。

所以程朱陸王所建構的「切己之學」，雖在學習途徑上稍有不同，或從讀書之切己自反，或從身心上直接切己克己，但大體上其目標是一致的。即皆是儒學以成己爲目標的學習。而更仔細的說，「切己之工」是一種「向內的體驗」，是透由自我身心之體驗，進而達至心與理「渾然爲一」、己身與聖人之

〔註57〕見〈與鄧文範〉，〔宋〕陸九淵撰，《陸九淵集》（北京：中華書局，1980年1月），卷一，頁11。

〔註58〕見〈語錄下〉，〔宋〕陸九淵撰，《陸九淵集》，卷三十五，頁458。

〔註59〕見〔清〕黃宗羲撰，《明儒學案上‧姚江學案》，卷十，頁184。

〔註60〕見〔清〕黃宗羲撰，《明儒學案上‧姚江學案》，卷十，頁204。

言「相應符合」的狀態。就儒學成德之學的整體發展來說，他是有「為己之心」後，從「切己體驗」之過程推至而「克己之工」，最終達至「成己目標」的學習過程。

二、「著述之學」與「切己之學」之辨

釐清儒學的切己之學之意義與內容後，即可以對「著述之學」與「切己之學」之問題加以討論，亦即二曲「念著述之學非切己急務而止」之因由所在。

首先，就「著述之學」而言，可就二曲重視的朱子所著的《資治通鑑綱目》來加以說明。朱子此書是本於歷代春秋筆法之精神，進而突顯的「歷史正統論」之思想〔註 61〕，這是一種重視道德理想的歷史哲學。這種歷史哲學，就意涵上是「本哲學之中當然之價值觀念，以評斷歷史」〔註 62〕。亦即，此歷史哲學乃是本其價值觀進而建構的史論。但嚴格來說，此仍屬於一種道德知識之運作與裁斷。這說明了經史著述，乃「即事而求理」，或「依理而限事」，並非如「切己之學」一般，指向的是「主體的身心體驗與實踐」。以心學家而言，「著述之學」與「切己之學」他是兩種不同層次之意義的。我們可借陸象山（陸九淵，字子靜，學者稱象山先生，1139～1193）之言作為討論。象山曰：「學苟知本，《六經》皆為我註腳。」〔註 63〕此段文字之義，據林師安梧之分析，他構成了道體（本）、經典文字（六經）、本心（我）的圓環的關連，可稱為「本體實踐的圓環」（onto-hermeneutical circle）〔註 64〕。簡要的說，「道體通過本心而開顯為經典文字，一方面本心則由經典文字而契入道體」、「一旦契入道體，本心發露則自然朗現，而一切經典文字亦都衹是道體的流行。」〔註 65〕援其意來說，經典之著述是對本心、本體之契得後的詮釋

〔註 61〕朱子在其書〈凡例‧統系一〉「正統」中，指出漢「自建安二十五年以後黜魏年，而用漢紀與司馬氏異」。在「僭國」謂棄亂簒位或據土者，指出如漢之魏等。見〔宋〕朱熹撰、〔清〕聖祖批，《御批資治通鑑綱目》，收入於《景印文淵閣四庫全書》（臺北：臺灣商務印書館，民國 72 年），卷首上，頁 11。

〔註 62〕見唐君毅著，〈中國歷史之哲學的省察──讀牟宗三先生《歷史哲學》書後〉一文，收入於牟宗三著，《歷史哲學》（臺北：學生書局，民國 63 年 10 月），附錄一，頁 5。

〔註 63〕見〈語錄上〉，〔宋〕陸九淵撰，《陸九淵集》，卷三十四，頁 395。

〔註 64〕見林師安梧著，《中國宗教與意義治療》（臺北：明文書局，1996 年 4 月），第三章，頁 79。

〔註 65〕見林師安梧著，《中國宗教與意義治療》，第三章，頁 78～79。

與創造。亦即，必須先對心體、道體有所契入；心體、道體發露後才有所謂的「經典文字」等著述之產生。著述之形成，當是主體體道後自然產生的經驗說明。

從儒學主體之踐履而成聖的過程來看，它必經幾個環節：如為學之初的自覺與立志、實踐與修正、把握與體現、驗證與著述。著述之學雖非純客觀之論，涵育一道德文化之理想性，但對於契道成聖之意義，它始終是最後的，他是本心顯露後的自然流行，兩者是存在著本末之邏輯關係的。是故，就此立場來看，二曲對「著述之學」與「切己之學」的思索就有其意義在。這說明了，「著述之學」對於主體契道並非切實與切急，尤其「萬事莫如求道急」，以經斷史或以史證經，皆非為學之首要關鍵處。尤其「本未證知」，從事經典著述，不但非急務之所在，更可能淪於妄見與意見之論。此即為他深切追悔而焚稿之因。二曲在〈答許斗一〉之書中就明白指出：

> 人生喫緊要務，全在明己心，見己性，了切己大事。誠了大事，焉用著述？如其未了，何貴著述？口頭聖賢，紙上道學，乃學人通病。〔註66〕

二曲認為人生所學目的在於為己與成己。為己之學，乃事事從身心上體認，明此心，體此理，修此身的道德實踐歷程，故所謂「為學」與「講學」，實即所謂「身心體認」之工夫。二曲即指出：「今日吾儕切磋，非是學聖賢，講理學，只要個人時時澄心反觀，自認自勘。自認，則主人不昧；自勘，則疵吝不容。」〔註67〕相對的，著述之學則非為己之學，而是趨名趨利的「為人之學」。二曲在其晚年所著的《四書反身錄》中就明確指出：

> 聖賢著述，原為明道；常人著述，不過博名。〔註68〕

> 聖賢著述，是扶綱常、立人極、紹古往、開群蒙，常人則借以表見於天下後世，以圖不朽而已。天理人欲之分，莫大於此。〔註69〕

著述之學本質動機乃一求名之舉、人欲之為。是故，其著述愈多，則去道愈遠矣。二曲指出聖賢之著乃「述而不作」，其文字表達乃在於躬行心得之餘，作為講學明道之意義而形成的，其目的在於羽翼《六經》、《四書》，而非藉由

〔註66〕見〈書一〉，《二曲集》，卷十六，頁158。
〔註67〕見〈南行述〉，《二曲集》，卷十，頁76。
〔註68〕見《四書反身錄》，《二曲集》，卷三十四，頁454。
〔註69〕見《四書反身錄》，《二曲集》，卷三十四，頁454。

著述以博其名的。這是他區別聖賢之書與一般著述差別之所在。

　　所以「著述之學」，因非切己急務而止，其焚書之因乃而有見於體道之不足，切己之學才是為學首要下手處。這說明了成聖是一種「為己之學」，當從己身心為下手之處，而非在文字議論之間。是故，由「焚書」而進入「切己自反」，乃代表二曲為學歷程中的第二層轉變。

第二章　〈悔過自新說〉之討論

第一節　緒　論

　　〈悔過自新說〉是二曲早年爲學中最爲重要之宗旨，這個富有原始儒學之見解，本質上是被視爲一種回歸原始儒學的發展過程〔註1〕。而就此說之理解，我們可從兩個面向來談。

　　首先，從「儒學之歷史傳統」來言，二曲認爲〈悔過自新說〉乃是儒家經典《六經》、《四書》之精神所在，更可作爲宋明以來儒家諸說的補充。這是他詮釋、體驗儒家傳統整合而得的經驗歸結。

　　其次，從「成聖契道之體驗」來說，二曲認爲〈悔過自新說〉既可「安身立命」，亦可「自利利他」，故敢揭之以公同志〔註2〕。二曲指出：「學問須從肯綮處著力。悔過自新，乃千聖進修要訣，人無志於做人則己，苟眞實有志做人，須從此學則不差。」〔註3〕這說明了既立志爲學，當從主體的身心之過作工夫，方爲實切與實學。這說明了，〈悔過自新說〉，實爲二曲深切體驗的心得之證，乃二曲切己之學的體現，故此說實有其體驗後工夫得力之意義存在。

〔註1〕陳俊民在《二曲集》的〈前言〉中就指出：「他的『悔過自新說』，是在關學遺風的薰陶下，完全承襲了呂柟『仁心說』、馮從吾『善心說』的思想。其學風論旨，不單是『由明而漸返於宋』，由朱、王返歸張載，而是從王陽明的『致良知』向孟子的『四端』性善說的還原（見《二曲集》，頁7）。二曲此說雖有回歸原始儒學之意義，但陳俊民之解釋，確有過度詮釋關學對二曲之影響。

〔註2〕見〈悔過自新說〉，《二曲集》，卷一，頁4。

〔註3〕見〈悔過自新說〉，《二曲集》，卷一，頁4。

　　整體來說，就〈悔過自新說〉之思想而言，乃二曲早年爲學的體驗與發端，是儒學精神所在，基於此歷史之傳統與實踐之意義，二曲視此視爲成聖工夫之要，並成爲其後來教學之基礎。其弟子劉宗泗就指出：「其學以尊德性爲本體，以道問學爲工夫，以悔過自新爲始基。」〔註4〕往後二曲教學，即以悔過自新作爲道德實踐之下手工夫處。本章針對〈悔過自新說〉之討論，大抵有三層步驟：

　　第一、首先，先從儒學之自省悔過思想作一歷時性的討論，以明儒學論自省悔過之傳統與淵源所在。

　　第二、就〈悔過自新說〉之「理論建構」部份加以說明。討論的是此說與傳統《六經》、《四書》之關係、對宋明諸儒理論之看法，以及主體與時代問題之考察等三個面向的整合。

　　第三、就〈悔過自新說〉之「理論內容」部份加以討論。主要先從「性善」與「善反」之說，論其「復性」之思想；其次，則從「悔過之過」與「自新之態度」論主體自省之學的意義；最後，則從靜坐與知幾之工，以及「多識前言往行」等意義逐一說明。以明其心性思想、工夫實踐、與爲學態度等諸說之關係。以下則依序論之：

第二節　儒學之自省悔過思想

　　儒學本質上是一種爲己之學、成德之教，強調透過自力、自學於此人倫世界之中，對自我生命負面與非理性之部份作化解與調整。其目的在於，透由自我修養之完善與人格之實現後，並藉由此修養與實現後，推進於群體、國家與天下之實現與完善過程。這說明了成德之學的首要處，在於主體「德性」與「德行」之問題上。

　　而從道德心性與工夫來看，人如何有德行？德性之本質界定又爲何？此即涉及了「心性論」與「道德實踐」等本體工夫之處。但嚴格來說，心性本體之體悟，終究非一朝可成、非一時可爲的，亦非人人可爲的，對於成德之學，他本質上有其更直接的操作方法，此即「自省悔過」之道德實踐。具體來說，人何以無德，即在於人之有過；人若欲成德而求無過，其直接之法則在「自省悔過」。惟有自省，方知其病根所在；惟有悔過，方能知過而改過。「自

省悔過」實爲成德之學的基礎所在，亦爲一實學實行之意。牟宗三就指出：

> 「道德的善本身」通過什麼才能被肯認呢？必先通過內在的「道德
> 意識」（Moral cons-ciousness）才可顯露道德上的善與不善，換句話
> 說：道德的善本身必由道德意識發出，亦即是說：道德的善不能離
> 開主觀方面的道德意識。人類一方面有罪惡感（Sense of sin or
> guilt），另一方面又有道德意識，使人受罪惡感的折磨，不安於陷溺
> 於罪惡的深淵，而要從罪惡的深淵爬出，故此道德的善是針對罪惡
> 意識而顯的。通過主觀方面的道德意識，對罪惡才可有清楚的感
> 受，才有清楚的概念（clear concept of sin）。如此，才可再了解道德
> 的善，對道德善本身亦有清楚的概念。〔註5〕

這說明了，道德之善的成就，必然有其自省的意識爲其前提，若無自省，人
之本質之善即無法彰顯，自然無法成就道德之善。而就道德實踐而言，實質
上，乃剋就道德意識層面加以轉化的，故所謂的「自省」，即意謂著對自我常
行，存在於一罪惡之感，並對此罪惡之感有所察覺、有所超越。儒學素來多
以性善爲論，所謂「惡」不過是善的缺乏。故有其罪惡之意識，自圖反省與
超克，進而悔過而自新，必能成就道德之善。這是主體成德爲善中，皆必須
歷經的內在體驗。

　　儒學向來強調自省悔過之意義，如《論語》一書中論「自省悔過」有「顏
淵不貳過」〔註6〕、「曾子每日三省吾身」〔註7〕、「過則勿憚改」〔註8〕，「五
十以學《易》，可以無大過矣。」〔註9〕等，此處皆是從日常德行之中，對自
我進行的道德修養工夫。而重視心性工夫的宋明諸子，亦重「自省悔過」之
說。如周敦頤（字茂叔，1017～1073）就指出：「人之不幸不聞過，大不幸無
恥。必有恥則可教，聞過則可賢。」〔註10〕「仲由喜聞過，令名無窮焉。今
人有過，不喜人規，如護疾而忌醫，寧滅其身而悟也。噫！」〔註11〕「君子

〔註 5〕 見牟宗三著，《中國哲學的特質》，頁 69。
〔註 6〕 見《論語集注》〈雍也第六〉，〔宋〕朱熹撰，《四書章句集注》，卷三，頁 83。
〔註 7〕 見《論語集注》〈學而第一〉，〔宋〕朱熹撰，《四書章句集注》，卷一，頁 48。
〔註 8〕 見《論語集注》〈學而第一〉，〔宋〕朱熹撰，《四書章句集注》，卷一，頁 50。
〔註 9〕 見《論語集注》〈述而第七〉，〔宋〕朱熹撰，《四書章句集注》，卷四，頁 155。
〔註10〕 見《通書・幸第八》，〔宋〕周敦頤撰、〔清〕董榕輯，《周子全書》（臺北：
　　　　廣學社印書館，民國 64 年），卷八，頁 144。
〔註11〕 見《通書・過第二十六》，〔宋〕周敦頤撰、〔清〕董榕輯，《周子全書》，卷
　　　　十，頁 178。

乾乾不息於誠，然必懲忿窒欲、遷善改過而後至，乾之用其善是，損益之大莫是過。聖人之旨深哉。吉凶悔吝生乎動。噫！吉一而已，動可不慎乎。」〔註12〕以上諸說旨在提倡子路聞過知恥之精神，並從《易經》〈損〉卦的懲忿窒欲，以及〈益〉卦的遷善改過，作爲君子志道向學之基。

程伊川論「自省悔過」，則曰：「罪己責躬不可無，然亦不當長留在心胸爲悔。」〔註13〕這說明自省悔過實爲成德之學的基本工夫，但不可經常執悔於心。至於朱子論「自省悔過」。朱子於〈白鹿洞書院學規〉「修身之要」中就規定「言忠信。行篤敬。懲忿窒欲。遷善改過。」〔註14〕四要則，並在其所編的《近思錄》一書中，於卷五言「改過遷善克己復禮」、卷十二言「改過及人心疵病」〔註15〕，以明「自省悔過」之重要性。此外，如上所述，象山之學亦從「切己自反，改過遷善。」〔註16〕作爲下手處。

陽明亦論「自省悔過」，他在〈教條示龍場諸生〉一文，就曾提出了以四事相規。分別是立志、勸學、改過與責善。就「改過」之說，他指出：

> 夫過者，自大賢所不免，然不害其卒爲大賢者，爲其能改也。故不貴於無過，而貴於能改過。諸生自思平日亦有缺於廉恥忠信之行者乎？亦有薄於孝友之道，陷於狡詐偷刻之習者乎？……。諸生試內省，萬一有近於是者，固亦不可以不痛自悔咎。然亦不當以此自歉，遂餒於改過從善之心。但能一旦脫然於洗滌舊染，雖昔爲寇盜，今日不害爲君子矣。〔註17〕

其〈悔齋說〉亦言：

> 悔者，善之端也，誠之復也。君子悔以遷於善；小人悔以不敢肆其惡；惟聖人而後能無悔，無不善也，無不誠也。然君子之過，悔而

〔註12〕見《通書・乾損益動第三十一》，〔宋〕周敦頤撰、〔清〕董榕輯，《周子全書》，卷十，頁186～187。

〔註13〕見〔清〕黃宗羲撰、〔清〕全祖望續修、〔清〕王梓材校補，《宋元學案・伊川學案上》，第五冊，卷十五，頁75。

〔註14〕見〔宋〕朱熹撰、陳俊民校訂，《朱子文集捌》（臺北：財團法人德富文教基金會，民國89年2月），卷第七十四，頁3731。

〔註15〕見古清美註譯，《近思錄今註今譯、大學問今註今譯》，卷五、卷十二，頁235～264、441～461。

〔註16〕見〔清〕黃宗羲撰、〔清〕全祖望續修、〔清〕王梓材校補，《宋元學案・象山學案》，第十五冊，卷五十八，頁36。

〔註17〕見〔明〕王守仁撰、吳光、錢明、董平、姚延福編校，《王陽明全集下》（上海：上海古籍出版社，1992年12月），卷二十六，頁975。

　　弗改焉，又從而文焉，過將日入於惡；小人之惡，悔而益深巧焉，益

　　憤譎焉，則惡極而不可解矣。故悔者，善惡之分也，誠僞之關也，

　　吉凶之機也。君子不可以頻悔，小人則幸其悔而或不甚焉耳。〔註18〕

陽明論「自省悔過」雖未成專論，但亦點明悔過與改過之重要性。他認爲自
悔其過乃一自反吾身之過程，這是內在善惡誠僞之判。除此，他亦指出，雖
大賢亦有過，強調人應當知錯必改。但相對的，陽明認爲在主體省覺之過程
中，悔過雖爲成德之基，但不能據以爲執，只求悔過之心。例如《傳習錄》
即載：

　　侃多悔。先生曰，「悔悟是去病之藥。以改之爲貴。若留滯於中，則

　　又因藥發病。」〔註19〕

此爲陽明承伊川之言，以君子頻悔容易構成執滯之病，對天理良知之擴充，
則成障礙，這是屬於陽明對此說的幾點討論。

　　關學之呂涇野亦論自省悔過之說，他提出「甘貧改過」之說。其曰：「然
能甘貧，則一切浮雲外物舉不足爲累矣；能改過，則可以日新而進於善矣。
打抵過失亦多生於不能安貧中來，貧而能安，過亦可少，觀於顏子可見矣。」
〔註20〕這意謂人之行爲之失大多產生於貧窮之際，失其道德節義，故人若安
於貧，自然能寡過而無失。

　　而宋明諸儒對自省悔過觀點，最有系統性的說明，則爲明末大儒劉蕺山
所作的〈人譜〉。關於〈人譜〉之作，劉氏主要是針對在明代社會中廣泛流行
的「功過格」〔註21〕，加以批判與導正的，進而建立一套屬於儒家的道德自
省之法。劉氏於〈人譜・自序〉中就明確指出：

　　友人有示予以袁了凡《功過格》者，予讀而疑之。……。了凡學儒

　　者也，而篤信因果，輒以身示法，亦不必實有是事。傳染至今，遂

　　爲度世津梁，則所關於道術晦明之故，有非淺鮮者。予因之有感，

〔註18〕見〔明〕王守仁撰、吳光、錢明、董平、姚延福編校，《王陽明全集上》，卷
　　　　二十四，頁 909。

〔註19〕見陳榮捷著，《王陽明傳習錄詳註集評》（臺北：學生書局，民國 81 年 10
　　　　月），卷上，頁 128。

〔註20〕見〔明〕呂柟撰，《涇野子內篇》，收入於《四庫全書珍本五集》（臺北：臺灣
　　　　商務印書館，民國 63 年），頁 3。

〔註21〕關於明清功過格之討論，可參〔美〕包筠雅著、杜正貞、張林譯、趙世瑜
　　　　校，《功過格：明清社會的道德秩序》（杭州：浙江人民出版社，1999 年 9 月）
　　　　一書。

> 特本證人之意，著〈人極圖說〉以示學者。繼之以六事功課，而《紀
> 過格》終焉。言過不言功，以遠利也。總題之曰〈人譜〉，以為譜人
> 者莫近於是。〔註22〕

此〈譜〉乃本之儒家義利之辨，駁斥《功過格》突顯的追求道德利益的功利思想。劉氏認為至今言道者「高之或淪於虛無」、「卑之或出於功利」〔註23〕皆非儒學精義。是故，他要「言過不言功」，以遠其「自私自利」以及「以功為驕」等雙重弊端；於是他一改《功過格》變為《紀過格》。劉氏此著，一方面吸取了功過格的體例模式，又從陽明至善心體之說作為理論根據，並依周敦頤之〈太極圖〉，構結成一套道德成聖的改過之法。他將人之過劃分為微過、隱過、顯過、叢過、成過等六過，並提出訟過之法，即由靜坐與讀書為工，達至其所謂聖人之學的過程。而他更在其〈人譜雜記一〉、〈人譜雜記二〉與中，列舉先賢往聖之例，分為「體獨篇」、「知幾篇」、「定命篇」、「凝道篇」作為佐證警省之例。這是一個體例嚴密，有理論與圖說，有原則與討論，從本體到工夫，從身到心修練的整體性的說明。

所以根據以上所述，可知儒學素來重視自省改過之意義，這說明了以聖賢為期的終極目的，德性之自省乃學習下手之關鍵處，由自省而悔過，並切實的改過與不二過，實為主體成德之學中最重要、最實切之學。這是理解儒學學說中，相當重要的過程。

第三節　〈悔過自新說〉之詮釋

關於〈悔過自新說〉見解之提出，尤其是一個企圖涵蓋儒學經典與諸家之說，其如何證立是值得注意的。法國「年鑑學派」布勞岱（F. Braudel）對歷史的研究中提出了所謂「歷史時間」的看法。布氏認為歷史研究「不再局限於短期個人與事件的描述」，而應在於了解其「歷史過程中的連續性，以及背後基本的結構」〔註24〕，是故他提出了研究歷史時間的方法。它分別是：

〔註22〕見〔明〕劉宗周撰、鍾彩鈞編校，《劉宗周全集二》（臺北：中央院文哲所，民國85年6月），頁1～2。

〔註23〕見〔明〕劉宗周撰、鍾彩鈞編校，《劉宗周全集二》，頁1。

〔註24〕見高承恕著，〈布勞岱（F. Braudel）與韋伯（M. Weber）：歷史對社會學理論方法的意義〉一文，收入於黃俊傑編譯，《史學方法論叢》（臺北：學生書局，民國73年10月），頁133。

綿延甚久的長程時間（longue dure'e long duration）、數十年的時期時間（conjunctures），或短期的數年。二曲認為〈悔過自新說〉乃括其《六經》、《四書》與宋明諸子之微奧，這是他將〈悔過自新說〉與儒學之說作一「歷時性」的回應。在此之分析上，亦可援其布氏之理論對〈悔過自新說〉作一類比處理的。首先，就「長程時間」而言，則討論二曲對儒學經典詮釋之問題？其次，就「時期」而言，則討論〈悔過自新說〉與宋明諸子看法之差異，以及其提出理論之意義性為何？最後，就「短期」之時間，則可考察其創作〈悔過自新說〉的個人社會因素。陳述說明這三個時期的意義性，是有助於理解二曲對此說之詮釋與反省。以下則依序論之：

一、儒學經典中的悔過自新精神

二曲對〈悔過自新說〉的立論，首先處理是聖賢經傳與其論點之關係。其詮釋之目的，當然是針對「長程時間」的儒家經典與其〈悔過自新說〉，進行一視域之融合，並提出其說之合理性以釋眾疑。據〈悔過自新說〉載：

> 疑者曰：「《六經》、《四書》，卷帙浩繁，其中精義，難可殫述『悔過自新』寧足括其微奧也？」殊不知《易》著「風雷」之象，《書》垂「不咎」之文，《詩》歌「維新」之什，《春秋》微顯闡幽，以至於《禮》之所以陶，《樂》之所以淑，孔曰「勿憚」，曾曰「其嚴」，《中庸》之「寡過」，孟氏之「集義」，無非欲人復其無過之體，而歸於日新之路耳。正如《素問》、《青囊》，皆前聖已效之方，而傳之以救萬世之病，非欲於病除之外，別有所增益也。〔註25〕

對《六經》的討論與說明，是對儒學基本思想的掌握，也是二曲在論述中必先回應的。以下則先釐清二曲對儒學經典之說法，再予以整體之說明：

（一）以《易》而言，《易》的「風雷」之象見於「益」卦。其〈象〉曰：「風雷，益，君子以見善則遷，有過則改。」〔註26〕此卦上為巽，巽為風，下卦為震，震為雷。程伊川指出：「風烈則雷迅，雷激則風怒，二物相益者也。」〔註27〕是故，君子見疾風迅雷相益之象，則要能求益於己。益己之道，

〔註25〕見〈悔過自新說〉，《二曲集》卷一，頁4。

〔註26〕見〔魏〕王弼、韓康伯注、〔唐〕孔穎達等正義，《周易正義》，收入於《十三經注疏》（臺北：藝文印書館，民國86年8月），卷四，頁96。

〔註27〕見〔宋〕程頤撰，《易程傳》（臺北：文津出版社，民國79年10月），卷五，頁373。

即在於能積極的見善而遷，消極的見過則改。此為《易》所垂示的悔過自新之道。

（二）以《尚書》而言，《尚書》的「不吝」之文見於〈仲虺之誥第二〉。其曰：「成湯放桀於南巢，惟有慚德，曰：『予恐來世以台為口實』。仲虺乃作誥曰：『嗚呼！惟天『生民有欲』，無主乃亂。……德懋懋官，功懋懋賞，用人惟己，改過不吝，克寬克仁，彰信兆民。』」〔註28〕孔穎達（字沖遠，574～648）〈正義〉曰：「凡庸之主得人之言，恥非己智，雖知其善不肯遷從，已有愆失恥於改過，舉事雖覺其非，不肯更悔，是惜過不改，故以此美湯也。」〔註29〕其說主要在讚歎商湯，惟善是從，且能改悔其失，以寬以仁，而終能明信於天下。此為《尚書》所垂示的悔過自新之道。

（三）以《詩經》而言，《詩經》的「維新」之旨見於〈文王之什〉。其曰：「周雖舊邦，其命維新。有周不顯，帝命不時，文王陟降，在帝左右。」〔註30〕孔穎達〈正義〉曰：「周雖是舊國，其得天命，維為新國矣，以明德而受天命，變諸侯而作天子，是其改新也。」〔註31〕此謂文王能彰明其德，而大德者必受命而為天子。《大學》亦言：「詩云：『穆穆文王，於緝熙敬止，為人君，止於仁；為人臣，止於敬；為人子，止於孝；為人父，止於慈；與國人交，止於信。』」〔註32〕此言周自后稷始封，有國甚久，故曰舊邦；然建周之業卻始於文王，是故雖為舊邦，但其命維新。此為《詩經》所垂示的悔過自新之道。

（四）以《春秋》而言，《春秋》的「微顯闡幽」〔註33〕乃見於孔子（孔

〔註28〕見〔漢〕孔安國傳、〔唐〕孔穎達等正義，《尚書正義》，收入於《十三經注疏》（臺北：藝文印書館，民國86年8月），卷第八，頁110～111。

〔註29〕見〔漢〕孔安國傳、〔唐〕孔穎達等正義，《尚書正義》，卷第八，頁111。

〔註30〕見〔漢〕毛亨傳、〔漢〕鄭元箋、〔唐〕孔穎達等正義，《毛詩正義》收入於《十三經注疏》（臺北：藝文印書館，民國86年8月），卷第十六，頁533。

〔註31〕見〔漢〕毛亨傳、〔漢〕鄭元箋、〔唐〕孔穎達等正義，《毛詩正義》，卷第十六，頁533。

〔註32〕見《大學章句》，〔宋〕朱熹撰，《四書章句集注》，頁5。

〔註33〕「微顯闡幽」一語見於劉知幾《史通·敘事》論史書之技巧。其曰：「微顯闡幽，婉而成章，雖殊途異轍，亦各有差焉。」見〔唐〕劉知幾撰、〔清〕浦起龍釋、〔民國〕呂思勉評，《史通釋評》（臺北：華世出印社，民國64年4月），卷六，頁145。劉氏認為史家之筆，有顯有晦，「顯也者，繁詞縟說，理盡於篇中；晦也者，省字約文，事溢於句外。」（同上，頁151）所謂「顯」，指明史事之載在於詳盡其事；而「晦」，即「使夫讀者望表而知裏，捫毛而辯

丘，字仲尼，前 551～479）的微言大義之中。司馬遷（字子長，前 145～86）
《史記・太史公自序》言：「予聞董生曰：『周道衰微，孔子為魯司寇，諸侯
害之，大夫壅之。孔子知言而不用，道之不行也，是非二百四十二年之中，
以為天下之儀表，貶天子，退諸侯，討大夫，以達王事而已矣。』子曰：『我
欲載之空言，不如見之于行事之深切著明也。』夫《春秋》，上明三王之道，
下辨人事之紀，別嫌疑，明是非，定猶豫，善善惡惡，賢賢賤不肖，存亡國，
繼絕世，補敝起廢，王道之大者也。」〔註34〕可見孔子之著《春秋》，有其道
德理想的，左丘明在《左傳》成公十四（577）年的「故君子曰」中即指出：
「春秋之稱，微而顯，志而晦。婉而成章，盡而不汙，懲惡而勸善，非聖人，
誰能脩之？」〔註 35〕亦即孔子借由以經斷史，以史證經的方式，對魯國之歷
史作道德裁斷，彰顯其道德善惡之理念，進而建構起一聖人王道的政治思
想，以為後世存誡。此為《春秋》所垂示的悔過自新之道。

　　（五）以《禮》、《樂》而言，《禮》、《樂》之陶淑乃見於對人性之建構上。
《禮記・曲禮》云：「道德仁義，非禮不成，教訓正俗，非禮不備，分爭辨
訟，非禮不決。君臣、上下、父子、兄弟，非禮不定。……。是以君子恭敬
撙節，退讓以明禮。……。是故聖人作，為禮以教人，使人以有禮知，自別
于禽獸。」〔註 36〕《禮記・樂記》則云：「樂者，音之所由生也，其本在人心
之感於物也。……是故先王慎所以感之者，故禮以道其志，樂以和其聲。」
〔註 37〕這說明禮樂之道在於人性之教化，即透過「禮儀之要求」與「音樂
之涵養」，完成道德人格教育的陶鑄與涵養，以符合傳統宗法與政治制度下的
行為規範，進而達到治平之政的實踐。此為《禮》、《樂》所垂示的悔過自新
之道。

　　（六）《四書》亦言悔過自新之道。首先，孔曰「勿憚」，見《論語・學

　　骨，覩一事於句中，反三隅於字外，晦之時義，不亦大哉！」（同上，頁 151）
　　強調重視其言外之意。

〔註 34〕見〔漢〕司馬遷撰，《史記四》（臺北：鼎文書局，民國 84 年 10 月），卷一三
　　　　○，頁 3297。

〔註 35〕見〔周〕左丘明傳、〔晉〕杜預注、〔唐〕孔穎達疏，《春秋左傳正義》，收
　　　　入於《十三經注疏》（臺北：藝文印書館，民國 86 年 8 月），卷二十七，頁
　　　　465。

〔註 36〕見〔漢〕鄭元注、〔唐〕孔穎達等正義，《禮記正義》，收入於《十三經注疏》
　　　　（臺北：藝文印書館，民國 86 年 8 月），卷第一，頁 14～15。

〔註 37〕見〔漢〕鄭元注、〔唐〕孔穎達等正義，《禮記正義》，卷三十七，頁 663。

而篇》，其言：「君子不重則不威，學則不固。主忠信，無友不如己者，過則勿憚改。」〔註38〕此處乃謂君子進德修業，當在忠信以誠，並勇於改過遷善，這是對君子成德之指導與說明。而曾曰「其嚴」，乃指《大學》中曾子（曾參，字子輿，前505～436）言：「『十目所視，十手所指』，其嚴乎！富潤屋，德潤身，心廣體胖，故君子必誠其意。」〔註39〕所謂誠於中，必形之於外，而形既露，則爲人所棄，故十分可畏，強調君子必愼獨而誠其意。至於《中庸》之「寡過」，乃謂「王天下有三重焉，其寡過矣乎！」〔註40〕這說明君主能在「議禮」、「禮制」、「考文」三事處置得當，則「國不異政，家不異俗，而人得寡過矣。」〔註41〕最後，孟子（孟軻，字子輿，前372～289）之「集義」，乃見於《孟子・公孫丑上》談「浩然之氣」之養。孟子曰：「難言也。其爲氣也，至大至剛，以直養而無害，則塞於天地之閒。其爲氣也，配義與道，無是，餒也。是集義所生者，非義襲而取之也。」〔註42〕此處談浩然之氣的養護在於「心得其正時識取」〔註43〕，即須以合乎仁義之事擴充之，理直方能氣壯，故是「由仁義行」集義而生，而非「行仁義」之義襲也。

　　鼇清所論，可見《六經》、《四書》就二曲而言，皆在體現一種「復其無過之體」的「明體改過」之道。所謂「明體改過」，陽明就指出：

> 人心是天淵。心之本體，無所不該。原是一箇天。只爲私欲障礙，則天之本體失了。心之理無窮盡。原是一箇淵。只爲私欲窒礙，則淵之本體失了。如今念念致良知。將此障礙窒礙，一齊去盡。則本體已復，便是天淵了。〔註44〕

就儒家而言，人之本性皆爲完善，但實然上，人自有其私欲與負面之處，進而使天賦之性有所障礙。是故，即要不斷展開工夫之落實，方能明體復性而成德。而悔過自新之意義即爲此，其旨乃在強調個人之悔過與自省，並進而由此態度開展的對自我德性與生命眞理的追尋。從二曲所舉之例，無論君子、

〔註38〕見《論語集注》〈學而第一〉，〔宋〕朱熹撰，《四書章句集註》，卷一，頁50。
〔註39〕見《大學章句》，〔宋〕朱熹撰，《四書章句集註》，頁7。
〔註40〕見《中庸章句》，〔宋〕朱熹撰，《四書章句集註》，頁36。
〔註41〕見《中庸章句》，〔宋〕朱熹撰，《四書章句集註》，頁36～37。
〔註42〕見《孟子集注》〈公孫丑章句上〉，〔宋〕朱熹撰，《四書章句集註》，卷三，頁231。
〔註43〕見《孟子集注》〈公孫丑章句上〉，〔宋〕朱熹撰，《四書章句集註》，卷三，頁231。
〔註44〕見陳榮捷著，《王陽明傳習錄詳註集評》，卷下，頁300。

君王乃至聖賢，皆透由一種自我的「自省悔過」之態度，改過向善而達至明體的完善之境，而亦透由此自省後的明體完善之境，教導化育與垂鑑於歷史之中，對普羅大眾進行人性的重建工程。二曲認為儒家之經典，乃「前聖已效之方，而傳之以救萬世之病」〔註45〕，經典如同醫書般具有治療之功。這說明了，經典是人性受到異化、宰制〔註46〕的靈丹妙藥，能夠把握其精神與實踐之精神，即能真實落實於生命之中產生自我轉化的力量，故對經典之掌握與體會當有其特殊意義的。陽明即指出：

> 《五經》亦只是史，史以明善惡，示訓戒。善可為訓者，時存其跡，
> 以示法。惡可以為戒者，存其戒而削其事，以杜奸。〔註47〕

陽明「以五經為史」，其史並非過去歷史的客觀記錄，他認為歷史乃一道德理想的展現，是重視道德善惡之訓戒價值所在，此為後世讀經之人所應重視的。

　　所以根據以上所述，二曲認為《六經》、《四書》，應從悔過自新之精神來加以理解，這是二曲對儒家經典精神的一種理解與詮釋。但嚴格來說，《六經》、《四書》之精義，自非〈悔過自新說〉一旨所能涵蓋的，不過從廣義之角度來說，以經典明其成德之意，成德本之於自省悔過之實踐，這個論點本質上應是可以接受的。〔註48〕

二、宋明諸子思想之思考與反省

　　〈悔過自新說〉的第二層之說明，主要在論宋明諸子之「宗旨工夫」與此說之關係。如上所論，這是屬於「時期時間」的詮釋。二曲指出：

> 古今名儒倡道救世者非一：或以「主敬窮理」標宗，或以「先立其
> 大」標宗，或以「心之精神為聖」標宗，或以「自然」標宗，或以
> 「復性」標宗，或以「致良知」標宗，或以「隨處體認」標宗，或
> 以「正修」標宗，或以「知止」標宗，或以「明德」標宗。雖各家

〔註45〕見〈悔過自新說〉，《二曲集》，卷一，頁4。

〔註46〕所謂「宰制」（domination）與異化（alienation），前者之說是指人受到外在的力量所控制，後者乃指放心而亡其宅，兩說可能恆為一因果關係。見林師安梧著，《中國宗教與意義治療》，第三章，頁59。

〔註47〕見陳榮捷著，《王陽明傳習錄詳註集評》，卷上，頁53。

〔註48〕鍾彩鈞就指出：「六經四書的內容廣泛，也不能如此的一言以蔽之。於此須知，二曲是緊扣著道德實踐一義來標宗的，說諸儒宗旨開人以悔過自新的門路，就如說諸儒之宗旨總要歸於實踐。」見鍾彩鈞著，〈李二曲思想概說〉，《孔孟月刊》，頁17。

宗旨不同，要之總不出「悔過自新」四字，總是開人以悔過自新的
門路，但不曾揭出此四字，所以當時講學，費許多辭説。愚謂不若
直提「悔過自新」四字爲説，庶當下便有根據，所謂「心不妄用，
功不雜施，丹府一粒，點鐵成金也」。〔註49〕

基本上二曲認爲儒學各家宗旨雖有不一，但皆可涵蓋於〈悔過自新〉的意涵
之內。以下亦先釐清各家之宗旨，再予以整體之説明。首先，如「朱陸之問
題」。黃宗羲在〈象山學案〉中就指出：

先生之學，以尊德性爲宗，謂先立乎其大，而後大之所以與我者，
不爲小者所奪。夫苟本體不明，而徒致功於外索，是無源之水也。
同時紫陽之學，則以道問學爲主，謂格物窮理，乃吾人入聖之階梯，
夫苟信心自是，而惟從事于覃思，是師心自用也。兩家意見既不
同，……，繼先生與兄復齋會紫陽于鵝湖，復齋倡詩有：「留情傳注
翻榛塞，著意精微轉陸沈」之句，先生亦和詩亦云：「易簡工夫終久
大，支離事業竟浮沈」，紫陽以爲譏己，不懌，而朱陸之異益甚。于
是宗朱者詆陸爲狂禪，宗陸者以朱學爲俗學，兩家之言，各成門户，
幾如冰炭矣。嗟乎！聖道之難明。〔註50〕

此爲朱陸問題形成的歷史因由。簡要的説，象山之學乃承孟子，強調「先立
乎其大」，其説重視道德意識的反省與把握，並以此爲道德實踐的主體與根
據；而朱子則師承伊川，以主敬窮理爲宗，主要強調透過對主體「主一無適」
之「敬」的工夫，以把握體現天理的方法〔註51〕。這是兩者在成聖的目標上，
對道德主體的認知與方法上的差異。而象山之後，二曲論述的即爲「決象山
之瀾」〔註52〕的楊簡（字敬仲，學者稱慈湖先生，1141～1225）。楊簡承《孔
叢子》而言「心之精神爲聖」，其〈臨安府學記〉云：「孔子語子思曰『心之
精神是謂聖』，聖亦無所不通之名。人皆有此心，此心未嘗不聖不精神，無體
質無際畔，無所不在無所不通。」〔註53〕其旨在強調人之心與聖賢同，故人

〔註49〕 見〈悔過自新説〉，《二曲集》，卷一，頁3。
〔註50〕 見〔清〕黃宗羲撰、〔清〕全祖望續修、〔清〕王梓材校補，《宋元學案・象
山學案》，第十五冊，卷五十八，頁6。
〔註51〕 朱子即指出敬乃：「聖人第一義，徹頭徹尾，不可頃刻間斷。」見〈學六：持
守〉，〔宋〕黎靖德編、王星賢點校，《朱子語類一》，卷第十二，頁210。
〔註52〕 見〔清〕黃宗羲撰，《明儒學案上・浙中王門學案二》，卷十二，頁240。
〔註53〕 見〔宋〕楊簡撰、〔明〕周廣次編次，《慈湖遺書》，《四明叢書約園刊本》，
收入《叢書集成續編第一三〇冊》（臺北：新文豐出版社，民國80年），卷

要修養此心，絕除私念，方能有成聖之機緣。

而對明代學術之掌握，發端之處爲陳白沙（陳獻章，字公甫，號石齋，學者稱白沙先生，1428～1500）。所謂「有明之學，至白沙始入精微。」〔註54〕其學說宗旨在於「自然」。劉蕺山〈師說〉即指出：「先生學宗自然，而要歸於自得。……道本自然，人不可以智力與，纔欲自然，便不自然，故曰：『會得的活潑潑地，不會得的只是弄精魂。』」〔註55〕此說旨在強調道本自然，故亦要以「勿忘」、「勿助」自然之工，來把握此「造化之樞機」。白沙之後，即爲「恪守宋人矩矱」〔註56〕，開創「河東之學」的薛瑄（字德溫，號敬軒，1389～1464），其說乃「以復性爲宗」〔註57〕。關於「復性」之意，薛瑄指出：「天下無性外之物，而性無所不在。君臣父子夫婦長幼朋友皆物也，而其人倫之理即性也」、「盡心工夫，全在知性知天上。」〔註58〕所謂「知性」，乃要知「天地之性」與「氣質之性」兩者之別；而所謂「復性」，即知性後變化氣質的善反工夫，其重視的是收斂身心之工，其言：「人不持敬，則心無頓放處。」、「人不主敬，則此心一息之間，馳騖出入，莫知所止也。」〔註59〕此爲朱學持敬工夫之實踐者。接續討論的，即爲對「習熟先儒之成說，未嘗反身理會，推見至隱」〔註60〕的朱學加以補弊救正，而啓人作聖之路的陽明。陽明主「致良知」，其說乃是縮合《大學》的「致知」，與孟子「良知」而成的道德工夫。所謂「致知」即「致吾心良知之天理於事事物物，則事事物物皆得其理矣。」〔註61〕其說乃是將「先驗良知」的道德意識，經由「後天之致」的實現化，進而成就道德行爲之過程。而與陽明同時，「王氏之外，名湛氏學者，至今不絕。」〔註62〕的湛若水（字元明，1466～1560）則提出「隨處體認天理」之說。其天理，乃指吾心本體之自然也；「隨處體認」則爲把握此天理之工夫。湛氏指出：「知行並進，學問思辨行，所以造道也，故讀書、

二，頁160。

〔註54〕見〔清〕黃宗義撰，《明儒學案上·白沙學案上》，卷五，頁78。

〔註55〕見〔清〕黃宗義撰，《明儒學案上》，頁4～5。

〔註56〕見〔清〕黃宗義撰，《明儒學案上·河東學案上》，卷七，頁109。

〔註57〕見〔清〕黃宗義撰，《明儒學案上·河東學案上》，卷七，頁110。

〔註58〕見〔清〕黃宗義撰，《明儒學案上·河東學案》，卷七，頁113。

〔註59〕見〔清〕黃宗義撰，《明儒學案上·河東學案》，卷七，頁117。

〔註60〕見〔清〕黃宗義撰，《明儒學案上·姚江學案》，卷十，頁179。

〔註61〕見陳榮捷著，《王陽明傳習錄詳註集評》，卷中，頁172。

〔註62〕見〔清〕黃宗義撰，《明儒學案下·甘泉學案一》，卷三十七，頁876。

親師友、酬應、隨時隨處，皆求體認天理而涵養之，無非造道之功。」〔註63〕這是對陽明「致知」工夫的一種修正，進而從更廣大的過程去把握此天理良知。

而爲陽明後學，但「稍變其說」，轉爲「與宋儒大致無異」〔註64〕的李見羅（李材，字孟誠，號見羅，？～？），則言「止修」之說。所謂「止修」，「止謂主意，修爲工夫。」〔註65〕乃強調以修身爲本，才能歸於至善；相對的，亦只有止於至善，修身才有歸宿，這是他唯恐學術流於禪之虛寂，進而提出的實切工夫。至於「知止」之說，則爲關學馮少墟之說。他指出：「吾儒之學，以至善爲本體，以知止爲工夫，而曰『致知在格物』，可見必格物而後能知止也。格物乃知止以前工夫，丟過物格，而別求知止之方，此異端懸空頓悟之學，非吾儒之旨也。」〔註66〕此說乃著重藉由格物與知止之工，辨別儒釋之別。亦即，須經由循序漸進的下學而上達之工夫，方爲儒學之實學所在。最後討論的，即爲泰州後學羅近溪（羅汝芳，字惟德，號近溪，1515～1588），主張的「明明德」〔註67〕之說。他指出：「明德，猶燭也；明明德於天下，猶燭燃而舉室皆明也。」〔註68〕這是他將《大學》一書識爲孔門求仁之學，而求仁之處乃自明明德爲始，而以親民爲終的過程。

鏨清諸說之涵意後，可就二曲觀點來加以說明。二曲認爲宋明諸子其說雖各有殊異，但其本質目的皆爲一「拯救意識」，並由此意識進一步開展的本體與實踐修養之工夫，這是宋儒以來的殊勝之處。唐君毅對此則有一番精闢之說明。他指出：

> 心的虛靈明覺，確是一切智慧之本。唯心原是虛靈明覺的，乃能呈
> 現一切實在，一切感相，一切理念，一切理想。……。人須涵養操
> 存體認者，乃此「虛靈明覺而即具生生不已之仁德」之心性之全。
> 這個體認，不是懸空去體認，……，而是即在此心自覺「清明在躬，

〔註63〕見〔清〕黃宗羲撰，《明儒學案下·甘泉學案一》，卷三十七，頁882。

〔註64〕見〔清〕黃宗羲撰，《明儒學案上·止修學案》，卷三十一，頁668～669。

〔註65〕見〔清〕黃宗羲撰，《明儒學案上·止修學案》，卷三十一，頁683。

〔註66〕見〔清〕黃宗羲撰，《明儒學案下·甘泉學案五》，卷四十一，頁1003。

〔註67〕劉蕺山〈師說〉曰：「《大學》一書，程、朱說『誠正』，陽明說『致知』，心齋說『格物』，旴江說『明明德』，劍江說『修身』，至此其無餘蘊乎！」見〔清〕黃宗羲撰，《明儒學案上》，頁13。

〔註68〕見〔明〕羅近溪撰，《旴壇直詮》（臺北：廣文書局，民國80年11月），卷上，頁3。

志氣如神」，「胸中無一事，浩然與天地同流」之際，去體認；在此
心感物而動之無私怵惕惻隱，與人物之痛癢相關之情中，去體認；
在此心之不自軀殼起念，思及「上下四方曰宇，古往今來曰宙」，便
知我與宇宙同在無窮中，而超頓直悟「東西南北海聖人，此心同，
此理同，而若與之脈脈通情」之感中去體認；與其他一切此心之仁
德、仁性之顯於應接事物之情，或對自己意念之善善惡惡之良知中，
去體認。這個體認，同時即是操存涵養。操存涵養，即是心之自求
充實，自求保存，其所呈現之仁德或性理之事。這個修養的工夫，
大體是正宗儒家所一脈相傳。千聖一心，誰也不能在此根本義，再
逞聰明，弄精彩。然宋明數百年之理學家，在比心性之微上，所認
識之深切，則世界上實無能相匹。〔註69〕

宋明諸子與先秦儒家最大不同之處，則在於更強調在本源、本心、本體上的
體認、把握與操存涵養，更深層的突顯天理與人欲之對應與對決，進而對人
性諸多非理性之情緒與欲望加以化解、調適與安頓。二曲認爲這是宋明諸子
一致性的方向。當然也與他所強調〈悔過自新說〉是一致的。既然皆爲一致
性的意義，卻何以不沿用舊論、舊說，反而要重新另立一說？此爲當思索與
釐清之處。

　　首先，二曲認爲各家宗旨雖有不一，倡道救世之意義則同，這如同井水
一般，各有其異，但實際上，通至水源之路是一致的。而〈悔過自新說〉則
是通往成德之源的基礎門路。二曲言此說「心不妄用，功不雜施，丹府一
粒，點鐵成金也」〔註70〕當下便有根據，即志在突顯〈悔過自新說〉在成德
之學積極的意義性。以朱子言「明德」、「新民」爲例。其曰：「大學者，大人
之學也。明，明之也。明德者，人之所得乎天，而虛靈不昧，以具眾理而應
萬事者也。但爲氣稟所拘，人欲所蔽，則有時而昏。然其本體之明，則有未
嘗息，故學者當因其所發而遂明之，以復其初也。新者，革其舊之謂也，言
既自明其明德，又當推以及人，使之亦有以去其舊染之污也。」〔註71〕朱子

〔註69〕　見唐君毅著，《人文精神之重建》（臺北：學生書局，民國66年8月），頁492
　　　　　～495。

〔註70〕　此說乃見之陽明引禪言論良知之喻。陽明曰：「人若知這良知訣竅，隨他多少
　　　　　邪思枉念，這裏一覺，都自消融。眞箇是靈丹一粒，點鐵成金。」見陳榮捷
　　　　　著，《王陽明傳習錄詳註集評》，卷中，頁293。

〔註71〕　見《大學章句》，〔宋〕朱熹撰，《四書章句集注》，頁3。

雖明人受氣稟所拘、人欲所蔽，而障其本體之明，故當革舊與復初。但實際下手操作處當如何爲之呢？如何革除其弊而復其初呢？二曲認爲，宋明諸子在此「關鍵處」，未能清楚與明白的揭示與說明，他認爲倘能於此，實切的依己身之過來加以反省與對治的話，終究必能達其成德的的目的。這是一種突顯與強調「道德實踐」藉以恢復本體的工夫。是故，提出此說之首因在於，〈悔過自新說〉在成德之學中實具有關鍵之作用，但卻未能有明確之重視與認同。

其次，宋明諸子之說亦過於涉入本體之處，導至理論之精細化與複雜化，造成了析之愈細，逃之愈巧，費許多辭說而反生葛義，而使學習者產生無法理解或缺乏實踐的弊病。二曲在其〈傳心錄〉中就明確指出：

> 故悔過自新，乃爲學入門第一義。……，最上道理，只在最下修能，
> 不必騖高遠。說「精微」，談「道學」，論「性命」，但就日用常行，
> 綱常倫理，極淺極近處做起。〔註72〕

這說明道不離日用常行間，上達必須在下學中修，悔過自新乃一是平實而簡易，切實在己的成聖之工夫與基礎，這是二曲自學實踐之反省〔註73〕。清儒錢大昕（字曉徵，號竹汀，1728～1804）對宋明諸儒著重本體而缺乏實踐處，亦有相同的看法。他指出：

> 過者，聖賢所不能無也。自以爲無過，而過乃大矣。自以爲有過，
> 而過自寡矣。孔子曰：「五十以學《易》，可以無大過矣。」言大過
> 而不言小過，是聖人猶未敢言小過之必無也。顏氏之子有不善，未
> 嘗不知；知之，未嘗復行；故能不貳過，而入聖域。仲由喜聞過，
> 令名無窮焉。聖賢之學，教人改過遷善而已矣。後之君子，高語性
> 天而恥言改過。有過且不自知，與聖賢克己之功遠矣。〔註74〕

此說的確對宋明諸子高明一路之弊，有清楚的指正。學說本質在於實踐，而要能實踐，即要能普羅，能知方能行，如何當下便有所根據與實效，是關切成德之學者所不能不注意之處。這說明儒學之變遷與發展，固有其「推進」

〔註72〕見〈傳心錄〉，《二曲集》，卷六，頁45～46。

〔註73〕梁啓超就指出二曲學風之特徵：「他絕對不作性命氣等等哲理談，一力徒切身逼拶，所以他的感化力入人甚深。」見氏著，《中國近三百年學術史附清代學術概論》，頁65。

〔註74〕見〔清〕錢大昕撰、孫顯軍、陳文和點校，《十駕齋養新錄》，收入於《嘉定錢大昕全集七》（南京：江蘇古籍出版社，1997年12月），卷十八，頁487。

亦有其「變質」。二曲與錢氏之說都點明了，宋明諸儒在本體化之傾向上，皆產生干克己之工逐漸弱化之弊，此層思慮亦形成二曲立說的另一層因素。

　　所以二曲對宋明諸子之說的討論，乃針對宋明諸子宗旨之反省。他認為悔過自新乃為學入門第一義，過去諸說未能清楚的點明；其次，他亦說明宋明諸子之說，亦形成重上達之學而忽略了下學之工夫。是故，他認為提出此說，是可以作為各家宗旨學說的一種補充。

三、主體與社會時代之問題

　　二曲對儒學悔過自新意義之掌握，主要是透過對儒學經典《六經》、《四書》之詮釋而完成的，當然這與其早年撰《十三經註疏糾謬》的經學背景有關的。其次，在接榫儒學經典後，又對宋明的諸家宗旨之說，作一思考與反省。這是二曲在論述此說另一層顯明之因素所在。此皆二曲對儒學作一歷時性的體認與思考。但除儒學之體認外，就二曲本身而言，其因素又為何呢？關於二曲主體因素的考察與探索，本質上可從「切己之學」之意義來談起。

　　從上節所論，我們理解到二曲「心理歷程」的轉變。從程朱之學的背景下，他對經史有其廣泛的討論。但在一個強調實踐的心理下，他認為此非切己急務之處，進而焚燬諸多著作。所謂「切己」當有兩層意義：第一、是具有「急切性」的「時間因素」，「萬事莫如求道急」之「急」。其次，即是否「攸切相關」的意義因素，此徑是否為「求道之徑」？從〈年譜〉與相關資料中，我們理解到，著述之學在上述兩層意義中，皆非正途與正解而屬支離與旁務，於是轉向切己之學，即為其思想歷程中首先值得注意之因素。而〈悔過自新說〉本質上，即為二曲切己經驗下的一種思想結晶。

　　人如何切己？則如象山所言，當從主體之意見、物欲下手。具體來說，悔過自新正是主體之負面問題的察覺與消毀。悔過乃是自我的自省與懺悔，所悔為己而非人，是藉由自身之悔過而改過，進而自新的過程。二曲在〈悔過自新說・小引〉就指出：

> 余小子童年喪怙，三黨無依，加以屢罹變故，飢寒坎壈，動與死鄰，既失蒙養之益，又乏受學之資。由是耳目所逮，周非俗物，薰炙漸久，心志頗移。有百惡以叢身，無一善而可錄，負天地生成之德，孤慈親家門之望。每一念及，惘然自失！〔註75〕

〔註75〕見〈悔過自新說・小引〉，《二曲集》，卷一，頁2。

這是二曲個人的「懺悔錄」。心志的異化，內在之困惑，對於德性行為停滯與退怯，產生了高度的自覺與反省，從其署明「多慙夫李顒」〔註76〕，即可見其憂患心理與罪惡意識之寫照。是故，在此心理因素下，工夫的對治與調整，即為首要之處。二曲言：

> 茲幸天誘厥衷，靜中有悟，謹識其意於冊，仍引證以前言往行，聊
> 代韋弦，私用儆醒。既以失之於始，猶獲慎之於終，雖不克盡人道
> 於垂髫之前，庶或脫禽獸之歸於弱冠之後云爾。〔註77〕

靜坐有悟，代表者二曲工夫之得力處，也意謂著德性有積極面的開展。而儒學強調「成己」之後「成人」，明德後即要親民，二曲希望借己身與他人之例，對有志於道之人有所借鏡，是故，提出此說，望能為他人有所助益。

　　二曲提出此說，除個人深刻之憂患意識與罪惡心理外，整個時代風氣之問題，亦為其提出此說的歷史依據。陳祖武就認為二曲此說，主要是針對明清政權鼎革之際，「知識界的寡廉鮮恥，試圖通過『力扶義命，力振廉恥』的途徑，來達到『救世濟時』的目的，這便是產生李顒『悔過自新』說的社會依據。」〔註78〕這說明了其說是對明清歷史變化的一種反思，其目的乃剋就知識份子寡廉鮮恥之行為，所進行的一種思想教育與經世之治。

　　所以談切己之學必導至自省之過程，此即「切己之學」與〈悔過自新說〉必然之邏輯關係。二曲由於個人之體驗有所成就，勉之於人望其有所成，故將其個人切己之體驗，以及經典所體現之精神，凝結而成〈悔過自新說〉說，以期在成德為聖中，有正確之下手處。是故，由「切己之學」進而形成〈悔過自新說〉之轉變，這是考察其主體之因素中所當注意的。當然，從歷史時空而言，提出此說亦有針對時代弊端，所進行的思想教化之層面。這是我們理解〈悔過自新說〉除傳統淵源外，必須掌握的主體與社會層面之問題。

第四節　〈悔過自新說〉內容之討論

　　二曲對〈悔過自新說〉之討論，整體上來言約有幾個面向：首先，是從儒學「心性論」思想作其起點，以其性善說為導入，並言其人性異化的諸多因

〔註76〕見〈悔過自新說・小引〉，《二曲集》，卷一，頁2。
〔註77〕見〈悔過自新說・小引〉，《二曲集》，卷一，頁2。
〔註78〕見陳祖武著，《清初學術思辨錄》，頁156。

素，其本質目的當然在於所謂的「復性」觀念；其次，則言「自新的態度」與「悔過之過」，以明主體面對其過「應有之態度」與「對治之法」；最後，則言其「靜坐」與「知幾之工」，作爲「知過之法」的具體操作。以下則依序論之：

一、復性思想

　　所謂「復性思想」，討論的是「道德心性」與「道德實踐」等關係之問題。這是儒學以成聖爲本質，所進行的復性、盡性、盡心之過程。關於此說之義，牟宗三就指出：「道德實踐，積極地講，是在實現天地之性或義理之性，消極地講，即在變化人之氣質。宋明儒者言變化氣質，不能不正視性之兩面。換言之，即變化氣質必以天地之性爲標準而變化。若無此標準，則變化氣質之意義與價值便不可說。」〔註79〕這說明了「復性」是以恢復主體天地之性、義理之性爲目的，讓「良知本體」如實的呈現自己，彰顯其虛靈明覺之特性，而將人受外在環境之異化，與主體氣質不正處，加以克服與導正之工夫。而復性就實際操作而言，即爲「減損」之工夫。熊十力（字子眞，1884～1968）在其《明心篇》一書中，就指出：

> 古哲日損之學，其根抵在心。蓋損除一切礙心之物，不容自欺自蔽。原夫吾人有生以來，常有無量數的雜染勢力，隱伏於吾人所不自覺的深淵，結集一團，恆障礙吾人本來清靜的生命，俾不得顯發。此等雜染勢力，直橫行而主乎吾身。吾人乃喪失靈性而陷於迷亂之慘境。……。是故日損之學，要在一生之中，時時、在在、於生心動念，舉手下足，乃至履萬變，當大艱，恆不忘反己照察，肅清一切雜染惡根，直以猛力殲滅，無俾遺種。〔註80〕

「減損」工夫之目的，在於將障蔽其心之處加以掃蕩廓清，以復其本體之明、本心之善。此爲儒、釋、道三家之通義。道家之老子即有所謂「爲學日益、爲道日損」之說〔註81〕，六祖慧能在其〈懺悔品〉就指出，人須以般若之智打破此愚癡迷妄之處，而此妄即人的「所謂邪迷心、誑妄心、不善心、嫉妒心、惡毒心」〔註82〕等眾生之心。而儒者之學雖在日新，「非以日損爲事也，

〔註79〕見牟宗三著，《中國哲學的特質》，頁 75。
〔註80〕見熊十力著，《明心篇》（臺北：學生書局，民國 79 年 3 月），頁 28。
〔註81〕見〔晉〕王弼註，《老子註》（臺北：藝文印書館，民國 85 年 3 月），第四十八章，頁 97。
〔註82〕見東方佛教學院編著，《六祖壇經註釋》，頁 128。

但孔子亦重日損之功，其嚴於克己。」〔註83〕日損即爲克己之工，重視的是窮天理、滅人欲之意。如象山有所謂剝落之工夫，剝落即爲減損之道。明儒王龍溪（王畿，字汝中，號龍溪，學者稱龍溪先生，1498～1583）亦指出：「工夫只求日減，不求日增，減得盡便是聖人。後世學術，正是添的勾當，所以終日勤勞，更益其病。果能一念惺惺，泠然自會，窮其用處，了不可得，此便是究竟話。」〔註84〕是故，「復性說」之工夫與進路，本質上即是以復其本然之性爲目的，以其善良本性爲依據，而對主體進行日損之工夫，將其障蔽本性、本心之處加以清除的實踐過程。

　　二曲言〈悔過自新說〉，亦從「心性之善」與「復性說」作爲討論之基礎。二曲指出：

> 天地之性人爲貴。人也者，稟天地之性以成身，即得天地之理以爲性。此性之量，本與天地同其大；此性之靈，本與日月何其明。本至善無惡，至粹無瑕；人多爲氣質所蔽，情欲所牽，習俗所囿，時勢所移，知誘物化，旋失厥初。〔註85〕

儒學論性，乃在闡明成聖之根據所在。以「天地之性人爲貴」，此性乃至善無惡，本即儒學之通論〔註86〕。但實然上，人多爲惡而無法成善，此性之「本然」與「實然」的對立與衝突又當如何解釋呢？宋儒張載即以「天地之性」與「氣質之性」等二重性之結構來解釋人之善惡因由。張載指出：

> 形而后有氣質之性，善反之則天地之性存焉。故氣質之性，君子有弗性焉。〔註87〕

「氣質之性」，指的是人與生俱來的剛柔、緩急、才與不才的特性，非人之所以爲人之本性。人之所以爲人處，乃「天地之性」也。此本然的天地之性，則易受氣質等因素之影響，進而產生本質的異化。張載針對此狀，則提出「善反」之工。「善反」，即「變化氣質」而回歸至「天地之性」的工夫。爾後，朱子在《大學章句》中，言「明明德」與「新民」之說亦本此意。他指出：

〔註83〕見熊十力著，《明心篇》，頁34。
〔註84〕見〔清〕黃宗羲撰，《明儒學案上·浙中王門學案二》，卷十二，頁249。
〔註85〕見〈悔過自新說〉，《二曲集》，卷一，頁3。
〔註86〕如周敦頤〈太極圖說〉言：「二氣交感，化生萬物；萬物生生，而變化無窮焉。惟人也，得其秀而最靈。」見〔宋〕周敦頤撰、〔清〕董榕輯，《周子全書》，卷一、卷二，頁14～19。程伊川〈顏子所好何學論〉言：「天地儲精，得五行之秀者爲人。」同上，卷十一，頁204。
〔註87〕見《正蒙·誠明篇第六》，〔宋〕張載撰，《張載集》，頁23。

> 大學者，大人之學也。明，明之也。明德者，人之所得乎天而虛靈
> 不昧以具眾理而應萬事者也。但爲氣稟所拘，人欲所蔽，則有時而
> 昏。然其本體之明，則有未嘗息，故學者當因其所發而遂明之，以
> 復其初也。新者，革其舊之謂也，言既自明德，又當推以及人，使
> 之亦有以去其舊染之污也。〔註88〕

此說即以以天地之性爲氣稟、人欲所障蔽，故要復初、復性。朱子論「新」，
乃以革其障蔽本體之明的「舊染之污」作爲詮釋，而非「親民」之意，這是
一種強調的由工夫回歸本體，重視主體自省察覺的過程。這自然與陽明本
《大學古本》而言「親民」之說有所殊異。當然，這也代表儒學體仁工夫的
差別〔註89〕。二曲論〈悔過自新說〉基本上乃同朱子之說。二曲認爲人性本
至善無惡，人之爲惡之因素乃爲個人氣質所蔽，情欲所牽，以及外在的習俗
所影響，加上時勢所移，進而導至本心良知之物化，而喪失其本然之性。是
故，復性之道，即在返其本然之性「復其故」之謂也。他指出：

> 性，吾自性也；德，吾自得也。我固有之也，曷言乎新？新者，復
> 其故之謂也，辟如日之在天，夕而沈，朝而升，光體不增不損，今
> 無異昨，故能常新。若於本體之外，欲有所增加以爲新，是喜新好
> 異者之爲，而非聖人之所謂新矣。〔註90〕

所謂「復其故」，乃「旋失厥初」後的「自爾如初」的「復初」、「復性」、「復

〔註88〕見《大學章句》，〔宋〕朱熹撰，《四書章句集注》，頁3。

〔註89〕陽明雖論悔過克己，其思想本質上重視的是「本體之擴充」，成就的是在具體
的人倫社會的感通與實踐。陽明在其〈大學問〉中言：「『致知』云者，非後
儒所謂充廣其知識之謂也，致吾心之良知焉耳。良知者，孟子所謂『是非之
心，人皆有之』者也。」（見〔明〕王守仁撰、吳光、錢明、董平、姚延福編
校，《王陽明全集下》，卷二十六，頁971）所謂「致知」，即「致吾心良知之
天理於事事物物中，則事事物物皆得其理矣。」旨在強調一心之朗現與直
顯；而人雖有私欲，但只要良知察鑑與化解，即可順其本體之自然而是其是
非其非，隨感隨應的。故其釋「新民」，即非「除舊革新」之謂，而是以「親
民」論之。在〈拔本塞源〉中，陽明即指出：「夫聖人之心，以天地萬物爲一
體。其視天下之人，無內外遠近。凡有血氣，皆其昆弟赤子之親。莫不欲安
全而教養之，以遂其萬物一體之念。」（見陳榮捷著，《王陽明傳習錄詳註集
評》，卷中，頁194～195）此說乃由本體之拓展，將其一體之仁、天理良知落
實在親親而仁民、仁民而愛物之實踐中，重在此心之感通與潤物。依此來
看，透從工夫回歸本體之明，或由本體一體之仁的擴充以貞定此本體，則是
在儒家「復性」觀念之共識下的具體差異。

〔註90〕見〈悔過自新說〉，《二曲集》，卷一，頁5。

其固」之意，乃將人性由「實然之狀」回歸於「本然之性」的發展與轉變。悔過自新，就其意義分析來說：所謂「悔過」，指的是「主體異化之省覺」；而所謂「自新」，乃「主體異化省覺後所進行的日新其失、其舊、其過之工夫」，因所復之處本爲吾之自性，故「復性」實乃「復其故」之謂；而所謂「新」，非論心性本體之意，乃言主體受個人、環境異化等實然狀態的回歸與改變。可見，二曲論悔過自新，實亦以性善爲依據，由悔過而自新，由主體的「省思察覺」，並透由「減損」之工，將障蔽本體之明處加以排除，以復天地之性、義理之性等本然之狀的過程。

所以〈悔過自新說〉，其實即是儒學「復性」思想的實踐。二曲認爲人的本然之性易受氣質與環境之影響，人若要復其故，則當以悔過自新爲依據，由其反省與察覺，方能返其本然之性。

二、悔過自新的態度與內容

〈悔過自新說〉是以性善爲根據，對自我進行克己自省的工夫，而恢復其本然之性的過程，接續則必須進一步的論其「自新的態度」與「悔過之內容」。其主要之論述，在於說明主體積極之態度，與客觀分析何謂過？人常犯之過又爲何？人又應當如何面對己過？等種種問題。

〈悔過自新說〉討論的是，主體性之悔過與自新。這說明了，新非「他新」而是「自新」；過非「他過」而是「己過」。亦即，優入聖域與成聖契道的關鍵是在己而非人，是依「自力」而爲，非依「他力」可得的。是故，強調「自得」、「自信」、「自心自見」等主體積極之態度，是必然與必須之發展。二曲指出：

> 然雖淪爲小人禽獸之域，而其本性之與天地合德、日月合明者，固未始不廓然朗然而常在也；顧人自信不及，故輕棄之耳。〔註91〕

> 吾之德性，欲圖所以新之，此際機權，一毫不容旁貸。新與不新，自心自見，譬如飲水，冷煖自知。久之德充於內，光輝發於外，自有不得而掩者矣。厥初用功，全在自己策勵。〔註92〕

強調「自信」，主要是對主體心性正確的認知與體悟，並構成內在信仰化之過程，這是攸關道德意志力量堅定的內在原因；無信則不立，對性善之認知與

〔註91〕見〈悔過自新說〉，《二曲集》，卷一，頁 3。
〔註92〕見〈悔過自新說〉，《二曲集》，卷一，頁 5。

體悟，是作爲成德意志的主要動力。而「自心自見」，則是說明主體「道德自知」能力，亦即，只有主體方能對自我之過體察入微，能體察入微也才能對治與反省，此陽明所謂「知善知惡是良知」之意。這點明了，成就自我轉化之結果，最終是必須依傍自力而完成的。相對的，流於禽獸小人之墜，亦在於主體的「自諉」與「自棄」。二曲指出：

> 世固有抱美質而不肯進修者，揆厥所由，往往多因一眚自棄。急其後雖明見有善可遷，有義可徙，必然自諉曰：「吾業已如此矣，雖復修善，人誰我諒耶？」殊不知君子小人、人類禽獸之分，只在一轉念間耳。〔註93〕

人非聖賢，熟能無過？絕不能因一過而自棄。這亦點明了，聖賢之義，並非在無過，而在於「知錯能改」而不貳過。故正確的理解「過」之所在，不因其過而「自諉」與「自棄」，實爲論悔過自新者當所深思之處。

其次，如上所述，二曲認爲「人非聖賢，熟能無過」，即爲聖賢亦非無過的。聖賢之意不在無過，而是在於能「知過必改」而終無貳過。二曲就言出堯舜知其非聖、禹未嘗自以爲無過也、湯以放桀爲慙德、文王望道而未見、武王儆几銘牖、周公破斧缺斨、孔子五十以學易等例，來言「文、武、周、孔未嘗自以爲無過也。」〔註94〕而其終以爲聖之處，即在於聖人重視此過，加以對治與反。他指出：「無一念之不純於理，無一息或閒於私。」〔註95〕是爲聖人之「悔過」；必至於「與天地合其德，與日月合其明，與四時合其序，與鬼神合其吉凶。」〔註96〕方爲聖人之「自新」。是故，所謂聖賢，不在「生而知之」等天縱之處，而是「困而知之」、「學而知之」等後天之學與改進。聖人是否有過，誠屬見仁見智，朱子在注《論語》「丘之禱久矣。」一文曰：「禱者，悔過遷善，以祈神之佑也。無其理則不必禱，既曰有之，則聖人未嘗有過，無善可遷。其素行固已合乎神明，故曰『丘之禱久矣。』」〔註97〕則明顯認爲孔子乃無過可悔。二曲言聖賢之過，則志在說明，聖凡之距，非遙不可及而是可爲的；人禽之辯，也只在一念之間。是故，二曲論過之意義，不在於不犯錯，人之犯錯在所難免，而在於能否悔過而不貳過，聖賢亦只是

〔註93〕見〈悔過自新說〉，《二曲集》，卷一，頁3。
〔註94〕見〈悔過自新說〉，《二曲集》，卷一，頁7。
〔註95〕見〈悔過自新說〉，《二曲集》，卷一，頁7。
〔註96〕見〈悔過自新說〉，《二曲集》，卷一，頁7。
〔註97〕見《論語集注》〈憲問第七〉，〔宋〕朱熹撰，《四書章句集注》，卷四，頁101。

知過能改，不因有過而自諉與自棄而已，這是他對過之界定，體現了他對人性之包容與寬忍，鼓舞與激勵。

其次，論過之內容，主要在說明對治的下手處。其說主要分為「身過」、「心過」，以及「眾見之過」與「獨處之過」；而除論過之外，二曲又強調「多識前言往行」之意，詳列了悔過自新之例以為借鑑。關於「心過」與「身過」。二曲指出：

> 同志者苟留心此學，必須於起心動念處潛體密驗。苟有一念未純於理，即是過，即當悔而去之；苟有一息稍涉於懈，即非新，即當振而起之。若在未嘗學問之人，亦必且先檢身過，次檢心過，悔其前非，斷其後續，亦期至於無一念之不純，無一息之稍懈而後已。〔註98〕

身心之過的差別，在於學道深淺與否。所謂「心過」，乃指起心動念之際「心有妄念」，故其悔過自新之道，即在於「即知即覺，即覺即化」；而「身過」，則為視聽言行之際「行所妄為」，故其悔過自新之道，即為求「知之未嘗復行」，不貳過也。學淺之人由「身過」之檢點，趨於「有不善未嘗不知」之境；心過者亦由悔其前非而達至「無一念之不純」之境。而從主體個人經驗的身心之過外，二曲又從「察知之難易處」來論「眾見之過」與「獨處之過」。他認為「眾見之過」，乃指眾人所見、千夫所指，不容自我推諉與掩飾，為易知而易覺的；相對的，「獨處之過」則為難知而難行。他指出：

> 過在隱伏，潛而未彰，人於此時最所易忽；且多容養愛護之意，以為鬼神不我覺也。豈知莫見乎隱，莫顯乎微，舜蹠人禽，於是乎判，故慎獨要焉。〔註99〕

「獨處之際」乃他人與己身最易忽略之處，故更要在此處下工夫，此乃儒學重視的「慎獨」之工夫。二曲認為「慎獨」工夫，不但為人禽之別，亦為成聖關鍵，故為悔過自新之要。這是主體在「人所不知而己獨知」之際，對其己身之過，作一深度的察覺與檢點後，進行的一種不敢稍懈、步步為營的改正之工。

而在討論過之類型與對治後，二曲最後則舉二十諸例以為證。亦即，成聖之道，雖為自覺體道之過程，但「多識前言往行」，亦有可借鑑之處。二曲

〔註98〕見〈悔過自新說〉，《二曲集》，卷一，頁5。
〔註99〕見〈悔過自新說〉，《二曲集》，卷一，頁5。

指出：

> 後之學者，誠能如群聖已然之效，而率之、由之、尊所聞，行所知，
> 見群聖之心而因以自是其心。始也，就其效先覺之所爲，而若堯、
> 舜、禹、湯、文、武、周公、孔子之道；終也，自返自照，自戒自
> 證，乃各人自致其各人當由之道也。〔註100〕

二曲認爲「效先覺之所爲」乃初學之法，此爲道德學習之益。這說明了，聖
人之行可爲主體借鑒與思考的；但最終則仍是強調當以其自心處，作爲道德
實踐之依據的。具體來說，二曲論悔過自新之例可分爲三：

第一、「異學回歸儒學」的悔過自新。如舉張載少喜談兵，後經范文正公
（字希文，989～1052）之指正，熟讀《中庸》「遂翻然至於道，然未知所從
入，溺於釋、老者數年，後悟其非，始反求之《六經》。」〔註101〕朱子亦然，
學初泛濫於釋老之學，後來「覺得聖賢言語漸漸有味，卻回頭看釋氏之說，
漸漸破綻，罅漏百出。自此悔悟力改，無復向來病痛矣。」〔註102〕進而回歸
聖賢之學。陽明早年，「馳騁於辭章，已而出入二氏，繼而居夷處困，豁然有
得於聖賢之旨，是『三變而至道也』。」〔註103〕以上諸例皆在說明，從「異學
回歸儒學」的悔過自新。

第二、「著述詩文之學」的悔過自新。如吳草廬（吳澄，字幼清，學者稱
草廬先生，1249～1333）早年博通經傳，著疏甚多，「晚歲頗悔誤，遂專以尊
德性爲主，作《學基》、《學統》二篇，使人知爲學之本。」〔註104〕明儒薛瑄
初欲以詩文鳴世，後從魏、范二人講周程張朱之書的影響，遂焚其舊作，專
心於德性之省。以上諸例皆在說明，從「注述詩文之學」而返之於德性修養
的悔過自新。

第三、「克己省察」的悔過自新。如程門高弟謝上蔡（謝良佐，字顯道，
學者稱上蔡先生，1050～1103）對己性「矜」之省察克治、陽明後學南大吉對
身心之過的嚴密檢點、楊庭顯對己過之反省與改正等。以上諸例皆在說明，
對己身之過的省察與克除的悔過自新。

總的來說，二曲論述諸例之目的，如上所言，說明了聖賢非無過之人，

〔註100〕見〈常州府武進縣兩庠彙語〉，《二曲集》，卷三，頁30～31。
〔註101〕見〈悔過自新說〉，《二曲集》，卷一，頁7。
〔註102〕見〈悔過自新說〉，《二曲集》，卷一，頁8。
〔註103〕見〈悔過自新說〉，《二曲集》，卷一，頁10。
〔註104〕見〈悔過自新說〉，《二曲集》，卷一，頁8。

端賴於主體之省悟，進而悔過而自新。是故，人若有過亦可證之於往聖先賢一般，反其正道而爲，成德之學則終可爲之的。其次，也志在說明成德之學是以德性爲尊與克己省察爲正的，而非著述之學的。但剋就〈悔過自新說〉的理論分析上，二曲以悔過而自新，對於何謂之過？在界定之標準上，並未有具體實例之說明，亦未見系統之論述。故可見二曲在理論的闡明上，是有不足的。

　　所以，二曲論悔過自新的態度與內容，旨在闡明聖賢亦爲有過，人勿因有過而自棄，成德之學關鍵在己，當以其自信自省之力量作爲開展，從個人身心之過、「眾見之過」與「獨處之過」加以對治與反省；而工夫除自省以外，能「多識前言往行」，亦有其功能與效益的。這是一種兼具「道德自省」與「道德學習」的成德之學，此爲其說之意義與特色，但在深入闡明過的意義上，則是較爲缺乏的。

三、「靜坐」與「知幾」的工夫

　　釐清悔過自新的態度與內容後，進一步則須論及「人何以知過？」的過程。如上所述，二曲認爲人之過分爲身心之過，必知其過方能克己。從對治之積極意義來說，工夫如落於身過之檢，顯然已屬後著，眞正之體察當於善惡初萌之時即加以對治，此「善惡初萌」之法，是一種更內在、更本質、更直接的「內在之工」。二曲論此，則言「知幾」與「靜坐」等工夫。他指出：

> 幾者，事之微，而吉凶之所由以肇端者也。《易》曰：「知幾者其神乎。」又曰：「君子見幾而作，不俟終日。」子曰：「顏氏之子，其殆庶幾乎。」有不善未嘗不知，知之未嘗復行也。」夫「有不善未嘗不知」，故可與幾也；「知之未嘗復行」，故無祇悔也。吾儕欲悔過自新，當以顏氏爲法。〔註105〕

> 吾儕既留意此學，復悠悠忽忽，日復一日，與未學者同爲馳逐，終不得力，故須靜坐。靜坐一著，乃古人下工之始基。是故程子見人靜坐，便以爲善學，何者？天地之理，不翕聚則不能發散；吾人之學，不靜極則不能超悟。況過與善界在幾微，非至精不能剖析，豈平日一向紛營者所可辨也。〔註106〕

〔註105〕見〈悔過自新說〉，《二曲集》，卷一，頁6。
〔註106〕見〈悔過自新說〉，《二曲集》，卷一，頁6。

二曲之論述大抵有兩個要旨，其一在闡明顏淵（顏回，字子淵，前 521～490）知幾不貳過，乃爲悔過自新者所當法之處。其次，人如何知幾？即有賴於靜坐之工。儒學論幾如二曲所引，本之《易經》立說，爾後周敦頤亦言此說。其《通書・誠下第二》指出：

> 誠無爲，幾善惡。德，愛曰仁，宜曰義，理曰禮，通曰智，守曰信。
> 性焉安焉之謂信；復焉執焉之謂賢，發微不可見，充周不可窮之謂
> 神。〔註107〕

其《通書・聖第四》曰：

> 寂然不動者，誠也；感而遂通者，神也；動而未形有無之間者，幾
> 也。誠精故明，神應故妙，幾微故幽，誠神幾曰聖人。〔註108〕

所謂「誠無爲」，朱子注曰：「實理自然，何爲之有，即太極也。」〔註109〕而「幾」之意，朱子注曰：「幾者，動之微，善惡之所由分也。蓋動於人心之微，則天理固當發見，而人欲亦已萌乎其間矣，此陰陽之象也。」〔註110〕「誠」乃人心如理之狀態，乃寂然不動的。其「幾」乃謂人心善惡的初萌狀態，他是「動而未形有無之間者」，所指的是心在動時，可能依理或不依理的自覺狀態，這與《易》所謂的「研幾」是有不同的。〔註111〕

　　二曲論幾之目的，在於就「人心之微」處的察知，而非過已成形之際再行改過。質言之，人的行爲形成之序在於：由心而意，由意而行。二曲認爲當於此善惡初萌之時就加以對治，扣緊在「心體」層面來作處理。本源面若處理得正，自然不會有下游之污染，此乃屬於「正心念」之工夫。顏淵能夠知幾、見幾而作，即是他在其過未成形時即能省察對治，即使有過亦能不貳過。所以當以顏淵爲法，學習其知幾、見幾，作爲悔過自新的實踐過程。

　　其次，「幾」之所以能夠知，即有賴於「靜坐之工」，二曲認爲靜坐能夠

〔註107〕見〔宋〕周敦頤撰、〔清〕董榕輯，《周子全書》，卷七，頁 126～127。

〔註108〕見〔宋〕周敦頤撰、〔清〕董榕輯，《周子全書》，卷八，頁 135。

〔註109〕見〔宋〕周敦頤撰、〔清〕董榕輯，《周子全書》，卷七，頁 126。

〔註110〕見〔宋〕周敦頤撰、〔清〕董榕輯，《周子全書》，卷七，頁 126。

〔註111〕仔細來說，《易》之「研幾」與周子言「幾」，兩者是有殊別的。《易》之所謂「研幾」，目的在於成天下之務，乃扣就現象世界所言，參見勞思光著，《新編中國哲學史三上》（臺北：三民書局，民國 79 年 12 月），第三章，頁 113。非如周子所謂心依理與否之狀態；其次，《易》之言幾者，「乃吉之先見者也」，亦與周子所謂「動而未形有無之間者」亦有不同的，可見兩者在論幾之本質上，與幾可見與否上是有區別的。

培養主體「知幾」之能力。根據西方學者羅傑・渥許（Roger Walsh）的研究指出，靜坐乃是一種強調心靈之訓練，透由此訓練可以培養「覺察力提升」之過程。他指出：

> 各種偉大智慧的傳統都同意。在我們平常未經訓練的心靈狀態中，覺察力和知覺都是不敏感而受損的：因為專注力不穩定而破碎，因為混亂的情緒而受到影響，因為散亂的欲望而受到扭曲。所以我們是把幻影當成真實，……。所以，超越藝術的第五個要素，就是使知覺和覺察力得以純化精鍊，使它們更為敏感、更加準確，更能欣賞每個經驗片刻的清新與新奇。達到這個目標的主要工具之一就是靜坐。靜坐的人會發現內在和外在的知覺都變得更敏銳，色彩更明亮，並因為經過「內省敏感化」（introspective sensitization）的過程而變得更容易接觸內心世界。這些主觀經驗的效度最近得到支持，研究顯示靜坐者的知覺處理更敏銳、快速，而同理心也更為精確。〔註112〕

這說明了經過訓練之靜坐，有助於培養個人的「知覺力」，以掌握個人內在世界之狀態。以二曲來說，其論「靜坐」而「知幾」，主要是透過此知覺力之敏感與準確，對人心善惡之念加以察覺，以作為自我轉化的目的，而非單純對知覺本身之功能有特別的注重；其論知覺力，明顯的認為他是屬於一種「善惡之知覺能力」。

是故，就〈悔過自新說〉之整體意義而言，本質上是建立一個「性」、「過」、「知幾」、「靜坐」與「超悟」的本體工夫的實踐歷程。人之成德在於自省悔過，自省悔過則當知過，過之掌握當從「幾」之「善惡初萌狀態」，以下手對治方為有效；此初萌狀態之掌握，端賴的即為「知幾」的「善惡之知覺能力」；進一步來說，此知覺能力之所以能夠形成，即有賴於「靜坐之工」而導至的。人若能依此「靜坐而知幾」、「知幾而悔過」、「悔過而復性」，最終必能導向「超悟」之體道經驗。這亦說明了二曲論悔過與自省，並非純然於形下經驗處用力，其目的乃藉由遷善改過之篤實工夫，藉以恢復本體之明，最終之目的自然是對本體之契悟，就二曲後來之學問宗旨，即為「明體」之

〔註112〕見羅傑・渥許（Roger Walsh）著：〈超個人的捷徑：靜坐〉，收入於羅傑・渥許（Roger Walsh）、法蘭西絲・方恩（Frances Vaughan）編著的，《超越自我之道》（臺北：心靈工坊，民國92年），第四章第二篇，頁93～94。

謂。若純然只以遷善改過爲工而忽略本體之悟，工夫雖爲篤實，但亦甚易迷失而有所歧出，這是儒學素來強調的道德本源之體認的重要性所在。

　　所以依二曲而言，悔過自新之工夫，是須透由靜坐之工，而靜坐之功能與意義，主要在培養此「知幾」、「研幾」之「善惡之知覺能力」，並對意念之過處加以省察克治，依此而爲，最終即能達至悔過自新的成德目的。

第三章　二曲證悟過程之研究

第一節　緒　論

　　二曲在〈悔過自新說〉中即已確立走向一種歸寂以通感，對本體作深切的自反之工，而在此工夫之日積月累下，終於體現了所謂的「證悟」之經驗。所謂「證悟」，乃是陽明弟子王龍溪對陽明「論悟之學」的說明。他指出：

> 師門嘗有入悟三種教法：從知解而得者，謂之解悟，未離言詮；從靜中而得者，謂之證悟，猶有待於境；從人事鍊習而得者，忘言忘境，觸處逢源，愈搖盪愈凝寂，始爲徹悟。〔註1〕

這是分別從「知解」、「靜坐」以及「事上磨鍊」等過程來談體悟本體的工夫。三者在悟的意義中是有層次高低的。雖皆言悟，但無論「解悟」或「證悟」，皆非事上磨鍊的「徹悟」來的眞切與實在，故皆屬權法所在〔註2〕。而二曲在

〔註 1〕見〔清〕黃宗羲撰，《明儒學案上・浙中王門學案二》，卷十二，頁 253。此外，王龍溪亦有〈悟說〉一文，對此有其更深之討論。其文云：「君子之學，貴於得悟，悟門不開，無以徵學。入悟有三，有從言而入者，有從靜坐而入者，有從人情事變鍊習而入者。得於言者，謂之解悟，觸發印證，未離言詮，譬之門外之寶，非己家珍；得於靜坐者，謂之證悟，收攝保聚，猶有待於境，譬之濁水初澄，濁根尚在，纔遇風波，易於淸動；得於鍊習者，謂之徹悟，磨礱鍛鍊，左右逢源，譬之湛體冷然，本來晶瑩，愈震盪愈凝寂，不可得而澄淸也。根有大小，故蔽有淺深，而學有難易，及其成功一也。」〔明〕王龍谿撰，《王龍谿全集下》（臺北：廣文書局，民國 89 年 11 月），卷十七，頁 1224。
〔註 2〕傅偉勳（1933～1996）就指出：「儒者的靜坐、頓悟之等工夫有助於建立儒道

順治十四年丁酉（1657），即產生所謂的「證悟」之過程。據〈年譜〉載：

　　夏秋之交，患病靜攝，深有感於「默坐澄心」之說，於是一昧切己
　　自反，以心觀心。久之，覺靈機天趣，流盎滿前，徹首徹尾，本自
　　光明。太息曰：「學者所以明性而已，性明則見道，道見則心化，心
　　化則物理俱融。躍飛魚鳶，莫非天機；易簡廣大，本無欠約；守約
　　施博，無俟外索。若專靠聞見為活計，憑耳目作把柄，猶種樹不培
　　根，枝枝葉葉外頭尋。惑也久矣。」自是屏去一切，時時返觀默
　　識，涵養本源。閒閱濂、洛、關、閩及河、會、姚、涇論學要語，
　　聊以印心。其〈自題〉有云：「余初茫然不知學，泛濫於群籍，汲汲
　　以撰述辯訂為事。以為學在是矣。三十以後，始悟其非，深悔從前
　　之誤。自此鞭辟著裏，與同人以返觀默識相切砥，雖居恆不廢群
　　籍，而內外本末之辨，則析之甚明。不敢以有用之精神，為無用之
　　汲汲矣。」〔註3〕

這段「證悟」之經驗大致可分成幾個過程來加以討論。首先，當先說明二曲
所言的「默坐澄心」與「以心觀心」的工夫來歷以及操作之法，此處將從宋
明諸子的工夫來作一歷時性的考察。其次，則具體針對二曲體道證悟經驗與
感受加以說明討論。第三、則討論二曲證悟後的思想轉變等種種問題。以下
則依序說明之：

第二節　證悟之工夫

　　二曲在其證悟中所言之工夫，乃為「默坐澄心」與「以心觀心」之法。首
先，「默坐澄心」是宋明諸子體驗《中庸》「喜怒哀樂之未發」之工夫〔註4〕。
宋代論靜之先驅乃為周敦頤，周氏在其〈太極圖說〉中即嘗言：「聖人定之以中

佛三家互相接接的，我說的『心性體認本位的生死學與生死智慧』，卻不見得
有助於『事上磨鍊』意義的道德抉擇與行動，有時反而有害。」參見傅偉勳
著，〈儒家思想的長期反思〉，見氏著，《學問的生命與生命的學問》（臺北：
正中書局，民國83年5月），頁272。此說明了在現實人間的道德歷練，對成
德為聖之學，反而是更切近之法。
〔註3〕見吳懷清撰，〈年譜〉，《二曲集》，附錄三，頁634～635。
〔註4〕關於宋儒靜坐之研究，可參楊儒賓著，〈宋儒的靜坐說〉一文，收入於台灣哲
學學會主編，《儒家哲學》（臺北：桂冠圖書有限公司，2004年4月），頁39
～85。

正仁義，而主靜立人極」〔註5〕。爾後，程明道（程顥，字伯淳，學者稱明道先生，1032～1085）〈定性書〉亦言：「所謂定者，動亦定，靜亦定。」〔註6〕而伊川則「每見人靜坐，便歎其善學。」〔註7〕此皆宋代論主靜、靜坐之淵源。而眞正以此爲工夫的，則爲伊川後學的「道南學派」。明儒陳白沙即指出：

> 伊川先生每見人靜坐，便歎其善學。此一「靜」字，自濂溪先生主靜發源，後來程門諸公遞相傳授，至于豫章、延平尤專提此教人，學者亦以此得力。晦翁恐人差入禪去，故少說靜，只說敬，如伊川晚年之訓，此是防微慮遠之道。然在學者，須自度量如何，若不至爲禪所誘，仍多著靜，方有入處。若平生忙者，此尤爲對症之藥。〔註8〕

伊川之弟子楊龜山（楊時，字中立，學者稱龜山先生，1053～1135）就主張用靜之法，體驗此「喜怒哀樂未發之中」。他指出：「夫至道之歸，固非筆舌能盡也。要以身心體之、心驗之，雍容自盡於燕閑靜一之中，默而識之，兼忘于書言意象之表，則庶乎其至矣。反是，皆口耳誦數之學也。」〔註9〕這說明對道體之把握，須在燕閑靜一的狀態，並經由身心向內的直覺的方法才能致之。二程弟子龜山傳羅豫章（羅從彥，字仲素，學者稱豫章先生，1072～1135），而李侗（字愿中，學者稱延平先生，1093～1163）則師出羅豫章。羅豫章早年即入羅浮山靜坐，其教根據李侗載：「先生令愿中（侗）靜中看喜怒哀樂未發之中，未發時作何氣象，不惟於進學有方，亦是養心之要。」〔註10〕這是羅豫章自身之體與教學之法。而李侗「其始學也，默坐澄心，以驗乎喜怒哀樂未發前之氣象爲何如，久之而知天大之大本，眞在乎是也。」〔註11〕這說明他亦承傳龜山與豫章所教，之後教導朱子即多以此爲法，只不過朱子嚴

〔註5〕見〔宋〕周敦頤撰、〔清〕董榕輯，《周子全書》，卷二，頁23。

〔註6〕見〈河南程氏文集〉，〔宋〕程顥、程頤撰，《二程集》，卷第二，頁460。

〔註7〕見〈河南程氏外書〉，〔宋〕程顥、程頤撰，《二程集》，卷第十二，頁432。

〔註8〕見〔清〕黃宗羲撰，《明儒學案上·白沙學案上》，卷五，頁83。

〔註9〕見〔清〕黃宗羲撰、〔清〕全祖望續修、〔清〕王梓材校補，《宋元學案·龜山學案》，第八冊，卷二十五，頁35。

〔註10〕見〔清〕黃宗羲撰、〔清〕全祖望續修、〔清〕王梓材校補，《宋元學案·豫章學案》，第十冊，卷三十九，頁63。

〔註11〕見〔清〕黃宗羲撰、〔清〕全祖望續修、〔清〕王梓材校補，《宋元學案·豫章學案》，第十冊，卷三十九，頁65。

於儒、釋之防，多言敬而不談靜〔註12〕。這是屬於宋學主靜、靜坐的概況。

就明代而言，陳白沙對此工夫則深得其要。據《明儒學案》載：

> 先生自序爲學云：「僕年二十七，始發憤從吳聘君學，其於古聖賢垂
> 訓之書，蓋無所不講，然未知入處。比歸白沙，杜門不出，專求所
> 以用力之方，既無師友指引，日靠書冊尋之，忘寐忘食，如是者累
> 年，而卒未有得。所謂未得，謂吾此心與此理未有湊泊吻合處也。
> 於是舍彼之繁，求吾之約，惟在靜坐。久之，然後見吾此心之體，
> 隱然呈露，常若有物，日用間種種應酬，隨吾所欲，如馬之御衛勒
> 也；體認物理，稽諸聖訓，各有頭緒來歷，如水之有源委也。於是
> 渙然自信曰：『作聖之功，其在茲乎！』」〔註13〕

這是一種由「歸寂以通感」，體驗「喜怒哀樂之未發」的過程，並透由靜坐與
體驗工夫得力處，進而產生了「心體呈露」的過程，這是其悟道見性的個人
經歷，也形成了白沙其後來所謂「靜中養出端倪」的工夫。而這種工夫，明
代除白沙外，陽明早年悟道與教學亦多本之於此。黃宗羲指出：

> 先生之學，始泛濫於詞章，繼而偏讀考亭之書，循序格物，顧物理
> 吾心終判爲二，無所得入。於是出入於佛、老者久之。及至居夷處
> 困，動心忍性，因念聖人處此更有何道？忽悟格物致知之旨，聖人
> 之道，吾性自足，不假外求。其學凡三變而始得其門。自此以後，
> 盡去枝葉，一意本原，以默坐澄心爲學的。有未發之中，始能有發
> 而中節之和，視聽言動，大率以收斂爲主，發散是不得已。江右以
> 後，專提「致良知」三字，默不假坐，心不待澄，不習不慮，出之
> 自有天則。蓋良知即是未發之中，此知之前更無未發；良知即是中
> 節之和，此知之後更無已發。此知自能收斂，不須更主於收斂；此
> 知自能發散，不須更期於發散。收斂者，感之體，靜而動也；發散
> 者，寂之用，動而靜也。知之眞切篤實處即是行，行之明覺精察處

〔註12〕朱子曰：「人在世間，未有無事時節；要無事，除是死也。自早至暮，有許多
　　　　事。不成說事多撓亂，我且去靜坐。敬不是如此。若事至前，而自家卻要主
　　　　靜，頑然不應，便是心都死了。無事時敬在裏面，有事時敬在事上。有事無
　　　　事，吾之敬未嘗間斷也。」見〈學六：持守〉，〔宋〕黎靖德編、王星賢點校，
　　　　《朱子語類一》，卷第十二，頁212～213。這是朱子循程子言敬之法，敬乃貫
　　　　動靜，而非如主靜乃偏於一隅。

〔註13〕見〔清〕黃宗羲撰，《明儒學案上‧白沙學案上》，卷五，頁79～80。

即是知，無有二也。居越以後，所操益熟，所得益化，時時知是知
非，時時無是無非，開口即得本心，更無假借湊泊，如赤日當空而
萬象畢照。是學成之後又有此三變也。〔註14〕

這是陽明「學前三變」與「學成三變」。前者是從異學對儒學的回歸；後者乃
個人本體工夫的轉變，以及教法的調整。而此之中「默坐澄心」，即被視為早
年之教法。其中之因在於「龍場悟道」之經驗。根據〈年譜〉武宗正德三年
戊辰（1508）載陽明在龍場之狀：

時瑾憾未已，自計得失榮辱皆能超脫，惟生死一念尚覺未化，乃為
石墩自誓曰：「吾惟俟命而已！」日夜端居澄默，以求靜一；久之，
胸中灑灑。而從者皆病。……。因念：「聖人處此，更有何道？」忽
中夜大悟格物致知之旨，寤寐中若有人語之者，不覺呼躍，從者皆
驚。始知聖人之道，吾性自足，向之求理於事物者誤也。乃以默記
《五經》之言證之，莫不吻合，因著《五經憶說》。〔註15〕

長期的靜坐進而產生悟道之過程，這促使他對朱子與《大學》有所反省與修
正，陽明認為「心即理也」、「至善是心之本體」，而朱子之說乃「析心與理為
二」與「求理於外」；而就教學而言，本質上陽明談靜坐是以初學之際心意不
定，故教之靜坐以息思慮。而陽明這種體悟與教學，在其後學中被視為重視
陽明早期之教的「歸寂」一派〔註16〕，如聶雙江（聶豹，字文蔚，號雙江，
1487～1563）、羅念庵（羅洪先，字達夫，號念庵，1504～1564）也重視靜坐
之體驗。例如聶雙江，據《明儒學案》載：「先生之學，獄中閒久靜極，忽見
此心真體，光明瑩徹，萬物皆備。乃喜曰：『此未發之中也，守是不失，天下
之理皆從此出矣。』及出，與來學立靜坐法，使之歸寂以通感，執體以應

〔註14〕見〔清〕黃宗羲撰，《明儒學案上・姚江學案》，卷十，頁181。

〔註15〕見〈年譜一〉，見〔明〕王守仁撰、吳光、錢明、董平、姚延福編校，《王陽
明全集下》，卷三十三，頁1228。

〔註16〕關於「歸寂派」一詞，見日人岡田武彥將王學劃分為王門三派，分別為「現
成派」、「歸寂派」與「修證派」三種。這是以其思想的特質，作區別劃分而
不同黃宗羲以地域為區別。而關於「歸寂派」對陽明之學的把握。他指出：
「雙江把記載著陽明中年的主靜入悟說的《傳習錄》上卷作為致良知的正法
眼藏。」而羅念菴則「重視陽明在龍場的主靜入悟說，告誡學者要以此為基
礎，而不要徒以陽明晚年的熟化之說為宗旨。」所以「歸寂派」基本上是把
王學與宋學「看作是--脈相通的。」見〔日〕岡田武彥著、吳光、錢明、屠
承先譯，《王陽明與明末儒學》（上海：上海古籍出版社，2000年5月）第三
章，頁129。

用。」〔註 17〕而關於羅念庵,《明儒學案》亦載:「當極靜時,恍然覺吾此心中虛無物,旁通無窮,有如長空雲氣流行,無有止極;有如大海魚龍變化,無有間隔。無內外可指,無動靜可分,上下四方,往古來今,渾成一片,所謂無在而無不在。吾之一身,乃其發竅,固非形質所能限也。」〔註 18〕以上諸多的體驗,皆是因長期靜坐而產生證悟的體驗。

而明末論靜坐與主靜者,如東林學派的高攀龍(字存之,別號景逸,1562～1626),即著有〈靜坐說〉、〈書靜坐說後〉,其曰:「靜坐之法,不用一毫安排,只平平常常,默然靜去。此平常二字,不可容易看過,即性體也。以其清淨不容一物,故謂之平常。……學者不過借靜坐中,認此無動無靜之體云爾。靜中得力,方是動中真得力,動中得力,方是靜中真得力。所謂敬者此也,所謂仁者此也,所謂誠者此也,是復性之道也。」〔註 19〕又曰:「前《靜坐說》,觀之猶未備也。夫靜坐之法,入門者藉以涵養,初學者藉以入門。彼夫初入之心,妄念膠結,何從而見平常之體乎?平常則散漫去矣。故必收斂身心,以主於一,一即平常之體也。主則有意存焉,此意亦非著意,蓋心中無事之謂,一著意則非一也。不著意而謂之意者,但從衣冠瞻視間,整齊嚴肅,則心自一,漸久漸熟平常矣。故主一之學,成始成終者也。」〔註 20〕可見其論靜坐目的在於收放心之工,以使其心不至於放逸與走作。爾後,最為重視靜坐之工即為劉蕺山。劉蕺山曰:「故主靜立極之說,最為無弊。」〔註 21〕並亦著有〈靜坐說〉一文,來論靜坐之要。其曰:「人生終日擾擾也,一歸根復命處,乃在向晦時,即天地萬物,不外此理。于此可悟學問宗旨,只是主靜也。此處工夫最難下手,姑為學者設方便法,且教之靜坐。日用之間,除應事接物外,苟有餘刻,且靜坐。坐間本無一切事,即以無事付之,即無一切事,亦無一切心,無心之心,正是本心。瞥起則放下,沾滯則掃除,只與之常惺惺可也。」〔註 22〕大抵劉蕺山乃推崇周敦頤「主靜立人極」之說,而以靜坐之作為達此狀態之工夫。此為明代論主靜與靜坐的發展概況。

〔註 17〕見〔清〕黃宗羲撰,《明儒學案上・江右王門學案二》,卷十七,頁 372。
〔註 18〕見〔清〕黃宗羲撰,《明儒學案上・江右王門學案三》,卷十八,頁 402。
〔註 19〕見〔清〕黃宗羲撰,《明儒學案下・東林學案一》,卷五十八,頁 1408～1409。
〔註 20〕見〔清〕黃宗羲撰,《明儒學案下・東林學案一》,卷五十八,頁 1409。
〔註 21〕見〔清〕黃宗羲撰,《明儒學案下・蕺山學案》,卷六十二,頁 1519。
〔註 22〕見〔清〕黃宗羲撰,《明儒學案下・蕺山學案》,卷六十二,頁 1574～1575。

　　總的來說，可知宋明諸儒皆將「主靜之狀態」與「靜坐之工夫」，視爲對心體、本體修養過程中的工夫。但嚴格言，彼此對此工夫之效應與流弊，亦有不同之見解，而形成了諸多之差異，或以此爲收放心、或以此爲心體呈露之工夫，或以爲禪而不言，或以敬代靜等等，此爲知宋明諸儒論主靜與靜坐之種種過程。

　　釐清宋明諸子論主靜與靜坐工夫後，接續則當說明此工夫之「操作過程」。靜坐之工夫，其操作之法在於藉由「默坐」之工夫，對此心之妄的對治，而達至心體呈露之過程。這種工夫本質上，即二曲所謂「以心觀心」之法。關於「以心觀心」之爲何？林繼平則認爲，此即邵雍「以心觀心」之工夫〔註23〕。據邵雍〈觀物內篇〉載：

> 夫所以謂之觀物者，非以目觀之也。非觀之以目，而觀之以心也。非觀之以心，而觀之以理也。聖人之所以能一萬物之情者，謂其能反觀也。所以謂之反觀者，不以我觀物也。不以我觀物者，以物觀物之謂也。既能以物觀物，又安有我于其間哉！〔註24〕

邵雍認爲「以我觀物」，容易以一己之見與個人情感來體察萬物，實爲負面之處；眞正的觀物之處乃「以物觀物」。其〈觀物內篇〉就指出：「以物觀物，性也；以我觀物，情也。性公而明，情偏而暗」〔註25〕。所謂「以物觀物」當是以心中之理來觀察事物，而非以情觀之，具體之法即在於「反觀」之謂。他認爲「萬物皆備於我」。是故，人自能從心中之理的反觀中，來察識萬事萬物之理。但這種以邵雍「以物觀物」來解釋二曲的「以心觀心」，應是有問題的。邵雍之說是以其人心之理作爲反觀事物之理，這與二曲的切己自反之學是有所殊異的。蔡仁厚在分析陽明龍場悟道的「默坐澄心」之工夫，是比較符合二曲「以心觀心」的經驗。他指出：

> 陽明在瀕臨生死、百折千難中大悟之後，有如經歷一場大病，元氣初復，不能不珍攝保養。所以「以收斂爲主，發散是不得已」。收斂，是意在復其本心，涵養眞體。這裏把得定，發散時便能無所差謬。所以說「有未發之中，始有已發中節之和。」這「默坐澄心」的工

〔註23〕見林繼平著，《李二曲研究》，頁124。
〔註24〕見〔清〕黃宗羲撰、〔清〕全祖望續修、〔清〕王梓材校補，《宋元學案・百源學案上》，第三冊，卷九，頁107。
〔註25〕見〔清〕黃宗羲撰、〔清〕全祖望續修、〔清〕王梓材校補，《宋元學案・百源學案上》，第三冊，卷九，頁113。

夫，便是辨識何者爲「眞我」（本心眞體），何者爲「假我」（習氣私

欲）；將眞我端的中正，則假我便自然對照出來，這步涵養的工夫，

是初階段所必須經歷的。〔註26〕

「以心觀心」，基本上是屬「默坐澄心」中的「澄心」的意義。亦即，由靜坐
之過程，產生對負面之妄念的「觀察」與「省覺」的知覺狀態；此知之後，
將其妄念之假我刮磨廓清後，自能使本心仁體之眞我如實的呈現。這種「眞
我」對「假我」之對治，應是比較符合二曲「默坐澄心」之工夫。二曲在〈答
王天如〉一信中就指出：

以心觀心，乃學問用功之要，高明廣大之域，必如此，方可以馴至。

始也，以心觀心，久則無心可觀。夫觀心而至於無心可觀，斯至矣。

若謂墮落方所，舍心從事，不淪於空虛莽蕩，便滯於邊見方所，而

千古聖賢用心存心之訓，皆賸語矣，可乎？況以心觀心，直從「無

極太極」而入，即本體以爲工夫，此正不墮邊見，不落方所。否則，

不墮邊見，不落方所，何可得也？此復。〔註27〕

這說明了，二曲論「以心觀心」實有兩層操作：學問之初當以默坐澄心，而
對妄心之對治，在人欲橫流從軀體起意之際，不對治此心，其心將隨波逐流
舍心從物。但學問之終，所謂「無心可觀」，即爲對治「有心爲善」等私意之
弊。質言之，二曲言心當是「不將與不迎」、「無滯與無執」，若有將迎與滯執，
則失其心無聲無臭、廓然無對等超越之境。〔註28〕

　　所以二曲的「默坐澄心」與「以心觀心」，本質上是繼承宋明諸儒所強調
的主靜與靜坐之工夫。其目的在於藉由靜坐之工夫，形成了對自我妄念之消
解與融釋，進而達至主體證悟、悟道經驗之過程。

第三節　二曲證悟之討論

　　本節關於二曲證悟之討論，主要有三個層次。首先，針對的是二曲證悟

〔註26〕見蔡仁厚著，〈王陽明致良知宗旨之蘊釀與確立〉一文，見氏著，《孔子的生
　　　　命境界——儒學的反思與開展》（臺北：學生書局，1998 年 4 月），頁 294～
　　　　295。
〔註27〕見〈書一〉，《二曲集》，卷十六，頁 164。
〔註28〕關於此心之「無聲無臭」、「廓然無對」之論述，可參中編〈學髓〉一說之討
　　　　論。

經驗之因素與過程加以說明，並且論及二曲證悟之感；其次，則在釐清二曲
在證悟後所形成之體會為何？第三、從經驗之說明與個人體會外，最後則以
二曲證悟經驗後所從事的工夫、驗證、與反省三個過程，逐一說明。以下則
依序論之：

一、證悟經驗的分析

關於二曲證悟經驗之分析，針對的是二曲悟道之因素與過程之說明。據
〈年譜〉載：

> 夏秋之交，患病靜攝，深有感於「默坐澄心」之說，於是一昧切己
> 自反，以心觀心。久之，覺靈機天趣，流盎滿前，徹首徹尾，本自
> 光明。〔註29〕

「患病靜攝」之過程，乃為一「養生調護」與「體悟工夫」兼具之過程。二
曲在《四書反身錄》中，就針對孟子「人有德慧術知者，恆存乎疢疾」〔註30〕
一文之釋指出：

> 「人有德慧術知者，恆存乎疢疾」，誠哉是言也！疢疾固不止於疾
> 病，而病疾之攖，亦莫非進德之機、入道之緣。蔣道林先生諱信嘗
> 抱羸疾，及病甚，嘔血危矣，乃謝卻醫藥，默坐澄心，常達晝夜，
> 不就枕席。一日，忽香津滿頰，一片虛白，炯炯見前，泠然有省之
> 間，而沉痾已渙然去體矣。嘗曰：「信初讀《魯論》及關、洛諸書，
> 頗見得『萬物一體』是聖學立根處，未敢自信；直到三十二三歲，
> 因病去寺中靜坐，將怕死和戀老母的念頭一齊斷卻」，如此者半年
> 餘，一旦忽覺此心洞然，宇宙渾屬一身，呼吸痛癢，全無間隔，乃
> 信得明道所謂『廓然大公無內外』是如此，『自身與萬物平等看』是
> 如此，參之《六經》，無處不合。向來靜坐，雖亦有湛然時節，只是
> 箇光景，這聖學立根處，豈能容易信得及，須是自得。」又嘗自謂：
> 「生平學問，多貧病中得之。」〔註31〕

蔣道林乃陽明早期龍場之弟子，而後亦學之湛若水。據《明儒學案》載：「陽

〔註29〕見吳懷清撰，〈年譜〉，《二曲集》，附錄三，頁634～635。
〔註30〕見《孟子集注》〈盡心章句上〉：「孟子曰：『人之有德慧術知者，恆存乎疢疾。
　　　　獨孤臣孽子，其操心也危，其慮患也深，故達。』」〔宋〕朱熹撰，《四書章
　　　　句集注》，卷十三，頁353～354。
〔註31〕見《四書反身錄》，《二曲集》，卷四十二，頁530～531。

明在龍場，見先生之詩而稱之，先生遂與闇齋師事焉。已應貢入京師，師事甘泉。及甘泉在南雍，及其門者甚眾，則令先生分教之。先生棄官歸，甘泉遊南嶽，先生從之彌月。後四年入廣東，省甘泉。又八年甘泉再遊南嶽，先生又從之。是故先生之學，得於甘泉者為多也。先生初看《論語》與《定性西銘》，領得『萬物一體，是聖學立根處』。三十二、三時病肺，至道林寺靜坐，久之，并怕死與念母之心俱斷。一日，忽覺洞然宇宙，渾屬一身，乃信明道『廓然大公無內外』是如此，『自身與萬物平等看』是如此，始知向來領會，元是思索，去默識尚遠；向來靜坐，雖有湛然時節，亦只是光景。」〔註32〕可見蔣道林之學實為發揮陽明早期之教，注重由靜坐對本體悟入之學。二曲引其說為證，主因在於他認為道德學問之證立，其實是必須在困苦經驗中培養而成的。此即孟子所云：「故天將降大任於是人也，必先苦其心志，勞其筋骨，餓其體膚，空乏其身，行拂亂其所為；所以動心忍性，曾益其所不能。」〔註33〕之義。而他也認為靜坐之過程，除有益於身體疾病之養護外，亦是自悟本原之工夫。

二曲經由此靜坐之工，與切己自反，終而產生了「覺靈機天趣，流盎滿前，徹首徹尾，本自光明。」證悟之體驗。所謂「靈機」，指的是人心生機不已的狀態描述。明儒王龍溪就指出：

> 人心一點靈機，變動周流，為道屢遷而常體不易，譬之日月之明，
>
> 往來無停機而未嘗有所動也。〔註34〕

就儒學之體驗而言，人與宇宙是合而為一的。宇宙之本質是生生不息的、非死寂而不動，人心亦是活潑潑的，流動不已。人可經由盡心知性而知天、反身而誠之工夫，達至此心與天之接榫。能體此心即天，則自有此心「清明如理」光明之感，這是宋明諸儒終身所追求之境。陽明臨終所言即為：「此心光明，亦復何言？」〔註35〕朱子亦有透由格物窮理之工，而用力之久豁然貫通後，使「而吾心之全體大用無不明矣。」〔註36〕之說。所謂光明，具體來說，

〔註32〕見〔清〕黃宗羲撰，《明儒學案上·楚中學案二》，卷十二，頁254。

〔註33〕見《孟子集注》〈告子章句下〉，〔宋〕朱熹撰，《四書章句集注》，卷十三，頁348。

〔註34〕見〔清〕黃宗羲撰，《明儒學案上·楚中王門學案》，卷二十八，頁628。

〔註35〕見〈年譜三〉，〔明〕王守仁撰、吳光、錢明、董平、姚延福編校，《王陽明全下集》，卷三十五，頁1324。

〔註36〕見《大學章句》，〔宋〕朱熹撰，《四書章句集注》，頁7。

即指本體之明，即心與理一，心即是理，此心純是天理流行之境。關於此境，蒙培元指出：

> 心全然是理，理全然在心，心與理合而爲一，渾然不分。這是心靈
> 的自我實現，也是心靈的自我超越。〔註37〕

此心純是天理流行，實一自我之超越，以二曲來說，此即默坐澄心、切己自反工夫得力所達至之境。

　　所以二曲的證悟經驗本質上，是經由患病靜攝之過程爲開展的。二曲接受傳統以靜坐作爲養生調養之法，並重視於困苦之境中意志之鍛鍊，並不斷的對治自我之妄念，最終而產生個人證道體悟的經驗。

二、證悟之體會

　　關於證悟之體會，主要闡述二曲在證悟後，對心性與天道之體會。如其言：「學者所以明性而已，性明則見道，道見則心化，心化則物理俱融。躍飛魚鳶，莫非天機；易簡廣大，本無欠約；守約施博，無俟外索。若專靠聞見爲活計，憑耳目作把柄，猶種樹不培根，枝枝葉葉外頭尋。惑也久矣。」〔註38〕這段論述可分幾個層次來說明：

　　（一）首先，關於「學者所以明性而已，性明則見道」之意。討論的是心性與天道之關係。儒家談心性之進路有兩種。牟宗三就指出：

> 孟子堅主仁義内在於人心，可謂「即心見性」，即就心來談性。心就
> 是具有仁、義、禮、智的心。這一思路可稱爲「道德的進路」（Moral
> approach）。《中庸》、《易傳》代表的一路不從仁義内在的道德心講，
> 而是從天命、天道的下貫講。這一思路的開始已與孟子的不同，但
> 是它的終使可與孟子一路終結相會合。它可稱爲「宇宙論的進路」
> （Cosmological approach）。〔註39〕

「即心見性」說見於《孟子・盡心上》載：「盡其心者，知其性也。知其性，則知天矣。」〔註40〕從天命、天道下貫之說乃《中庸》所謂：「天命之謂性，

〔註37〕見蒙培元著，《心靈超越與境界》（北京：人民出版社，1998 年 12 月），第十六章，頁 295。

〔註38〕見吳懷清撰，〈年譜〉，《二曲集》，附錄三，頁 634～635。

〔註39〕見牟宗三著，《中國哲學的特質》，第八講，頁 59。

〔註40〕見《孟子集注》〈盡心章句上〉，〔宋〕朱熹撰，《四書章句集注》，卷十三，頁 349。

率性之謂道，修道之謂教。」〔註41〕基本上，二曲論心性與天道之關係，實為孟子「反身而誠」之說，即「盡心知性知天」之意義。孟子云：「君子所性，仁義禮智根於心。其生色也，睟然見於面，盎於背，施於四體，四體不言而喻。」〔註42〕所謂「心性」之意義，性乃客觀天賦在人，而心為身之主宰也。孟子之學實以「明性」為主，其論人性實以性善為說，其性涵仁、義、禮、智四端之心，其性善之證乃從其心之善來說的，以人皆有惻隱之心言其性善也。就二曲來說，即以默坐澄心，作為工夫之下手處，此心之澄，其自見天賦之性。

其次，心性與天道之關係，孟子云：「是故誠者，天之道也；思誠者，人之道也。」〔註43〕所謂「思誠」即「盡心」之義，盡心乃充分實現其道德之心，此道德之心覺察與體現，並將其擴充於日常所行之際，自能知性而知天，知上天賦予我之本質所在，同時證實天道的於穆不已的創造之處。是故，天賦之善當在盡心處講，盡心方能知性，知性方能知天。

第三、關於「見道則心化，心化則物理俱融。躍飛魚鳶，莫非天機」之意。孟子指出：「可欲之謂善，有諸己之謂信，充實之謂美，充實而有光輝之謂大，大而化之之謂聖，聖而不可知之之謂神。」〔註44〕所謂「化」乃指「心德性體之全部朗現，擴而充之，至於其極。」〔註45〕指的是體道聖人精神形象之描述，此即宋明諸子所謂「大其心」之工夫累積而成的境界。能將此心擴而至極，自然與物無對，而達至渾然一體之境，故有「物理俱融」之感。而此心之化與物無對，不容纖毫人力參乎其間，則亦順其天機自然之妙，故能體驗天心不二，此心全是萬物之流行化育，一片生機洋溢，自然有「躍飛魚鳶，莫非天機」之感。

（二）關於「易簡廣大，本無欠約；守約施博，無俟外索。若專靠聞見為活計，憑耳目作把柄，猶種樹不培根，枝枝葉葉外頭尋。惑也久矣。」此段則為二曲證悟後的心得之感。這段論述是以象山、陽明之說作為詮釋的。

〔註41〕見《中庸章句》，〔宋〕朱熹撰，《四書章句集注》，頁17。

〔註42〕見《孟子集注》〈盡心章句上〉，〔宋〕朱熹撰，《四書章句集注》，卷十三，頁355。

〔註43〕見《孟子集注》〈離婁章句上〉，〔宋〕朱熹撰，《四書章句集注》，卷七，頁282。

〔註44〕見《孟子集注》〈盡心章句下〉，〔宋〕朱熹撰，《四書章句集注》，卷十四，頁370。

〔註45〕見牟宗三著，《中國哲學的特質》，頁85。

關於「易簡廣大，本無欠約」之說，象山在「鵝湖之會」有詩云：

> 墟墓興哀宗廟欽，斯人千古不磨心，涓流積至滄溟水，拳石崇成泰
> 華岑。易簡工夫終久大，支離事業竟浮沉。欲知自下升高處，眞僞
> 先須辯只今。〔註46〕

象山反對朱子窮理讀書，走泛觀博覽而後歸之於約的工夫，他強調的是向內的「發明本心」之工。他認爲必先立本心，而后使之博覽方爲無誤。這種工夫實爲可大可久無所欠缺的易簡之工。象山指出：

> 後世言《易》者以爲《易》道至幽至深，學者皆不敢輕言。然則聖
> 人贊《易》則曰：「〈乾〉以易知，〈坤〉以簡能，易則易知，簡則易
> 從。易知則有親，則從則有功。有親則可久，有功則可大。可久則
> 賢人之德，可大則賢人之業。易簡則天下之理得矣。」孟子曰：「夫
> 道若大路然，豈難知哉？」夫子曰：「仁遠乎哉？我欲仁，斯仁至矣。」
> 又曰：「一日克己復禮，天下歸仁焉。」又曰：「未之思也，夫何遠
> 之有？」孟子曰：「道在邇而求諸遠，事在易而求諸難。」又曰：「堯
> 舜之道孝弟而已矣。徐行後長者謂之弟，疾行先長者謂之不弟，夫
> 徐行者，豈人所不能哉？不爲耳。」又曰：「人能充無欲害人之心，
> 而仁不可勝用也；人能出無穿窬之心，而義不可勝用也。」又曰：「人
> 之有四端而自謂不能者，自賊者也，謂其君不能者，賊其君者也。」
> 又曰：「吾身不能居仁由義，謂之自棄。」古聖賢之言，大抵若合符
> 節。蓋心，一心也，理，一理也，至當歸一，精義不二，此心此理，
> 實不容有二。〔註47〕

象山所謂的「易簡」，實不出人倫日用之常行，實乃人人須爲可爲之事，指的是仁義孝悌之行，此爲人心之實理與實事也。「易簡之工」乃是實切的道德實踐所在，也是爲學眞正的下手處。他指出：

> 易簡之善，有親有功，可久可大，苟不懈怠廢放，固當日新其德，
> 日逐和平之樂，無復艱屯之意。〔註48〕

這意謂者發明本心、重視主體之踐履，是一種切於主體生命的眞實體驗，此眞實之體，即所謂「親」也。也因爲實切主體之生命，也方能在踐履與體驗

〔註46〕見〈鵝湖和教授兄韻〉，〔宋〕陸九淵撰，《陸九淵集》，卷二十五，頁301。

〔註47〕見〈與曾宅之〉，〔宋〕陸九淵撰，《陸九淵集》，卷一，頁4～5。

〔註48〕見〈與楊敬仲：二〉，〔宋〕陸九淵撰，《陸九淵集》，卷五，頁65。

過程中，保持一種長久與永恆性的意義，這對主體之人格之完善，自當產生一種正面與積極性的效果。而這個過程雖簡，但其內在工夫，卻是來自主體深刻的自省與自我之約束。是故，易簡並非易爲，是絲毫無一刻放縱的自省過程。

其次，「守約施博」則語出孟子。孟子云：「言近而指遠者，善言也。守約而施博者，善道者也。」〔註49〕關於其意，戴震（字慎修，又字東原，1723～1777）《孟子字義疏證》云：

> 約，謂脩其身。《六經》孔孟之言，語行之約，務是脩身而已。語知
> 之約，致其心之明而已。〔註50〕

二曲在此引「易簡」與「守約」，旨在闡明其所體是如同孟子與象山反身而誠之工夫；是發明本心，而非向外的追索之路。是故，二曲最後引陽明良詠良知說作爲印證。陽明〈詠良知四首示諸生〉有云：

> 個個人心有仲尼，自將聞見苦遮迷。而今指與眞頭面，只是良知更
> 莫疑。
>
> 問君何事日憧憧，煩惱場中錯用功。莫道聖門無指訣，良知二字是
> 參同。
>
> 人人自有定盤針，萬化根緣總在心。卻笑從前顛倒見，枝枝葉葉外
> 頭尋。
>
> 無聲無臭獨知時，此是乾坤萬有基。拋卻自家無盡藏，沿門持鉢效
> 貧兒。〔註51〕

陽明之詩旨在闡明成聖之理，是須反身於良知本心「德性之知」，而非求之於俗學聞見的「聞見之知」〔註52〕。二曲認爲成德若求之於聞見，猶如種樹不培根之過程。此培根說亦本之陽明。陽明指出：

> 譬之樹木，這誠孝的心便是根。許多條件便是枝葉。須先有根，然

〔註49〕見《孟子集注》〈盡心章句下〉，〔宋〕朱熹撰，《四書章句集注》，卷十四，頁372～373。

〔註50〕見〔清〕焦循，《孟子正義下》（北京：中華書局，1998年12月，《新編諸子集成》），卷二十九，頁1010。

〔註51〕見〈外集二〉，〔明〕王守仁撰、吳光、錢明、董平、姚延福編校，《王陽明全集上》，卷二十，頁790。

〔註52〕關於此詩之詳解，可參蔡仁厚著，《王陽明哲學》（臺北：三民書局，民國89年8月），第十章，頁218～220。

後有枝葉。不是先尋了枝葉，然後去種根。〔註53〕

　　種樹者必培其根。種德者必養其心。欲樹之長，必于始生時刪其繁
　　枝。欲德之盛，必於始學時去夫外好。如外好詩文，則精神日漸漏
　　泄在詩文上去。凡百外好皆然。〔註54〕

陽明認爲「成德之教」猶如種樹一般，種樹不培根一般，成德自難有成。種
樹須從根本「培根」做起，此根在人即爲心。是故，「培根」即所謂「養心」
也。

　　所以，悟此心即理後，二曲自覺的以孟子、象山、陽明「反身而誠」、「發
明本心」、「致良知」之徑爲其說明，重視的是內在的良知本心，而非往外的
知識聞見，這是他在證悟過程中，對爲學方向的體驗與確立的過程。當然，
這亦是二曲從程朱之學轉向心學的發展，更是心學思想在其內心「定型化」
最重要的關鍵。

三、證悟後的驗證與反省

　　二曲在證悟後，本質上進行三種處理，分別爲「本體工夫的調整」、「悟
後之驗證」、「著述之學的反省」等三個過程。

　　首先，針對本體工夫層次的問題。二曲指出：「自是屏去一切，時時返觀
默識，涵養本源。」〔註55〕此處所言之工夫，已非早期「由工夫回歸本體」
的「復性」之工，而是由「本體」所帶動的「涵養保任」之工。當然，此時
亦當有所謂的省察克治，不過工夫顯然是著眼於本體層次。而此工夫之轉變，
自然是因爲自悟本原之因素。

　　其次，二曲指出「閒閱濂、洛、關、閩及河、會、姚、涇論學要語，聊
以印心。」〔註56〕所謂「印心」代表著「驗證」之意義。具體的說，主體所
悟之境、之感是否正確？此自得之學是否與聖賢經典所言吻合？必須作一確
認與證明之工作。以陽明爲例，陽明在龍場悟道後「乃以默記《五經》之言
證之，莫不吻合，因著《五經憶說》。」〔註57〕此即陽明悟道後，以其所悟證

〔註53〕見陳榮捷著，《王陽明傳習錄詳註集評》，卷上，頁30～31。
〔註54〕見陳榮捷著，《王陽明傳習錄詳註集評》，卷上，頁136。
〔註55〕見吳懷清撰，〈年譜〉，《二曲集》，附錄三，頁634～635。
〔註56〕見吳懷清撰，〈年譜〉，《二曲集》，附錄三，頁634～635。
〔註57〕見〈年譜一〉，〔明〕王守仁撰、吳光、錢明、董平、姚延福編校，《王陽明
　　　　全集下》，卷三十三，頁1228。

之於聖賢經典的過程。二曲在證悟之後，即針對歷來聖賢學說加以閱讀，即在對此證悟過程的確立。整體來說，證悟之工夫，就本質上很容易流於一種所謂「光景」與「效驗」，或「遇事不濟」的弊病。陽明早年就曾對學者「喜靜厭動」之弊，而以「致良知」救之〔註58〕。而其弟子王龍溪就曾對白沙之悟有所質疑。他指出：

> 白沙是百原山中傳流，亦是孔門別派，得其環中以應無窮，乃景象也。緣世人精神撒潑，向外馳求，欲返其性情而無從入，只得假靜中一段行持，窺見本來面目，以爲安身立命根基，所謂權法也。若致知宗旨，不論語默動靜，從人情事變徹底鍊習以歸於玄，譬之眞金爲銅沿所雜，不遇烈火烹熬，則不可得而精。〔註59〕

這明顯的是對證悟的批評，王氏認爲眞悟、徹悟本質上是必須在「人情事變」等環境中磨練而來的，良知是即動即靜的，只求心之收斂，乃爲權法所在；有此之爲後，則當須求之於「事上磨鍊」，方能避免遇事不濟的結果。《明儒學案》就曾記載了王龍溪弟子的證悟之疑，更清楚說明這整個過程。《明儒學案》載：

> 思默自敘，初年讀書用心，專苦經書文史，句字研求、展卷意味便淺，自謂未足了此。始學靜坐，混混嘿嘿，不著寂、不守中、不數息，一味收攝此心，所苦者此念紛飛，變幻奔突，降伏不下，轉轉打疊。久之，忽覺此心推移不動，兩三日內如癡一般，念忽停息，若有一物胸中隱隱呈露，漸發光明。自喜此處可是白沙所謂「靜中養出端倪」？此處作得主定，便是把握虛空，覺得光明在內，虛空在外，以內合外，似有區宇，四面虛空，都是含育這些子，一般所謂「以至德凝至道」，似有印證。但時常覺有一點吸精沉滯爲礙，兀兀守此，懶與朋友相接，人皆以爲疏亢。近來悟得這個意思，些子光明須普散在世界上，方是明明得於天下。一體生生與萬物原是貫徹流通，無有間隔，故數時來喜與朋友聚會，相觀相取，出頭擔當，更無躲閃畏忌，人亦相親。但時當應感，未免靈氣與欲念一混出來，較之孩提直截虛明景象，打合不過。竊意古人寡欲工夫正在此，用時時攝念歸虛。念菴所謂「管虛不管念」，亦此意也。「但念與虛未

〔註58〕見〔清〕黃宗羲撰，《明儒學案上·江右王門學案二》，卷十七，頁373。
〔註59〕見〔清〕黃宗羲撰，《明儒學案上·浙中王門學案二》，卷十二，頁253。

免作對法，不能全體光明超脫，奈何？」曰：「此是思默靜中一路功
課，當念停息時，是初息得世緣煩惱，如此用力，始可以觀未發氣
象，此便是把柄初在手處。居常一點沉滯，猶是識陰區宇，未曾斷
得無明種子。昔人謂之生死本一切欲念從此發，若忘得能所二見，
自無前識，即內即外，即念即虛，當體平鋪，一點沉滯化為光明普
照，方為大超脫耳。」〔註60〕

所謂「打合不過」，即在於「所悟之感」與「現實之應」之間的差距，也說明
證悟過程，在現實應物接人之際未必能夠「即內即外」、「即念即虛」的如如
自在。這說明了，悟最終是要能夠動靜一如，能靜虛亦能動直。此不僅是主
體內在之修鍊，亦能在個人處境與現實環境落實，方是即感即應，有未發之
中，始有已發之和，如此一來，方為真境、方為真悟與徹悟，這也是王畿對
羅念菴歸寂割裂本體與作用之批評〔註61〕。是故，二曲悟後之「驗證」過程
說明了，他對自悟的過程，更加仔細與縝密的進行了一種「確認」與「驗證」
之過程。

　　第三、證悟之後，二曲即對早年為學歷程作一總反省。這是其體悟本體
後最為重要之修正。二曲於〈聖學指南小引〉中指出：

余初茫不知學，泛濫於群籍，汲汲以撰述辯訂為事，自勵勵人，以
為學在是矣。三十以後，始悟其非，深悔從前自誤誤人，罪何可
言。自此，鞭辟著裏，與同人以返觀默識相切砥，雖居恆不廢群
籍，而內外本末之辨，則析之甚明。不敢以有用之精神，為無用之
汲汲矣。〔註62〕

始悟其非之意義在於：由著述之學等向外之追索，轉為切己自反向內之省。
這是二曲從二十多歲著述之學的開始、思索與焚書，一直至三十一歲方完整

〔註60〕見〔清〕黃宗羲撰，《明儒學案上‧浙中王門學案二》，卷十二，頁254～255。
〔註61〕聶雙江之「歸寂」說，實頗受同門所指責。據《明儒學案》載：「是時同門為
良知之學者，以為『未發即在已發之中，蓋發而未嘗發，故未發之功卻在發
上用，先天之功卻在後天上用。』」其疑先生之說者有三：「其一謂『道不可
須臾離也』，今曰『動處無功』，是離之也。其一謂『道無分於動靜也』，今曰
『功夫只是主靜』，是二之也。其一謂『心事合一，心體事而無不在』，今曰
『感應流行，著不得力』，是脫略事為，類於禪悟也。王龍溪、黃洛村、陳明
水、鄒東廓、劉兩峰各致其難，先生一一中之。」」見〔清〕黃宗羲撰，《明
儒學案上‧江右王門學案二》，卷十七，頁372～373。
〔註62〕見〈題跋〉，《二曲集》，卷十九，頁225。

確立的過程。確立此本末內外後，並如象山一般，發明本心之約，亦不廢群籍的博覽。這是他證悟後的對學思歷程的檢討與反省。

　　具體來說，所謂「內外本末之辨」之整體涵義，可從二曲弟子王思服所寫的〈學髓‧序〉一文來加以說明。他指出：

> 先生爲之衷經史之謬，酌事機之宜，聆者震慄踴躍，自謂有得；然急末緩本，是謂學之膚，非學之骨也。既而志道德者，以進修質。先生諄諄迪以懲忿窒欲，窮理集義，晝有存，宵有養，瞬息有考程，聆者咸咸戚然動於中，自謂得所從入。然治病於標，可謂得學之骨，非學之髓也。〔註63〕

其序爲康熙七年戊戌（1668）所寫，此爲二曲證悟後所論。二曲將學習之過程仿禪宗達摩（磨）（？～536，或？～538）傳法體認之過程〔註64〕，劃分爲「學之膚」、「學之骨」與「學之髓」等三種層次。二曲在此以「膚」、「骨」、「髓」作爲爲學的「內外之別」與「爲學次序」。首先，二曲指出「衷經史之謬」乃急末緩本，爲學之膚也，非初學可學，亦非初學當言之處，這說明了他對早期著述的反省之態度。其次，爲學當切己，而切己之工有二：即爲「治標」與「治本」。所謂「懲忿窒欲」、「窮理集義」乃爲治標之功，是爲「學之骨」，乃入學之基所在；而洞體本原，乃學之髓，即爲治本之處。這說明二曲認爲學習當以「道德實踐」與「道德學習」兼具之過程，然最爲重要的即是「證悟本原」之過程。

　　而就學習之理想性而言，「學之膚」、「學之骨」與「學之髓」三種層次的本末關係當是：由髓而骨，由骨至膚。二曲認爲所謂「惟髓是急，得其髓，骨自健，膚自豐。」〔註65〕立德方能立言，善的體現有助於眞的探索，這是強調由「證悟本體」後引導著「工夫修證」，以及「著述立言」的意義性。爲學當是由內而外，由髓而骨而膚之過程。當然，治標之骨與治本之髓，本質

〔註63〕見王四服著，〈學髓‧序〉，《二曲集》，卷二，頁16。
〔註64〕據《景德傳燈錄》菩提達磨本傳載：「……迄九年已，欲西返天竺，乃命門人曰：『時將至矣。汝等盍各言所得乎？』時門人道副對曰：『如我所見，不執文字不離文字而爲道用。』師曰：『汝得吾皮。』尼總持曰：『我今所解，如慶喜得見阿佛國，一見更不再見。』師曰：『汝得吾肉。』道育曰：『四大本空，五陰非有，而我見處無一法可得。』師曰：『汝得吾骨。』最，後慧可禮拜後依位而立。師曰：『汝得吾髓。』」見〔宋〕釋道原編，《景德傳燈錄》（臺北：彙文堂出版社，民國76年6月），卷三，頁48。
〔註65〕見王四服著，〈學髓序〉，《二曲集》，卷二，頁16。

上應是一交縱循環的過程，自省之克己與證悟本原，其學習本質上並非是一個可以截然分開之過程。

　　二曲論「學之膚」、「學之骨」與「學之髓」，就其整體之意涵而言，須見道之後方有「有道之文」。這意謂者「由髓而骨」乃文質觀念中「質」的建立；「由骨至膚」是在質的建立後，自然的「文」的發展。程伊川即指出：「道必先充於己，而後施以及人；是故道非大成，不苟於用。」〔註66〕這說明著必先「驗之於體」向內的體悟，對道的體悟與把握後，方能「以體驗之」而由內而外，發之於著述與註釋〔註67〕。這是二曲對早年為學方向的反省，亦是他對為學方法之確立，更是其後來教學的固定之法。

　　所以「證悟後的驗證與反省」，說明了二曲在自悟本原後的自我修正與反省之過程。此處二曲首先調整本體工夫之操作；其次，則針對其證悟之過程，作一「驗證」之過程，以先賢之書印證其心之悟是否吻合；第三、則是針對過往的學思歷程作一總反省，進而確立其本體工夫的實踐歷程。

〔註66〕見〈河南程氏文集〉，〔宋〕程顥、程頤撰，《二程集》，卷第五，頁511。

〔註67〕所謂「驗之於體」與「以體驗之」乃林師安梧所揭示的說法，前者之說在於「上遂於道體」，後說則為「由道體照明之者」。見林師安梧著，《中國宗教與意義治療》，第三章，頁61。

上編總結

　　二曲早年爲學的歷程，本質上是朝「成聖契道」之路在進行的，整體來說，其思想軌跡有幾層重要的轉變：

　　第一、二曲早年爲學，乃是本諸程朱之學的方向而有所建構、反思與重建的發展。具體的說，二曲早年乃本程朱之學「道問學」之方向，亦對經史進行了著述之作；其次，亦沿其人生實踐的方向，期許者「得君行道」的落實。這兩層思維，其實是二曲早年心目中儒家「內聖外王」實踐之模式。但這兩者在二曲強調德性轉化的態度下，進行了一種反思與重建。「反思」意謂者對舊有的思維有所調整；「重建」則意謂個人實踐的重新定位。

　　第二、具體來說，在強調德性轉化優先之意義下，著述即被焚毀，而進行所謂的「切己之學」，此說代表著二曲從「道問學」回歸「尊德性」之轉變。著述之學的轉變，代表著二曲個人學思歷程之思索。主導此層轉變之關鍵在於「切己之學」，二曲認爲切己之學，乃一向內的體驗，是以爲己之學的目標下，所導向的一切實的克己之工，此方爲實學與眞學；相對的，著述之學，乃非急務所在，在道體、心體未悟之際言「著述」，二曲認爲此爲虛妄務名之處。而此「切己之學」，在其親身體悟與認可下，不但成爲他早年爲學之主要工夫，亦是其往後的〈悔過自新說〉，與晚年所著《四書反身錄》中所一再闡明主旨所在。

　　而二曲的經世之學的轉變，本質上是從帝王師等政治改革爲主的過程，轉向一天下師，以學術明人心的學統之建立。這是二曲經世致用之轉變，推究其因，除與政權之轉移等客觀因素外，當然亦與儒學從宋明以來重視講學經世之意義相關，此後二曲之經世即以講學型態爲主。故此期之轉變，亦奠

立了其後道德經世實踐之主要方向。是故,二曲早年之「焚書」,是有其內在之心理因素的。經世著作之焚,代表其經世實踐轉變之思索;著述著作之焚,代表其學思歷程轉變之思索,這是其早年爲學歷程中最值得注意的一環。

第三、在切己之學的實踐經驗下,使二曲提出〈悔過自新說〉。〈悔過自新說〉,是二曲自身切己的經驗結晶,也是儒學自省改過精神的體現,更是其對宋明諸子之說反省與補證,此說即成爲往後他教學中的入門工夫所在。二曲認爲〈悔過自新說〉對儒學傳統而言,其意涵是兩重的:即是彰顯儒學經典之精神,以及對宋明諸子之說的反省與補充。從其目的來看,二曲並非要涵蓋或取代宋明以來之諸說,因爲每個宗旨與理論皆有其背景上的差異;更進一步,則涉及到對本體工夫體驗之不同。二曲提出此說,不在於對其他說法融釋後的「自得與獨創」,也非在於對各家宗旨「批評與替換」。其本質目的在於「救世之實踐」,是直接、切實落於自我生命轉化層次的問題。是故,各家宗旨之別,就他而言,只不過在於上山路徑之不同,所謂「道本大公,各求其是」,宋明諸子之說亦皆救世之目的,亦皆可取之處,所以他對眾說不采取任何的批判,也不辨明彼此理論之異同,更不作判教高低之評價。其說之提出,其實只是志在指明過去不曾標示清楚的基礎門路,重新加以揭示與提醒,是一種「補充」之意義。當然,除「補充」之立場外,其說亦有對宋明諸子「語天論性」之反省,他認爲這與「切實易爲」的成德之學是有衝突的。

故整體而言,〈悔過自新說〉雖是對原始儒學經典精神之體現,但就思想與工夫而言,已明顯的融合宋明諸子如「復性說」與「靜坐」工夫了。此外,他亦是傳統儒學中,對自省悔過以及人性的幽暗意識最爲重要之論述,這是我們理解其說的歷史意義所在。

第四、二曲在其切己的悔過自新工夫下,依其宋明諸子的默坐澄心之徑,終有其洞徹本原的證悟過程,此即「反身而誠」、「下學而上達」,可言爲「內聖之初步完成」。二曲在此證悟後,以涵養本原爲工,代表其工夫之轉變。而更重要的是,透過其證悟經驗過程之分析,可看出心學思想在其內心定型化之過程。從二曲之引證上,可清楚的看到他對向內體驗「德性之知」的重視,以及對往外追索的「聞見之知」之否定;而進一步的來說,從其論「守約施博」、「易簡」、「種樹培根」之說,則更明確彰顯他證悟過程中對孟子、象山、陽明思想依歸的過程;當然這也是二曲從早期程朱之學擴展至陸

王之學的轉變，這是他在本體之悟的過程中，以陸王之學爲作爲明體之定型化的過程。此亦形成往後〈體用全書〉中，以陸王爲「明體中之明體」之思想基準。這也說明就本體實踐上，二曲明確的是以陸王之學爲標的的。

其次，在此次的證悟中，二曲並清楚的確立所謂「本末內外」之辨，對本體工夫與著述與關係有明白的揭示，此層之辨，往後亦深刻的顯露在其教學之方向上。二曲認爲學有「學之膚」、「學之骨」、「學之髓」等之層次，學當「由髓而骨，由骨而膚」。這說明了就道德實踐之模式來說，當以道德本體之體悟爲優先，以契入道體爲本，並由此道體之契入，帶動工夫之實踐與檢驗，此本體工夫之循環後，最終方有羽翼聖人之道的「著述」之層次。這是一個由「契入本體」、「本體工夫」所形成的「道德本質」完整與確立後，自然而形成的「明道之文」的爲學發展。

所以早年爲學的歷程，對二曲而言，是成聖思維與體現中進行的建構、反思與重建三步曲，從此階段，可以清楚理解其早年爲學思想軌跡之變化，也惟有對其早年爲學歷程轉變的掌握，也才能對其後來之發展有更深入之理解與認識。

參、中編部份：中年之教
——體用全學的思想與經世實踐

　　本編主要討論二曲的「中年之教」，所指的是從順治十一年甲午（1654）至康熙十八年庚申（1679），二曲閉門謝絕人事前之階段，所討論的是二曲思想發展與經世教導的整個過程。而這個階段之整體特質，基本上是可用「體用全學」的觀念來加以概括和說明。

　　「體用之學」是指二曲對「本體」與「經世致用」之學的說明，這是他對儒學的向度一種「圓滿而周全」的發展與看法。二曲認為只有基於體，並由體而承用的學，才是完備之學，方為儒學，這是他從早年為學歷程開展，延續自中年之教的思想發展。嚴格言，二曲中年之教的重點已非為「體用全學」，而是返觀默識、直證本體之工夫。如二曲之弟子張珥在〈體用全學·識言〉中指出：「先生隨資開發，誠懇不倦。其接人有數等，中年之後，惟教以返觀默識，潛心性命；中年之前，則殷殷以明體適用為言。」〔註1〕但對於此期的特質，卻可用「體用全學」來加以概括說明。其原因如下：

　　首先，「體用全學」就二曲而言，是其儒學最完整化的實踐向度，是故可用此觀念來說明二曲之思想，亦即「本體之悟」乃為基礎之源，「經世致用」為此本體觀念所引導的轉化與實踐。返觀默識與潛心性命只是初始之階段，必兼及致用之說，方為全備之論。

　　其次，二曲中年之教的過程，是有別於早年的「潛心自修」，與晚年的「閉門自述」的過程。中年之教的意義乃是二曲從早年的「立德之明」，一轉而為

〔註 1〕 見〈體用全學〉，《二曲集》，卷七，頁 48。

親民的「立功之教」的發展。故「體用全學」亦爲二曲個人自身的實踐歷程，乃其講學的社會實踐最重要的體現。

第三、此時期的思想理論，在論述關於體用之說中是最爲完備的。如二曲即有〈體用全學〉之書，此書自爲其多年思想之歸納結晶所在，亦爲其教授與引導之方，故在此階段論述體用全學亦是必須的。

是故，基於「思想之發展」、「講學之實踐」與「理論之建構」等三個層面來說，掌握「體用全學」之意涵，是對二曲中年思想與教導，最爲重要的面向。

就文獻資料上，討論「體用全學」可分「本體」與「經世致用」之雙向討論。二曲早年完成於順治十三年丙申（1652）的〈盩厔答問〉即已討論體用之說，之後於康熙八年己酉（1669）的〈體用全學〉一文內容中，即揭示所謂體用之書，可視爲此說最完整的論述。除此，就單向之說明，以討論「本體」而言，如從康熙七年戊申（1668）之〈學髓〉、康熙十年辛亥（1671）之〈傳心錄〉，是掌握其對本體之教的最重要的文獻脈絡；而關於「經世致用」與「講學」之說，可從二曲自康熙七年戊申（1668）〈東行述〉的講學爲開展，康熙八年己酉（1669）〈讀書次第〉、康熙九年庚戌（1670）〈南行述〉、康熙九年庚戌（1670）完成的〈匡時要務〉、康熙十年辛亥（1671）〈錫山語要〉、〈東林書院會語〉等數文來加以討論。

本編之討論，分爲五章，主旨在於「體用全學」的觀念與教導，其內容論述依序如下。

第一章：首先說明的是「明體適用」的觀念，在內容上即針對儒學的體用觀加以陳述，以明傳統之說。其次，則針對二曲的體用觀思想——明體適用思想、明體適用之書，以及以明體適用思想形成的對三教之批判，分別加以說明。

第二章：則從「治療學」之觀點，討論二曲的成聖之道。這是對二曲成聖之學的總概括說明。內容則針對治療學之觀點，依序說明病根、治療之態度與治療之道。

第三章：則就「心性論」部份，主從討論二曲〈學髓〉一說之探究。在內容論述上，首明〈學髓〉一文之宗旨涵意；其次，則從「人生本原圖」所概述的本體界、現象界與其工夫加以詮釋，以明其旨意所在。

第四章：則論二曲的「修養工夫論」，主要闡明二曲證悟本體前後所實踐

的工夫修養。如「主靜」以求證悟，「主敬」以為操存，「慎獨」之本體工夫，「常惺惺」之惺惺不昧，「終日乾乾」之無間斷工夫等。最後，亦論及「肘後牌」的工夫之道。

第五章：主要從二曲之「經世思想與經世實踐」著手。就「經世思想」部份，在內容上就治道而言，闡明〈司牧寶鑑〉，以及荒政之治理等說。在世道人心教化上，則就〈匡時要務〉，論二曲的經世與學術人心之說。除此，就二曲的「經世實踐」部份，則從二曲之講學、關學之推動與弘揚、關中書院的教育、道德節義之展現，分別從其教育之過程、學術之推廣、不仕之道德節操等層面論其經世實踐之歷程。〔註2〕

〔註2〕本章之討論，有些文獻乃二曲晚年之說，但為討論便利亦置於此說明。

第一章　二曲體用思想之詮釋

第一節　緒　論

　　「體用思想」是傳統中國哲學史的一對範疇，無論儒、釋、道皆有體用之說。一般而言，「體」乃謂實體、形體、形質之意，而「用」指功能、作用、屬性；體用亦指「本體與現象」，或爲「原則與方法」等〔註1〕。從思維之特質來說，「體與用是人們對於事物的不同方面所作的觀念分析與把握，因而體用在思維中的分離把抽象與具體、本質與現象、一般與個別相區別，促進了理論思維的深化。」〔註2〕

　　如上所述，二曲思想中最爲重要之說，即以體用思想爲基礎而言「明體適用」之說，此爲其思想之概括，亦爲其教學、實踐之定規所在。就其涵意來說，其本體乃謂心性本質、與本然狀態之意，乃「良知本心」之謂；其用指的是，以此良知本心所引導而成的「經世致用」。是故，其體與用之關係，乃是論「道德本體」與「道德經世」之關係。更仔細的說，其「明體適用」觀點，指的是「內以明體」、「外以適用」之問題。前者指向的是，如何通過道德實踐之工夫來把握良知本心之過程？後者指的是，如何以良知本心爲準則，作爲經世致用之實踐？本章對於二曲「明體適用」思想之詮釋，大抵依循幾個方向來立論說明：

〔註 1〕 見馮契主編，《哲學大辭典》（上海：上海辭書出版社，1992 年 12 月），「體用」條，頁 803。
〔註 2〕 見陳來著，〈馮友蘭形上學檢討〉一文，見氏著，《哲學與傳統》（臺北：允晨文化實業股份有限公司，民國 83 年 3 月），頁 144。

第一、首先，將從儒學的體用觀稍加說明，這是關於「體用觀」之歷史論述，以明其說之傳統與淵源所在。

第二、則針對二曲對明體適用思想加以論述。其論述先從二曲與清初大儒顧炎武對體用之辨論起，以明二曲對體用觀淵源與意義之看法；其次，則釐清二曲論「儒學」、「道學」與「明體適用」三個觀念之關係。

第三、則就二曲「體用全學」中，提出的「明體中之明體」、「明體中之工夫」，以及「適用」之書加以闡明。以明二曲明體適用思想之依據與憑藉所在。

第四、釐清二曲「體用觀」與「明體適用」之思想後，則可言二曲本之「體用觀」、「明體適用」之思想，對儒學自身與釋道二教，所進行的對比討論與文化批判。

第二節　儒學之體用觀

關於儒學之體用觀，最早當追溯於《論語》中的「本」與「用」之概念。《論語‧八佾篇》載：「林放問禮之本，子曰：『大哉問！禮，與其奢也，寧儉；喪，與其易也，寧戚。』」〔註3〕所謂「禮之本」，朱子曰：「蓋得其本，則禮之全體無不在其中矣。」〔註4〕又《論語‧學而篇》載：「有子曰：『禮之用，和爲貴。』」〔註5〕關於「禮」之涵意，朱子曰：「天理之節文，人事之儀則也。」〔註6〕至於「用」，則爲此禮體運用與實施之過程。在《論語》中，關於本用之說雖未合併稱述，但顯然的，已有後來體用思想之雛形存在。至於荀子（荀況，字卿，約前 313～238），則把「體用」並稱而言之。《荀子‧富國篇》曰：「萬物同宇而異體，無宜而有用。」〔註7〕此處之體，乃「同生宇內，形體有異」之形體，其用則爲「皆有可用」之用〔註8〕，並非後來所謂本體與作用之意。

儒家對體用之說眞正成爲重要概念的，乃自宋初三先生的胡瑗（字翼之，

〔註3〕見《論語集注》〈八佾第三〉，〔宋〕朱熹撰，《四書章句集注》，卷二，頁62。
〔註4〕見《論語集注》〈八佾第三〉，〔宋〕朱熹撰，《四書章句集注》，卷二，頁62。
〔註5〕見《論語集注》〈學而第一〉，〔宋〕朱熹撰，《四書章句集注》，卷一，頁51。
〔註6〕見《論語集注》〈學而第一〉，〔宋〕朱熹撰，《四書章句集注》，卷一，頁51。
〔註7〕見〔唐〕楊倞注、〔清〕王先謙集解，《荀子集解》（臺北：世界書局，民國80年11月），卷六，頁113。
〔註8〕見〔唐〕楊倞注、〔清〕王先謙集解，《荀子集解》，卷六，頁113。

學者稱安定先生，993～1059）為始。據《宋元學案・安定學案》載：

> 後熙寧二年，神宗問曰：「胡瑗與王安石孰優？」對曰：「臣師胡瑗
> 以道德仁義教東南諸生時，王安石方在場屋中，修進士業。臣聞聖
> 人之道，有體、有用、有文。君臣父子，仁義禮樂歷世不可變者，
> 其體也。《詩》、《書》史傳子集垂法後世者，其文也。舉而措之天
> 下，能潤澤斯民，歸于皇極者，其用也。國家累朝取士，不以體用
> 為本，而尚聲律浮華之詞，是以風俗偷薄。臣師當寶元、明道之
> 間，尤病其失，遂以明體達用之學，授諸生。夙夜勤瘁，二十餘
> 年，專切學校。始于蘇、湖，終于太學，出其門者，無慮數千餘
> 人。故今學者明夫聖人體用，以為政教之本，皆臣師之功，非安石
> 比也。」〔註9〕

此段乃胡瑗之弟子劉彝（字執中，？～1086）與宋神宗之問答。劉氏指出胡
瑗之學乃兼具體、用、文三個層次。所謂「體」，乃永恆性的道德精神，而
「文」則載道之文，至於「用」，則是指落實此道德精神的社會實踐。胡瑗講
學分「經義」、「治世」兩種，前者乃針對心性疏通，有器局可通大事者，其
教授內容為「講明六經」，以明體為主；後者則為「治事」，「治事則一人各治
一事，又兼攝一事。如治民以安其生，講武以禦其冦，堰水以利田，算歷以
明數是也。」〔註10〕而除主攻外又兼第二專長，這是屬於「達用」的專業實
踐。錢穆就指出安定乃宋學先河，安定論道德仁義體用與政教之本，「此正宋
儒所以自立其學以異於進士場屋之聲律，與夫山林釋老之獨善其身而已者
也。」〔註11〕之後包括宋明諸儒，皆對體用有所討論，以下則擇重要之說分
別說明：

　　首先，關學之張載論體用，乃從乃宇宙本體，與其形成之作用來言。在
《正蒙・太和篇》中，他指出：

> 知虛空即氣，則有無隱顯，神化性命，通一無二，顧聚散出入形不
> 形，能推本所從來，則深于《易》者也。若謂虛能生氣，則虛無窮，

〔註 9〕見〔清〕黃宗羲撰、〔清〕全祖望續修、〔清〕王梓材校補，《宋元學案・安
　　　　定學案》，第一冊，卷一，頁26。
〔註10〕見〔清〕黃宗羲撰、〔清〕全祖望續修、〔清〕王梓材校補，《宋元學案・安
　　　　定學案》，第一冊，卷一，頁25。
〔註11〕見錢穆著，《中國近三百年學術史》（臺北：臺灣商務印書館，1996年7月），
　　　　上冊，第一章，頁2～3。

氣有限，體用殊絕，入老氏「有生于無」自然之論，不識所謂有無
混一之常。若謂萬象爲太虛中所見之物，則物與虛不相資，形自形，
性自性，形性天人不相待，而有陷于浮屠以山河大地爲見病之說。
此道不明，正由懵者略知體虛空爲性，不知本天道爲用，反以人見
之小，因緣天地。明有不盡，則誣世界乾坤爲幻化；幽明不能舉其
要，遂躐等妄意而然。不悟一陰一陽，范圍天地，通乎晝夜，三極
大中之矩，遂使儒、佛、老、莊混然一途。語天道性命者不周于恍
惚夢幻，則定以「有生于無」爲窮高極微之論。入德之途，不知擇
術而求，多見其蔽于詖而陷于淫矣。〔註12〕

張載認爲宇宙本體並不存在有所謂「虛空」之狀態，本質仍爲氣的存在形
態。是故，聚乃暫存，散亦非無，故「無無」，即沒有虛無不存的狀態，宇宙
恆爲一「實有的狀態」。宇宙既爲一實有之狀態，佛道之說皆謬誤也。張載立
說之旨，主要是從宇宙本體的角度來對抗佛老。他指出道家之誤在於「有生
於無」，佛教之問題則爲「視宇宙爲夢幻」。宇宙基本上是一氣化聚散的過
程，只是幽明可見不可見，絕不存在著所謂的「無中生有」之過程。談「無
中生有」，容易造成「事物之本原」是一種非客觀存在事物之錯覺（嚴格言老
子之所謂無，亦只是形容道體之「非具體而超越」的特質，其尚言「其中有
象」、「其中有精」）。而佛教以「心生種種法生」、「心滅種種法滅」，更否定了
現象界客觀存在的一切，佛氏認爲一切乃因緣和合而成故無自性，因無自性
自然爲空，故認爲一切的實體僅僅只是心靈意識之反映，外在之世界皆爲假
象。從張載角度來看，道家之誤，乃誤在以無爲有之本源，其承認客觀世界
存在之處，兩者是一致的；而佛教則反對此說。這即是他們以其心靈意識，
作爲理解自然界本質的方法錯誤而產生的。

程伊川論體用，則從《易傳》之理象關係加以闡明。其《易程傳・序》
中言：「至微者，理也，至著者，象也。體用一源，顯微无間。」〔註13〕伊川
以理爲本體，以象而爲用；理者幽微而難視，象者至著而顯。伊川提出「體
用一源，顯微無間。」來解釋形上、形下之說，成爲後來論體用者之依據，
影響甚深。

〔註12〕見〔清〕黃宗羲撰、〔清〕全祖望續修、〔清〕王梓材校補，《宋元學案・橫
　　　　渠學案上》，第六冊，卷十七，頁9～10。
〔註13〕見〔宋〕程頤撰，《易程傳》，頁2。

　　至於儒學之集大成者的朱熹，對體用之討論則更爲詳細。朱子對於體用之使用上，錢穆在〈朱子論體用〉一文即指出：「朱子論理氣，論道器，論無極太極，往往牽引及體用二字。」〔註14〕這說明朱子對體用之討論，基本上乃作爲形上之體與形下之用的區分，如「太極自是涵動靜之理，卻不可以動靜分體用。蓋靜即太極之體也，動即太極之用也。」〔註15〕至於朱子體用說之特色與意義，據陳榮捷研究，大抵約爲四類〔註16〕陳氏認爲朱子之體用乃「交織爲一有機整體，爲一有秩序之結構，亦爲一充滿活力之關係。以後理學家幾無不以體用爲其哲學之模式。」〔註17〕此外，朱子在詮釋《大學》一書中，已言「全體大用」〔註18〕，影響了後來注《大學》一書之觀念。如眞德秀於《上大學衍義表并箚子》即曰：「臣聞聖人之道，有體有用。本之一身者，體也；達之天下者，用也。堯舜三王之爲治，《六經》孔孟之爲教，不出乎此。而《大學》由體而用，本末先後尤明且備，故先儒謂於今得見古人爲學次第者，獨賴此篇之存，而《論》、《孟》次之。蓋其所謂，格物、致知、誠意、正心、修身者，體也；其所謂齊家、治國、平天下者，用也。人主之學，必以此爲據，然後體用之全以默識矣。」〔註19〕爾後，丘濬（字仲深，

〔註14〕見錢穆著，《朱子新學案一》，收入於《錢賓四先生全集（十一）》（臺北：聯經出版社，民國79年10月），頁493。

〔註15〕見〔清〕黃宗羲撰、〔清〕全祖望續修、〔清〕王梓材校補，《宋元學案・晦翁學案上》，第十二冊，卷四十八，頁24。

〔註16〕朱子論體用。首先，如「事物之本身與其運用」，如「耳便是體，聽便是用」、「理者天之體，命者理之用」等。其次，「體乃用之源」，例如「仁是體，愛是用」、「見在底便是體，後來生底便是用」等。第三、「體用可指一事物之兩態」，例如以心而言「有指體而言，寂然不動是也，此言性也。有指用而言，感而遂通是也。此言情也。」最後「體乃用之原因」，例如「赤子匍匐將入井，皆有怵惕惻隱之心。只此一端，體用便可見。如喜怒哀樂是用，所以喜怒哀樂是體。」見陳榮捷著、朱榮貴編，《宋明理學之概念與歷史》（臺北：中研院文哲所，民國89年10月），「體用」條，頁176～177。

〔註17〕見陳榮捷著、朱榮貴編，《宋明理學之概念與歷史》，「體用」條，頁178。

〔註18〕見《朱子語類一》載：「或以『明明德』譬之磨鏡。曰：『鏡猶磨而後明。若人之明德，則未嘗不明。雖其昏蔽之極，而其善端之發，終不可絕。但當於其所發之端，而接續光明之，令其不昧，則其全體大用可以盡明。且如人知己德之不明而欲明之。只這知其不明而欲明之者，便是明德，就這裏便明將去。』」見〈大學一：經上〉，〔宋〕黎靖德編、王星賢點校，《朱子語類一》，卷第十四，頁261。

〔註19〕見〔宋〕眞德秀撰，《眞文忠公全書》（臺北：文友書局印行，民國63年），頁27～28。

1420～1495）的《大學衍義補》之說，即以「全體大用」言之。丘濬於《大學衍義補‧自序》中指出：「臣惟《大學》一書，儒者全體大用之書也。原于一人之心，該夫萬事之理，而關係夫億兆人民之生。其本在乎身也，其則在乎家也，其功用極於天下之大也，聖人立之以爲教，人君本之以爲治，士子業之以爲學，而用以輔君。」〔註20〕此明顯的是將修身以上，視爲本體修養，將齊治修平，視爲經世致用。其體用已從傳統道德本體與道德行爲，轉向爲道德本體與經世致用之論述。

至於心學部份，心學家如陸象山、陳獻章不談體用〔註21〕。陽明則論體用頗詳，他的體用觀本質上是承伊川的「體用一源」之觀念。他指出：

> 不可謂未發之中常人俱有。蓋體用一源。有是體，即有是用。有未發之中，即有發而皆中節之和。今人未能有發而皆中節之和。須知是他未發之中亦未能全得。〔註22〕

陽明言《中庸》的「已發之和」，是必須源於「未發之中」的本體修養的，體用是一源的，體用是不二的，非體用殊絕的，這是一種闡述現象之作用乃本於本體之觀點。陽明指出：

> 知是心之本體。心自然會知。見父自然知孝，見兄自然知弟，見孺子入井，自然知惻隱。此便是良知。不假外求。〔註23〕

> 性無不善，故知無不良。良知即是未發之中，即是廓然大公寂然不動之本體，人人之所同具者也。但不能不昏蔽於物欲，故須學以去其昏蔽，然於良知之本體，初不能有加損於毫末也。理，無動者也。常知常存，常主於理，即不睹不聞無思無爲之謂也。不睹不聞，無思無爲，非槁木死灰之謂也。睹聞思爲一於理，而未嘗有所睹聞思爲，即是動而未嘗動也。所謂動亦定，靜亦定，體用一原者也。〔註24〕

> 明明德，立其天地萬物一體之仁也。親民者，達其天地萬物一體之用也。〔註25〕

〔註20〕見〔明〕丘濬撰、林冠群、周濟夫點校，《大學衍義補上》（北京：京華出版社，1994年4月），頁2。

〔註21〕見陳榮捷著、朱榮貴編，《宋明理學之概念與歷史》，「體用」條，頁178。

〔註22〕見陳榮捷著，《王陽明傳習錄詳註集評》，卷上，頁83。

〔註23〕見陳榮捷著，《王陽明傳習錄詳註集評》，卷上，頁40。

〔註24〕見〔清〕黃宗羲撰，《明儒學案上‧姚江學案》，卷十，頁190。

〔註25〕見〈續編一〉，〔明〕王守仁撰、吳光、錢明、董平、姚延福編校，《王陽明

陽明之體乃「心之本體」、「天理」、「良知」、「未發之中」、「廓然而大公」，此即人的「先驗的道德意識」；陽明所謂的「用」，乃指承體起用進而呈現出「合乎本體規範之行為」，如「良知」而顯的「知孝知弟」、如「廓然而大公」而呈現的「物來而順應」，如「未發之中」而後的「已發之和」，如「寂然不動」的「感而遂通」，其體用說之特質，是以本體作為現象之用的價值根源與規範；現象之用，本質上只是「自本體如一之承現」而已。

此外，明儒呂坤（字叔簡，號新吾，1536～1618）亦言體用，呂氏指出：「明體全為適用。明也者，明其所適也。不能實用，何貴明體？然未有明體而不實用者。樹有根，自然千枝萬葉；水有泉；自然千流萬派。」〔註26〕呂氏之說在於體用不二，明體之價值在於現實的適用意義上。

整體而言，儒學論體用的發展，先秦論體用只為雛形，未成重要概念。爾後佛學與玄學皆論體用，對宋明諸子言體用，亦有深切之影響〔註27〕。而至宋明，論體用即為常規，伊川開其源，朱王衍其流，並對體用論之甚詳。朱子重在以體用釋理象、道器、寂感、陰陽、仁愛等關係；而陽明之體用觀，則在「體用不二」之意義，其體乃是所謂的良知道德意識，並由此而展開的本體與作用合一的體用觀。此皆儒學歷來論體用之重要論述。

第三節　二曲「明體適用」思想之討論

二曲論明體釋用之思想，從其文獻與其討論之脈絡，大抵有三個層面之討論。首先，乃是體用思想之淵源與意義之論述。這層說法，本質上是二曲與顧炎武書信往訪中所闡明之觀點。其次，則為二曲體用觀之闡述——明體適用思想之說明。第三、則是論述儒學、道學與明體適用說之關係。以下則依序論之：

一、體用觀之意義

對二曲體用觀之內容具體說明前，頗值得注意的是，二曲曾與顧炎武針

全集下》，卷二十六，頁 968。

〔註26〕見〔明〕呂坤、洪應明著，吳承學、李光摩校注，《呻吟語・菜根談》（上海：上海古籍出版社，2001 年 7 月），頁 61。

〔註27〕如玄學王弼注老子、佛教如僧肇、法藏、惠能論體用，皆是體用說之重要討論。相關論述可參陳榮捷著、朱榮貴編，《宋明理學之概念與歷史》，「體用」條，頁 175。

對體用之觀點，以書信往訪互申其意，廣泛的進行討論。這個討論主要是針對：體用觀之由來？儒學是否有體用一詞？以及體用思想之形成與意義？等諸多問題。我們可藉此管窺二曲對體用觀之態度、立場與看法。

二曲在〈答顧寧人先生書〉之信中，主要討論的是「體用」二字之考證。顧炎武認為經傳之文，言體言用者多矣，未有對舉而言，是故如佛書《四十二章經》、《金光明經》乃西域元來之書，並未有體用二字，真正有此二字乃晉宋以下，方演之為論〔註28〕。基本上，二曲亦認為言體言用固多，但大多就事言事，「拈體或不及用，語用則遺夫體，初夫（當為「未」）嘗兼舉並稱。」〔註29〕而真正實標此二字乃六祖惠能。二曲在〈答顧寧人先生第一書〉指出：

> 惠能，禪林之所謂六祖也，其解《金剛經》，以為「金者，性之體；剛者，性之用。」又見於所說《法寶壇經》，敷衍闡揚，諄懇詳備。既而臨濟、曹洞、法眼、雲門、潙仰諸宗，咸祖其說；流播既廣，士君子亦往往引為談柄。久之，遂成定本，學者喜談樂道，不復察其淵源所自矣。〔註30〕

這是屬於二曲對其說之考證。但實際上，二曲對於所謂考證之歷程與意義，是有所質疑的。在〈答顧寧人先生第一書〉他指出：

> 然天地間道理，有前聖之所未言，而後賢始言之者；吾儒之所未言，而異學偶而言之者。但取其益身心、便修證斯已耳。……。今無論出於佛書、儒書，但論其何體何用，如「明道存心以為體，經世宰物以為用」，則「體」為真體，「用」為實用。此二字出於儒書固可，即出於佛書亦無不可。苟內不足以明道存心，外不足以經世宰物，則「體」為虛體，「用」則為無用。此二字出於佛書固不可，出於儒書亦豈可乎？鄙見若斯，然歟，否歟？〔註31〕

又曰：

> 然此本無大關，辯乎其所所不必辯，假令辯盡古今疑誤字句，究與自己身心有何干涉？程子有言：「學也者，使人求於本也，不求於本而求於末，非聖人之學也。」何謂求於末？考詳略，採異同是也。

〔註28〕 見〈書一〉，《二曲集》，卷十六，頁148～149。
〔註29〕 見〈書一〉，《二曲集》，卷十六，頁149。
〔註30〕 見〈書一〉，《二曲集》，卷十六，頁149。
〔註31〕 見〈書一〉，《二曲集》，卷十六，頁149～150。

而《淮南子》亦謂:「精神越於外,而事復反之。」是失之於本而索
之於末,蔽其玄光而求知於耳目也。區區年踰「知命」,所急實不在
此,因長者賜教,誼不容默。悚甚,愧甚!〔註32〕

二曲在此信文中,所欲言明之意義約有幾層:

首先,針對「體用」而言,二曲認為此說源自何人、何說、何教,其意
義性並非首要,首要之處當在此體用觀點是否有價值?換言之,二曲認為體
用之觀念之所以有價值,即在於能否為儒學所用。質言之,即對儒學之價值
意義能否清楚之彰顯與闡明?二曲認為體用之意,「內以明道,外以經世」,
是可以具體而明確的將儒學重視「內在的道德秩序」與「外在的人間秩序」
等價值理念作一清楚之標示,這才是首要與關鍵之處。至於是否為儒家提
出,或為他教所論,基本上是不重要。這說明了,二曲認為思想的「意義價
值」是遠比思想的「發生源」來的重要。此其思想的開放與務實之處。

其次,二曲認為對體用觀之理解,應當置於生命層次的覺解與體悟,以
及由此身心體驗後的社會實踐,而非將體用觀之理解,變成純粹的客觀知識
的理解與考證,這是失本而遺末之舉。此處可見二曲對體用之義之立場,重
視的是與自己的身心之干涉,與顧炎武著重考據之立場是有所殊異的。

第三、二曲論體用之意在於,以體用之說作為儒學精神價值整體性之建
構。即所謂「明道存心以為體,經世宰物以為用」之詮。內聖之體,本質上
乃主體對形上之理的覺解與體現,儒學向來重視之涵養與工夫,皆是指向此
體而來的,這個過程即是「自我實現」的「成己之學」也,可謂之「道德的
自我建立」。此體之建立後即進入第二層,由體而用之階段,此即經世致用,
重視對人間秩序,包涵政道、治道、世道之重組,目的在於成己、成物,而
建構一「道德的理想世界」。具體來說,有此之為,方為真體、方為真學與實
用;若內不足以明道存心,外不足以經世宰物,則雖言為「體用」,只是淪為
概念之分解、知識之建構,已非真實之為、實切之學,此皆為論體用者的虛
誤之處。

所以二曲論體用之意,重視的是其「意義價值」而非其「發生源」。他認
為儒學之精神價值,是可用體用之觀念加以說明的。故不當以其聖人所未言,
而加以排斥之,這是二曲對體用觀之考證後的結論。是故,其體用觀乃即包
涵本體之涵養,亦重視本體引導的人文參贊之用,如此方為真實合乎儒學之

〔註32〕見〈書一〉,《二曲集》,卷十六,頁152。

精神實義的體用觀。

二、「儒學」、「道學」與「明體適用」

二曲探討體用的之目的，在於對儒學精神之掌握，體用之義乃是儒學的「本質內涵」，而儒即是能「承體起用」之實踐者。二曲論「儒」，本質上是從儒之「本體性」與「功能性」等二層脈絡性來闡明的。首先，就儒之「本體性」的涵意，二曲指出：

> 德合三才之謂儒。天之德主於發育萬物，地之德主於資生萬物，士頂天履地而爲人，貴有以經綸萬物。果能明體適用而經綸萬物，則與天地生育之德合矣，命之曰「儒」，不亦宜乎！能經綸而參天地謂之「儒」，務經綸之業而欲與天地參謂之「學」。儒而不如此，便是俗儒；學而不如此，便是俗學。俗儒、俗學，君子深恥焉。〔註33〕

儒之本體性的論述，討論的是儒的本質涵意、基本特質之界定。這層涵意，二曲指向的是「三才」之說。所謂「三才」之說，《周易·繫辭下》指出：《易》之爲書也，廣大悉備。有天道焉，有人道焉，有地道焉。兼三才而兩之，故六。六者，非它也，三才之道也。」〔註34〕《周易·說卦傳》亦載：「昔者聖人之作《易》也，將以順性命之理。是以立天之道，曰陰與陽；立地之道，曰柔與剛；立人之道，曰仁與義。」〔註35〕以三才論儒，漢代揚雄（字子雲，前53～18）即以開始，其在《法言·君子》中指出：「通天地人曰儒，通天地而不通人曰伎。」〔註36〕按揚雄所言，儒與伎即於「道術深奧」或「伎藝偏能」之別。具體來說，「三才之道」，乃天、地、人之道。就區域而言，天居其上，地載其下，人居其中；就特性而言，天以陰陽，地以剛柔，而人則爲仁義；就其德而言，天主生育萬物、地主資養萬物，人則效法天地而經綸萬物、參贊萬物。是故，德合三才，即是能夠天地人合一，明體適用之落實。此即爲儒之「本體性」的論述中。而所謂「儒學」之「學」，即是立志欲爲如此之功業的學習目標。「儒學」即是以「明體適用」爲學習之目標者。不能以此目標爲學習與落實的即爲俗學，即爲俗儒。故「明體適用」是儒學的本質

〔註33〕見〈盩厔答問〉，《二曲集》，卷十四，頁120。
〔註34〕見〔魏〕王弼、韓康伯注、〔唐〕孔穎達等正義，《周易正義》，卷八，頁175。
〔註35〕見〔魏〕王弼、韓康伯注、〔唐〕孔穎達等正義，《周易正義》，卷九，頁183。
〔註36〕見〔漢〕揚雄撰，《法言：太玄經》，收入於《四部備要》（臺灣：中華書局，民國54年），卷第十二，頁4。

涵義，亦爲儒學與俗學區別之所在。其次，就儒之「功能性」來言。據《四書反身錄》載：

> 「儒」字從「人」所「需」，言爲人所需也。道德爲人所需，則式其儀範，振聾覺瞶，朗人心之長夜；經濟爲人所需，則賴其匡定，拯溺亨屯，翊世運於熙隆：二者爲宇宙之元氣，生人之命脈，乃所必需，而一日不可無焉者也。〔註37〕

二曲以儒乃人所需，乃就儒的「社會功能性」之探索，而非對儒之本意作一歷史性之考證〔註38〕。二曲認爲道德性之典範、經濟之富裕與安定，乃社會價值存在的必須之要素，而能擔付此功能與要素的即爲儒者。儒者明道存心以爲體，經世宰物以爲用，正爲滿足此道德性之典範，與經濟富裕安定之力量，二曲認爲「道德經濟備而後爲全儒」〔註39〕。這說明了無論儒的「本體性」或「功能性」之界定，皆指向了「明體適用」之意義。

　　「明體適用」如上所述，乃儒學本質之精神，亦儒學之社會功能，此說之內在之關係，亦須加以釐清與說明。二曲指出：

> 窮理致知，反之於內，則識心悟性，實修實證；達之於外，則開物成務，康濟群生。夫是之謂「明體適用」。〔註40〕

體用思想之內在邏輯關係是一種「本末先後」之道，是明體而後方有適用。「明體」，指的是反之於內的；「適用」是推之於外的。故其實踐之歷程是「由內而外」的。而就本質來說，「明體」指的是心體自明的過程，重視的是主體之道德修養，進而到達的悟性見道的經驗歷程；而「適用」，則是以明體爲基，進而展開的開物成務、康濟群生的社會實踐。是故，明體適用之思想，乃是兼具主體道德修養與社會實踐意義之觀念。這種體用之觀念，牟宗三就指出，儒學本質上乃建立一常道、建立一普遍性原則，以推動社會之發展，非成就

〔註37〕見《四書反身錄》，《二曲集》，卷三十三，頁450。
〔註38〕關於儒之本意的歷史考證，可參胡適著，〈說儒〉一文，收入於龐樸、馬勇、劉貽祥等編，《先秦儒家研究》（武漢：湖北教育出版社，2003年8月），頁161～223。亦可參陳來著，〈師儒〉一文，見氏著，《古代宗教與倫理——儒家思想的根源》（北京：三聯書店，1996年3月），第八章，頁328～354。關於近人論儒，則可參王爾敏著，〈當代學者對于儒家起源之探討及其時代意義〉一文，見氏著，《中國近代思想史論》（北京：社會科學文獻出版社，2003年8月），頁401～432。
〔註39〕見《四書反身錄》，《二曲集》，卷三十三，頁450。
〔註40〕見《盩厔答問》，《二曲集》，卷十四，頁120。

某事之特殊思想在。然儒學雖非成立一特殊思想，但「成就某事之特殊思想，即指導現實之特殊原則，不能不有普遍原則爲其根據。普遍原則與特殊原則合，遂成功某一特殊運動與夫此運動之特殊事業。儒家學術之責任即在擔負普遍之原則」〔註41〕具體來說，所謂「普遍原則」，探討的即是質的價值世界，他的根源在於「道德心性」，心性乃開闢價值之源〔註42〕。明體適用，即爲以道德心性作爲價值之源，進而建構的經世致用思想，所謂「君子務本」，本立而道生的本體適用思想。

總的來說，二曲論體用，本質上是將體用視爲「內聖外王」之實際延伸，這與傳統程朱陸王以理或以心論體用是不同的，其論體用理論本質上皆成了「經世致用」爲根本目的的實踐問題，反映了由虛反實的時代需要。〔註43〕

二曲除以明體適用作爲儒學之標誌外，又對當時所謂的「道學」一意有所討論。所謂「道學」，是指宋以來的學術的論稱。道學之名，起於北宋，包括程頤、張載皆有言之。張載在〈答范巽之書〉曰：「朝廷以道學政術爲二事，此正自古之可憂者。」〔註44〕而程伊川在〈祭李端伯文〉中亦言：「自予兄弟倡明道學，世方驚疑，能使學者視效而信從，子與劉質夫爲有力矣。」〔註45〕此處張載或伊川對道學之論，基本上皆指「性理之學」，而非學派之定稱。朱子稱二程之學爲「道學」〔註46〕，並以《中庸》乃「子思子憂道學之失其傳而作也。」〔註47〕此時「道學」之意既指孔孟儒學道統，亦指二程學派之意。南宋年間，朱子之學被指爲「道學」，並被認爲是「欺世盜名」之僞學，而受其排斥〔註48〕。爾後，元人撰《宋史》即有所謂〈道學傳〉。其載：

〔註41〕見牟宗三著，《道德的理想主義》，收入於《牟宗三先生全集（九）》（臺北：聯經出版社，2003 年 4 月），頁 9。

〔註42〕見牟宗三著，〈質的世界之根源：心性之學〉一文，見氏著，《人文講學錄》，收入於《牟宗三先生全集（二十八）》，頁 79。

〔註43〕見葛榮晉著，《中國哲學範疇通論》（北京：首都師範大學出版社，2001 年 4 月），第十四章，頁 327。

〔註44〕見〔宋〕張載撰，《張載集》，頁 349。

〔註45〕見〈河南程氏遺書〉，〔宋〕程顥、程頤撰，《二程集》，卷十一，頁 643。

〔註46〕朱子於〈程氏遺書·後序〉中指出：「夫以二先生唱明道學於孔、孟既沒、千載不傳之後，可謂盛矣。」見〔宋〕朱熹撰、陳俊民校訂，《朱子文集捌》，卷七十五，頁 3774。

〔註47〕見《中庸章句·序》，〔宋〕朱熹撰：《四書章句集注》，頁 14。

〔註48〕關於「僞學之禁」之經過，可參陳榮捷著、朱榮貴編，《宋明理學之概念與歷史》，「道學」條，頁 289～293。至於從哲學思想與政治關係，來剖析道統之說，則可參劉子建著，〈宋末所謂道統的成立〉一文，見氏著，《兩宋史研究

「道學」之名，古無是也。三代盛時，天子以是道爲政教，大臣百
官有司以是道爲職業，黨、庠、術、序師弟子以是道爲講習，四方
百姓日用是道而不知。是故盈覆載之間，無一民一物不被是道之
澤，以遂其性。於斯時也，道學之名，何自而立哉。……。千有餘
載，至宋中葉，周敦頤出於春陵，乃得聖賢不傳之學，作〈太極圖
說〉、〈通書〉，推明陰陽五行之理，命於天而性於人者，瞭若指掌。
張載作〈西銘〉，又極言理一分殊之旨，然後道之大原出於天者，灼
然而無疑焉。仁宗明道初年，程顥及弟頤寔生，及長，受業周氏，
已乃擴大其所聞，表章〈大學〉、〈中庸〉二篇，與《語》、《孟》並
行，於是上自帝王傳心之奧，下至初學入德之門，融會貫通，無復
餘蘊。迄宋南渡，新安朱熹得程氏正傳，其學加親切焉。……。其
他程、朱門人，考其源委，各以類從，作〈道學傳〉。」〔註49〕

按元人之標準來看，「道學」是有特定範疇與對象的，主要是指周、張、二
程、邵、朱子門人與其弟子爲主的學派，故或可言程朱道學。其他如陸象
山、呂祖謙、陳亮（字同甫，學者稱龍川先生，1143～1194）等即被歸納在〈儒
林傳〉內。這種編排雖有若干問題，但基本上代表了當時主流的學術現象。
而至明代而言，對宋代道學則更有推崇。《明儒學案》中顧憲成《小心齋劄
記》即載：

史際明曰：「宋之道學，在節義之中；今之道學，在節義之外。」予
曰：「宋之道學，在功名富貴之外；今之道學，在功名富貴之中。在
節義之外，則其據彌巧；在功名富貴之中，則其就彌下。無惑乎學
之爲世詬也。」〔註50〕

這說明了，宋代之道學其重視節義，與超越富貴功名處，實爲儒學精神之體
現，與今日論學頗有殊異。二曲論「道學」，其看法亦頗爲相同，他指出：

然則又有「道學」，何也？曰：「儒者之學，明體適用之學也。秦漢
以來，此學不明，醇厚者梏於章句，俊爽者流於浮詞，獨洛、閩大
老，始慨然以明體適用爲倡，於是遂有道學、俗學之別。其實道學
即儒學，非於儒學之外別有所謂道學也。」〔註51〕

彙編》（臺北：聯經出版社，民國76年11月），頁249～282。
〔註49〕見〔元〕脫脫著，《宋史》，列傳第一八六，卷四二七，頁12709～12710。
〔註50〕見〔清〕黃宗羲撰，《明儒學案下・東林學案一》，卷五十八，頁1387。
〔註51〕見〈盩屋答問〉，《二曲集》，卷十四，頁120。

二曲認爲道學、程朱之學等歷史意義，乃是在對學術沈溺於章句之學、與文學創作等異化過程中的振起。是故，他對程朱道學的定位，是明確的指向爲儒學的，道學即爲儒學，這是他對「道學」的歷史意義與概念之定位與評價。

所以儒學、道學實爲同一，而就其「本質性」與「社會性」之內容來說，儒學即明體適用，其意涵指向的是內以明體，外以經世之概念，這是二曲對儒學精神實義的標誌與說明。

第四節　體用全學的教導

二曲在明體適用的思想提出外，在康熙八年己酉（1669），從書籍之閱讀過程，提出一份「體用全學」之書。此書根據二曲弟子張珥在〈體用全學・識言〉中指出：「儒者之學，明體適用之學，欲爲明體適用之學，須讀明體適用之書；未有不讀明體適用之書，而可以明體適用者也。」〔註52〕此處乃謂體用之天德與王道的培育與養成，必須有其知識性背景之建構，這種觀點本質上是源自二曲之意。二曲在〈答王天如〉一書中即明確指出：「欲爲明體適用之學，須讀明體適用之書，否則縱誠篤虛明，終不濟事。」〔註53〕這說明「自明誠」、「自誠明」是主體道德之證立，但此不必然能夠成就王道治平之業，客觀事務之參與與完成，與主體道德完善，是仍有殊別的。二曲指出：

蓋以有天德，自然有王道，而唐虞之際，無書可讀，皋、夔、稷、契不害其爲王佐齊治均平之效，卓乎非後世章句書生所能及也。顧今時非同古時，今人不比古人，以孔子生知之聖，猶韋編三絕，問禮於柱下，訪官名於郯子，垂老不廢研討。朱子謂：「盈天地間，千條萬緒，是多少人事；聖人大成之地，千節萬目，是多少工夫。惟當開拓心胸，大作基址，須萬理徹於胸中，將此心放在天地間一例看，然後可以語孔孟之樂。」須明古今法度，通之於今當而無不宜，然後爲全儒，而可以語治平事業；須運用酬酢，如探囊中而不匱，然後爲資之深，取之左右逢其原，而眞爲己物。〔註54〕

從此段之論述，可以明顯見到二曲重視閱讀、重視朱學、重視道問學的一面，這是他區別傳統王學末流束書不觀之處。黃宗羲就指出：「讀書不多，無以證

〔註52〕見〈體用全學・識言〉，《二曲集》，卷七，頁48。
〔註53〕見〈書一〉，《二曲集》，卷十六，頁163。
〔註54〕見〈書一〉，《二曲集》，卷十六，頁163。

斯理之變化，多而不求於心，則爲俗學。」〔註 55〕質言之，二曲認爲社會之
變遷，歷史之轉變，對於道德修養與社會實踐的儒學而言，必須要博古通今。
除主體之性理外之識取外，對客觀之事理物理，都必須一一加以理解與掌握，
參究與研析。也因有此態度，是故，方有明體適用之書的提出，這是二曲接
榫朱學道問學之層面。

　　二曲對於明體適用之書，是以「體用全學」概括之。內容上分爲：「明體
類」與「適用類」兩大類。「明體類」之書分爲兩類：即「明體中之明體」、「明
體中之功夫」。前者主要是傳統中視爲「陸王學系」，如宋之陸象山與楊慈湖，
明代如陳白沙、王陽明，以及被稱之爲「二溪」的王龍溪與羅近溪等人之著。
後者則爲「程朱之學」等人的著作，如宋儒的二程與朱子，明儒則有吳康齋
（吳與弼，字子傳，號康齋，1391〜1469）、薛敬軒、胡康齋（胡居仁，字叔
心，號敬齋，1434〜1484）與羅整庵（羅欽順，字允升，號整庵，1465〜1547）
等，以及視爲「關學」的呂涇野、馮少墟等人之著。除此又有如「其他部份」：
《鄒東郭（當爲廓）集》、《王心齋集》、《錢緒山集》、《薛中離集》、《耿天臺
集》、《呂氏呻吟語》、《辛復元集》、《魏莊渠集》、《周海門集》等。

　　至於「適用類」，主要爲歷史與典章制度之書，如《文獻通考》、《大明會
典》、《歷代名臣奏議》、《律令》、《資治通鑑綱目大全》，以及治道、實政、經
世之著。如《大學衍義》、《衍義補》、《呂氏實政錄》、《衡門芹》、《經世石畫》，
《經世挈要》、《經世八編》、《武備志》、《農政全書》、《水利全書》、《泰西水
法》、《地理險要》等。

　　而從以上之書目，基本上可看出二曲的學術背景與依據，對宋明學術思
想之評價與定位，以及其治學和教育的特色，乃至經世之本等觀點。以下則
針對其所論之書目依序論之：

一、明體中之明體

　　「明體中之明體」，討論的是契悟本體之血脈所在。二曲之明體乃是以陸
王學系爲主的思想，他認爲由象山至慈湖之學，乃闡明心性之本，「熟讀之則可
以洞斯道之大源。」〔註 56〕關於明體之書，二曲首論《象山集》。他指出：

〔註 55〕見全祖望撰，〈梨洲先生神道碑文〉一文，〔清〕全祖望撰、朱鑄禹彙校集
　　　　注，《全祖望集彙校集注上》（上海：上海古籍出版社，2000 年 12 月），卷十
　　　　一，頁 219。
〔註 56〕見〈體用全學〉，《二曲集》卷七，頁 52。

先生在宋儒中，橫發直指，一洗諸儒之陋，議論剴爽，令人當下心
豁目明；簡易直捷，孟氏之後僅見。今其書具存，然學者第讀其〈年
譜〉、〈語錄〉及〈書答〉可也。〔註57〕

關於象山之「簡易直捷，孟氏之後僅見」，乃承陽明之意，陽明在〈象山文集・
序〉指出：「有象山陸氏，雖其純粹和平若不逮於二子，而簡易直截，真有以
接孟子之傳。其議論開闔，時有異者，乃其氣質意見之殊，而要其學之必求
諸心，則一而已。故吾嘗斷以陸氏之學，孟氏之學也。」〔註58〕這是陽明對
世人言象山為禪之非的扭正，亦是他對象山之學乃儒學的定位與評價。

　　至於二曲認為：「陸之教人，一洗枝離錮蔽之陋，在儒中最為儆切，令人
於言下爽暢醒豁，有以自得。」〔註59〕這是作為契悟本體、擺除固有之習陋
中，最為有效的霹靂手段。但就學術發展而言，象山之學雖自得於孟子，然
就後學來說，缺乏一套對本體之學作「客觀性的分解」與「系統性的立說」，
尤其是朱子學說成立後，這個問題就更顯的重要了。而能扭轉朱子以客觀知
識之理解，來論《大學》所言的格物、致知之說，而予以本體工夫的分解
與系統的論述，則成為陽明之主要的歷史責任。二曲在論述《陽明集》時即
指出：

象山雖云「單傳直指」，然於本體猶引而不發。至先生始拈『致良知』
三字，以泄千載不傳之祕，一言之下，令人洞徹本面，愚夫愚婦，
咸可以循之入道，此萬世功也。其書如其〈年譜〉、〈傳習錄〉、〈尊
經閣記〉、〈博約說〉、諸序及其答人論學尺牘，句句痛快，字字感發，
當視如食飲裘葛，規矩準繩可也。〔註60〕

此段論述可分為兩個層次來說明：首先，即針對陽明「致良知理論的意義」，
此說須置於心學的發展脈絡來言；其次，即對此理論所形成的「歷史功效」
的價值意義。象山與陽明傳統皆以心學名之，但實然上，陽明之學除「自得」
外，其學主要是針對朱學的對治與消化而成的。是故，陽明雖推舉象山，並
為其文集作序，言象山之學術精神上承自孟子，但不意謂著他對象山思想理
論之陳述，是完全認同。這點可從《傳習錄》中，陽明與弟子陳九川問答可

〔註57〕見〈體用全學〉，《二曲集》，卷七，頁49。
〔註58〕見〈文錄四〉，吳光、錢明、董平、姚延福編校、〔明〕王守仁撰，《王陽明
　　　　全集上》，卷七，頁245。
〔註59〕見〈靖江語要〉，《二曲集》，卷四，頁36。
〔註60〕見〈體用全學〉，《二曲集》，卷七，頁49。

證。據《傳習錄》載：

> 又問：「陸子之學何如？」先生曰，「濂溪明道之後，還是象山。只
> 是粗些」。九川曰，「看他論學，篇篇說出骨髓，句句似鍼膏肓，卻
> 不見他粗。」先生曰：「然他心上用過功夫，與揣摹依倣求之文義自
> 不同，但細看有粗處。用功久當見之。」〔註61〕

關於粗處其意為何，陽明未有實際之指明。劉蕺山於〈師說〉中有段論述，
似可補證。他指出：

> 即象山本心之說，疑其為良知之所自來，而求本心於良知，指點更
> 為親切。合致知於格物，工夫確有循持。較之象山，混人道一心，
> 即本心而求悟者，不猶有毫釐之辨乎！〔註62〕

劉氏之說已點出象山、陽明論人心之差異處。陽明論人心、以及體悟良知本
心之工夫實比象山更為明確可依。劉述先對此則有一段疏證，更為顯明的點
出其說之殊。他指出：

> 象山自於心地上有實見，所以論學能夠鞭辟入裏，直透本源。但他
> 似孟子，顯英氣，乃不似孔子之渾圓。而粗者，略也。他直指本心，
> 乃完全不能以分解的方式講義理，只講踐履，使得追隨者易成為不
> 能在概念上有所開拓之悶葫蘆。如陽明之格除物欲，致良知於事事
> 物物，畢竟為學者指點了一條途徑，象山卻只欲在先天上立本心，
> 他之所謂存養，也只是存此養此而已，完全忽略了後天工夫遭逢到
> 的種種艱難，不似陽明之指點體證良知，乃由百死千難中得來，比
> 較有一種實存的感覺。易簡到了看不見人在體道的過程中就是會兜
> 圈子走許多冤枉路，只是一味要人猛利向上，辨分義利，踐履篤行，
> 自不免粗些。〔註63〕

亦即陽明之學從孟子之「良知」、與《大學》之「致知」，整合成一套兼具「本
體」與「工夫」、即知即行、承體起用的「致良知」實踐理論，並從本體之知
至現象之意的流轉與異化，分別提出一套對治與回復的〈四句教〉的分解論
點，使其後學有所遵循與討論，有所詮釋與開發，而直接形成了明代中葉的

〔註61〕見陳榮捷著，《王陽明傳習錄詳註集評》，卷下，頁290。
〔註62〕見〔清〕黃宗羲撰，《明儒學案上》，頁7。
〔註63〕見劉述先著，《朱子哲學思想的發展與完成》（臺北：學生書局，民國84年8
　　　　月）第八章，頁432。此外關於「象山粗些」之討論，亦可參陳榮捷之「案
　　　　語」，見氏著，《王陽明傳習錄詳註集評》，卷下，頁290～291。

王學的學術發展〔註64〕。而相對於易簡的象山之學而言，則是無法提供此層意義與需求了。

其次，關於陽明理論形成的歷史功效而言，基本上須從「良知」對成聖的的平等性，與講學之平易性有關。二曲在專爲下層社會所寫的〈觀感錄‧序〉即指出：

> 先儒謂「箇箇人心有仲尼」，蓋以箇箇人心有良知也。良知之在人，不以聖而增；不以凡而減；不以類而殊，無聖凡，無貴賤，一也。試徵之，孩兒知愛，長而知敬，見孺子之入井而知惕。一切知是知非知好知惡之良，凡與聖，賤與貴，有一之弗同乎？同則何聖何凡，何貴何賤？而聖凡貴賤之所以卒分者，立志與不立志異也。立則不昧本良，順而致之，便是天則，火燃泉達，凡即爲聖；否則，乍起乍滅，情移境轉，反覆牯亡，聖即爲凡。而眞貴眞賤之實，在此不在彼，區區貴賤之跡，非所論也。〔註65〕

〔註64〕對良知之體驗與見解之不同，即形成後來的王學之分化。最早如以王龍溪在〈撫州擬峴臺會語〉一文中所言，他指出：「雖良知宗說，不敢有違，然未免各以其性之所近，擬議攙和紛成異說。有謂良知非覺照，須本於歸寂而始得，如鏡之照物，明體寂然而妍媸自辨，滯於照，則明反眩矣。有謂良知無見成，由於修證而始全，如金之在礦，非火符鍛鍊，則金不可得而成也。有謂良知是從已發立教，非未發無知之本旨。有謂良知本來無欲，直心以動，無不是道，不待復加銷欲之功。有謂學有主宰，有流行，主宰所以立性，流行所以立命，而以良知分體用。有謂學貴循序，求之有本末，得之無內外，而以致知別始終。此皆論學同異之見，差若毫釐，而其謬乃至千里，不容以不辨者也。」他將良知之分化劃分爲：歸寂、修證、已發、直心、主宰、循序等數說。參見〔明〕王龍谿撰，《王龍谿全集上》（臺北：廣文書局，民國89年11月），卷一，頁152～153。其次陽明後學胡瀚亦分爲證悟、歸寂、高曠、主宰流行四種（見〔清〕黃宗羲撰，《明儒學案上‧浙中王門學案五》，卷十五，頁330）。今人之分類，如日人岡田武彥的「現成派」、「歸寂派」、「修證派」三種（見〔日〕岡田武彥著、吳光、錢明、屠承先譯，《王陽明與明末儒學》，第三章，頁103～105）。陳來則以左（自然派）、中（中間系統）、右（正統派）三種類型來作劃分，而其中之「中間系統」又分主有、主無、主動、主靜等工夫立場之不同（見陳來著，《有無之境》，第十一章，頁334）。比較有系統之討論爲大陸學者錢明之論，他對歷來之分類與標準和缺陷，則有詳細之討論與說明。而他則將王學分爲「現成」與「工夫」兩大系統。「現成系統下」，又有「虛無」、「日用」兩派；「工夫系統下」又有「主敬」、「主事」、「主靜」三派。見錢明著，《陽明學的形成與發展》（南京：江蘇古籍出版社，2002年9月），第三章，頁133～157。

〔註65〕見〈觀感錄‧序〉，《二曲集》，卷二十三，頁273。

先儒謂「箇箇人心有仲尼」，蓋以箇箇人心有良知也。此說乃指陽明之良知說，二曲曾辨陽明非禪之說，他認為陽明之學乃千載絕學，以陽明為禪，「此不知者之言也。天若無日月，則遍地咸昏暗，安能出作入息；人若無良知，則滿身成僵屍，安能視聽言動。自己一生大主宰，抵死不認，支離纏繞，摹擬倣效於外，所謂道在邇而求諸遠，騎驢覓驢，可哀也已。」〔註66〕陽明點出良知為人之主宰，為成聖之契。從成德之學的意義層面來說，陽明論良知之特點在於：「良知之性在人是無有區別的，非聖為有，非凡為無。所不同處，聖人立志擴而充之、順而致之，在經驗過程中，使他契於現實、當下並永存於己，將『本有』化為『實存』；而常人則將『本有』的良知之性懸置而起，以致將『本有』成為永遠的『先驗』！沒有落入經驗底、生活中。此聖凡之別也。故談良知之性，是不必糾結既有條件，惟一端賴的是『立志』與實功之落實。」〔註67〕本質上，儒學即是成德之學，目的在於成聖成賢，而對於傳統知識背景之需求，則有不同之重視。清儒焦循（字理堂，一字里堂，1763～1820）則對「朱學」與「王學」知識背景之差異性，有其說明，他在〈良知論〉中指出：

> 余謂紫陽之學，所以教天下之君子；陽明之學，所以教天下之小人。……。至若行其所當然，復窮其所以然，誦習乎經史之文，講求乎性命之本，此惟一二讀書之士能之，未可執顓愚頑梗者而強之也。良知者，良心之謂也。雖愚不肖不能讀書之人，有以感發之，無不動者。〔註68〕

實際來說，陽明之學是「徹上徹下」之說，故不可謂其教天下之小人，但從受教的「平等性」而言，陽明學的確比重道問學之朱學有更一步的推進。他是屬於一個非身份、條件的教化理論，重視的是個人良知自性的「自完」與「自足」，無須有其知識與聞見作為基礎，故就適應不同階層處彈性夠，張力亦大，極易與下層社會接近。是故，正面舉「人人心中有仲尼」，負面取消知識、聞見之薰習為成聖之因，此一長一消間，無疑的大開成聖之徑，鼓動人心為聖成德，此即陽明學說之所以席捲天下的主因。

〔註66〕見〈常州府武進縣兩庠彙語〉，《二曲集》，卷三，頁28～29。

〔註67〕見筆者著，《王艮思想及其對王學的承繼與轉化》（逢甲大學中國文學系碩士論文，民國87年1月），第三章，頁67～68。

〔註68〕見〔清〕焦循撰，《雕菰集》（臺北：鼎文書局，民國66年9月），卷八，頁123～124。

二曲論明體之學除陸王外，亦言白沙之學。二曲論《白沙集》時指出：

> 白沙之學，以自然爲宗，去耳目支離之用，全虛圓不測之神，見之
> 詞翰，從容清眞，可以觀其養矣。「出辭氣，遠鄙倍」，其先生之謂
> 乎。讀其〈集〉，令人心融神怡，如坐春風中，氣質不覺爲之默
> 化。〔註69〕

劉蕺山於〈師說〉中論「陳白沙獻章」即指出：「先生學宗自然，而要歸於自
得。」〔註70〕這是其學問之特質所在。白沙論工夫則曰：「學者不但求之書，
而求之吾心，察於動靜有無之機，致養其在我者，而勿以聞見亂之。去耳目
支離之用，全虛圓不測之神，一開卷盡得之矣。非得之書也，得自我者也。」
〔註71〕白沙重在以習靜之工夫，達至善端之體認。這種求靜之工夫，重視的
是對一切人爲執著之化解與超越。羅一峰即曰：「白沙觀天人之微，究聖賢之
蘊，充道以富，崇德以貴，天下之物，可愛可求，漠然無動於其中。」〔註72〕
這是白沙爲學的精神特色。

整體來說，白沙之學重在自然，內以靜坐爲涵養其心之工，外則反知識
聞見積累之弊，以及科舉利祿之欲，這種爲學之精神與特質，亦顯露於其著
作之中。姜允明就言：「白沙因長年行自我陶養，對『靜趣』的領悟深解，獨
有造詣，自當遠超前儒。其詩文中表現刻劃出來的美感，詩境高明絕異是其
特色。」〔註73〕此詩文之境所顯現的是正如二曲所言「心融神怡，如坐春風
中，氣質不覺爲之默化。」但顯然的，此美感經驗，是建立於一種深厚的道
德修養而成的自然境界。

而明體之學除陸王與白沙外，陸王後學如慈湖、王龍溪與泰州後學羅近
溪，亦爲二曲所論。首先，關於《慈湖集》，二曲指出：

> 慈湖楊仲之學，直契心宗，大悟一十八遍，小悟無數，在宋儒中，
> 可謂傑出。人多以近禪訾之，先生之學，豈眞禪耶？明眼人當自辨
> 之。〔註74〕

二曲認爲慈湖之悟，實非禪悟，但其說未見所論。全祖望則從其學行處證其

〔註69〕見〈體用全學〉，《二曲集》，卷七，頁50。
〔註70〕見〔清〕黃宗羲撰，《明儒學案上》，頁4。
〔註71〕見〔清〕黃宗羲撰，《明儒學案上・白沙學案上》，卷五，頁91。
〔註72〕見〔清〕黃宗羲撰，《明儒學案上・白沙學案上》，卷五，頁78。
〔註73〕見姜允明著，《陳白沙其人其學》（臺北：洪業文化事業有限公司，民國92年
　　　　9月），第四章，頁100。
〔註74〕見〈體用全學〉，《二曲集》，卷七，頁50。

非禪，可爲補證。全氏於《碧沚楊文元公書院記》中曰：「文元之學，先儒論之多矣。或疑發明本心，陸氏但以爲入門，而文元遂以爲究竟，故文元爲陸氏功臣。而失其傳者亦有之。愚以爲未盡然。夫論人之學，當觀其行，不徒以其言。文元之齋明嚴恪，其生平踐履，蓋涑水、橫渠一輩人。曰誠，曰明，曰孝弟，曰忠信，聖學之全，无以加矣。特以當時學者沈溺于章句之學，而不知所以自拔，故爲本心之說，以提醒之，蓋誠欲導其迷途而使之悟，而非謂此一悟之外，更无餘也。而不善學者，乃憑此虛空之知覺，欲以浴沂風雩之天機，屏當一切，是豈文元之究竟哉！」〔註75〕全氏認爲慈湖雖言悟，但從其學行處之驗證來看，無一不切於實學實爲，其以悟爲學，亦只是對人心桎梏於溺于章句的補偏救弊，而非以一悟爲究竟也〔註76〕。至於王龍溪，二曲言《龍谿集》時指出：

> 〈集〉凡二十卷，皆發明良知之蘊。宏暢經透，闡發無餘，可謂前
> 無往古，後無來今；後有作者，不可尚矣。然讀之亦須挈其要，如
> 往來宵國、水西諸〈會語〉及〈書答〉，每日當讀一過，以豁心目，
> 若夫記、序等作，未免時有出入，姑闕之。〔註77〕

又羅近溪之《近溪集》。二曲指出：

> 近溪先生之學，肫懇誠篤，日精月進，可謂大而化矣。眞近代第一
> 了手人也。其〈集〉發明經書要旨處，妮妮千言，捐去世儒蹊徑。
> 初學讀之，驟難契入，姑閱陶石簣所纂〈要語〉可也。」〔註78〕

就學派來說，龍溪與近溪輩份實屬不同，王龍溪實爲陽明嫡傳，羅近溪則爲泰州四傳，但二人實爲明中葉後講學論道之佼楚，故世稱「二溪」。黃宗羲就曰：「論者謂龍溪筆勝舌，近溪舌勝筆」〔註79〕，此二人實爲陽明後調適上遂之人〔註80〕。王龍溪其學主張在先天立根，故「天泉證道」中乃言〈四無說〉。

〔註75〕見〔清〕黃宗羲撰、〔清〕全祖望續修、〔清〕王梓材校補，《宋元學案‧慈湖學案》，第十八冊，卷七十四，頁70。

〔註76〕全謝山《淳熙四先生祠堂碑文》云：「慈湖齋明嚴恪，非禮不動，生平未嘗作一草字，固非恃扃訟一悟以爲究竟也。」又云：「慈湖于諸經俱有所著，垂老，更欲修群書以屏邪說而未就。」見〔清〕黃宗羲撰、〔清〕全祖望續修、〔清〕王梓材校補，《宋元學案‧慈湖學案》，第十八冊，卷七十四，頁70。

〔註77〕見〈體用全學〉，《二曲集》，卷七，頁49。

〔註78〕見〈體用全學〉，《二曲集》，卷七，頁49。

〔註79〕見〔清〕黃宗羲撰，《明儒學案下‧泰州學案三》，卷三十四，頁762。

〔註80〕王龍溪於《明儒學案》中，與王艮被視爲「蓋躋陽明而爲禪矣」之人，而使

其論學講道，深爲當時所重，影響甚巨。如李卓吾（李贄，號卓吾，1527～1602）於〈復焦弱侯〉一書中曰：「世間講學諸（著）書，明快透髓，自古至今未有如龍谿先生者。……。王先生字字皆解脫門，既得者讀之足以印心，未得者讀之足以證入也。」〔註81〕其〈龍谿先生文錄抄序〉又曰：「《龍谿王先生集》共二十卷，無一卷不是談學之書；卷凡數十篇，無一篇不是論學之言。……。蓋先生學問融貫，溫故知新，若滄州瀛海，根於心，發于言，自時出而不可窮，自然不厭而文且理也。而其誰能贅之歟！故余嘗謂先生此書，前無往古，今無將來，後有學者可以無復著書矣，蓋逆料其決不能條達明顯一過于斯也。」〔註82〕李卓吾對王氏之推崇，頗似二曲之見。二曲在〈答敦庵〉一信中，即直言「若欲究極性命大事，一徹盡徹，一了百了，不容不以《龍溪集》爲點雪洪爐，嵐霧指南，輔以象山、陽明、近溪〈語錄〉及《聖學宗傳》，日日寓目，食寢與俱可也。」〔註83〕這點明了王龍溪其學實爲盡性至命徹悟之學。

至於羅近溪、牟宗三論其學風與宗旨，認爲其除承泰州學風之外，則學重光景之拆穿，並歸宗於仁，知體與仁體全然是一，以言生化與萬物一體〔註84〕。而其著二曲認爲初讀之，驟難契入。李卓吾〈復焦弱侯〉一書中亦曰：「蓋《近谿語錄》須領悟者乃能觀於言語之外，不然，未免反加繩束。」〔註85〕此亦點明近溪之學契入之難。

所以從明體之書中可見「明體中之明體」，實以陸王爲學脈，陸王之學是

王學有變質之虞（見〔清〕黃宗羲撰，《明儒學案下・泰州學案一》，卷三十二，頁703）。但牟宗三先生則持平的認爲：「王龍溪之穎悟並非無本，他大體是守著陽明底規範而發揮，他可以說是陽明底嫡系；只要去其蕩越與疏忽不諦處，他所說的大體皆是陽明所本有；他比當時其他王門任何人較能精熟于陽明之思路，凡陽明所有的主張他皆遵守而不渝，而亦不另立新說，他專主于陽明而不參雜以其他；他只在四無上把境界推至究竟處，表現了他的穎悟，同時亦表現了他的疏闊，然若去其不諦與疏闊，這亦是良知教底調適而上遂，並非是錯。」、「陽明後，能調適而上遂而完成王學之風格者是在龍溪與近溪，世稱二溪。」見牟宗三著，《從陸象山到劉蕺山》（臺北：學生書局，民國82年3月），第三章，頁281～288。

〔註81〕見〔明〕李贄撰，《焚書／續焚書》（臺北：漢京文化事業有限公司，民國73年5月），卷二，頁47。

〔註82〕見〔明〕李贄撰，《焚書／續焚書》，卷三，頁117～118。

〔註83〕見〈書一〉，《二曲集》，卷十六，頁140。

〔註84〕見牟宗三著，《從陸象山到劉蕺山》，第三章，頁288。

〔註85〕見〔明〕李贄撰，《焚書／續焚書》，卷二，頁48。

二曲對於明體方向的依循與定規。具體來說，以宋明諸儒而言，明體之學象山立其源，陽明則進一步闡明本體與工夫，而此二人之後學，如慈湖直契心宗、龍溪發明良知之蘊，皆是對其師門學說有所發明。而白沙與近溪之學，對於明體在體悟與理解上，亦有其助益。是故，二曲認為當以此諸說作為「明體中之明體」的學習之徑。

二、明體中之工夫

「明體中之工夫」，討論的是道德實踐依循之指向，二曲論明體之工夫，如上所述，主要是以程朱之學與關學作為發端。整體而言，明體之書側重於「本體之悟」的過程，乃為上達之學；工夫之書，其意義在於「收攝保任」，乃為「下學」之學。其兩者之關係，誠一交縱循環之過程。從靜態分析來說，識得本體，好做工夫，做得工夫，方識本體。這說明了，所謂自悟本體後，仍須工夫保任；未識本體時，亦須由工夫以達本體，由下學而上達。心學論悟雖首重本體之識，但嚴格來說，本體與工夫，實為難以刻裂的動態實踐歷程。這意謂著，本體中處處有工夫，工夫中要時時不忘本體。

二曲論「明體中之工夫」，首以宋學的程朱之學作為工夫進路所在。二曲論《二程全書》指出：

> 二程中興吾道，其功不在禹下。其《書》定於朱子之手，最為精密，此孔孟之正派也。〔註86〕

其論《朱子語類大全》指出：

> 訂偏釐弊，折衷百氏，巨細精粗，無一或遺，集諸儒之大成，為萬世之宗師。讀其書，味其學，誠格物窮理之權衡也。第凡百卷，初學驟難偏覽，先讀《錄要》，然後漸及可也。〔註87〕

言《朱子文集大全》時則指出：

> 溫醇典雅，議論精密，而《奏》、《議》數十篇，尤見天德王道之學。〔註88〕

二曲論程朱之處，主要闡明其對儒學思想發展之貢獻。而就以朱子而言，更是諸儒之集大成者，並以其為儒學洙泗家法、孔門之傳。二曲指出：「朱之教

〔註86〕見〈體用全學〉，《二曲集》，卷七，頁50。
〔註87〕見〈體用全學〉，《二曲集》，卷七，頁50。
〔註88〕見〈體用全學〉，《二曲集》，卷七，頁50。

人，循循有序，恪守洙泗家法，中正平實，極便初學。」〔註89〕「紫陽之言，言言平實，大中至正，粹乎無瑕，宛然洙泗家法。」〔註90〕此家法與正派，所指爲何呢？二曲指出：

> 自孔子以「博文約禮」之訓，上接虞廷「精一」之傳，千載之下，淵源相承，確守弗變，惟朱子爲得其宗。生平自勵勵人，一以「居敬窮理」爲主。「窮理」即孔門之「博文」，居敬即孔門之「約禮」。
> 內外本末，一齊俱到，此正學也，故尊朱即所以尊孔。〔註91〕

二曲論朱子顯然的是以其「窮理道問學」與「居敬之工夫」，作爲其標誌孔門家法的意涵。所謂孔門之法乃「博文約禮」，乃集「道德工夫」與「道德學習」並重爲法的學習，這種學習是儒學正統的學習途徑。

而除程朱的「窮理居敬」工夫外，二曲言「明體中之工夫」，則又舉明儒吳康齋、薛敬軒、胡敬齋等，作爲實踐力行之典範。二曲言《吳康齋集》時指出：「康齋質本中庸，用功刻苦，其所著《日錄》，專以戒怒懲忿，消磨氣習爲言，最切於學者日用。」〔註92〕言薛敬軒之《讀書錄》時指出：「《讀書錄》效橫渠讀書之法，隨得隨錄，而成切近精純、篤實輝光之學也。無論知學者不忍釋手，即絕不信學者覽之，未有不肅然收斂，鞭辟近裏者也。」〔註93〕言《胡敬齋集》時則指出：「先生學重躬行，以敬而入。言論篤樸，粹乎無瑕，初學者所當服膺也。」〔註94〕此三人皆明初朱學之流裔，重視的是躬行與實踐。如《明史·儒林一》曰：

> 原夫明初諸儒，皆朱子門人之支流餘裔，師承有自，矩矱秩然。曹端、胡居仁篤踐履，謹繩墨，守儒先之正傳，無敢改錯。學術之分，則自陳獻章、王守仁始。〔註95〕

整體來說，明初之學將可視爲對朱子致知躬行的發展。如吳康齋，劉蕺山言：「先生之學，刻苦自勵，多從五更枕上、汗流淚下得來。」〔註96〕這是一種

〔註89〕見〈靖江語要〉，《二曲集》，卷四，頁36。
〔註90〕見〈東林書院會語〉，《二曲集》，卷十一，頁98。
〔註91〕見〈富平答問〉，《二曲集》，卷十五，頁126。
〔註92〕見〈體用全學〉，《二曲集》，卷七，頁50。
〔註93〕見〈體用全學〉，《二曲集》，卷七，頁51。
〔註94〕見〈體用全學〉，《二曲集》，卷七，頁51。
〔註95〕見〔清〕張廷玉等撰，《明史二十四》（北京：中華書局，2003年2月），列傳第一七十，卷二八二，頁7222。
〔註96〕見〔清〕黃宗羲撰，《明儒學案上·師說》，頁3。

深刻的自我檢點工夫，其學主要依朱子敬義夾持之工〔註97〕，進而對自我之氣質之偏的化解。其言：「日夜痛自點檢且不暇，豈有工夫點檢他人？責人密，自治疏矣。可不戒哉！」〔註98〕可見其工夫，乃見於語默動靜之際、貧病交攻之時，無時無刻不忘此心之涵養與檢點約束。至於河東之學的薛敬軒，更重視對朱學之踐履。《明史・儒林一》曰：

> 瑄學一本程、朱，其修己教人，以復性為主，充養邃密，言動咸可法。嘗曰：「自考亭以還，斯道已大明，無煩著作，直須躬行耳。」有《讀書錄》二十卷，平易簡切，皆自言其所得，學者宗之。」〔註99〕

這說明對經典之詮釋並非首務，應當發揮的是對經典之義理的身心體驗。劉蕺山即指出：「閱先生《讀書錄》，多兢兢檢點言行間，所謂『學貴踐履』，意蓋如此。」〔註100〕黃宗羲亦曰：「先生以復性為宗，濂、洛為鵠，所著《讀書錄》大概為《太極圖說》、《西銘》、《正蒙》之義疏，然多重複雜出，未經刪削，蓋惟體驗身心，非欲成書也。」〔註101〕而胡敬齋，據《明史・儒林一》曰：

> 聞吳與弼講學崇仁，往從之游，絕意仕進。其學以主忠信為先，以求放心為要，操而勿失，莫大乎敬，因以敬名其齋。……。所著有《居業錄》，蓋取修辭立誠之義。〔註102〕

胡敬齋承吳康齋之學，反對陳白沙之靜坐之工，重視的是日夜檢點之踐履與持敬之工夫。故黃宗羲曰：「先生一生得力於敬，故其持守可觀。」〔註103〕總的來說，二曲論明初學風如吳康齋、薛敬軒、胡敬齋等數人皆重其持敬篤行工夫之一面。

　　至於明中葉部份，二曲則申言「呂涇野」與「羅整庵」二人。二曲論呂

〔註97〕黃宗羲對其工夫指出：「靜時存養，動時省察。故必敬義夾持，明誠兩進，而後為學問之全功。」（見〔清〕黃宗羲撰，《明儒學案上・崇仁學案一》，卷一，頁14）又言「先生上無所傳，而聞道最早，身體力驗，只在走趨語默之間，出作入息，刻刻不忘，久之自成片段，所謂『敬義夾持，誠明兩進』者也。」見〔清〕黃宗羲撰，《明儒學案上・崇仁學案一》，卷一，頁16。

〔註98〕見〔清〕黃宗羲撰，《明儒學案上・崇仁學案一》，卷一，頁17。

〔註99〕見〔清〕張廷玉等撰，《明史二十四》，列傳第一七〇，卷二八二，頁7229。

〔註100〕見〔清〕黃宗羲撰，《明儒學案上・師說》，頁3。

〔註101〕見〔清〕黃宗羲撰，《明儒學案上・河東學案上》，卷七，頁110～111。

〔註102〕見〔清〕張廷玉等撰，《明史二十四》，列傳第一七〇，卷二八二，頁7232。

〔註103〕見〔清〕黃宗羲撰，《明儒學案上・崇仁學案二》，卷二，頁29～30。

涇野之《語錄》時指出：

> 當嘉隆閒，天下言學者，不歸王，則歸湛。其末流之弊，高者言「無
> 知」，慧者言「歸寂」。守程朱之說，卓然不變者，在南惟整菴，在
> 北惟先生而已。先生生平不爲宏闊高遠之論，其言布帛菽粟，其文
> 藹若穆若，有德者之言，風味自別。共二十七卷，馮恭定修之，畢
> 侍卿表之，學者不可不置之案頭。此外如《二程張朱鈔釋》，亦時有
> 精到之語，要在覽者之善擇也。」〔註104〕

呂涇野之學乃「受業渭南薛敬之，接河東薛瑄之傳。」〔註105〕乃河東薛瑄四
傳之徒，加上身受關學學風影響之及，故其學皆以窮理實踐爲主。劉蕺山於
〈師說〉就指出：

> 愚按：關學世有淵源，皆以躬行禮教爲本，而涇野先生實集其大成。
> 觀其出處言動，無一不規於道，極之心術隱微，無毫髮可疑，卓然
> 閔、冉之徒，無疑也。異時陽明先生講良知之學，本以重躬行，而
> 學者誤之，反遺行而言知。得先生尚行之旨以救之，可謂一髮千鈞。
> 時先生講席，幾與陽明氏中分其盛，一時篤行自好之士，多出先生
> 之門。〔註106〕

二曲論呂涇野之學，除有關學因素外，大抵所論與劉蕺山一致，即針對王學
之弊而能補弊救失處來論。呂氏身處「時天下學者，不歸王守仁則歸湛若水。
守程朱之學不變者，惟柟與羅欽順云。」〔註107〕呂氏之學，實以其樸質平實
處與當時學風有別，其講學之盛，亦成爲關學由衰轉盛之關鍵。而除呂涇野
外，則有羅整菴。羅整菴之學以程朱爲主，他曾與陽明書信往訪論辯《大學》
一書之意，其意大抵針對陽明對格物致知解釋錯誤加以申義〔註108〕。二曲論
其《困知記》則指出：

〔註104〕見〈體用全學〉，《二曲集》，卷七，頁51。
〔註105〕見〔清〕張廷玉等撰，《明史二十四》，列傳第一七○，卷二八二，頁7244。
〔註106〕見〔清〕黃宗羲撰，《明儒學案上》，頁11。
〔註107〕見〔清〕張廷玉等撰，《明史二十四》，列傳第一七○，卷二八二，頁7244。
〔註108〕《明史·儒林一》曰：「里居二十餘年，足不入城市，潛心格物致知之學。王
守仁以心學立教，才知之士翕然師之。欽順致書守仁，略曰：『聖門設教，文
行兼資，博學於文，厥有明訓。如謂學不資於外求，但當反觀內省，則『正
心誠意』四字亦何所不盡，必於入門之際，加以格物工夫哉？」守仁得書，
亦以書報，大略謂：「理無內外，性無內外，故學無內外。講習討論，未嘗非
內也。反觀內省，未嘗遺外也。』反復二千餘言。」見〔清〕張廷玉等撰，《明
史二十四》，列傳第一七○，卷二八二，頁7237。

辨吾儒異端，眞似是非之分，不遺餘力，衛道之嚴，足見良工苦心。〔註109〕

又曰：

整菴（庵），學考亭者也。生平距釋排聃，不遺餘力。所著《困知記》，於近理亂眞之辨，析入毫芒，衛道之嚴，可謂良工苦心。……。閒有略覺其陋而反之於內者，又往往馳心虛寂，借津佛氏，託其身於不儒不衲、不圓不方之閒，其爲世道人心之害，曷可勝言！區區深爲此懼，欲表章《困知記》暨胡致堂《崇正辯》以就之，而力有所未逮，不能不望於世之有心之人。〔註110〕

宋儒胡致堂（胡寅，字明仲，1098～1156）著《崇正辯》一書，乃本之儒學思想，而對晉迄唐宋以來之佛僧言行加以批判〔註111〕。其〈致堂先生崇正辯・序〉言：「《崇正辯》何爲而作歟？闢佛之邪說也。」〔註112〕他認爲佛氏之邪說在於有所謂「淪三綱」、「絕四端」之弊。亦即，「不親其親而名異姓爲慈父，不君世主而拜其師爲法王，棄其妻子而以生續爲罪垢，是淪三綱也。」、「視父母如怨仇，則無惻隱；滅類毀形而無恥，是無羞惡；取人以財，以得爲善，則無辭讓；同我者即賢，異我者則不肖，則無四非，是絕四端也。」〔註113〕他在《斐然集》的〈永州重修學記〉中曰：「夫道德有本，而非殄彝倫也；性命有正，而非趨空寂也；幽明有故，而非天地之外復有天地也；死生有說，而非受形輪轉、人獸同區也；鬼神有情狀，而非居處、姓氏、言語、主掌之可名可接也。不溺於此而得之。可謂善學也已。」〔註114〕此即其論中的儒釋

〔註109〕見〈體用全學〉，《二曲集》，卷七，頁51。

〔註110〕見〈富平答問〉，《二曲集》，卷十五，頁129。

〔註111〕紀昀於《四庫全書總目提要》曰：「《崇正辯三卷》（兩淮馬裕家藏本）宋胡寅撰。寅有《讀史管見》，已著錄。是書專爲闢佛而作。每條先引釋氏之說於前，而辨正於後。持論最正，其剖析亦最明。然佛之爲患，在於以心性微妙之詞，汨亂聖賢之學問，故不可不辨。至其經典荒誕之說，支離矛盾，妄謬灼然，皆所謂不足與辨者。必一一較其有無，是亦求勝之過，適以自褻矣。」見《子部・儒家類存目一》，〔清〕永瑢等撰，《合印四庫全書總目提要及四庫未收書目禁燬書目三》（臺北：臺灣商務印書館，民國74年5月），卷十八，頁86。

〔註112〕見〔宋〕胡寅撰、容肇祖點校，《崇正辯：斐然集》（北京：中華書局，1993年12月），頁1。

〔註113〕見〔宋〕胡寅撰、容肇祖點校，《崇正辯：斐然集》，頁1。

〔註114〕見〔宋〕胡寅撰、容肇祖點校，《崇正辯：斐然集》，卷二十一，頁436。

之異。羅整庵著《困知記》此書,實有類似之動機。《明史‧儒林一》曰:

> 欽順爲學,專力於窮理、存心、知性。初由釋氏入,既悟其非,乃
> 力排之,謂:「釋氏之明心見性,與吾儒之盡心知性相似,而實不同。
> 釋氏之學,大抵有見於心,無見於性。今人明心之説,混於禪學,
> 而不知有千里毫釐之謬。道之不明,將由於此,欽順有憂焉。」爲
> 著《困知記》。〔註115〕

羅整庵爲學,亦是從佛學之中翻滾而出的。羅氏認爲「釋氏之明心見性,與吾儒之盡心知性,相似而實不同。」〔註116〕他認爲釋氏之學大抵有見於心,無見於性,以知覺爲性,他即以此爲據,批判宋明諸儒中陽儒陰釋之學。如言「張子韶以佛語釋儒書,改頭換面,將以愚天下之耳目,其得罪於聖門,亦甚矣。」〔註117〕認爲「朱子目象山爲禪學,蓋其見之審矣。豈嘗有所嫌忌,必欲文致其罪,而故加之以是名哉。」〔註118〕論楊慈湖則謂「慈湖頓悟之機,實自陸象山發之,其自言,忽省此心之清明,忽省此心之無始末,忽省此心之無所不通,即釋迦所謂自覺聖智境界也。」〔註119〕並論陽明之良知即所謂虛靈知覺,皆以「知覺爲性」〔註120〕。又言陽明「〈答陸原靜書〉有云:『佛氏本來面目,即吾聖門所謂良知。』渠初未嘗諱禪,爲其徒者,必欲爲之諱之,何也?」〔註121〕其書之意大抵如此。二曲言羅整菴著《困知記》一書,實有衛道之功。基本上,二曲對於羅氏所言陽儒陰釋處,未有辨明與論述,其提倡此書之目的,在於他認當今爲學不陷溺於章句浮辭者,則一入虛寂之道,辨其儒與釋道之別,於今於時仍有其積極之意義在。而同樣的,嚴儒釋之防,「整菴之後,又有少墟馮子,亦惓惓以息邪放淫爲事,所著《辨學錄》言言痛切正大,程尺謹而堤防固,均吾道之長城也。」〔註122〕即爲馮少墟之學。二曲針對《馮少墟集》指出:

〔註115〕見〔清〕張廷玉等撰,《明史二十四》,列傳第一七○,卷二八二,頁 7237～
7238。

〔註116〕見〔明〕羅欽順撰,《困知記等三種》(臺北:廣學社印書館,民國 64 年 6
月),卷一,頁 1。

〔註117〕見〔明〕羅欽順撰,《困知記等三種》,卷一,頁 7。

〔註118〕見〔明〕羅欽順撰,《困知記等三種》,卷二,頁 10。

〔註119〕見〔明〕羅欽順撰,《困知記等三種》,卷四,頁 29。

〔註120〕見〔明〕羅欽順撰,《困知記等三種》,卷三,頁 19。

〔註121〕見〔明〕羅欽順撰,《困知記等三種》,卷四,頁 36。

〔註122〕見〈富平答問〉,《二曲集》,卷十五,頁 129。

先生與曹真予、鄒南皋、焦弱侯、高景逸、楊復所同時開堂會講，
領袖斯文。然諸老醇厚者乏通慧，穎悟者雜佛氏，惟先生嚴毅中正，
一遵程朱家法。《集》凡二十卷，如〈辨學錄〉，發明儒佛之分；〈疑
思錄〉，剖晰〈四書〉之蘊；〈講學說〉、〈做人說〉、〈序記〉、〈書牘〉，
咸足以堅學人之志，定末流之趨。凡人賤近而貴遠，言及於先生，
未免東家丘視之，可慨也！〔註123〕

關於馮少墟著〈辨學錄〉一書之旨。馮氏指出：「夫學爲一也。有異端之學，
有越俎之學，有操戈之學。」〔註124〕故爲當辨明之處。首先，他認爲佛老的
異端之學，「非毀吾儒不遺餘力，乃巧于非學之尤者，而講學者多誤信之，故
不可不辨。」〔註125〕如其言「佛氏所謂直指人心，指的是人心，所謂見性成
佛，見的是氣質之性。」〔註126〕「吾儒論性，以心之生理言，佛氏論性，不
以心之生理言。」〔註127〕「吾儒所謂無，是無其迹，佛氏所謂無，是無其
理；吾儒所謂有，是有其理，佛氏所謂有，是有其欲。」〔註128〕其辨儒佛大
抵從「似是而非」處加以申義。他認爲「吾儒之學，以理爲宗，佛氏之學，
以了生死爲宗。」〔註129〕這也說明了，崇儒辨佛當先辨明宗旨，方可不逆於
弊。

其次，他論「越俎之學」，指的是「以議事當講學，以論人當講學也。」
〔註130〕此乃悖離吾儒講學明道，只是泛論道理，缺乏躬行實踐之處。至於「操
戈之學」，指的是不由周程張朱之津梁，而達孔子洙泗之法等非毀宋儒之學。
他認爲「非毀宋儒，而我又從而附和之，不幾于操戈而入室哉。」〔註131〕總
之，馮少墟認爲「蓋異端可駁也，而以駁異端者駁時事則爲越俎；異端可闢
也，而以闢異端者闢宋儒則爲操戈。此尤人情之異流，學術之隱病，不可不
亟辨者也。」〔註132〕此即其著〈辨學錄〉一書之主旨所在。

〔註123〕見〈體用全學〉，《二曲集》，卷七，頁51～52。
〔註124〕見〔明〕馮從吾著，《少墟集》，收入於《景印文淵閣四庫全書》（臺北：臺灣
　　　　商務印書館，民國72年），卷一，頁1293～32。
〔註125〕見〔明〕馮從吾著：《少墟集》，卷一，頁1293～32。
〔註126〕見〔明〕馮從吾著：《少墟集》，卷一，頁1293～23。
〔註127〕見〔明〕馮從吾著：《少墟集》，卷一，頁1293～23。
〔註128〕見〔明〕馮從吾著：《少墟集》，卷一，頁1293～23。
〔註129〕見〔明〕馮從吾著：《少墟集》，卷一，頁1293～21。
〔註130〕見〔明〕馮從吾著：《少墟集》，卷一，頁1293～32。
〔註131〕見〔明〕馮從吾著：《少墟集》，卷一，頁1293～32。
〔註132〕見〔明〕馮從吾著，《少墟集》，卷一，頁1293～32。

　　總的來說，二曲言「明體中之工夫」，大抵是從程朱「窮理居敬」之工夫來發端，其論及明初諸儒吳康齋、薛敬瑄、胡敬齋，乃至呂涇野亦爲同然，這是二曲個人重視工夫之準則。其次，則是針對儒釋之別，故著重於羅整菴與馮少墟等人「嚴儒釋之防」之著。從歷史之脈絡來看，此皆發端於王學末流等學術之空疏，以及晚明學風鳩合三教等弊端，所作之反省與對治的。

　　釐清上述「明體中之明體」與「明體中之工夫」之問題，實可見其論學之憑藉、本體工夫取證之源，以及思想之意義。然亦有幾層問題尚須說明：

　　第一、二曲在「明體類」中，對本體工夫其之劃分與區別，約略的說，即是傳統的「程朱之學」與「陸王之學」的差異，二曲認爲陸王之學重反己自認；程朱之學乃洙泗家法，對於其本體工夫之差異區別，就義理之闡明與實踐之依循上，並無深辨與詳加論述，實屬不足之處。〔註133〕

　　第二、如上所述，二曲既以程朱爲孔門之法，何以不爲明體，而僅爲工夫之述。二曲提倡陸王爲明體，除以陸王本心良知說，深顯本體涵意外，更重要的是，針對時代思想補偏救弊之「功能性」問題。二曲認爲程朱後學已失明體之意，已爲道德異化之變質，象山陽明之說，反而從本體之立中，進而對義利、理欲、王霸處做一判別。二曲指出：

> 陸、王矯枉救弊，其言猶藥中大黃、巴豆，疏人胸中積滯，實未可概施之虛怯之人也！〔註134〕

> 姚江當學術支離蔽錮之餘，倡「致良知」，直指人心一念獨知之微，以爲王霸、義利、人鬼關也。當幾覷體直下，令人洞悟本性，簡易痛快，大有功於世教。而未流多玩，實致者鮮，往往舍下學而希上達，其弊不失之空疏杜撰鮮實用，則失之恍惚虛寂雜於禪，故須救之以考亭。〔註135〕

可見二曲論明體與工夫，實從思想理論之本質，以及時代之需求性，對程朱陸王之學作一「功能性」的安排，此實爲一對比與溝通觀念後的功能性的建立。二曲論學不主宗派與宗旨而重實用，此實用處即「補偏救弊」之治療功能，以今日、今時之儒學，既以淪爲章句浮辭之弊，治弊處當因病而立藥。

〔註133〕曾師春海即曰：「程朱陸王分屬兩套不同的心性論和工夫論，異質的理論何以能融合成同質融貫的一種完全的理論，其間的困難非二曲所能深察。」見曾師春海著，〈對李二曲儒學觀的形成之考察〉，《哲學與文化》，頁107。
〔註134〕見〈東林書院會語〉，《二曲集》，卷十一，頁98。
〔註135〕見〈富平答問〉，《二曲集》，卷十五，頁129。

對於陸王之學論本心良知之徑，不但爲其個人證悟外，他更認爲這是針對「時代集體功利化」下的治本之良藥。這種觀點顯現了二曲對思想學術之看法，實一開放性之態度，並展現其對思想學術實爲一「引導的哲學」，由「自我轉化」導向「世界」轉化之目的。

第三、程朱陸王之學，各有其「效能」與「效力」之問題。程朱之學就「效能」而言，中正平實，實乃爲學之正，但面對學術之異化，則「效力」不足；相對的，陸王之學，針對學術異化實有其「效能」，但對於學風浮弊之破除上，其「效力」則明顯不足。故二者須互相資證，以符合儒學之全貌所在。是故，就「明體適用」中的「明體部份」，程朱陸王自然就形成了「明體中之明體」與「明體中之工夫」的有機性與功能性的安排。這是二曲在一「歷史情境」與「個人體悟」、「功能性安排」三方面下，所做的一綜合思考。

第四、二曲論學，志在建立一學脈。「學脈」，顧名思義，是建立一「爲學之脈絡」。二曲論學脈之建立，乃本其歷史之現況，超越宗派之的觀點，進而還原儒學之原貌的爲學之法。二曲指出：

> 學脈最怕夾雜，學術不可不醇。先覺之學脈正而學術醇者，宋則周、程、張、朱，明則薛、胡、羅、呂、顧、高、馮、辛，咸言言中正，字字平穩，粹然洙、泗家法，猶布帛菽粟，規矩準繩，一日不可無，無則不可以爲人。若厭平常而喜新奇，非狂即妄；狂與妄，學者之深戒也。〔註136〕

> 周、程、張、朱，薛、胡、羅、呂、顧、高、馮、辛，乃孔門曾、卜流派，其爲學也，則古稱先，篤信聖人。陸、吳、王、心齋、龍谿、近溪、海門乃鄒、孟流派，其爲學也，反己自認，不靠見聞，亦不離見聞。吾儒學術之有此兩派，猶異端禪家之有南能北秀，各有所見，各有所得，合併歸一，學術無偏。若分門別戶，牢不可破，其識力學問，蓋可知矣。中無實得，門面上爭閒氣，噫，弊之久矣！〔註137〕

二曲論學脈，其首重之處即在言明程朱陸王之學，原自儒學所有，實不可偏執而失，兩者互有其積極之功能取向。從靜態面之理論而言，實一「道問學」與「尊德性」之合；從動態思想發展與流弊之來看，朱學末流之弊，須以王

〔註136〕見〈富平答問〉，《二曲集》，卷十五，頁135。
〔註137〕見〈富平答問〉，《二曲集》，卷十五，頁136。

學矯之；王學末流之弊，則當復歸以朱學而正之，此亦思想互補之實用意義所在。惟此兩者並重，方為周全之普遍性，擇一而為，實乃缺失之弊。是故，調合其優，去其所別，實為至正的為學之道。這說明其學脈之特點，在於整合「本體」與「工夫」並重；既重「頓悟」亦不廢「漸修」；可「下學而上達」，由「工夫而悟本體」；亦可從「本源上契入」後，以工夫保任之。

　　第五、如上所述，為學不主宗派與宗旨，亦不判教與區別，為學則自當虛心體認，而非孜孜論辨學術之異同。二曲指出：

> 陸之教人，一洗枝離錮蔽之陋，在儒中最為儆切，令人於言下爽暢醒豁，有以自得；朱之教人，循循有序，恪守洙泗家法，中正平實，極便初學。要之，二先生均大有功於世教人心，不可以輕低昂者也。若中先人之言，抑彼取此，亦未可謂善學也。然辨朱辨陸，論同論異，皆是替古人擔憂。今且不必論異同於朱陸，須先論異同於自己，試反己自勘，平日起心動念，及所言所行與所讀書中之言同耶，異耶？同則便是學問路上人，尊朱抑陸亦可，取陸捨朱亦可；異則尊朱抑陸亦不是，取陸捨朱亦不是。只管自己，莫管別人。〔註138〕

二曲對程朱陸王之學的取捨，並非是以「學派」、「師承」為本位，而形成一判教之態度，他更不主張論其異同後，而互相攻訐與謾罵，而是從學術人心的補偏救弊處，提出一而對世道人心為益的明體與工夫。他認為學須切己，而非孜孜論辨學術之異同，學者論學當從其「效能」與「效力」中深體而補其所缺，而非以其優而攻其劣，並以宗派、師門等狹隘心態批評指責，此不但喪失為學切己之意，終而淪為意見門面之鬥，其弊乃無窮矣。二曲在〈答張敦庵〉一書中就明確點明陳建（字廷肇，號清瀾，1497～1567）《學蔀通辯》著書之弊。他指出：

> 《學蔀通辯》，陳清瀾氏有為為之也。是時，政府與陽明有郤，目其學為禪。南宮策士每以尊陸背朱為口實，至欲人其人，火其書，榜諭中外，通行禁抑。渠遂曲為此書，逢迎當路，中間牽強傅會，一則曰「禪陸」，再則曰「禪陸」，借陸掊王，不勝詞費。學無心得，門面上爭閒氣，自惛惛人。識者正當憐憫，何可據為定論。〔註139〕

〔註138〕見〈靖江語要〉，《二曲集》，卷四，頁36。
〔註139〕見〈書一〉，《二曲集》，卷十六，頁139。

陳建其著《學蔀通辯》之目的，其〈自序〉言：「天下莫大於學術，學術之患，莫大於蔀障。進世學術，所以儒佛混淆，而朱陸莫辯者，以異說重爲之蔀障。……。至近日王陽明因之，又集爲《朱子晚年定論》，自此說既成，後人不暇復考，一切據信，而不知其顚倒早晚、矯誣朱子以爲彌縫陸學也。其爲蔀益以甚矣。……。建爲此懼，洳竊不自揆，慨然發奮，究心通辯，專明一實，以抉三蔀。」〔註140〕關於其書，紀昀在《四庫全書總目提要》則有持平之論。其曰：「王守仁輯《朱子晚年定論》，顚倒歲月之先後，以牽就其說，固不免矯誣。然建此書痛詆陸氏，至以病狂失心目之，亦未能平允。」〔註141〕陽明著《朱子晚年定論》本有文獻上之爭議，與其特殊用意之存。但陳建立書痛批，亦失爲學之正，此即二曲所言缺於躬行自得，只會爭門面閒氣之弊。

所以論「體用全學」明體類的教導，實是二曲基於儒學之傳統發展、歷史情境，乃至個人證悟，對儒學內部思想作一分流與功能之衡斷，此功能之衡斷，無高低之別、無良窳之優劣，僅在其「積極之功能性」與「人病之流弊」處，加以互補以爲資證。二曲認爲程朱陸王皆爲儒學之學脈，各有所側重，是故，爲學當兩說並重，因病而立藥，以達至明體之本質目的所在。

三、適用之書

二曲論適用之書，涵蓋面甚廣。舉凡典章制度、法律政治、軍事農業等具有經世之書皆以囊括。首先，是關於治道、實政與經世之著，二曲首論眞德秀之《大學衍義》。二曲指出：

> 眞文忠公取經史要語，勒成斯編。誠吾人修己治人之著龜，治天下國家之律令格式也，本之則治，違之則亂。然後止於「修身齊家」而止，其意以爲人君苟能修身齊家，國與天下之治，由斯而推之耳。〔註142〕

論丘濬之《大學衍義補》，二曲指出：

> 邱文莊公集古今經制之要，而斷之己意。其申治也詳，其危亂也確，事事足法，言言可行。精研熟玩，因時損益，有志經國，執此

〔註140〕見〔明〕陳建撰，《學蔀通辨》（臺北：廣文書局，民國60年4月），頁1。
〔註141〕見《子部・儒家類存目二》，〔清〕永瑢等撰，《合印四庫全書總目提要及四庫未收書目禁燬書目三》，卷十八，頁109。
〔註142〕見〈體用全學〉，《二曲集》，卷七，頁52。

以往可也。〔註143〕

此二書如前所述，乃據《大學》之意，發揮傳統儒學道德修己與經世致用之法。而真正論切近實政之書。二曲則舉出辛復元所撰的《衡門芹》、《經世石畫》等有關治道之著。二曲認為其書「中有確論，可備採擇。」〔註144〕至於確論為何？二曲未有言明，紀昀於《四庫全書總目提要》中，對於其書之體例與內容卻有些說明與評論。例如《衡門芹》一書，紀昀指出：「是書皆論治天下之法，分治本三綱，治具八目。三綱曰君治、君心、君學。八目曰遷（選）賢才以轉士習、破資格以定臣品、行限田以足民生、定里甲以防姦宄、驅游民以務本業、正禮樂以興教化。其宗藩、軍政二目則有錄無書。自序稱：『屏伏衡門，芹曝之獻，不能自已，故名其書曰《衡門芹》。』然全意主匡救時弊，而實勦襲舊文。其限田之法於事理尤斷不可行，亦祇儒生之迂論而已。」〔註145〕至於《經世石畫》部份，紀昀於《四庫全書總目提要》亦指出：「此書輯前代事蹟議論有關治道者，分為二門，一曰『聖典採據』，皆紀明太祖至英宗五朝善政；二曰『定論採據』，皆宋明諸儒之說而以北魏至唐共四條附焉。」〔註146〕不過二曲最為重視的是呂坤所著的《呂氏實政錄》。二曲指出：

> 甯陵呂新吾先生著。此老卓識諳練，經濟實學也。在世儒中，最為適用。《實政錄》，皆其所經歷者，學人無志於當世則已，苟有志於用世，則此書必不可一日無。〔註147〕

《實政錄》一書，乃呂氏擔任都察院右僉都御史所著的一書。關於著書之因由，呂坤在此書的〈明職引〉中指出：

> 朝廷設官分職，衙門各命以名，百司庶府各顧名而思職，緣職而盡分，人人皆滿其分量而天下無事矣。今天下無一事不設衙門，無一衙門不設官，而政事日隳民生日困，則吾輩溺於其職故也。嗚呼！

〔註143〕見〈體用全學〉，《二曲集》，卷七，頁52。
〔註144〕見〈體用全學〉，《二曲集》，卷七，頁53。
〔註145〕見〔明〕辛全輯，《衡門芹》，收入於《四庫全書存目叢書·子部一五冊》（濟南：齊魯書社出版印行，1995年9月，北京圖書館藏明晉淑健等刻本），頁15～775。
〔註146〕見〔明〕辛全輯，《經世石畫》，收入於《四庫全書存目叢書·子部一六冊》（濟南：齊魯書社出版印行，1995年9月，山西圖書館藏明末刻辛復元著述六種本），頁16～73。
〔註147〕見〈體用全學〉，《二曲集》，卷七，頁53。

何可道哉。乃發明職掌申筋大小職官，終日思其所行，經歲驗其成
效稱職乎？不稱職乎，子夜點檢自慊自愧，必有獨得者奚俟喋喋乎
余言。〔註148〕

關於此書之內容，紀昀於《四庫全書總目提要》曰：「是書皆其歷官條約之類，
第一卷爲《明職》，第二至第四卷曰《民務》，第五卷曰《鄉甲約》，皆巡撫山
西時所作，第六卷曰《獄政》，第七卷曰《憲約》，則爲山西按察使時所作，
其門生趙文炳巡按湖廣時校刊之，總題此名。」〔註149〕其書主要討論各種職
等應有之責所在，是故則分別從吏承出身、倉官之職、巡檢之職、驛遞之職、
稅課司之職、⋯⋯等職，加以陳述與說明。其目的在於，除藉此書以明治道
之施措興廢外，亦重視與強調爲官「點檢自慊自愧」的正己之義。此書大體
呈現了明代官職之現狀，具有「切近實用」之功能性，以及「理想治道」的
典範性，故二曲對此書是深切的推崇。

而除治道、實政之書外，二曲亦重經世之著。如明人張燧所著的《經世
挈要》、馮應京所著的《經世八編》、以及茅元儀（字旨生，號石氏，別後逸
史，1540～1640）之《武備志》等。首先，如明人張燧所著的《經世挈要》，
二曲指出：

屯田、水利、鹽政，以及國計、選將、練兵、車制、火攻，無不挈
其要。〔註150〕

張燧於《經世挈要紀事》中，即言此書乃「茲編先京師以及九邊，次金陵以
及東南江防海防海賊流礦諸冠，俱揀時局之最須名論之恰當者，隊錄於
左。」、「他如屯田、鹽法、馬政則酌今昔利病而訂之實錄諸書。」〔註151〕其
書主要論京師和邊疆形勢，以及兵制、武器、陣法、車戰等使用，並論及
海防、屯政、漕運、馬政、水利之道。此書乃是一部斟酌古今經世而形成的
一部專著，寫出了明末軍事問題之實際情況，特別是關於東南沿海之海防與

〔註148〕見〔明〕呂坤撰，《實政錄》，收入於《北京圖書館古籍珍本叢刊（四十八）》
　　　　（北京：書目文獻出版社，1988 年，據明萬曆二十六年趙文炳刻本影印），
　　　　卷一，頁 4。
〔註149〕見《子部・雜家類存目十一》，〔清〕永瑢等撰，《合印四庫全書總目提要及
　　　　四庫未收書目禁燬書目三》，卷二十六，頁 6。
〔註150〕見〈體用全學〉，《二曲集》，卷七，頁 53。
〔註151〕見〔明〕張燧撰，《經世挈要》，收入於《北京圖書館古籍珍本叢刊（四十七）》
　　　　（北京：書目文獻出版社，1998 年，據明崇禎六年傅昌辰版築居刻本影印），
　　　　頁 1～2。

江防的論述〔註152〕。至於明人馮應京所著的《經世八編》。二曲指出：

> 凡二十卷。惟馮應京《實用編》、鄧元錫《函史下編》，可備參考，
> 其餘勿覽。〔註153〕

馮應京輯此書之目的在於「近取士以文詞，任官以資格，蒞政以簿書，講學以空寂，四者皆涉於虛。」〔註154〕故他要與同患之士，共同論輯經世之著，以實救虛，達至經世之目的。關於其書之內容，紀昀於《四庫全書總目提要》云：「是編乃萬曆甲辰應京下詔獄時所成。分乾、元、亨、利、貞五集。乾集十卷，元集二卷，亨集二卷，利集四卷，貞集九卷。首載明太祖心法，祖訓，以迄取士、任官、重農、經武、禮、樂、射、御、書、數，而終之以諸儒語錄、正學考。大都稟祖訓爲律令，而以歷朝沿革附之，其用意不無可取。至以乾、元、亨、利、貞分集，取羑里演易之義，則未免於僭矣。」〔註155〕此外，專門性的經世之著如《武備志》，二曲指出：

> 凡八十冊。古今戰陳機關，備萃此書。視登壇必究加詳，而《孫子》、
> 《吳子》暨《紀效新書》、《練兵事實》尤爲兵學之要。〔註156〕

《武備志》爲明茅元儀所撰，共二百八十卷，是明代一部大行型綜合性的軍事類書，其書共分五門如：兵訣評、戰略考、陣線制、軍資乘、占度載等。此書對歷代軍事理論、戰略戰術經驗、軍需供給常識、各類兵器火器的製造以及當時自然地理條件等，都嚴以提要鈎玄，使《武備志》成爲明末一部軍事百科全書〔註157〕。其他，如徐光啓所著的《農政全書》〔註158〕、《水利全

〔註152〕見錢茂偉著，《明代史學的歷程》，第十六章，頁360。
〔註153〕見〈體用全學〉，《二曲集》，卷七，頁53～54。
〔註154〕見〔明〕馮應京輯，《皇明經世實用編》，收入於《四庫全書存目叢書・史部二六七冊》（濟南：齊魯書社出版，1996年8月，北京大學圖書館藏明萬曆刻本），頁267～3。
〔註155〕見〔明〕馮應京輯，《皇明經世實用編》，收入於《四庫全書存目叢書・史部二六七冊》，頁267～707。
〔註156〕見〈體用全學〉，《二曲集》，卷七，頁53。
〔註157〕見周谷城主編，《中國學術名著提要：科技卷》（上海：復旦大學出版社，1996年12月），頁824～826。
〔註158〕紀昀於《四庫全書總目提要》曰：「《農政全書六卷》（兵部侍郎紀昀家藏本）明徐光啓撰。光啓有《詩經六帖》，已著錄。是編總括農家諸書，裒爲一集。凡農本三卷，皆經史百家有關民事之言，而終以明代重農之典。次田制二卷，一爲井田，一爲歷代之制。次農事六卷，自營制開墾以及授時占候，無不具載。次水利九卷，備錄南北形勢，兼及灌溉器用諸圖譜。後六卷則爲《泰西水法》。考《明史》光啓本傳，光啓從西洋人利瑪竇學天文歷算火

書》、熊三拔的《泰西水法》〔註159〕、《地理險要》二曲認爲「以上數種，咸經濟所關，宜一一潛心。」〔註160〕

　　而歷史典章制度方面。傳統如馬端臨的《文獻通考》。二曲指出：「江西馬貴興著，元儒也。當元時，義不輕出，折衷於古今朝典，以成此書。上至天官輿地，以至禮、樂、兵、農、漕、屯、選舉、曆數、士卒、典籍，無不條晰。」〔註161〕又如《資治通鑑綱目大全》，二曲指出：「凡二十套。乃格物之淵藪，興亡治亂之成案也。宜恆玩之，論其世以熟吾之識。」〔註162〕至於治今最爲切近實用之書，則爲《律令》、《大明會典》與《歷代名臣奏議》等書。首先，如《律令》。二曲指出：

　　《律令》，最爲知今之要。而今之學者，至有終身未之聞者。讀萬卷

器，盡其術。崇禎元年，又與西洋人龍華民、鄧玉函、羅雅谷等同修《新法歷書》。故能傳得其一切捷巧之術，筆之書也。次爲農器四卷，皆詳繪圖譜，與王禎之書相出入。次爲樹藝六卷，分穀、蓏、蔬、果四子目。次爲蠶桑四卷，又蠶桑廣類二卷。廣類者，木棉、麻苧之屬也。次爲種植四卷，皆樹木之法。次爲牧養一卷，兼及養魚、養蜂諸細事。次爲製造一卷，皆常需之食品。次爲荒政十八卷，前三卷爲備荒，中十四卷爲救荒本草，末一卷爲野菜譜，亦類附焉。其書本末咸該，常變有備。蓋合時令、農圃、水利、荒政數大端，條而貫之，匯歸於一。雖採自諸書，而較諸書各舉一偏者，特爲完備。《明史》稱光啓編修《兵機》、《屯田》、《鹽筴》、《水利》諸書，又稱其負經濟才，有志用世，於此書亦略見一斑矣。」見《子部‧農家類》，〔清〕永瑢等撰，《合印四庫全書總目提要及四庫未收書目禁燬書目三》），卷一二〇，頁79～80。

〔註159〕紀昀於《四庫全書總目提要》曰：「《泰西水法六卷》（兩江總督採進本）明萬歷壬子，西洋熊三拔撰。是書皆記取水、蓄水之法。一卷曰龍尾車，用挈江河之水。二卷曰玉衡車，附以專筩車；曰恆升車，附以雙升車，用挈井泉之水。三卷曰水庫記，用蓄雨雪之水。四卷曰水法附餘，皆尋泉作井之法，而附以療病之水。五卷曰水法或問，備言水性。六卷則諸器之圖式也。西洋之學，以測量步算爲第一，而奇器次之。奇器之中，水法尤切於民用，視他器之徒矜工巧，爲耳目之玩者又殊，固講水利者所必資也。四卷之末有附記云：『此外測量水地，度形勢高下，以決排江河，蓄洩湖淀，別爲一法。或於江湖河海之中，欲作橋梁、城垣、宮室，永不圮壞，別爲一法。或於百里之遠，疏引源泉，附流灌注，入於國城，分枝析派，任意取用，別爲一法。皆別有備論。茲者專言取水，未暇多及』云云。則其法尚有全書，今未之見也。」見《子部‧農家類》，〔清〕永瑢等撰，《合印四庫全書總目提要及四庫未收書目禁燬書目三》），卷一二〇，頁80。

〔註160〕見〈體用全學〉，《二曲集》，卷七，頁54。

〔註161〕見〈體用全學〉，《二曲集》，卷七，頁52。

〔註162〕見〈體用全學〉，《二曲集》，卷七，頁54。

書不讀《律》，至君堯舜終無術，夫豈無謂而云然乎！〔註163〕

所謂《律令》指的是大明律令，乃是自明太祖開基時，下詔制定的法律政令〔註164〕。關於此書之形成與內容，據紀昀於《四庫全書總目提要》中指出：「明太祖時敕修。初，太平祖武昌，即議律令。吳元年，命左丞相李善長為律令總裁官，楊憲、陶安等為議律官。諭之曰：『法貴簡當，使人易曉。若條緒繁多，或一事兩端，可輕可重，吏得因緣為姦，非法意也。』遂御西樓，召諸臣賜座，從容講論律意。書成，又恐小民不能周知，命大理卿周禎等自禮樂、制度、錢糧、選法之外，凡民間所行事宜，類聚成編，訓釋其義，頒之郡縣，名曰《律令直解》。洪武元年，又命儒臣四人，同刑官講唐律，日進二十條。六年夏，刊《律令憲綱》，頒之諸司，然皆隨宜草創，未及詳備。此書乃六年之冬，詔刑部尚書劉惟謙詳定。凡近代比例之繁，姦吏可資為出入者，咸痛革之。每一篇成繕書上奏，揭於西廡之壁，親為裁定。明年二月書成，篇目一準於唐。採用已頒舊律三十六條，因事制律三十一條，掇唐律以補遺者又一百二十二條，合六百有六條。然明代斷獄，不甚遵用，故其書亦罕傳本，此猶《永樂大典》所載，明初之舊本也。」〔註165〕至於《大明會典》一書。二曲指出：

> 明亡已矣。典則在也。雖時異世殊，然朝政之所關，故事之所詳，
>
> 學者安可不知。〔註166〕

此書乃明李東陽奉敕撰、申時行奉敕重修，據《明史·禮一》載：「大明會典，自孝宗朝集纂，其於禮制尤詳。世宗、神宗時，數有增益，一代成憲略具是

〔註163〕見〈體用全學〉，《二曲集》，卷七，頁54。

〔註164〕據《明史·刑法一》載：「明太祖平武昌，即議律令。吳元年冬十月命左丞相李善長為律令總裁官，參知政事楊憲、傅瓛，御史中丞劉基，翰林學士陶安等二十人為議律官，諭之曰：『法貴簡當，使人易曉。若條緒繁多，或一事兩端，可輕可重，吏得因緣為奸，非法意也。夫網密則水無大魚，法密則國無全民。卿等悉心參究，日具刑名條目以上，吾親酌議焉。』每御西樓，召諸臣賜坐，從容講論律義。十二月，書成，凡為令一百四十五條，律二百八十五條。又恐小民不能周知，命大理卿周禎等取所定律令，自禮樂、制度、錢糧、選法之外，凡民間所行事宜，類聚成編，訓釋其義，頒之郡縣，名曰《律令直解》。太祖覽其書而喜曰：『吾民可以寡過矣。』」見〔清〕張廷玉等撰，《明史八》，志第六十九，卷九十三，頁2280。

〔註165〕見《史部·政書類存目二》，〔清〕永瑢等撰，《合印四庫全書總目提要及四庫未收書目禁燬書目二》，卷十七，頁16～17。

〔註166〕見〈體用全學〉，《二曲集》，卷七，頁54。

焉。」〔註167〕主要是詳述有明一代禮制，以爲「百司之所遵行，後世以爲據」〔註168〕。至於《歷代名臣奏議》一書。二曲指出：

> 學人貴時務，《奏議》接識一時之務者也。當熟玩之，以爲奏記之
> 助。〔註169〕

此書爲歷代有關時務之奏議。《歷代名臣奏議》乃明人黃淮、楊士奇所編，《歷代名臣奏議·序言》，就指出編此書之目的主要是提供「統治者參稽歷代政治得失，以爲借鑑之用。」〔註170〕此書體例龐大，共分六十四門，討論君德、治道、聖德等爲政之奏議，在內容上主要是收羅了上自商周、下迄宋元的古今奏議，對於研究宋元以來的歷史，提供了大量的使料。紀昀於《四庫全書總目提要》則指出此書「義例蕪雜，而採摭賅備，固亦古今奏議之淵海也。」〔註171〕

總的來說，二曲所謂「適用之書」，旨在言明有助於「經世致用」之著，是故，舉凡典章制度、法律政治、軍事農業等，二曲認爲皆應深究而熟知，以爲明體後之「適用」所措。釐清二曲所言的「適用之書」，然亦有幾層問題尚須說明：

第一、二曲論「適用之書」，乃本之於體用思惟下的一種運思，體用思惟或可言「理事之規律」，首先，所謂「事」，乃合乎歷史時空下的「現實性」，是故其所舉之書，皆括及有明一代之典章制度、法律政治、軍事農業等著。

第二、「事」之合乎歷史時空下的「現實性」，目的在於「實學實效」，而非虛構理想、虛談理念。這是一種切近實效的實用觀。二曲言：「道不虛談，學貴實效，學而足以開物成務，康濟時艱，眞擁衾之婦女耳，亦可羞已！」〔註172〕即志在申義所謂「適用」意義性所在。

第三、二曲認爲雖改朝易姓，仍須對有明一代之制度有所詳知。論明體適用，旨在建立德業、事業兩全之人。他指出：「立身要有德業，用世要有功

〔註167〕見〔清〕張廷玉等撰，《明史八》，志第二十三，卷四十七，頁1224。
〔註168〕見〔明〕李東陽纂、〔明〕申時行重修，《大明會典一》（臺北：文海出版社，民國77年6月，明萬曆刊本），頁10。
〔註169〕見〈體用全學〉，《二曲集，》卷七，頁54。
〔註170〕〔明〕黃淮、楊士奇編，《歷代名臣奏議》（上海：上海古籍出版社，1989年），頁1。
〔註171〕〔明〕黃淮、楊士奇編，《歷代名臣奏議》，頁1。
〔註172〕見〈體用全學〉，《二曲集》，卷七，頁54。

業。德業須如顏、曾、思、孟、周、程、張、朱，功業須如伊、傅、周、召、諸葛、陽明，方有體有用，不墮一偏。」〔註 173〕有體有用方為全備，此為全儒、真儒，亦為實學實效之學。

　　第四、就整體思惟而言，體用之思想、理事之原則，究竟是以理制事，或因事而定理。二曲指出「然讀書易，變通難，趙括能讀父書，究竟何補實際？神而明之，存乎其人，識時務者，在於俊傑。夫豈古板書生所能辨乎？噫！」〔註 174〕二曲認為應當「經權以執中」。執中講究的是道德本體、當然之理的「價值性之原則」；經權所面對的是現實性之事務，兩者自當存在著以理作為主導原則，但不可執古不化而缺乏通變；事雖依理而為，但可修正理的不切實際的原則處。其次，其明體適用間之關係，亦為傳統的「道德引導政治」之概念，但體用事理之間的可能形成的張力與衝突、協調與折衝處，二曲對此理論之困難亦未有詳論。這說明了「經世致用」等實用處，乃屬「知識理性」的研究範圍，本質上，並非心性本體的道德理性與實踐理性所能承載的〔註 175〕，二曲對此之問題亦未見其深思與論述。甚至具體來說，二曲其「明體適用」學說，其心性道德之學如何與經史事功之學結，在陳述上亦是缺乏一分解的說明。〔註 176〕

　　第五、「適用」之「適」，其標準意涵為何？二曲未有明確之論證，僅僅只是詳述關於治道、經世之著。至於二曲自身的經世宏規，如對典章制度、法律政治、軍事農業之意見與看法，則未有所論。這涉及到個人氣質與時代背景因素之問題。但整體而言，其論經世致用處，仍僅僅存在於一重視之態度，尚未如顧炎武之《日知錄》、黃宗羲之《明夷待訪錄》般的酌古斟今之思考，對制度的缺失，提出批判等意見，此為二曲經世致用思想中明顯的不足之處。〔註 177〕

〔註 173〕見〈富平答問〉，《二曲集》，卷十五，頁 136。

〔註 174〕見〈體用全學〉，《二曲集》，卷七，頁 54。

〔註 175〕見曾師春海著，〈對李二曲儒學觀的形成之考察〉，《哲學與文化》，頁 107。

〔註 176〕見鄭宗義著，《明清儒學轉型研究——從劉蕺山到戴東原》，第四章，頁 107～108。

〔註 177〕鍾彩鈞先生就指出二曲思想的限制在於，「他的學問完全扣緊了道德實踐來講，於是他對實際問題的探討不夠。他雖然有意培養經世濟民的人才，但只在實際道德、政治上著眼。」（見鍾彩鈞著〈李二曲思想概說〉，《孔孟月刊》，頁 19）鍾氏認為二曲之學仍為講理學，非如顧、黃等人突破了宋明舊輒的限制，二曲之學則尚差一著。

第五節　以「明體適用」爲基的對比與批判

　　二曲對體用思想之論述，最終一層是建立在「批判」之層面上。二曲以「明體適用」作爲儒學的「本體性」、「功能性」的標誌，在標誌儒學之意涵、意義後，二曲進一步採用「對比方法」〔註178〕，來區別「儒學」與「非儒學」之殊。但顯然的，傳統儒學以對比之方法作爲討論，本質上雖爲突顯彼此哲學思想的差異性所在，但其基礎不是作爲一對話之機制、溝通之管道〔註179〕。其最終之目的是以「護教衛道」等本位主義前提的。是故，形成批判是必然之趨向。

　　二曲以明體適用說爲基礎之對比與批判，主要針對的是三教之說，故其內容自然從包涵儒以及釋道之說。本節之討論，在論述上是以對比方法作爲詮釋之徑。首先，將從「三教異同」作爲發端，這是從三教之教義作一「體用型態之對比」，且亦針對「三教變遷」作一「歷時性的動態式對比」，並論述二曲對比之結果與意義所在。其次，則闡明儒教之變遷與因由，並分析二曲以明體適用爲基準，對儒學內部之腐儒、霸儒，非儒之異端作一「結構性的對比」。藉以理解其對儒學之詮釋、說明、反省與超越之道。最後、則論述釋道之變遷與因由，並總論三教之問題。以下則依序論之：

一、「三教異同」與其問題之討論

　　二曲對三教異同之討論上，本質上亦是從「體用觀」的角度來思考的。三教之論，自明代中葉起，就已逐漸興盛，陽明思想與立說，本就有三教之言。爾後，如王龍溪與泰州學派後學如李卓吾、陶望齡多有鳩合儒釋以立言，至晚明更有林兆恩創立的「三一教」，將此三教合一之學推至高峰。

　　二曲早年即出入三教，在順治九年壬辰（1642）二十六歲時，〈年譜〉

〔註178〕所謂「對比」（contrast），是指同與異、配合與分歧、採取距離與共同隸屬之間的交互運作，使得處在這種關係的種種因素，相互敦促，而共現於同一個現象之場。見沈清松著，〈導論：方法、歷史與存有〉一文，見氏著，《現代哲學論衡》（臺北：黎明文化事業公司，民國83年10月），第一章，頁3。

〔註179〕吳有能先生就指出：「對比研究可以幫助我們從不同角度去省思各種可能性，強化理解、降低衝突。是則對比研究在今天就更形重要。爲了避免不必要的衝突和矛盾，客觀上就形成了對話與溝通的需要，而對話必然蘊含著對比。因此，對比是不可避免的。」見吳友能著，〈對比研究的方法論反省〉，見氏著，《對比的視野——當代港臺哲學論衡》（臺北：駱駝出版社，2001年2月），第一章，頁7。

記載：

> 是年，閱《道藏》。嘗言：「學者格物窮理，祇爲一己之進修，肄業
> 須存，勿讀非聖之書。若欲折衷道術，析邪正是非之端，則不容不
> 知所以然之實」。故玄科三洞、四輔、三十六類，每類逐品一一寓目，
> 覈其眞贋，駁其荒唐。〔註180〕

順治十年癸巳（1643）二十七歲時，〈年譜〉記載：

> 是年，閱《釋藏》，辯經、論、律三藏之謬悠。他若西洋教典、外域
> 雜書，亦皆究其幻妄，隨說糾正，以嚴吾道之防。〔註181〕

所謂「三洞」、「四輔」、「三十六類」，指的是道書的分類方式。「三洞」，乃指
「洞眞」、「洞玄」、「洞神」，乃模擬佛教經、律、論之三藏，與大、中、小三
乘之說，同時又與道教三君神、三清境爲呼應。而自南朝劉宋道士陸修靜（字
元德，406～477）將三洞經書加以分類，並且統一教法，即成爲後來道書之
分類方法。而「四輔」，乃指「太玄部」、「太平部」、「太清部」、「正一部」等，
乃梁道士孟智周在三洞之外，又加四輔，總成七部，制定了《玉緯七部經書
目》〔註182〕。至於「三十六類」，則是指唐代以來編排道經之方式，是將三洞
經書分爲十二類，合起即爲三十六部經書。〔註183〕

二曲對於釋道之書的態度，在其〈答顧寧人先生第三書〉中，有其清楚
之說明。他針對顧炎武言「生平不讀佛書」之態度指出：

> 不讀佛書固善，然吾人祇爲一己之進修，則《六經》、《四子》，以
> 及濂、洛、關、閩遺編，儘足受用。若欲研學術同異，析衷二氏
> 似是之非，以一道德而砥狂瀾，《釋典》、《玄藏》亦不可不一寓
> 目。〔註184〕

二曲認爲「個人修身」與「學術討論」，兩者之目的與方法是有殊異的。「修
身」講究的是對儒家思想著作，作一正確性的把握與實踐，對於釋、道之著
理解與否，是沒有太大關係的；而相對的，對於學術之討論，則必然當予以

〔註180〕見吳懷清撰，〈年譜〉，《二曲集》，附錄三，頁632～633。
〔註181〕見吳懷清撰，〈年譜〉，《二曲集》，附錄三，頁633。
〔註182〕關於「三洞四輔」之討論，可參胡孚琛、呂錫琛等著，《道學通論：道家、道
　　　　教、仙學》（北京：社會科學文獻出版社，1991年1月），第二章，頁622～
　　　　639。
〔註183〕見胡孚琛、呂錫琛等著，《道學通論：道家、道教、仙學》，第四章，頁655。
〔註184〕見〈書一〉，《二曲集》，卷十六，頁152。

深究與討論。二曲論學術，本質上並非指向一純知識的辯證與客觀的研析，其目的當然還是在於「以嚴吾道之防」、「以一道德而砥狂瀾」等衛道的精神所在，這是我們必須理解的。

　　而在一衛道護教之積極目的下，研學術之同異，辯是非之所在，二曲於是有其「三教異同」之評論。二曲指出：

> 同而異，在天爲於穆不已之命，人稟之爲純粹至善之性，直覷原本，不落思想，不墮方所，以臻無聲無臭之妙，是則同；持之以戒懼，濟之以窮理，聰明睿智，寬裕溫柔，發強剛毅，文理密察，立大本，綸大經，參贊位育，溥博淵泉而時出之，則異而異矣。以彼眞參實悟，其有見處，非不皎潔，而達之於用，猶無星之戥，無寸之尺，七倒八顚，迴視儒者眞實作用，何啻霄壤！〔註185〕

二曲論三教異同，乃一「體用型態之對比」，其目的在於彰顯儒學的「超越義」之所在。具體而言，三教之同，在於天賦至善之性，本體之悟，以及心體無滯之超越性等處。這說明了，三教在本體處是近似而雷同的。但相對的，二曲指出儒教除本體之完善外，更兼具其他的特質，此層即《中庸》所言的「至聖之德」，如聰明睿知、寬裕溫柔、齊莊中正、文理密察等。此至聖之德，亦是經綸天下之大經、立天下之大本、知天地之化育，參贊天地之處所在。這說明了，儒與釋道之差別與高下之判，是建立在心性本體外的「經世致用」處。以儒學的角度來言，明體要能適用，明體不能適用，其體亦非眞實之體。以《大學》爲例，其主旨在於「明明德」與「親民」，明明德培體爲本，親民發用爲末。明德與親民，恆爲一體性的實踐歷程，明德之「德」，是由親民愛物與否來確立的；惟有落實社會實踐，德性才是眞正的實存，「德性」方能轉化爲「德行」。是故，釋道之弊，即在此主體自明後而寡落其德行，缺乏了經綸參贊的社會實踐，此即釋道與儒之「異處」所在。

　　二曲對三教異同之討論外，亦對三教的教義變化，採一「縱向對比」之方析。此「縱向對比」，乃不同一靜態之型態的對比，而是加入時間向度，呈現一動態之面向，故將三教採一「歷時性的動態式對比」來加以評論。其目的在彰明文化賡續之情狀，明其因革損益之理〔註186〕。二曲指出：

〔註185〕見〈常州府武進縣兩庠彙語〉，《二曲集》，卷三，頁30。
〔註186〕見吳友能著，〈對比研究的方法論反省〉，見氏著，《對比的視野——當代港臺哲學論衡》，第一章，頁17。

> 夫道一而已矣，教安有三耶？使教有三，則道亦有三矣。然姑就世
> 俗所謂「三教」者言之，吾儒之教，原以「經世」爲宗，自宗傳晦
> 而邪說橫，於是一變而爲功利之習，再變而爲訓詁之習。浸假至
> 今，則又以善筆扎、工講誦爲儒教當然，愈趨愈下，而儒之所以爲
> 儒，名存而實亡矣。老氏之教，本以「無爲」爲宗，自宗傳晦而怪
> 幻興，於是一變而爲「長生」之說，再變而爲「符籙」之說。浸假
> 至今，則又以誦經咒、建齋醮爲道教當然，愈趨愈下，而道之所以
> 爲道，名存而實亡矣。釋氏之教，原以「圓寂」爲宗，自宗傳晦而
> 詐僞起，於是一變而爲「枯禪」之說，再變而爲「因果」之說。浸
> 假至今，則又以造經像、勤布施爲釋教當然，愈趨愈下，而釋之所
> 以爲釋，名存而實亡矣。〔註187〕

關於三教的轉變，可用圖表以明之，其宗旨演變如下：

宗旨轉變 三教	宗　旨	一　變	再　變	現　　今
儒　教	經世	功利	訓詁	善筆扎、工講誦
道　教	無爲	長生	符籙	誦經咒、建齋醮
釋　教	圓寂	枯禪	因果	造經像、勤布施

關於三教之論述，二曲認爲教乃依道而立，道乃爲宗旨所在，眞正合乎群體之道只有儒家，以三教名之，只是隨俗而用。其次，他認爲三教之歷史性發展，從創道立教而演變至今，本質上呈現了一「墮落式的轉變」，是一種「名存而實亡」的發展歷程〔註188〕。而從儒學之層次來說，二曲認爲儒與釋道二教，本質上是呈現著對立與衝突之狀況。是故，釋道之教雖名存實亡，基本上是有益儒教的。但相對的，儒教之變質，反而對世風與治道形成一種「雪上加霜」的過程。他指出：

> 然使二教盡亡，則風俗之蠹可習；儒教若亡，則風俗之蠹愈滋。噫！
> 安得信心之士，與之崇正闢邪，共明儒教哉？〔註189〕

這是二曲以儒爲本位主義的思考，具體來說，此思考之因乃建立於對世道人

〔註187〕見〈盩厔答問〉，《二曲集》，卷十四，頁123。
〔註188〕關於此說之討論，詳見下面所述。
〔註189〕見〈盩厔答問〉，《二曲集》，卷十四，頁123。

心的「終極關懷」上。二曲指出：

> 儒學明晦，不止係於士風盛衰，實關係生民休戚，世運否泰。儒學
> 明，則士之所習者，明體適用之正業，處也有守，出也有爲，生
> 民蒙其利濟，而世運寧有不泰？儒學晦，則士之所攻者，辭章記
> 誦之末技，處也無守，出也無爲，生民毫無所賴，而世運寧有不
> 否？〔註190〕

這是二曲對儒學存在價值的論述。二曲認爲儒學健全與否，必然的會直接影響到「士風」之發展。「士風」，乃知識份子的風氣與行爲，此士風之良窳亦爲影響「生民」與「世運」之發展。質言之，學術攸關士風，士風即爲影響「生民休戚」、「世運否泰」等政治經濟理想化的關鍵。是故，學術之明實爲首要，儒學之明晦，就本質來說，即明體適用思想能否落實？就意義而言，也代表社會能否有其健全與正常性的發展。

所以二曲論「三教異同」，其異同處乃從「明體適用」作區別與對比；三教之變遷與發展，本質上皆爲一歧出之過程。這是二曲早年出入三教之心得，其論三教之目的，當然是建立在對儒學本位思想而進行的護教意義上。

二、儒學之變遷

二曲對儒學之論述，乃著重於儒學發展史作一歷時性變遷之考察，並依此考察，對「異化之儒」加以批判，此乃屬於「儒學內部歷時性的動態之對比」，其本質目的，是在藉由對比與批判中，對於儒學本質意義的彰顯，對於負面限定之超越，以達到反省之意義。首先，針對儒學變遷之論述，二曲指出：

> 吾儒之教，原以「經世」爲宗，自宗傳晦而邪說橫，於是一變而爲
> 功利之習，再變而爲訓詁之習。浸假至今，則又以善筆扎、工講誦
> 爲儒教當然，愈趨愈下，而儒之所以爲儒，名存而實亡矣。〔註191〕

二曲認爲儒之本質乃以經世爲宗，爾後則染其功利、溺於訓詁，最後只成爲善筆扎、工講誦之過程，此無疑的是儒學變遷過程中「墮落式的轉變」。儒學以經世爲宗旨，乃本於儒學內聖外王之基調。內聖而外王，本質上是以道德爲本位型的「實用理性」，強調的是「在道德哲學指導下建立一套政治哲學原

〔註190〕見〈盩厔答問〉，《二曲集》，卷十四，頁120。

〔註191〕見〈盩厔答問〉，《二曲集》，卷十四，頁123。

則。」〔註192〕經世即是此依道德哲學落實的社會實踐。

　　從儒學文獻所呈現之思想來說，《尚學・大禹謨第三》，就針對善政提出「正德」、「利用」、「厚生」〔註193〕等修德阜財養民之說。《禮記・禮運第九》更有所謂「大道之行也，天下為公」的大同理想世界〔註194〕。孔子重視的是「脩己以安人」、「脩己以安百姓」〔註195〕，此安人、安百姓，即是在「脩己以敬」的發展下，開展的經世之治。孟子亦言「古之人，得志，澤加於民；不德志，脩身見於世。窮則獨善其身，達則間兼善天下。」〔註196〕孟子除有其淑世之理想，而提出王道之思想。爾後，《大學》更揭示了一套從個人修身而齊家、治國平天下，論述道德修養與政治實踐的準則。這說明了，儒學思想之基調是：主體的道德修養與群體之治乃相依相輔的，內聖之德擴充至外王的實踐。是故，經世思想本為儒學道德實踐之「終極目標」。

　　二曲論經世，除了儒學宗旨之外，更有其時代之必要性。二曲身受明末以來如東林道德經世、以及實學經世風潮之影響〔註197〕，對經世主旨本即注重，而其身處國難政權移轉之際，更不得不言經世，論經世已成為此期學者必然之常態。例如顧炎武就指出：「故凡文之不關於六經之旨、當世之務者，一切不為。」〔註198〕而黃宗羲亦指出：「故受業者必先窮經，經術所以經世，方不為迂儒之學，故兼令讀史。」〔註199〕此皆呼應時代問題的要求所致。

　　儒學本以經世為終極目標，何以轉為功利之學？訓詁之學？最終成為善筆扎、工講誦之過程，此無疑的，皆與學官與考試制度有關。以西漢經學為

〔註192〕見吳光著，《儒家哲學片論——東方道德人文主義研究》（臺北：允晨文化實業有限公司，民國 79 年 6 月），第四章，頁 184。

〔註193〕見〔漢〕孔安國傳、〔唐〕孔穎達等正義，《尚書正義》，卷第四，頁 53。

〔註194〕見〔漢〕鄭元注、〔唐〕孔穎達等正義，《禮記正義》，卷第二十一，頁 413。

〔註195〕見《論語集注》〈憲問第十四〉，〔宋〕朱熹撰，《四書章句集注》，卷七，頁 159。

〔註196〕見《孟子集注》〈盡心章句上〉，〔宋〕朱熹撰，《四書章句集注》，卷十三，頁 351。

〔註197〕相關討論可參李紀祥著，《明末清初儒學之發展》（臺北：文津出版社，1992 年）。

〔註198〕見〈與人書〉，〔明〕顧炎武撰，《顧亭林詩文集》（臺北：漢京文化實業有限公司，民國 73 年 8 月），卷之四，頁 91。

〔註199〕見全祖望撰，〈梨洲先生神道碑文〉一文，收入於〔清〕全祖望撰、朱鑄禹彙校集注，《全祖望集彙校集注上》，卷十一，頁 219。

例，儒者本通經以致用，李師威熊就指出：「前漢說經，偏於微言大義，講求
經世致用，如以禹貢治河，以洪範察變，以春秋決獄，以三百五篇當諫書，
治一經需得一經之益。」〔註200〕此類經世之模式，主要是從經書的研究作為
經世實踐之開展，但這種通經致用的態度，自武帝之後即有所轉變。《漢書·
儒林傳》即言：

> 自武帝立五經博士，開弟子員，設科射策，勸以官祿，訖於元始，
> 百有餘年，傳業者寖盛，支葉蕃滋，一經說至百餘萬言，大師眾至
> 千餘人，蓋利祿之路然也。〔註201〕

所謂「利祿之路」，實即功利之學的發展。皮錫瑞（字鹿門，1850～1908）於
《經學歷史》一書中就指出，漢朝立五經博士雖昌明了經學，成為後世明
經取世之權輿，但卻對儒學之道形成變質的作用。他引方苞（字靈皋，號望
溪，1668～1749）之論而言：「古未有以文學而官者，誘之利祿，儒之途通而
其道亡。」〔註202〕這說明立博士就儒學而言，是利弊互見的。他既是學術蓬
勃之發展，亦為經世致用目標的寡落，更是為學本質目標的轉變。這種為學
的轉變，本質上即為儒學從「古之學者為己」至「今之學者為人」態度之變
遷。李師威熊就針對西漢今文多以利祿為榮的心理提出分析。他指出：

> 經學博士設立之後，對經學的弘揚的確有很大的幫助，但是後來經
> 學對經書的研究，不是為了經的本身，而是為了博士的名份。……。
> 前漢經學因受利祿的引誘而大盛，通經者可得爵祿，位尊者，還可
> 以高居卿相，擅美當世，利之所在，很少不為之心動。〔註203〕

此無疑的，是儒學功利化之變質。西漢經學困於功名利祿，後漢之學即陷於
章句訓詁之弊〔註204〕。皮錫瑞指出：

> 治經必宗漢學，而漢學亦有辨。前漢今文說，專明大義微言；後漢
> 雜古文，多詳章句訓詁。章句訓詁不能盡饜學者之心。於是宋儒起

〔註200〕見李師威熊著，《中國經學發展史論上冊》（臺北：文史哲出版社，民國 77
　　　　年 12 月），第四章，頁 154。
〔註201〕見〔漢〕班固撰、〔唐〕顏師古注、〔清〕王先謙補注，《漢書補注二》（臺
　　　　北：藝文印書館，民國 85 年 8 月），卷八十八，頁 1555。
〔註202〕見皮錫瑞著，《經學歷史》（臺北：藝文印書館，民國 76 年 12 月），第三章，
　　　　頁 65。
〔註203〕見李師威熊，《中國經學發展史論上冊》，第四章，頁 159。
〔註204〕李師威熊即指出：「後漢經師，則多詳於章句訓詁。」見李師威雄著，《中國
　　　　經學發展史論上冊》第四章，頁 154。

　　而言義理。此漢、宋之經學所以分也。〔註205〕

所謂「訓詁」，乃是漢代經學家對先秦儒學典籍之疏導與解釋之方法，或隨文釋義或專釋語義。這種經學的解釋，是「以解說經義的形式表達其意志，顯示其創造力，體現其歷史責任。」〔註206〕但相對的，此種訓釋除亦爲是漢代利祿之產物外，並形成一種文字字義之陷溺。這種訓詁之弊，即如劉歆所言：「分文析義，煩言碎辭，學者罷老且不能究其一藝。」〔註207〕這種功利與訓詁之弊，不爲漢代所專美。自唐、宋以「明經取士」，以及明清「八股」等考試制度，此弊亦是屢見不鮮的。皮錫瑞就指出：

> 唐、宋明經取士，猶是漢人之遺；而唐不及漢，宋又不及唐者，何也？漢以經術造士，上自公卿，下逮掾吏，莫不通經。其進用，或由孝廉茂，或由賢良對策。……。唐之帖經，猶漢之射策；其學既淺，而視之又不重。所重視者，詩賦之辭，時務之策，皆非經術。……。宋仁宗始復明經科，神宗變帖經爲墨義。帖經之記頌屬實，非數年不爲功；墨義文字蹈空，即一時可猝辦。〔註208〕

宋代自宋神宗在位後即「篤意經學，深憫貢舉之弊」，遂采王安石（字介甫，號半山，1021～1086）之建議，「於是改法，罷詩賦、帖經、墨義，士各占治《易》、《詩》、《書》、《周禮》、《禮記》一經，兼《論語》、《孟子》，每試四場，初大經，次兼經，大義凡十道。後改《論語》、《孟子》各三道。次論一首，次策三道，禮部試即增二道。」〔註209〕並以「試義者須通經」。於是經學即成爲科舉考試之主要內容，亦導至以科舉爲途而獲取名利功利之弊，這種科舉制度後代雖有損益，但大體不變。

　　而自明朝開始承元代學術政策乃立程朱爲官學，科舉規定用《四書》、《五經》的內容爲考試內容，並規定以程朱之書爲依據，並仿宋代經義與古人之語氣爲之，以排偶爲體裁，謂之八股。此外，亦編纂完成三部《大全》，推行程朱之學。分別是《五經大全》、《四書大全》、《性理大全》。這些書籍皆是以朱學之傳注與色彩著稱。據《明會要》〈學校下〉永樂十二年（1414）十

〔註205〕見皮錫瑞著，《經學歷史》，第三章，頁85。
〔註206〕見吳雁南、秦學頎、李禹階主編，《中國經學史》（福州：福建人民出版社，2001年9月）第一章，頁77。
〔註207〕見皮錫瑞著，《經學歷史》，第三章，頁85。
〔註208〕見皮錫瑞著，《經學歷史》，第九章，頁299。
〔註209〕見〔元〕脫脫著，《宋史‧選舉一》，志一八〇，卷一五五，頁3618。

一月載：

> 命學士胡廣等脩《五經》、《四書》及宋儒性理諸書，諭曰：「《五經》、
> 《四書》傳註之外，諸儒有發明者，其採附於下。周、程、張、朱
> 所著，如《太極通書》、《西銘》、《正蒙》亦類聚成編。」命舉朝臣
> 及四方文學之士同纂脩，開館東華門外，廣總其事。書成，名曰《大
> 全》。〔註210〕

此外，亦於永樂十五（1417）年四月丁已下載：

> 頒《五經》、《四書》、《性理大全》於兩京六都、國子監及天下府、
> 州、縣學。諭禮部曰：「此書，學者之根本。聖賢精蘊，悉具於是。
> 其以朕意曉天下學者，令心講明，無徒視爲具文也。」〔註211〕

這是一種學術政治之結合，科舉制度於是形成程朱官學的執行工具。清儒顧
炎武對此書此舉即有嚴厲之批評。他指此書乃「抄膳一過，上欺朝廷，下誑
士子。」「制義初行一時人士盡棄宋元以來所傳之實學。上下相蒙以饕祿利，
而莫之問也？嗚呼！經學之廢實自此始！」〔註212〕並言「自八股行而古學
棄，大全出而經說亡。」〔註213〕這是對科舉文化盛行以來的批判。這說明了
程朱之學，以明道成德的宗旨，在其官學化後，亦成爲功利之標誌，而異化
其本質目的。

　　關於程朱官學化之弊端，元儒吳澄早已明確指出：「蓋自宋末，舉世浸
淫于利誘，士學大壞。童年至皓首，一惟罷軟爛熟之程文是誦是習，無復知
爲學之當本於經，亦無復知爲士之當謹於行。」〔註214〕「程氏四傳而至朱，
文義之精密，句談而字議，又孟氏以來所未有者。而其學徒往往滯於此而
溺其心。夫既以世儒記誦詞章爲俗學矣，而其爲學亦未離乎言語文字之末，
甚至專守一藝而不復旁通它書，掇拾腐說而不能自遣一辭，反俾記誦之徒
嗤其陋，詞章之徒議事其拙，此則嘉定以後朱門末學之弊，而未有能救之

〔註210〕見〔清〕龍文撰，《明會要上》，卷二十五，頁426。

〔註211〕見〔清〕龍文彬撰，《明會要上》，卷二十五，頁419。

〔註212〕見〈四書五經大全〉條，見〔清〕顧炎武撰，《原抄本日知錄》（臺北：明倫
出版社，民國59年10月），卷二十，頁525～526。

〔註213〕見〈書傳會選〉條，參見〔清〕顧炎武撰，《原抄本日知錄》，卷二十，頁
526。

〔註214〕見〈送李教諭赴石城任序〉，〔元〕吳澄撰，《吳文正集》，收入於《景印文淵
閣四庫全書》（臺北：臺灣商務印書館，民國72年），卷二十八，頁1197、
294。

者。」〔註215〕此即程朱後學的流弊所在，在此學術已成爲僵化的模擬，無復有其自得之意，更別談博文約禮下學而上達之實踐，此學已落爲二曲所言的「工講誦、善筆扎」之弊。

而至明初之時，更有許多學者對此學術之弊提出批判。如明儒方孝孺（字希直，1357～1402）即言學術之「四蠹」。他指出：「學術之微，四蠹害之也。文奸言，摭近事，窺伺時勢，趨便投隙，以貴富爲志，此謂利祿之蠹。耳剽口銜，詭色淫辭，非聖賢而自立，果敢大言以高人，而不顧理之是非，是謂務名之蠹。鉤摭成說，務合上古，毀訾先儒，以爲莫我及也，更爲異義，以惑學者，是謂訓詁之蠹。不知道德之旨，雕飾綴緝，以爲新奇，鉗齒刺舌，以爲簡古，於世無所加益，是謂文辭之蠹。四者交作，而聖人之學亡矣。必也本諸身，見諸政教，可以成物者，其惟聖人之學乎？去聖道而不循，而惟蠹之歸，甚哉其惑也。」〔註216〕明儒章懋亦指出：「心性之教不明，而功利之私遂淪浹而不可解，傳訓詁以爲名，誇記誦以爲博，侈辭章以爲靡，相矜以智，相軋以勢，相爭以利，相高以技能，相取以聲譽，身心性命竟不知爲何物？」〔註217〕陽明就針對科舉制度形成之弊，加以抨擊。他指出：「然自科舉之業盛，士皆馳騖於記誦辭章，而功利得喪分惑其心，於是師之所教，弟子之所學者，遂不復知有明倫之意矣。」〔註218〕又曰：「而世之學者，章繪句琢以誇俗，詭心色取，相飾以僞，謂聖人之道勞苦無功，非復人之所以爲，而徒取辯於言詞之間。」〔註219〕誠如上述所引，這是一種時代集體性的道德墮落，重視的是利祿、務名、訓詁、文辭，對儒學而言乃學術之弊端，亦是本體性之價值——道德修養與社會實踐化的喪失；相對的，亦因聖學淹沒，心性之學不明，而使俗學昌盛於世。功利思想指導著學術之發展，利之所趨即人心之所向，聖學明倫之教，自然成爲曲高和寡了。

〔註215〕見〈尊德性道問學齋記〉，〔元〕吳澄撰，《吳文正集》，卷四十，頁 421～1197。

〔註216〕見〔清〕黃宗羲撰，《明儒學案下·諸儒學案上一》，卷四十三，頁 1047～1048。

〔註217〕見〔清〕黃宗羲撰，《明儒學案下·諸儒學案上三》，卷四十五，頁 1080。

〔註218〕見〈萬松書院記〉，吳光、錢明、董平、姚延福編校、〔明〕王守仁撰，《王陽明全集上》，卷七，頁 253。

〔註219〕見〈別湛甘泉序〉，吳光、錢明、董平、姚延福編校、〔明〕王守仁撰，《王陽明全集上》，卷七，頁 230～231。

　　整體來說，二曲對儒學變遷之討論，著眼於學術功利性的發展、記誦博聞的學習、專執於考據的方法、乃至重視文學創作等弊端而言。本質上，二曲並不反對科舉制度，他指出：「『舉業』云者，言其修明體適用之業，舉而用之也，其制曷嘗不善。」〔註220〕但制度是死的，人是活的，立意良好之制度很容易為人心不正當的改變而形成變質。科舉文化形成的弊病，亦是儒學經世思想的萎縮與變質。這種功利之追求與學習本質的異化，皆使主體道德修養與社會實踐蕩然無存，僅成為只能言而不能行的「紙上道學」、「口頭道學」病態之發展，更進一步，則造成對群體社會漠不關心的自利心態，這本質上即是學術教育的失敗。從歷史發展來說，唐代自韓愈（字退之，763～824）以來，重道統傳遞、重師道講學、重經世之學皆可視為對儒學異化的一個對治與解決之過程，陽明心學之成立，基本上亦是針對此弊的對治與扭轉〔註221〕。二曲言明體適用之學，其目的亦在透由學術啓迪人心，作為經世之舉。

　　所以二曲論儒學之變遷與發展，實欲闡明儒學經世的本質精神，已為俗學、功利之學所異化。是故，對其治療與扭轉即為其終身之職志，此亦二曲後來經世講學之目的所在。

三、儒學之批判與反省

　　釐清儒學之變遷，則可論述二曲儒學異化之批判。首先，關於儒與非儒之別為何？二曲是以「明體適用」作為儒與非儒之對比的基準。儒乃明體適用之謂，對於非儒之詮解，自然亦是從明體適用之觀點，來加以說明。二曲指出：

　　　明體適用，乃人生性分所不容已，學焉而昧乎此，即失其所以為人

〔註220〕見〈東林書院會語〉，《二曲集》，卷十一，頁97。
〔註221〕陽明早年曾泛濫於詞章，而後開啓了心學之說。關於陽明心學的歷史意義，劉蕺山即言：「先生承絕學於詞章訓詁之後，一反求諸心，而得其所性之覺，曰『良知』。因示人以求端用力之要，曰『致良知』。良知為知，見知不囿於聞見；致良知為行，見行不滯於方隅。即知即行，即心即物，即動即靜，即體即用，即工夫即本體，即下即上，無之不一，以救學者支離眩騖，務華而絕根之病，可謂震霆啓寐，烈耀破迷，自孔、孟以來，未有若此之深切著明者也。」見〈師說〉，〔清〕黃宗羲撰，《明儒學案上》，頁6～7。這說明了陽明學之時代精神價值所在。良知本質上即是內在的道德意識，此道德意識自然所欲排除的即是浮華之名利與功利，此一切之變質皆在良知之所覺下，加以突破與消解，這是儒學所強調的義利之辨精神的延續。

矣！明體而不適於用，便是腐儒；適用而不本明體，便是霸儒；既

不明體，又不適用，徒減裂於口耳伎倆之末，便是異端。〔註222〕

儒乃明體適用之學，此學乃人之所以為人之處，亦人性所不容已的自然趨
勢。是故，學非明體適用，乃人性本質的異化，即喪失了為人為學之本質目
的。可見，其論明體適用是根結於「人性」層次來闡述的。二曲以明體適用
方為儒，能涵蓋此目標與實踐之儒，此為「全儒」。二曲於《四書反身錄》中
即指出：

然道德而不見之經濟，則有體無用，迂闊而遠於事情；經濟而不本於

道德，則有用無體，苟且雜乎功利：各居一偏，終非全儒。〔註223〕

這說明儒即明體適用之學，能明體適用者即為全儒。寡落其體用者，即非全
儒，或為霸儒、腐儒者。除此，二曲論「全儒」之涵義，亦延用於《論語》
之「君子儒」之說。二曲指出：

「君子儒」大而通，「小人儒」拘而滯。……。〔註224〕

「君子儒」為天地立心，為生民立命，為往聖繼絕學，為萬世開太
平；「小人儒」則反是。〔註225〕

「君子儒」喻於義，「小人儒」喻於利。〔註226〕

「君子儒」實心實行，「小人儒」色取行違。〔註227〕

二曲論「君子儒」與「小人儒」，其區別處乃在「義利之辨」與「四為大業之
實心實行處」。是故，「全儒」即「君子儒」即「明體適用」，此為儒本體性與
理想性之實踐者；相對的，「腐儒」即「霸儒」即「小人儒」，即「明體適用」
之喪失。二曲其對比之目的，乃在於批判，批判之目的，在於超越與反省，
進而彰顯儒學的理想性之「全儒」意義之處。

　而就具體之對比上，二曲對於儒與非儒，是以體用為基準，形成一「結
構性的對比」。在此對比中，以「體」為（x）軸，以「用」為（y）軸，所形
成的（x、y）的「坐標圖」如下：

〔註222〕見〈盩厔答問〉，《二曲集》，卷十四，頁120。

〔註223〕見《四書反身錄》，《二曲集》，卷三十三，頁450。

〔註224〕見《四書反身錄》，《二曲集》，卷三十三，頁450。

〔註225〕見《四書反身錄》，《二曲集》，卷三十三，頁450。

〔註226〕見《四書反身錄》，《二曲集》，卷三十三，頁450。

〔註227〕見《四書反身錄》，《二曲集》，卷三十三，頁450。

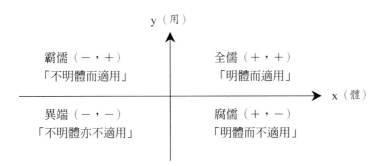

按二曲所謂之「全儒」，即是「明體而適用」，即（x、y）軸為（＋，＋）之人；所謂「腐儒」，即是「明體而不適用」，即（x、y）軸為（＋，－）之類；至於「霸儒」，即「不明體而適用」，即（x、y）軸為（－，＋）之人；而「異端」即「不明體亦不適用」，即（x、y）軸為（－，－）。根據二曲所規定的涵義，儒即是「明體適用」雙向目標的落實者，而對此目標之遺落與喪失，即是形成了人性的異化、儒學的認知與實踐的錯誤。這其中仍有所謂以儒為名而失其實的「霸儒」與「腐儒」，亦有所謂非儒之「異端」。二曲指出：

> 古者道德一而風俗同，師無異指，學無異術，無希闊遺絕、玄妙可喜之論滑汩其間，咸有以全乎知能之良，而循乎綱常彝紀之分，民協其中，世登上理。三代之衰，道術不一，學始多歧，賊德敗義，漸以成俗。孔子惕然有感，故曰「攻乎異端，斯害也已」，其所以為人心世道之防者至矣！雖未明指其開端之人，然而惡鄉愿之亂德，三致意焉。是孔子同時異端，蓋即鄉愿也；戰國異端，則告子、許行、莊周、鄒衍、鄧析、公孫龍子之屬，紛紛藉藉，所在爭鳴，而楊朱、墨翟「為我」、「兼愛」之說，尤為世所宗尚。孟子目擊其弊，以為生心害政，烈於洪水，辭而闢之，其說始熄。漢唐以來，異端託老氏以行世，若魏伯陽之仙術、張道陵之符籙，皆足以蠱人心志。而釋氏五宗雲布，禪風盛興，卑者惑於罪福，高者醉於機鋒，率天下之人棄實崇虛，披靡其中，其為害何可勝言？程朱從而闢之，人始曉然於是非邪正之歸。今其說雖未盡熄，要之不至生心害政，其生心害政，惟吾儒中之異端為然。〔註228〕

二曲認為上古之時，師無異指，學無異術，民秉其善良之性以行。三代之後，人心趨利而敗德，道術亦為之裂，而有異端之言。儒學論「異端」，乃肇

〔註228〕見《四書反身錄》，《二曲集》，卷三十一，頁435～436。

源孔子之言：「攻乎異端，斯害也已。」〔註229〕此異端之人，孔子未明言之，二曲認為孔子所謂「異端」實指「鄉原之人」也。孔子曰：「鄉原，德之賊也。」〔註230〕朱子注此曰：「鄉原，鄉人之愿者也。蓋其同流合汙以媚於世，故在鄉人之中，獨以愿稱。夫子以其似德非德，而反亂乎德，故以為德之賊而深惡之。」〔註231〕而自戰國功利成風，孟子不得不悍衛儒學以拒邪說。孟子主要針對楊、墨之學對儒學之妨害，於是有言批判楊墨之學乃「無父無君」之學〔註232〕。爾後，佛老倡盛於漢唐，道家託自老子，而一轉為神仙之術與符籙之說；佛教高者溺於禪鋒，卑者亦陷於因果禍福之說（相關討論，詳見下節）。自唐代起禪學倡盛，禪宗亦本於菩提達磨之偈曰：「吾本來茲土，傳法救迷情，一花開五葉，結果自然成。」〔註233〕而有所謂「分燈禪」。此「一花開五葉」即暗指慧能南宗禪之傳，並由其弟子青原行思（？～740）、南獄懷讓（677～744）開出兩臨濟、溈仰、曹洞、雲門、法眼等五宗之說。此五宗中的臨濟禪即以「機鋒棒喝」作為傳教接引學人之法。儒學自唐代韓愈（字退之，768～824）始，即開啟批判佛老為異端之說的濫觴〔註234〕。至宋代，

〔註229〕見《論語集注》〈為政第二〉，〔宋〕朱熹撰，《四書章句集注》，卷一，頁57。

〔註230〕見《論語集注》〈陽貨第十七〉，〔宋〕朱熹撰，《四書章句集注》，卷九，頁179。

〔註231〕見《論語集注》〈陽貨第十七〉，〔宋〕朱熹撰，《四書章句集注》，卷九，頁179。

〔註232〕見《孟子集注》〈滕文公章句下〉載：「世衰道微，邪說暴行有作，臣弒其君者有之，子弒其父者有之。孔子懼，作《春秋》。《春秋》，天子之事也。是故孔子曰：『知我者，其惟《春秋》乎！罪我者，其惟《春秋》乎！』聖王不作，諸侯放恣，處士橫議。楊朱、墨翟之言盈天下。天下之言，不歸楊，則歸墨。楊氏為我，是無君也；墨氏兼愛，是無父也。無父無君，是禽獸也。公明儀曰：『庖有肥肉，廄有肥馬，民有飢色，野有餓莩，此率獸而食人也。』楊墨之道不息，孔子之道不著，是邪說誣民、充塞仁義也。仁義充塞，則率獸食人，人將相食。吾為此懼，閑先聖之道，距楊墨、放淫辭，邪說者不得作。作於其心，害於其事；作於其事，害於其政。聖人復起，不易吾言矣。昔者禹抑洪水而天下平，周公兼夷狄、驅猛獸而百姓寧，孔子成《春秋》而亂臣賊子懼。《詩》云：『戎狄是膺，荊舒是懲；則莫我敢承。』無父無君，是周公所膺也。我亦欲正人心、息邪說、距詖行、放淫辭，以承三聖者。豈好辯哉？予不得已也。能言距楊墨者，聖人之徒也。」〔宋〕朱熹撰，《四書章句集注》，卷六，頁272～273。

〔註233〕見〔宋〕釋道原編，《景德傳燈錄》，卷三，頁48。此「一花開五葉」，有人云為慧能開出南宗禪之系統，亦有云此「一花」為達磨，因為其為禪宗之創始人。

〔註234〕錢穆就指出：「韓氏論學雖疎，然其排釋老而返之儒，昌言師道，確立道統，

排佛老即成為理學家之任務。如程伊川就指出：「佛氏之言，比之楊墨，尤為近理，所以其害為尤甚。學者當如淫聲美色以遠之，不爾，則駸駸然入於其中矣。」〔註235〕伊川認為從歷史的發展來看，佛老之害比起楊墨更為儒學之大害，其因在於佛者之言乃「彌近理而亂大眞」，故當有所警惕，這是儒學傳統論「異端」之說。整體來說，二曲認為佛老異端之說，經宋明諸子之救正，人已漸知迷途而知返，其對世道人心之害，已為式微。而今眞正形成傷害與破壞即在吾儒的異端之中。二曲論「異端」，本質上與傳統所言是有殊別的。他指出：

> 「端」字亦須體認。吾人發端起念之初，其端果仁、果義、果禮、果智，此是正念，此便是心術端，此便是端人正士。否則，便是邪念，便是心術不端，便非端人正士。即此便是大異端，不待於從事於楊墨釋老而後為異端也。〔註236〕

> 楊、墨異端也；佛、老，異端之異端也，徇華廢實，吾教中之異端。教外之異端，其害淺，教內之異端，其害深。〔註237〕

二曲對「異端」的解釋，並非限定在非我之教，即為異端。其論「異端」，乃從心學「誠意」與否之過程，來加以界定。他認為「端」，指的是起心動念時之「意」，故在意念之起時，即須就良知之知善之惡處，做一自我檢測，以明此意念之端緒果仁、果義、果禮、果智否？此意念端緒一起，知其不正而正之，即為正念，反之則為異端。此異端指的是意念端緒之不正，心術不正之謂。是故，心妄而非正即為異端，這是從心體感物而動的現實心理層次來論異端，而非傳統如楊墨佛老之徒才是異端。此異端之界立，嚴格來說，比傳統論異端其判別是更加嚴格的。

從儒學角度來說，二曲認為楊、墨之個人主義、博愛主義是屬於心念不正的異端，而佛老重視個人而忽略群體更是「異端的異端」，但此二者雖皆異端，所害不大，眞正形成破壞與傷害在於教內之異端。此層所指的是以儒之名而無儒之實的「腐儒」與「霸儒」。「腐儒」與「霸儒」，基本上乃儒學本質的異化，更精確的說，是「明體適用」所論的兼具道德修養與社會實踐的異

則皆宋儒之所濫觴也。」見錢穆著，《中國近三百年學術史上》，上冊，第一章，頁2。

〔註235〕見《論語集注》〈為政第二〉，〔宋〕朱熹撰，《四書章句集注》，卷一，頁57。
〔註236〕見〈常州府武進縣兩庠彙語〉，《二曲集》，卷三，頁25。
〔註237〕見〈盩厔答問〉，《二曲集》，卷十四，頁121。

化。這種異化，一方面忽略根源良知本體之修養，而將儒學導向於功利性的發展；另一方則忽略群體與社會實踐，將自我導向於「道德我修養」的主觀境界。以下則對此說分別論之：

首先，關於「霸儒」之論，指的是「不明體而適用」，是以「良知本體之缺乏」作爲批判之標準。其說有二。首先指的是孟子的「王霸之別」。孟子曰：

> 以力假仁者霸，霸必有大國；以德行仁者王，王不待大，湯以七十
> 里，文王以百里。以力服人者，非心服也，力不贍也；以德服人者，
> 中心悦而誠服也，如七十子之服孔子也。《詩》云：「自西自東，自
> 南自北，無思不服」，此之謂也。〔註238〕

「以力假仁」與「以德行仁」即爲「霸道」與「王道」之殊，其別之處在於動機心術之間。黃宗羲於《孟子師說》中即指出：「王霸之分，不在事功而在心術：事功本之心術者，所謂『由仁義行』，王道也；只從迹上模倣，雖件件是王者之事，所謂『行仁義』者，霸也。」〔註239〕李明輝分析此意認爲王霸之別，實爲「存心倫理學」（Gesinnungsethik）與「功效倫理學」（Erfolgsethik），乃至「功利主義倫理學」（unilitarian ethics）之立場。所謂「存心倫理學」即主張「一個行爲之道德意義時所根據的主要判準，並非該行爲所產生或可能的後果，而是行爲主體之存心」，相對的「功效倫理學」，即主張「一個行爲的道德價值之最後判準在於該行爲所產生或可能的後果。」〔註240〕故王霸之別實爲其心的「義利之別」。按孟子之意而言，所謂「霸道」，非如王道乃本於道德眞誠之心而爲的人道主義，而是一種功利主義，此非眞仁義之道。二曲論此，實謂「霸儒」即行霸道之儒，其本質上，是違背了儒學「爲政以德」的政治主張，與儒學所強調的本末之道、體用一如、內聖外王的主旨，皆有所衝突。

其次，關於「腐儒」，指的「明體而不適用」之人，此層是以「經世致用之喪失」作爲批判之基準。全祖望在論宋儒申顏時指出：

> 祖望謹案：呂舍人本中曰：「關學未興，申顏先生蓋亦安定、泰山之

〔註238〕見《孟子集注》〈公孫丑章句上〉，〔宋〕朱熹撰，《四書章句集注》，卷三，頁235。
〔註239〕〔清〕黃宗羲撰、沈善洪主編，《孟子師說》，收入於《黃宗羲全集》（杭州：浙江古籍出版社，2005年1月），第一冊，卷一，頁51。
〔註240〕見李明輝著，〈孟子王霸之辨重探〉一文，見氏著，《孟子重探》（臺北：聯經出版社，2001年），頁47。

儔，未幾而張氏兄弟大之。」然則中顏先生之有功關中，亦已多矣。
而先生爲之死生之友，觀其所學，非腐儒之無用者，而《宋史》僅
著之《義士傳》中，予故特表而出之。〔註241〕

全氏對腐儒之批判，是建立在對世道人心有功與否？儒與腐儒之區別在於能
否經世致用。明儒顧憲成就指出：

嘗言官輦轂，念頭不在君父上；官封疆，念頭不在百姓上；至於水
間林下，三三兩兩，相與講求性命，切磨德義，念頭不在世道上，
即有他美，君子不齒也。〔註242〕

清初大儒顧炎武亦批判指出：

不習六藝之文，不考百王之典，不綜當代之務，舉夫子論學論政之
大端一切不問，而曰一貫，曰無言。以明心見性之空言，代修己治
人之實學，股肱惰而萬事荒，爪牙亡而四國亂。〔註243〕

根據上述所論，「腐儒」指的是心性之學的過度側重，進而造成不當的影響
〔註244〕。而忽略社會實踐與經世致用之處，形成了一種空疏不實清談孔孟的
學風，這種變質之儒學其狹隘偏私之處，在世道爲治之時，尚無責難，而在
世道陵夷之際，則易成爲批判之標的。

　　總的來說，所謂霸儒與腐儒，這兩者皆是儒學本質異化的形成，而之所
以會形成比外教異端造成更強的破壞力，其原因在於：錯誤的認知與影響會

〔註241〕見〔清〕黃宗羲撰、〔清〕全祖望續修、〔清〕王梓材校補，《宋元學案・士
　　　　劉諸儒學案》，第三冊，卷六，頁12～13。
〔註242〕見〔清〕黃宗羲撰，《明儒學案下・東林學案一》，卷五十八，頁1377。
〔註243〕見〈夫子之言性與天道〉條，見〔清〕顧炎武撰，《原抄本日知錄》，卷九，
　　　　頁196。
〔註244〕關於「腐儒」之形成的歷史分析，林師安梧在其有關〈道的錯置〉等論述
　　　　中，即針對此「道德實踐」之間的窒礙難行而形成的異化而有所說明。林師
　　　　認爲傳統的儒學的心性修養者在邁向社會實踐時，即易受到所謂「帝制性的
　　　　政治聯結」的管控與壓迫，於是人的「血緣性的自然連結」與「人格性的道
　　　　德連結」即會產生轉型與變化。前者轉而「以理殺人」，後者即道德實踐無法
　　　　通達於現實的歷史社會與現實世界，於是一轉爲「心性修養」，更進一步的當
　　　　心性修養無法貞定於倫常日用間，於是則再轉爲「心靈靜界之追求」等。所
　　　　以當儒學實踐者專於對心靈境界之追求時，自然而然的對「社會實踐」即爲
　　　　逐漸忽略，而寡落了即體即用，體用一如的意義，即對儒學經世致用的目標
　　　　與發展形成了扭曲與變形了。見林師安梧著，〈解開「道的錯置」〉一文，見
　　　　氏著，《道的錯置——中國政治思想的根本困結》（臺北：學生書局，2003年
　　　　8月），第七章，頁217。

形成對本旨意涵的模糊與不清，即自以儒學爲的人，不約而同的將儒學發展帶向「功利」與「自了」的過程時，眞正的儒學的涵意與實踐就無法獲得彰顯與確認了，這對於儒學本身之發展，其傷害力自然是更強大的。換言之，內在的破壞力，遠比外在的影響來的更大。

所以二曲批判，指向的是異端與腐儒、霸儒之謂。異端，指的是其心不正之稱；至於霸儒，則爲儒學本體德性之喪失，乃爲虛僞假借的仁義；而腐儒，則是經世致用之遺落。這是二曲本之於儒學明體適用之理想性下的論述，所進行的對比與批判、反省與超越。

四、釋道之問題與批判

關於釋道方面之問題。首先，以釋教而言，二曲認爲釋教以圓寂爲宗，而後一變「枯禪」與「因果」，而終轉爲「造經象」、「勤布施」之發展。所謂「圓寂」，指的是梵語（Parinirvana），是指「涅槃」的異名。《釋氏要覽》指出：「釋氏死，謂涅槃、圓寂、歸眞、歸寂、滅度、遷化、順世，皆一義也，隨便稱之，蓋異俗也。」〔註245〕涅槃乃屬佛教「三法印」中的「涅槃寂靜」，亦爲「四諦」苦、集、滅、道中的「滅諦」。其本意乃指滅除世間之煩惱，超越生死，不再墜於三界六道之中，亦即按其與四諦的教義與教法而言，即在滅除由苦諦、集諦所產生的一切世間煩惱，而邁向道諦的發展。〔註246〕

而至唐代起禪學興盛，禪宗自分南北禪，以惠能爲宗之禪，大都力圖打破以坐爲禪的傳統模式。「但就禪宗的多數派而言，坐禪依然占重要地位，唐代石霜慶諸更以長坐不臥的『枯木眾』著稱於世。」〔註247〕所謂「枯木禪」，指的是以坐禪以求開悟的禪法。據《宋高僧傳》即載：「如是二十年間，堂中老宿，長坐不臥，屹若楢杌，天下謂之石霜枯木眾是也。」〔註248〕這種禪法影響而發展出後來的宏智正覺（1091～1157）的「默照禪」。

〔註245〕見〔宋〕道誠輯，《釋氏要覽》，收入於《佛學三書》（北京：中華全國圖書館文獻縮微復制中心，1995年12月），卷下，「初亡」條，頁885。

〔註246〕見「圓寂」條，收入於馮契主編，《哲學大辭典》（上海：上海辭書出版社，1992年12月），頁1352。以及「涅槃」條，收入於任繼愈主編，《佛教大辭典》（南京：江蘇古籍出版社，2002年12月），頁1044。

〔註247〕見杜繼文、魏道儒著，《中國禪宗通史》（南京：江蘇古籍出版社，1995年2月），第六章，頁450。

〔註248〕見〔宋〕贊寧撰、范祥雍點校，《宋高僧傳上》（北京：中華書局，1987年8月），卷十二，頁283。

　　至於「因果」之說。「因果」之說指的是「因果報應，善惡有報」的過程。《佛說無量壽經》即指出：「善惡報應，禍福相承。身自當之，無誰替者。」〔註249〕指出人的一切作為，必然招致相對的報應。《大般涅槃經‧遺教品第一》言：「深思行業，善惡之報，如影隨形，三世因果，循環不失。此生空過，後悔無追。」〔註250〕則從三世觀的角度，來說明此生現狀，點明今世所遇，乃前世之為，來世之果則繫於今世之作〔註251〕。從歷史之發展來看，東晉慧遠（334～416），即針對印度佛教的「業報輪迴」的學說加以論證與發揮。其說乃吸取我國原有的迷信，但不從古代上帝主宰人的命運，直接從人自身的主體活動中建立「因果報應」說〔註252〕。其〈三報論〉云：「經說業有三報，一曰現報，二曰生報，三曰後報。現報者，善惡始於此身即此身受。生報者，來生便受。後報者，或經二生、三生、百生、千生，然後乃受。」〔註253〕這說明了人不但有三世而已，而有無數之世，人若為惡終遭報應，故應當修持佛法以求解脫輪迴之苦。

　　最後關於「造經像、勤布施」，皆屬佛事活動之一種。其目的在於透由某種修善活動，如讀經、寫經、施齋、施財、修造寺院等，為往生與當世之人追福或祈福。「造經像」，在佛教某些經典即談論到「造像」之功德。如《圓覺經‧圓覺章》：曰：「若佛現在，當正思惟。若佛滅後，施設形像，心存日想，生正憶念，還同如來常住之日。」〔註254〕而「布施」是古印度各宗教哲學派就重視的過程，他們認為特過布施，可為他人造福，亦是累積自我功德，可為自己最後達到自我解脫的途徑之一。小乘佛教即有「財施」與「法施」兩種，前者指的是財物之布施，後者指的是向人說法傳教。大乘佛教則教布施與慈悲的教義相聯係，用于普度眾生。〔註255〕

〔註249〕見慧淨法師編訂，《佛說無量壽經》（臺北：本願山彌陀淨舍印經會，民國83年5月），頁107。

〔註250〕見〔北涼〕天竺三藏曇無讖譯梵，《大般涅槃經》（臺北：財團法人佛陀教育基金會出版部，民國80年5月），卷第三十六，頁1999。

〔註251〕見「因果報應」條，收入於馮契主編，《哲學大辭典》，條，頁554。

〔註252〕見方立天著，《佛教哲學》（北京：中國人民出版社，1997年1月），頁37。

〔註253〕見〔南朝梁〕僧佑撰、〔宋〕朱熹撰，《參同契考異：弘明集》，收入於《四部備要》（臺北：中華書局，民國54年），卷五，頁15。

〔註254〕見張保勝釋譯，《圓覺經》（臺北：佛光文化事業有限公司，1996年8月），頁221。

〔註255〕見任繼愈主編，《佛教大辭典》，「布施」條、「佛像」條、「追福」條，頁375、672、936。

其次，關於道教變遷而言，二曲乃從道家老子的「無爲」之旨來發端，後轉爲「長生」與「符籙」，最後則爲「誦經咒」、「建齋醮」之發展。關於「無爲」之旨。老子言：「無，名天地之始」〔註256〕、「是以聖人處無爲之事，行不言之教。」〔註257〕「道常無爲，而無不爲。」〔註258〕等。關於「無爲」之意，勞思光指出；

> 所謂「無爲」，即指自覺心不陷溺於任何一外在事物。事物皆在「反」中，故不可執；「爲」者必「執」，亦必成陷溺。故「無爲」之第一層意義乃就破「執」而言。心合於「道」，觀萬物在「反」中之變逝，而自覺不陷於萬物，此破執後之境界，……。〔註259〕

「無爲」乃主體心自由無執之境，由此無執之境遂可導出主體觀復之明，亦由此之明方能歸根而復命於道。而這種由主體之明，之後即轉爲所謂的「長生」、「符籙」、「齋醮」等道教的發展。紀昀於《四庫全書總目提要》中即指出：

> 后世神怪之迹，多附于道家，道家亦自矜其異。如《神仙傳》、《道教靈驗記》是也。要其本始，則主于清淨自持，而濟以堅忍之力，以柔制剛，以退爲進。故申子、韓子流爲刑名之學，而《陰符經》可通于兵。其后長生之說，與神仙家合一，而服餌導引入之。房中一家，近于神仙者亦人之。《鴻寶》有書燒煉入之，張魯立教符籙入之。北魏寇謙之等，又以齋醮章呪入之。世所傳述，大抵多後附之文，非其本旨。彼教亦不能自別，今亦無事於區分。然觀其遺書，源流變遷之故，尚一一可稽也。〔註260〕

這是道教整個變遷的大勢。細步來說，第一層即是由「無爲」之說而至「長生」的轉變。關於這層轉變，勞思光即從「情意我」至「超越我之形趨化」來加以說明。他認爲老莊之書本有描述自我超越性之語，然此語僅就表面觀之，「極易引生一神秘力量之意象」〔註261〕，而此時漢代之佛教開始傳入中

〔註256〕見〔晉〕王弼註，《老子註》，第一章，頁5。
〔註257〕見〔晉〕王弼註，《老子註》，第二章，頁8。
〔註258〕見〔晉〕王弼註，《老子註》，第三十七章，頁73。
〔註259〕見勞思光著，《新編中國哲學史一》，第四章，頁241。
〔註260〕見《子部五十六‧道家類》，〔清〕永瑢等撰，《合印四庫全書總目提要及四庫未收書目禁燬書目三》，卷一四六，頁36。
〔註261〕見勞思光著，《新編中國哲學史二》，第一章，頁18～19。

國，其中不乏有「神通」之觀念。是故，「不死」與「神通」合而爲道教之基本觀念。張道陵之後，老子即莊周皆被託爲神仙之祖；道家所講之超越自我，遂變成「長生不老」及「呼風喚雨」之神仙，此道家思想遭受歪曲之一。〔註262〕

至於「符籙」，又稱符書、丹書、墨籙等，指的事以筆畫出似字非字之圖，道教稱其可用來遣神役鬼、鎮魔壓邪之功能，這是早期道教的傳道之法，並以授籙作爲入道儀式。道教的籙文歷來依托太上老君，其實是開創於張道陵（張陵，34～156）之五斗米道。據《三國志‧魏書‧張魯傳》記載：「張魯字公祺，沛國豐人也。祖父陵，客蜀，學道鵠鳴山中，造作道書以惑百姓，從受道者出五斗米，故世號米賊。」〔註263〕之後，在北魏的寇謙之即對舊天師道進行了宗教改革〔註264〕。此符籙之學即成爲道教的宗教特色之發展。

而所謂「齋醮」，則爲道教的宗教活動。道教以修齋爲學道之首，「齋爲祭神前整潔自己的身、口、心的儀式，后來加上懺儀與醮儀，懺爲懺悔罪過，醮爲上章祈求祭禱，合而爲齋醮。」〔註265〕齋醮發源於原始宗教中的祭祀活動，經過不斷的演變與推展，最早如劉宋道士陸修靜即對齋醮儀範有其制定，而後有唐代道士張萬福整理齋醮科儀，最後經唐末道士杜光庭（字賓聖，號東瀛子，850～993）修定齋醮科儀，成爲集大成者。往後齋醮則成爲道教最重要的活動之一。據張澤洪就指出：「唐宋元明是道教興盛發展時期，也是國家齋醮最盛之時，帝王的尊崇和需要，使齋醮之風遍行天下，齋醮活動由民間走向官廷，儀式漸趨完備，規模愈益宏大。」〔註266〕

以上是釋道變遷發展的歷程。基本上每個哲學與宗教，皆有其基本教義的「終極關懷」（ultimate concern）或「終極目標」（ultimate goal）所在。傅偉勳就指出佛教的「終極關懷」是在如何轉迷開悟，亦即建立生死智慧，以便

〔註262〕見勞思光著，《新編中國哲學史二》，第一章，頁18～19。
〔註263〕見〈二公孫陶四張傳第八〉，〔晉〕陳壽撰、〔宋〕裴松之注，《三國志》（臺北：鼎文書局，民國65年），卷八，頁263。
〔註264〕關於寇謙之改革，主要是對「天師道的符、咒、籙、服食、餌藥、治氣房術、建醮壇室、禮儀制度等道法較全面的整頓。」見任繼愈主編，《中國道教史》（上海：上海人民出版社，1990年6月），第九章，頁349。
〔註265〕見胡孚琛、呂錫琛等著，《道學通論：道家、道教、仙學》，第三章，頁354。
〔註266〕見張澤洪著，《道教齋醮科儀研究》（成都：巴蜀書社，1999年9月），第一章，頁62。

徹底破除根本無明，達至涅槃解脫的「終極目標」。儒家之「終極關懷」在於安身立命，以達至仁道、天道之實現與主體的安身立命。就道家而言，如老子關切自然之道如何落實於政治社會層面的人道，莊子則關切於從無常事變中解脫個體本位之執，但其最終的「終極目標」都在於「與道玄同」〔註 267〕。而此「終極關懷」或「終極目標」，在時空的變遷與流轉當中，都會有不斷的改變與調整，此乃必然之現象。但其改變與調整有時是一種對既有的解體與解構、適應與調整，展現另一種新的契機與活力，對社會不同層面形成另一種引導與帶領之作用；但相對的某些變化與改變，他也有可能是一種「質的變化」。

整體上而言，二曲對三教的變遷與發展，基本上是採悲觀與負面的看法。他認為三教本質上，皆是一種對主體生命的徹悟之明，如儒學良知本心之至善與無滯，佛教亦有「無明」至「明」之還滅的過程，道家亦有「萬物併作，吾以觀其復」的主體之明覺，雖然三教對此心性本體悟後多有歧異，對於群體、現實的態度多有不一，對文化價值之認同亦有所別，但基本上，亦都關注於主體「生命的學問」、「生命之智慧」。

而三教自創教至今之變，基本上是「愈趨愈下」的轉變。這之中牽涉到工夫方法操作之失當，以及終極目標與關懷之改變。以其弊而例，如「枯木禪」而言，這類型的禪法，對於心體之明與覺悟，是有其缺失的。例如大慧宗杲（1089～1163）就對「默照禪」之批判。他指出：

> 今時有一種剃頭外道，自眼不明，只管教人死猢狙地休去歇去，若
> 如此休歇，到千佛出世也休歇不得，轉使心頭迷悶耳。又教人隨緣
> 管帶，忘情默照，照來照去，轉加迷悶，無有了期。〔註 268〕

自眼不明，即是對心性契入與覺悟之過程，是有障礙與弊端的。換言之，坐禪與契悟本質上是有距離的，基本上他是精神由發散一轉為收斂，使心思產生頓悟之經驗，坐禪不必然會導至這種經驗之產生。後者如道教之長生不老，朱子就批評說：

> 老氏初只是清淨無為。清淨無為，卻帶得長生不死。後來卻只說得
> 長生不死一項。如今恰成箇巫祝，專只理會厭禳祈禱。這自經兩節

〔註 267〕傅偉勳著，〈世界宗教與死亡超克〉，收入氏著，《死亡的尊嚴與生命的尊嚴》（臺北：正中書局，2001 年 10 月），頁 106～174。

〔註 268〕見〔宋〕大慧宗杲撰、潘桂明釋譯，《大慧普覺禪師語錄》（臺北：佛光文化事業有限公司，2000 年 12 月），卷二十五，頁 287。

變了。〔註269〕

朱子認為老子修養清淨無為，是對個體智慧之增長，但後來由老子轉為道教後，主體的修養即為消失，只有談長生不老與宗教式的儀式而已，這是原始教義精神之變質的發展。

總的來說，二曲認為三教皆存在著從主體的「自覺」與「自明」，一轉而為「功利世俗性」的發展。至此所謂的「終極關懷」或「終極目標」皆遺落而不存，無論儒教的「善筆扎、工講誦」、道教的「誦經咒、建齋醮」，乃至佛教之「造經像、勤布施」，皆是一種懷生畏死、重利而輕義的變遷，這些變遷注重的是：人的生命問題與現實之利益，進而偏離了對主體修養，乃至社會實踐基本教義之精神，這些都是三教之變遷的大體狀況。

所以二曲論儒釋道之變遷，本質立場皆是從一歷時性的對比方法中，揭示其變質之因與批判之意，其目的自然是在對其詮釋之過程中，還原與釐清三教教之終極關懷與目標所在，藉以反省與超越三教變遷的異化過程。

〔註269〕見〈老氏：莊子書〉，〔宋〕黎靖德編、王星賢點校，《朱子語類八》，卷第一二五，頁 3005。

第二章 二曲的成聖之道
—— 以「治療學」作爲詮釋

第一節 緒　論

　　本章之討論，主要以「治療學」之觀點，來詮釋李二曲成聖之道的思想。關於以「治療學」來作爲詮釋之進路，其理論意義與因素在於：中國哲學之實質內涵，本即以生命哲學爲中心，是藉由心性體認與實踐工夫作爲主體生命之轉化，與參贊化育萬物的。牟宗三就指出中國哲學的主要課題是生命，「它是以生命爲它的對象，主要的用心在於如何來調節我們的的生命，來運轉我們的生命、安頓我們的生命。」〔註1〕主體生命之安頓，即成爲中國哲學的主體性，他是「生命的學問」，而非「學問之生命」。其轉化所關切之處，仍然是如何使德性之擴充而達至成聖之地。相對的，人之所以無法成德？在傳統儒學觀念中，認爲人之心性易受先天氣質、以及後天個人情欲、環境物誘之影響，而形成主體「存有的之異化」。爲學之目的，即在針對「存有的異化」的對治，這種過程即是恢復先天本質的「復性」體驗。這種重視主體存有的異化，以及對治的態度本質上，基本上即是一種「治療學」的意義。

　　傳統思想中，宋明諸儒甚爲強調心性之涵養、省察與體驗，其操作之層面，自然是扣緊於心性本體、良知本心層次。以陽明爲例，陽明在對「良知本心」功能之論述上，就已深露此意涵。陽明指出：

　　　　良知猶主人翁。私欲猶豪奴悍婢。主人翁沉疴在床，奴婢便敢擅作

─────────────────
〔註 1〕見牟宗三著，《中國哲學十九講》，第一講，頁 15。

威福，家不可言齊矣。若主人翁服藥治病，漸漸痊可，略知檢束，
奴婢亦自漸聽指揮。及沉痾脫體，起來擺布，誰敢有不受約束者哉？

良知昏迷，眾欲亂行；良知精明，眾欲消化，亦猶是也。〔註2〕

陽明以「良知」為「主」，「因軀殼起意之欲」為「奴」。良知與人欲之關係，
即是「治療」、「自療」與「疾病」之關係。質言之，良知是主體先驗的道德
法則、道德本體，其對治的是因軀殼而起意的人欲。故當人有所陷溺時，良
知即省察對治，知善知惡而好善惡惡。陽明言「知善知惡是良知」，此知善知
惡之「知疾」，即屬主體的「自我診斷」；知其善惡後即「為善去惡是格物」，
即屬主體進行的「治療」、「自療」過程。此外，在〈與劉元道〉一書中，陽
明更明確以「治療」之概念，來言「養心之道」。他指出：

夫良醫之治病，隨其疾之虛實、強弱、寒熱、內外，而斟酌加減。
調理補泄之要，在去病而已。初無一定之方，不問證候之如何，而
必使人人服之也。君子養心之學，亦何以異於是！〔註3〕

陽明認為君子養心之學，即同良醫治病一般，要能掌握狀態之殊別，方能對
症而下藥。這說明了，生命存有異化之安頓，實即是一種「治療」與「自療」
之概念。陽明的良知本心之學，實亦為一種「治療學」之觀念〔註4〕。擴大來
說，整個宋明諸儒之工夫進路，亦見此趨向。錢穆在其〈宋明理學之總評騭〉
一文中，就曾以近代精神分析之意義與功能，加以闡明宋明儒之內心工夫。
他指出：

宋明儒之心理洗滌，只在把近代西方精神分析學者之分析工作更深
一層，用在日常人生方面，不只用在精神病者之一面。他們用靜坐
來自我治療，待其人一入靜境，則其日常內心種種隱藏黑暗污穢不
可對人的下意識，自然逐層曝露，逐層顯現。照近代西方精神分析
學者之實驗，凡屬久久積壓的潛意識，一經曝露顯現，自可解消融
釋，此即程明道所謂渣滓渾化也。人心內部一切渣滓全融化，則此
人心中更無所謂下意識或潛意識之存在。此心直直落落，只是一個

〔註2〕見陳榮捷著，《王陽明傳習錄詳註集評》，卷下，頁390。
〔註3〕見〈文錄二〉，〔明〕王守仁、吳光、錢明、董平、姚延福編校撰，《王陽明
全集上》（上海：上海古籍出版社，1992年12月），卷五，頁191。
〔註4〕關於以治療學之觀念，討論陽明之學說。可參林師安梧著，〈王陽明的本體實
踐學——以王陽明《大學問》為核心的展開〉一文，見氏著，《中國宗教與意
義治療》，第四章，頁81～114。

心，宋明儒則稱此爲道心，又稱此爲天理。所謂天理渾然，正是說
他人格之完整。〔註5〕

這說明宋明儒道德修養之目的，乃在於對治主體身心意識形成之弊端的療
治，具體而言，即是「天理常存，人欲淨化」的身心治療過程，其目的在於
將人潛存的生理與心理的負面意識加以導正，而使心理、生理呈現一種健康
合宜之狀態，就宋明之學的說法，即是「天理、道心爲人之主宰」，達至「此
心純是天理流行」之境。至此，儒學爲己之學所強調的人格之完美，方得以
實現。

　　以「治療學」之觀點，在近代心理學之普遍提倡後，亦爲國人所注重。最
早如傅偉勳（1933～1996），就以維也納精神醫學教授維克托・傅朗克（Viktor
E・Frankl，1905～1997）的「意義治療學」，作爲對傳統哲學之詮釋〔註6〕。
林師安梧亦援此「治療學」之思惟觀點，而有《中國宗教與意義治療》一
書。其書主要以治療學之對儒、道、釋三教作理解、詮釋與治療。林師安梧
就明確指出：「中國的宗教，包括本土的儒、道兩教，以及由印度傳來，而又
落地生根而長育成大樹的大乘佛教，都強調道德實踐、心性修養的優先性，
此中隱涵著一套極爲可貴的治療學思維，頗值得吾人加以闡釋開發。」〔註7〕
此外，如鄭志明主編的《生命關懷與心理治療》一書，即全面的從「哲學」、
「心理學」、「護理學、「宗教學」之層次，來切入生命課題的討論，以作爲反
思傳統文明智慧在現代化之問題，企圖重建當代心靈治療體係，來幫助現代
人的安身立命〔註8〕。除此，從文學與文化之角度，亦是「治療學」理論所拓
展之面向。如葉舒憲主編的《文學與治療》一書，則從「文化生態中的文學

〔註5〕見錢穆著，《中國學術思想史論叢（七）》（臺北：東大圖書公司，民國82年
　　　12月），頁284～285。
〔註6〕可參傅偉勳著，〈現代生死學建立課題〉，見氏著，《死亡的尊嚴與生命的尊嚴》
　　　（臺北：正中書局，2001年10月），頁188～206。關於傅朗克專門之研究，
　　　可參劉翔平著，《尋找生命的意義──弗蘭克爾的意義治療學說》（武漢：湖
　　　北教育出版社，2001年2月）。
〔註7〕見林師安梧著，《中國宗教與意義治療》，頁2。不過就「意義治療學」與儒學
　　　文化背景之差異性的問題。林師安梧在〈序言〉中，就明確的指出「儒家的
　　　意義治療學雖有類似於弗蘭克者，但並不同於弗蘭克，因爲儒家是以『一體
　　　之仁』作爲其心源動力的，而弗蘭克的精神資源主要來自於一神論的宗教。」
　　　同上，頁6。
〔註8〕見鄭志明主編，《生命關懷與心靈治療》（臺北：宗教文化中心，民國89年8
　　　月）。

與人」、「文學的精神醫學原理」、「文學與治療：個案研究」等層面加以論述與說明。其目的在於針對后現代社會帶給人類的危機日益明朗，期待能藉由富有建設性理論的參照，爲封閉的文藝學研究帶來變化〔註9〕。此皆以「治療學」之概念對傳統文獻的意涵加以理解與詮釋。

本文以「治療學」作爲二曲「成聖之道」的詮釋，主因在於二曲認爲人之無法優入聖域，乃源於「存有的異化」所帶來的種種弊端。本質上，二曲認爲這是學術人心不明，進而形成的集體症狀，其目的希望藉由其學說思想之闡明，使人從陷溺妄爲中覺醒，進而達至儒學的「爲己之學」之目標、「成聖契賢」之目的。二曲在其早年之思想——〈悔過自新說〉，即已標示「聖賢亦皆有過」之觀念，人之有過則須對治而悔過自新，此亦形成其思想中發展出「治療學」之概念。具體來說，二曲對此之理解與詮釋，實從傳統中醫概念中，如醫術、醫方、醫經與疾病治療與自療爲譬喻，作爲對治存有異化之詮釋。這說明了，二曲之「治療學」，主要是側重於「消極的去執」的層面。是故，本文之內容即援其意旨與說法，依序的揭示二曲對「成聖之道」等相關論述，加以頗析與詮釋。具體之討論如下：

第一、關於二曲之「治療學」，旨在說明治療之目的與方向，其治療之開展，將從「爲己之學」與「爲人之學」之轉變，作爲論述之前提。

第二、既爲治療，則須明其「病根」所在，以爲診斷治療與對治之下手處。此處將從「名心病根」作爲分析「存有之異化」的主要內容。

第三、論治療首在主體面對疾病之態度。此處則將從主體之立志、與實踐躬行的角度，來加以陳述。這說明了，立志躬行與否，實爲治療能否康復的關鍵前提。

第四、藉由治療與自療之方法，來面對存有之異化。在治療上，首先針對的是「閱讀之治療」，此層指向的是「經典之閱讀」。討論儒學經典應有之體驗與掌握。其目的在於透由經典之詮釋，進而產生切己自反的治療與自療的過程。

第五、除「閱讀之治療」外，存有的異化，最爲重要的下手處，即是對「良知本心的體驗」。這是一種「驗之以體」，回溯至良知本心無執的本然狀態的過程，作爲「自療」存有的異化之體驗。

〔註 9〕見葉舒憲主編，《文學與治療》（北京：社會科學文獻出版社，1999 年 9 月），頁 18。

　　第六、由識本而立本的後，所進行的即爲本體工夫之層次，在此將討論「由仁義行」之擴充工夫，以及「爲道日損」的克己之爲。

第二節　治療之開展——論存有的異化

　　就儒學而言，人之所以需要「治療」與「自療」，成爲一「待治之狀態」，主要是因「存有的異化」所引發的身心之疾病。實切的說，此異化與待治之形成，實即主體從「爲己之學」淪至「爲人之學」之狀態，而進行的反省與超越。質言之，儒學之「爲己之學」與「爲人之學」之對比，其殊別處即爲「向內的生命的學問」與「務外之功利性目的」的差異性。儒學論「爲己之學」與「爲人之學」，出自孔子所言。《論語》載：

　　　　古之學者爲己，今之學者爲人。〔註10〕

儒學認爲爲學之意義，在於建立主體的道德性，即所謂仁也。而這種主體的道德性實乃內存於主體本身，必須反己而求的，所謂「爲仁由己」也。宋儒程伊川就明白指出：「學也者，使人求於內也。不求於內而求於外，非聖人之學也。」〔註11〕是故，爲學之本質即建立於主體的心性體認上。

　　具體而言，爲己之學，是「往內的學問」，是以盡心、復性之工夫達到的自我人格與品性之完善、完美、眞誠合一的自我實現之歷程；相對的，當學習的意義，建立在干譽求名之過程中，即爲「務外之追求」的「爲人之學」。在此主體的學習目的，已異化成爲「工具」，成爲功名利祿之追求，已非自身完善價值的體現與把握，這不但是存有的異化，更是學習的意義的錯誤。是故，「治療」與「自療」，指向的是身心的療治過程，是由務外的顯露與追求，一返而至向內的學問，乃扣緊主體心性的問題爲開展的成己之學的體現。陽明在〈答羅整菴少宰書〉一書中，就明確的定義出這種「內外對比」。他指出：

　　　　然世之講學者有二。有講之以身心者。有講之以口耳者。講之以口
　　　　耳，揣摸測度，求之影響者也：講之以身心，行著習察，實有諸己
　　　　者也。知此，則知孔門之學矣。〔註12〕

〔註10〕見《論語集注》〈憲問第十四〉，〔宋〕朱熹撰，《四書章句集注》，卷七，頁155。
〔註11〕見〈河南程氏遺書〉，〔宋〕程顥、程頤撰，《二程集》，卷第二十五，頁319。
〔註12〕見陳榮捷著，《王陽明傳習錄詳註集評》，卷中，頁247。

「行著習察」，語出孟子。其曰：「行之而不著焉，習矣而不察焉，終身由之而不知其道者，眾矣。」〔註13〕孟子此言在於批判世俗之眾，做事無自知之明，學習無察識之精，是以終身不見道，只是講之以口耳，乃爲義襲而取之於外的知識影響。相對的，這說明講之身心者，指向的是一種體察自我的躬行實踐，是一種切己自反，求取身心完善的學習歷程。關於這種「求內」與「務外」之別，明末大儒劉蕺山的〈向外馳求說〉一文，對此則有更深刻的討論，他指出：

> 今爲學者下一項門針，即「向外馳求」四字，便做成一生病痛。吾儕試以之自反，無不悚然汗浹者。凡人自有生以後，耳濡目染，動與一切外物作緣，以是營營逐逐，將全副精神，都用在外，其來舊矣。學者既有志於道，且將從來一切向外精神，盡與之反復身來，此後方有下手工夫可說。須知道不是外物，反求即是，故曰：「我欲仁，斯仁至矣。」無奈積習既久，如浪子亡家，失其歸路，即一面回頭，一面仍住舊時緣，終不知在我爲何物。又自以爲我矣，曰吾求之身矣，不知其爲軀殼也；又自以爲我矣，曰吾求之心矣，不知其爲口耳也；又自以爲我矣，曰吾求之性與命矣，不知其爲名物象數也。求之于軀殼，外矣；求之于耳目，愈外矣；求之于名物象數，外之外矣。所爲一路向外馳求也。所向是外，無往非外，一起居焉外，一飲食焉外，一動靜語默焉外，時而存養焉外，時而省察焉外，時而遷善改過焉外，此又與于不學之甚者也。是故讀書則以事科舉，仕宦則以肥身家，勳業則以望公卿，氣節則以邀聲響，文章則以腴聽聞，何莫而非向外之病乎，學者須發眞實爲我心，每日孜孜汲汲，只幹辦在我家當，身是我身；非關軀殼；心是我心，非關口耳；性命是我性命，非關名物象數。正目而視之，不可得而見，傾耳聽之，不可得而聞，非惟人不可得而見聞，雖吾亦不可得而見聞也。於此體認親切，自起居食息以往，無非求在我者，及其求之而得，天地萬物，無非我有，絕不是功名富貴，氣節文章，所謂自得也。總之道體本無內外，而學者自以所向分內外。所向在內，愈尋求愈歸宿，亦愈發皇，故曰：「君子之道，闇然而日章。」

〔註13〕見《孟子集注》〈盡心章句下〉，〔宋〕朱熹撰，《四書章句集注》，卷十三，頁350。

　　　所向在外，愈尋求愈決裂，亦愈消亡，故曰：「小人之道，的然而日
　　　亡。」學者幸早辨諸！〔註14〕
劉氏認為人之病痛的因由，在於主體往外追逐而成之的，故自我治療之道即
在於調整方向與態度，體認因外追逐之苦本質在於吾心之發，而非現象之口
耳與軀殼與名物象數之處，一切之陷溺在於「吾心之放」，此心既已離家，必
在此放心處求。是故，工夫本質，即是由主體反身之求，以求已放之心的回
歸。二曲對「為己之學」與「為人之學」之別，亦明確的指出：

　　　但古人之學多為己，今人之學為人。夫子教子夏，所以有「君子儒」、
　　　「小人儒」之分，而君子、小人之分，只在立心上辨別。為己之學，
　　　事事從身心上體認，絕無一毫外炫；為人之學，不但趨名趨利，為
　　　聖賢所棄，即聰明才辯，無一可恃。故聖門如子貢，夫子不取而獨
　　　取顏子，顏子何等聰明，夫子只取他「不遷怒，不貳過」，蓋顏子一
　　　味為己，只在心地上用功。人若能從為己上用功，不論資稟高下，
　　　箇箇可造到聖賢地位，故顏子以下，如曾子得之於「魯」，子夏得之
　　　於「篤信」是已，為己之學，不過明此心，體此理，修此身，此心
　　　未發之前要涵養，既發之後要省察，總不外日用常行、綱常倫理間，
　　　隨時隨處體認而已。夫子說「三畏」，說「九思」，《中庸》說「戒懼
　　　慎獨」，孟子說「求放心」，總是令人收拾身心，不致放逸。此便是
　　　聖賢為己根本。〔註15〕

　　　裏也者，對外而言也。為學所以自盡其心，自復其性，非以炫彩矜
　　　名也。須是刊落聲華，潛體密詣，纔有一毫露聰明、逞修能之意，
　　　便是表露，便是務外。務外則心勞日拙，縱使行誼超卓，亦總是因
　　　人起見，本實先撥，天機絕矣，烏足言學？〔註16〕

此段之論述，二曲藉由孔門教學之證，實確的闡明了為己之學，是一種往內
務裏的身心治療之實踐歷程，所針對的是主體身心放逸之收拾，是一種鞭心
返觀，重本輕末之體驗，他是主體潛藏深修、為道日損的收斂，而非表露逐
名、為學日益式的發散，既重視未發之涵養，也重視已發之省察，是藉由本
體工夫之開展，而達至「求放心」之過程。是故，求學於「內」、「外」，即「講

〔註14〕見〔清〕黃宗羲撰，《明儒學案下·蕺山學案》，卷六十二，頁 1576～1577。
〔註15〕見〈常州府武進縣兩庠彙語〉，《二曲集》，卷三，頁 24～25。
〔註16〕見〈傳心錄〉，《二曲集》，卷六，頁 45。

之於身心」與「講之於口耳」之別，即「爲己之學」與「爲人之學」之殊，最終則爲「君子儒」、「小人儒」之判。可見爲人之學務名而趨利，實爲存有之異化，亦爲學術人心之弊所在，此即二曲所欲治療與扭正所在。

　　所以「治療學」之開展，主因在於主體之待治，需要治療與自療，就儒學之學習意義來說，即是由「爲己之學」至「爲人之學」的轉變，這是主體存有的異化、人格之淪喪，更是學習目標之錯誤。是故，當在此病根處加以診治與調整。

第三節　存有之異化──論名心病根

　　如上所述，「治療」與「自療」之所以形成，本質因素即是「存有的異化」，具體討論「病根」之所在，是「治療學」開展之前提與關鍵所在。關於「存有的異化」等病根爲何？二曲指出：

> 人之病痛各別，或在聲色，或在貨利，或在名高，一切勝心、妒心、慳心、吝心、人我心、是非心、種種受病，不一而足。須是自克自治，自復其元。苟所病不除，即終日講究，祇成畫餅，談盡藥方，仍舊是箇病人。可慨也已！〔註17〕

二曲認爲存有之異化，雖然症狀有其殊異，但本質上皆指向一種「心」的疾病，此病根之因由，是須要主體對自我進行「治療」之過程。質言之，此「治療」當是一種「自療」之實踐歷程，是無法假手他人的，更非言而不行的。進一步來說，心既萬病之因由所在，而在此諸多病根中，二曲認爲「名心」，實爲病入膏肓，最不易根治。二曲在〈答張澹庵〉一信中就言：「世儒卑者汨利，高者修名，最高之儒，騖名已矣。其名愈高，則心勞日拙，喪本眞愈甚。」〔註18〕這說明了名心之滋，實乃爲己之學、本眞之證的最大障礙所在。關於名心病根之問題，儒學向來重視，陽明於《傳習錄》中，即多有所論。其載：

> 孟源有自是好名之病。先生屢責之。一日，警責方已。一友自陳日來工夫請正。源從傍曰，「此方是尋著源舊時家當」。先生曰，「爾病又發」。源色變。議擬欲有所辨。先生曰，「爾病又發」。因喻之曰，

〔註17〕見〈常州府武進縣兩庠彙語〉，《二曲集》，卷三，頁27。
〔註18〕見〈書三〉，《二曲集》，卷十八，頁201。

「此是汝一生大病根。譬如方丈地内，種此一大樹。雨露之滋，土脈之力，只滋養得這箇大根。四傍縱要種些嘉種，上面被此樹葉遮覆，下面被此樹根盤結，如何生長得成？須用伐去此樹，纖根勿留，力可種植嘉種。不然，任汝耕耘培壅，只是滋養得此根」。〔註19〕

澄曰，「好色，好利，好名等心，固是私慾。如閒思雜慮，如何亦謂之私慾」？先生曰，「畢竟從好色，好利，好名等根上起。自尋其根便見。如汝心中決知是無有做劫盜的思慮。何也？以汝元無是心也。汝若於貨色名利等心，一切皆如不做劫盜之心一般，都消滅了。光光只是心之本體。看有甚閒思慮？此便是『寂然不動』。便是『未發之中』。便是『廓然大公』。自然『感而遂通』。自然『發而中節』。自然『物來順應』」。〔註20〕

陽明以好名爲病，形成待治之狀態，實亦一「治療學」之觀念。此好名之心實乃病根之所在，人有此病根之存，自然形成道德實踐之妨害，這是一種「務名而喪實」之疾病。故對治處亦在此。據《傳習錄》載：

先生曰，「爲學大病在好名」。侃曰，「從前歲，自謂此病已輕。比來精察，乃知全未。豈必務外爲人？只聞譽而喜，聞毀而悶，即是此病發來」。曰，「最是。名與實對。務實之心重一分，則務名之心輕一分。全是務實之心，即全無務名之心。若務實之心，如饑之求食，渴之求飲，安得更有工夫好名」？又曰，「『疾沒世而名不稱』。稱字去聲讀。亦『聲聞過情，君子恥之』之意。實不稱名，生猶可補。沒則無及矣。『四十五十而無聞』，是不聞道，非無聲聞也。孔子云，『是聞也，非達也』。安肯以此望人」？〔註21〕

陽明論「名實」，並非從「主賓關係」之處加以論述，而是從名實「對立消長」之處予以說明。陽明認爲學之病根在於「好名」，此名心之起，即務實之心喪失，是故，名心實乃主體「存有之異化」之關鍵。他重視的是對此名心之破除而返至務實之學。就陽明言，此名實之關係，是無法並存而立的，其關係誠如天理人欲一般。可見陽明與二曲皆以名心實乃病根之本。深究的說，名心何以爲病根之本？唐君毅對此則有詳細之論述。他指出：

〔註19〕見陳榮捷著，《王陽明傳習錄詳註集評》，卷上，頁58。
〔註20〕見陳榮捷著，《王陽明傳習錄詳註集評》，卷上，頁101。
〔註21〕見陳榮捷著，《王陽明傳習錄詳註集評》，卷上，頁127～128。

人間萬事由人而作。而人之作事，由於心靈爲之主宰。心靈之大德，即在能開發他自己，亦能凝聚它自己。心靈之開發之反面，是心靈的閉塞；心靈的凝聚的反面，是心靈的流蕩。閉塞似凝聚而非凝聚，流蕩似開發而非開發。……。大抵人通常都是在此心靈之閉塞與流暢中流轉。流蕩便不能凝聚；閉塞便不能開發。以流暢而爲開發，以閉幕爲凝聚，則產生人生之一最大的顛倒見。〔註22〕

關於名心之病根的顛倒，唐君毅認爲人的存在所爲依繫於一心，而此心之顛倒，往往存於權勢名利與好勝之中，而在這一切之顛倒處，又「乃以名爲先，位權勢皆依名而有。」〔註23〕是故，可知名心之起不但爲病根所在，亦爲諸病之源。從本質上而言，人皆有道德感情之施與，而感發之際自有所謂歡樂之感，但著戀於此歡樂之感，即形成貪執與私心，逐漸形成令名之心，此名心一起，終成心靈顛倒之所在，這是心靈的雜染，故在此當求其剝盡與復位。

其次，就名心所形成具體之弊有二：二曲指出淺之爲富貴利達之名，深之爲聖賢君子之名。前者所導向的是，學以干祿的功利化發展，這種功利化的學習態度，最後卻成爲學習的主要目標與成就，導致儒學「正其誼而不謀其利」的基本精神的喪失。後者所導向的，卻是知識之擴張，而非道德之增長，是爲講書而非講學。針對「富貴利達之名」的問題。二曲指出：

今人教子弟，自六七歲讀書時，惟是富貴利達，子弟自受學之初，便已種下務外的種子，故朝夕所從事者，名利而已，與人會聚，言及名利則欣悅，言及修己治人，不以爲迂，則以爲異。此古今人之所以不相及也。而猶居之不疑，自以爲功名，卻不知「功名」二字，今人亦多認錯了。所謂功名者，有功於一方，有功於天下，有功於萬世。如伊周孔孟，得志則經綸參贊，兼善天下，不得志則紹前啓後，兼善萬世，自然天下頌之，後世傳之。不求名而名自隨，如形之必有影，是有功即有名也。而今童子進學，舉人登第，只知肥身家、保妻子，謂之富貴即可，謂之功名則未也。若謂眞正學問，即功名已落第二義了。人要明心見性，本源澄澈，此心凝然不動，常

〔註22〕見唐君毅著，《人生之體驗續編》（臺北：學生書局，民國85年3月），第二篇，頁35。
〔註23〕見唐君毅著，《人生之體驗續編》，第七篇，頁145。

> 變如一，不豫期功名，而時至事起，隨感隨應，功自建，名自立。
> 故求功名者，須以道德爲本，社稷生靈爲念。否則，富貴未必得，
> 而此心先亡。此心既亡，多一富貴，則反受一富貴之累。然此非讀
> 書人之咎，亦學術不明，勢使然也。爲今日計，惟在明學術。學術
> 明時則人才興，人才興則風俗正，而治化翔洽矣。〔註24〕

> 蓋以今之所謂「善」，即古之所謂「利」也。……。今農、工、商、
> 賈求利，原以資衣食；士爲四民之首，當正誼明道，表正四民，乃
> 汲汲於利，反更甚若輩。其有閉戶讀書，雞鳴吟誦，人人便欽其篤
> 志，稱其好學，卻不知彼終日揣摸者，全在富貴利達，起心結念，
> 滿胸成一利團。如此爲學，即終日懸梁刺股，囊螢映雪，忘食忘寢，
> 亦總是孜孜爲利，與大舜分途者也。〔註25〕

科舉之弊，在於他是一種由上而下的集體性的功利歧出，也是一種由小而大的學習目標整體錯誤之發展。是故，藉由科舉獲得功名利祿，即成爲「集體意志」的錯誤呈現。相對來看，對於儒學正確性的意義如修己治人、經綸參贊反成爲了一種迂腐奇異之舉。二曲在此即對世俗「功名」，提出另一種解讀，他認爲世俗之功名只是富貴之求而已，而非眞正之功名。所謂眞正的「功名」，乃主體道德價值創造後自然而形成的贊譽。這種功名之意義，其實亦爲「名實之辯」。章學誠（字實齋，1738～1801）在其〈鍼名〉一文中即明確指出：

> 名者，實之賓。實之賓，實至而名歸，自然之理也，非必然之事也。
> 君子順自然之理，不求必然之事也。君子之學，知有當務而已矣；
> 未知所謂名，安有見其爲實哉？好名者流，徇名而忘實，於是見不
> 忘者之爲實爾。識者病之，乃欲使人後名而先實也。〔註26〕

章氏認爲世俗求名，而不知「好名者，德之賊也」而終喪其實，眞正之名是無須刻意爲之，是有功後自然「實至而名歸」的。名實之關係，則是主賓關係之存在，不該悖實而求名，名則不當求而當求功，有功自有如影隨形之名。是故，針對世俗之科舉功名，所要導正的應是對功名正確的理解與體會。再

〔註24〕見〈常州府武進縣兩庠彙語〉，《二曲集》，卷三，頁25。
〔註25〕見〈常州府武進縣兩庠彙語〉，《二曲集》，卷三，頁26。
〔註26〕見〔清〕章學誠撰、民國葉瑛注，《文史通義校注》（臺北：漢京文化實業有限公司，民國75年9月），卷四，頁444。

則，針爲講學「以博聖賢之名」，二曲指出：

> 吾人諸病，猶易拔除，惟葛藤好名之病，病在膏肓，卒未易除。……，
> 名爲講學者，及察其實，仍舊只是摯章句，論書旨。如此只是講書，
> 非講學也。即眞正不泥章句，不滯故紙，能以理道爲務，則又舍目
> 前各人進步之實，茫不究心，往往言「太極」、談「理性」、辨「朱
> 陸異同」、指「陽明爲禪」，葛葛藤藤，惟鼓脣吻，此即一病也。淺
> 之爲富貴利達之名，深之爲聖賢君子之名，淺深不同，總之爲大病。
> 此病不除，即謹言愼行，終日冰兢，自始自終，毫無破綻，亦總是
> 瞻前顧後，成就此名根，畢生澆灌培養的是棘蓁，爲病愈深，死而
> 後已。此皆膏肓之證，盧、扁之所望而卻走者也。〔註27〕

二曲認爲這種博名之徒，其病實病入膏肓。其病之症在於論學，呈現的是形
上思想的辯證與研析，而忽略主體的身心之失；針對的是他人的批評，忘卻
了主體內修之不足的問題。老子云：「爲學日益，爲道日損」。日益者，指向
的是外在的思索與建立，是專業化務博之表現；爲道者，指向的是內在的克
己與完善，是心性自我完善之體現，兩者是不同之進路的。此亦二曲批判與
感嘆之處，這種好名之病，即如扁鵲等名醫亦是無法醫治的。熊十力就從「立
志」的角度，來說明「好名之患」的缺失。他指出：

> 學者何故不能立志？私欲之累也。私欲之甚者莫若名。外競於名，
> 則中藏顯實。亡實者，志已不持，萬惡所由始也，古今多少聰明
> 才辨者蓋不少，而考其所造就，往往甚草草，甚至自誤誤人之罪不
> 可逭。其所由至此者，急於自見，迫於自炫之私過熾。則自反自
> 修之忱，漸減以之至盡。逞浮游之小慧，縱搖蕩之狂情，投時風勢
> 之所偏尚。而不暇於擇善固執，不堪以精義入神，此好名者之通
> 患也。〔註28〕

儒家是重名實，但重視的是「名實而相符」，好名者之弊即在「循名而忘實」，
忽略儒學的本質精神──「爲己之學」之所在。是故，內無立志而貞定其中，
外則隨波逐流而失其實，這說明急於自炫則爲謀私而喪學術之實，批擊他人
以求贊譽則失其德，此皆好名之輩常見之失。

〔註27〕見〈常州府武進縣兩庠彙語〉，《二曲集》，卷三，頁28。
〔註28〕見熊十力著，《讀經示要》（臺北：明文書局，民國73年7月），上冊，卷二，
頁257。

　　總的來說，病根之診實即治療與自療之前提，二曲認爲名心實乃病根之本，此病根即導致學以功利、以及內修之不足之弊。針對此病根之治，最終即要透由學術教化，方能去除此好名之弊。其治療之道，即是透由學術人心作一重新的建設，對功名之意重新理解與認識。

　　所以就「治療學」而言，二曲論其「存有的異化」等病根處，實導入一名心妄作之問題，故當對此名心之顛倒加以復位與修正。此名心病根處具體而言，有功利之弊，亦有浮誇之失。二曲認爲對此之治療與自療，當從學術人心之啓迪處下手，方有具體改善之可能，此亦二曲以講學經世之目的所在。

第四節　治療之態度──論立志與躬行裩

　　「治療」與「自療」，乃建構在對名心妄作之消解，這樣的工夫首先強調的是心志之立。所謂心志之立，即「志於道」也，是以道德意志之建立，以破除名心之牽絆，立志即是對名心毀譽之對治，最終目的是導向一文化道德生活之成就。關於立志之重要性，陽明在〈教條示龍場諸生〉中，對諸生之訓誡就指出：

　　　　志不立，天下無可成之事，雖百工技藝，未有不本於志者。今學者
　　　　曠廢隳惰，玩歲愒時，而百無所成，皆由於志之未立耳。故立志而
　　　　聖，則聖矣；立志而賢，則賢矣。志不立，如無舵之舟，無銜之馬，
　　　　漂蕩奔逸，終亦何所底乎？〔註29〕

陽明認爲志乃成就一切事物的必然中介，無志不成，故須要立志。人之行爲涵認知、情感、意志，三者相融而匯成主體行爲之內在依據。而就成德而言，道德意志之貫徹，實爲首要之關鍵處。志對個人之心靈具有定向、指引、支撐的內在力量，所謂「苟志於仁矣，無惡也」。在〈示弟立志說〉一書中，陽明更從學聖賢之意涵來論「立志」的重要性。他指出：

　　　　夫學，莫先於立志。志之不立，猶不種其根而徒事培擁灌漑，勞苦
　　　　無成矣。世之所以因循苟且，隨俗習非，而卒歸於污下者，凡以志
　　　　之弗立也。故程子曰：「有求爲聖人之志，然後可與共學。」人苟誠

────────────

〔註29〕見〈續編一〉，〔明〕王守仁撰、吳光、錢明、董平、姚延福編校，《王陽明
　　　　全集下》，卷二十六，頁974。

> 有求爲聖人之志，則必思聖人之所以爲聖人安在？非以其心之純乎
> 天理而無人之私歟？聖人之所以爲聖人，惟以其心之純乎天理而無人
> 欲，則我之欲爲聖人，亦惟在此心之純乎天理而無人欲耳。〔註30〕

陽明在此討論的是，爲學成聖中立志的重要性。他認爲學聖賢之學必須建構
在心志之確立，有此心志之確立，方能進一步深體「聖之所以爲聖」之所
在，這層體認，本質上是導向天理之存、人欲之滅的克己工夫上。例如《傳
習錄》載：

> 問立志。先生曰，「只唸唸要存天理，即是立志。能不忘乎此，久則
> 自然心中凝聚。猶道塚所謂結聖胎也。此天理之念常存。馴至於美
> 大聖神，亦只從此一念存養擴充去耳」。〔註31〕

是故，主體的道德意識常存而不滅即是「立志」，成聖爲賢，是建構在對道德
意志之擴充與存養不斷的過程中。這種以「立志」論成聖之道，亦爲二曲所
論。二曲在〈觀感錄・序〉中，就指出：

> 而聖凡貴賤之所以卒分者，立志與不立志異也。立則不昧本良，順
> 而致之，便是天則，火燃泉達，凡即爲聖；否則，乍起乍滅，情移
> 境轉，反覆牯亡，聖即爲凡。而眞貴眞賤之實，在此不在彼，區區
> 貴賤之跡，非所論也。〔註32〕

這說明立志實踐與否，實是聖凡之別。心志之立是依其本然之良善擴充而致
的，能夠將此道德意志順而致之，即是成聖之關鍵所在。立志既爲聖凡之
別，就「聖之所以爲聖」而言，必須能對世俗有所超脫，對世間有所承當，此
即「立志」之終極意義所在。二曲對這些說法亦有所論。如〈傳心錄〉載：

> 問立志。曰：「大凡立志，先貴乎脫流俗。是故行誼脫乎流俗，則爲
> 名人；議論脫乎流俗，則爲名言，果能擺脫流俗，自然不埋於俗、
> 安於俗。而不思脫俗者，斯其人固已惑矣；欲脫俗而又欲見信於俗，
> 則其惑也不亦甚乎！孟子云：『君子之所爲，衆人固不識也。』不識
> 則疑，疑則忌，忌則訾毀排陷，自是常事。若於此瞻前顧後而動心
> 焉，必且終歸於俗矣。可不戒歟！」〔註33〕

〔註30〕 見〈文錄四〉，〔明〕王守仁撰、吳光、錢明、董平、姚延福編校，《王陽明
全集上》，卷七，頁259。
〔註31〕 見陳榮捷著，《王陽明傳習錄詳註集評》，卷上，頁57。
〔註32〕 見〈觀感錄・序〉，《二曲集》，卷二十二，頁273。
〔註33〕 見〈盩厔答問〉，《二曲集》，卷十四，頁119。

　　立志，當做天地閒第一項事，當做天地閒第一等人，當爲前古後今
　　著力擔當這一條大擔子，自奮自力。在一方，思超出一方；在天
　　下，思超出天下。今學術久晦，人失其心，闡而明之，不容少緩。
　　當與一二同心，共肩斯事，闡揚光大，衍斯脈於天壤。「救得人心千
　　古在，勳名直與泰山高」，則位育參贊事業，當不藉區區權勢而立
　　矣。〔註34〕

二曲對立志之討論，乃根基於主體道德意識，進而展開的的淑世善群、參贊
位育之功業，這是一種扭轉乾坤與承擔世道的魄力與精神，其立志之目標
乃欲爲「天下第一等事」、爲「天下第一等人」。此第一等事與人，即張載的
「爲天地立心，爲生民立命，爲往聖繼絕學，爲萬世開太平。」等四爲大
業之實踐與落實。這種終極關懷的心志在本質上，要能脫俗而不被名心毀譽
所擾、所憂、所惑。他指出：「人惟無志，故隨俗浮沉；若眞實有志，自中
立而不倚。」〔註35〕又曰：「聞譽而欣，聞毀而戚，欣戚由於毀譽，乃好名者
所爲也；不欣不戚，方是眞實爲己。」、「毀譽乃吾人生平大關，過得此關，
纔見學力。」〔註36〕是故，他認爲立志者要能超越「毀譽」之關。這意謂著
立志者，乃立志爲天下第一等事、等人，內則專心致志不爲流俗所移，外
則不爲欣譽所惑。陸象山就指出：「大凡爲學須要有所立，《論語》云：『己
欲立而立人。』卓然不爲流俗所移，乃爲有立。」〔註37〕所謂「脫俗」，即對
世俗名心、利心之擺脫與超越，惟有擺脫與超越，價值意義的創造方有所
成。關於這種「專心致志」之精神，與道德理想之創造的關係，唐君毅就明
確指出：

　　而發心希聖希賢，成佛成祖，使天理流行不斷，私欲習氣之念，才
　　動即覺，才覺即化，便要精神。精神之特性，在能自持續一自作主
　　宰、專心致志的心境，而無間斷。此心境亦恒在其排除不相干者，
　　克服超化其阻礙中者進行。精神生活永遠如一逆水行舟。而直溯水
　　源之航行。而此亦即創造性的文化生活、道德生活之本性。……。
　　人必然多多少少視俗情世間毀譽如無物。人亦惟能多多少少視俗情

〔註34〕見〈傳心錄〉，《二曲集》，卷六，頁46～47。
〔註35〕見《四書反身錄》，《二曲集》，卷三十五，頁471。
〔註36〕見《四書反身錄》，《二曲集》，卷三十五，頁471。
〔註37〕見〔清〕黃宗羲撰、〔清〕全祖望續修、〔清〕王梓材校補，《宋元學案·象
　　　　山學案》，第十五冊，卷五十八，頁10。

世間毀譽如無物，而後創造性的文化生活道德生活才可能。〔註38〕
專心致志誠如逆水行舟，是與世間毀譽對立。惟其不同，方能不被世俗所決定、影響、宰制而異化，進行歸結出個人、社會群體正確的發展，亦因此方能有一種「創造性的文化生活與道德生活」的落實與成就。

而繼主體志於道後，「治療」與「自療」接續強調的，即是主體「實踐躬行」的態度，而非「閒講泛論」能言而不能行的。二曲針對實踐躬行之重要性指出：

> 我這裏論學，卻不欲人閒講泛論，只要各人迴光返照，自覓各人受病之所在，知有某病，即思自醫某病，即此便是入門，便是下手。〔註39〕

> 別無他法，各從自己病痛上著工夫。務令病去，則本體自全。自古聖賢，未嘗於本體之外有所增益也。如所病不除，雖終日講究，總是閒圖度，終日祇修，總是不貼切。〔註40〕

> 惟君子方訥於言而敏於行，否則，敏於言而訥於行矣。世之無志於學者，固勿論已；即號為有志者，往往辯論有餘，而實體不足，是道之所寄，不越乎語言文字之閒而已。申公有言：「為治不在多言，顧力行何如耳。」今為學亦不在多言，亦顧力行何如耳。誠能於《四書》中，著著實實力行一二言，即終身無議論，無著述，亦不害其為君子。否則，論辯雖精，撰著雖豐，不過巧言而已，夫巧言亂德，學人所當痛戒也！〔註41〕

> 邇來講學者，頗有其人，道其明矣乎，而不知其憂方大也。往往講之以口，而實未嘗驗之於身，逞臆見，爭門戶，祇以增勝心，此亦通人之通患也。〔註42〕

所謂「泛講議論」、「終日講究」、「辯論有餘」，皆只是智及之而不能仁守之狀態。二曲學兼關學與心學之傳，關學本質上即重「躬行禮教」〔註43〕，心學

〔註38〕見唐君毅著，《人生之體驗續編》，第一篇，頁23。
〔註39〕見〈常州府武進縣兩庠彙語〉，《二曲集》，卷三，頁27。
〔註40〕見〈傳心錄〉，《二曲集》，卷六，頁45。
〔註41〕見〈常州府武進縣兩庠彙語〉，《二曲集》，卷三，頁29。
〔註42〕見〈靖江語要〉，《二曲集》，卷四，頁38。
〔註43〕劉蕺山〈師說〉在言呂涇野指出：「愚按：關學世有淵源，皆以躬行禮教為本，而涇野先生實集集其大成。觀其出處言動，無一不規於道，極之心術隱

之陽明更言即知即行,「知行合一」之說。從陽明之觀點看,行孝方爲知孝,故講論者實爲不知亦非眞知也。這說明學問本質在於轉化自身的生命,「言說層次」只代表知性的理解,必須進入「實踐層次」,才是眞正的道德理性的落實。二曲認爲爲學乃一切己之自療。是故,「自療」即意謂主體自覓「病痛所在」,自覺病痛後「自除己病」。質言之,即實切的就其病痛處刮磨洗滌一番,是就主體身心處加以體驗,驗之以體,此即二曲所強調的實踐篤行之意。相對的,若純粹言說而無實踐,只是口頭道學,是將德性之學知識化的歧出,自身之病痛終無可治之日。二曲重視的是既能講又能行的意義。他指出:

> 人患不著實躬行,誠肯著實躬行,則不可一日不講。講則神情娓娓,日精月進;不講則自作自報,率意冥行。譬猶杜門安坐之人,終日講盡無窮路程,而自身卻依然在家如故,此則可羞可戒。若啓程就途,不詳講路程,而曰:「貴行不貴講」,未有不北轅南轍,入海而上太行者也。〔註44〕

儒學是重視「講」與「學」的意義。講學實際上在德性之學中,具有深切之意義的,所謂「道義由師友之」。道義之體驗與獲得,不僅僅於自身之學習,外在經驗的學習與交流,是有助於學思歷程中的困難與突破。是故,講即是「博學」、「審問」、「愼思」與「明辨」全體性的融合,整個歷程是一種學習、互動、問答、思考的過程,但這些學習的經驗最終也是最基礎之所在,都必須趨向一種「篤行」之過程。惟有「篤行」,德性之學方能有所成。可見「講學」與「躬行」,代表者道德理性的覺解與落實,是即知即行的。「講」代表著知解後的「定向的作用」,惟有此貞定,方能確保所行無誤;而「行」代表著定向後的「體驗與實踐」,惟有此力行,方可就正於道。從治療學的概念來說,講即病根之理解,學即知其病根後自療之開展。

　　所以就「治療學」之態度,必然是積極立志於道,必然是實踐躬行的。立志是本之內在道德意識,而以成就人文精神爲開展的基本動力;而此動力之延續又必須奠基於實踐躬行。人之病根所在多半自知,知其所惡,立志除惡務盡,則成聖爲賢實爲可能與可爲之事。

微,無毫髮可疑,卓然閔、冉之徒,無疑也。」見〔清〕黃宗羲撰,《明儒學案上》,頁11。

〔註44〕見〈常州府武進縣兩庠彙語〉,《二曲集》,卷三,頁29。

第五節　閱讀之自療──論經典之切己

「治療」與「自療」，對治之重點在於「存有的異化」。二曲首先揭示的是儒學經典所呈現的「歷史治療功能」。關於此說，二曲在早年之著〈悔過自新說〉中即言：

> 疑者曰：「《六經》、《四書》，卷帙浩繁，其中精義，難可殫述『悔過自新』寧足括其微奧也？」殊不知《易》著「風雷」之象，《書》垂「不咨」之文，《詩》歌「維新」之什，《春秋》微顯闡幽，以至於《禮》之所以陶，《樂》之所以淑，孔曰「勿憚」，曾曰「其嚴」，《中庸》之「寡過」，孟氏之「集義」，無非欲人復其無過之體，而歸於日新之路耳。正如《素問》、《青囊》，皆前聖已效之方，而傳之以救萬世之病，非欲於病除之外，別有所增益也。〔註45〕

《素問》乃《黃帝內經》之一。《黃帝內經》，乃為一部托名黃帝的著作，其書共十八卷，一百六十二篇，分別由由《靈樞》與《素問》各九卷組成之醫書〔註46〕。至於《青囊》，乃源自華陀醫術之意〔註47〕。二曲是以儒家《六經》、《四書》之經典如同「醫書」一般，乃為對治病症之「醫書」。除此，他又指出：

> 孔、顏、思、孟，及宋之濂、洛、關、閩，明之河、會、姚、涇，俱是醫人的名醫：《五經》、《四書》及諸儒語錄，俱是醫人的良方。乃吾人自少至長，終日讀其方，祇藉以為富貴利達之資，實未嘗以

〔註45〕見〈悔過自新說〉，《二曲集》，卷一，頁4。

〔註46〕紀昀於《四庫全書總目提要》：「《黃帝素問二十四卷》（內府藏本）唐王冰註。《漢書‧藝文志》載《黃帝內經》十八篇，無《素問》之名。後漢張機《傷寒論》引之，始稱《素問》。晉皇甫謐《甲乙經序》稱《鍼經》九卷、《素問》九卷，皆為《內經》。與《漢志》十八篇之數合，則《素問》之名起於漢、晉間矣，故《隋書‧經籍志》始著錄也。然《隋志》所載祇八卷，全元起所註已闕其第七。冰為寶應中人，乃自謂得舊藏之本，補足此卷。……」見《子部十三‧醫家類一》，〔清〕永瑢等撰，《合印四庫全書總目提要及四庫未收書目禁燬書目二》，卷十三，頁85。

〔註47〕關於「青囊」，據《辭海》云：「《後漢書‧華佗傳》云：『佗臨死，出一卷書與獄吏，曰：『此可以活人。』吏畏法，不敢受，佗亦不強，索火燒之。』張驥補注引《神仙綱鑑》：『吳押獄者，每以酒食供奉，佗感其恩，告曰：『我死非命，有青囊未傳，二子不能繼業，修書與汝，可往取之。』……世因亦以青囊稱醫術。」見臺灣中華書局辭海編輯委員會編輯，《辭海下》（臺北：臺灣中華書局，民國84年），頁4773。

按方服劑，自療其病，豈不辜負明醫立方之初心。〔註48〕

在此二曲是將代表儒學之作如《四書》、《五經》，以及宋明之語錄，視爲「醫方」，將自先秦以及宋明諸子之聖賢大儒，視爲「名醫」，志在點明儒學歷史功能與價值，乃爲一「醫治」之治療觀點。醫治之目的在於疾病之診治，在於對存有的異化之治療，這種觀點基本上是將「主體」與「經典文本」與「經典文本的創作者」，視爲「病患」、「醫書」、「醫者」等治療關係。

　　具體來說，「經典文本的創作者」、「經典文本」乃爲「醫者」與「醫方」之關係。這說明儒家之存在意義，乃爲拯救存有異化之「醫者」，故其著作即是對此群體之疾病所揭示的「醫方」，其目的是在於診治其失，藉以恢復主體人格之完善、完美之狀態。二曲就對儒學之演變提出解釋，他指出：

> 先覺倡道，皆隨時補救，正如人患病，受症不同，故投藥亦異。孟氏之後，學術墮於訓詁辭章，故宋儒出而救之以「主敬窮理」；晦菴之後又墮於支離葛藤，故陽明出而就之以「致良知」，令人當下有得。及其久也，易至於本體而略工夫，於是東林顧、高諸公，及關中馮少墟出而救之以「敬修止善」。〔註49〕

就二曲而言，學術之變遷與發展，主因在於「世風之失」與「學術末流之弊」而形成的，故先覺倡道之意義，旨在揭示患病的拯救治療之道。思想家之立論是有爲而發的，是對群體之缺失而因病立藥的，必須從這一層體驗其意義所在。本其救弊補偏之意，二曲就明確對陸王之學之治療功能有所定位。他指出：

> 陸、王矯枉救弊，其言猶藥中大黃、巴豆，疏人胸中積滯，實未可概施之虛怯之人也！〔註50〕

所謂「大黃」、「巴豆」乃中藥中的下瀉之藥〔註51〕。他以陸王之說爲譬，實言其學乃爲去世俗功利積滯之疾的猛藥。但相對的，症狀不同處，自當因病

〔註48〕見〈常州府武進縣兩庠彙語〉，《二曲集》，卷三，頁28。

〔註49〕見〈南行述〉，《二曲集》，卷十，頁76。

〔註50〕見〈東林書院會語〉，《二曲集》，卷十一，頁98。

〔註51〕「大黃」，據《中醫大百科全書》載：「大黃（rhubarb），常用瀉下藥。別名黃良、將軍、川軍、錦紋大黃。始載於《神農本草經》。」見傅世垣主編，《中醫大百科全書》（臺北：遠流書局，民國91年），頁55。至於「巴豆」，據《中國醫學大辭典》載：「『性質』，辛溫有毒（或作甘苦熱有大毒）『功用』，大燥、大瀉，開竅，宣滯，通腸，……。」見謝觀編纂，《中國醫學大辭典》（臺北：臺灣商務印書館，民國77年11月），頁512。

而立藥，未可概施所有之症。

　　而從經典閱讀之意義來說，「主體」須透由「經典文本」掌握「經典文本的創作者」所揭示的意義脈絡而加以體驗，正如病患透由「醫書」展開自我之疾的「治療」與「自療」。對比「經典閱讀」與「醫治」之關係，其開展之對應關係如下：

經典之作者→經典←→讀者→掌握經典意義脈絡→形成理解詮釋→自身轉化
　　↑↓　　　↑↓　　↑↓　　　　↑↓　　　　　　↑↓　　　　　↑↓
醫書之作者→醫書←→病患→閱讀醫書知其症狀→形成切己治療→自療其病

從其對比之關係，可釐清幾層意涵：

　　第一、經典之作者透過其創作，表達其微言大義；讀者藉由經典之閱讀，掌握經典意義脈絡，形成「再體驗」的理解詮釋，以達自我轉化之目的。這如同「醫書之作者」、「名醫」，透過其「醫書」，說明病症與醫法；病患相對的，則透過對「醫書」所呈現的症狀與醫法，形成切己治療之過程。

　　第二、具體來說，經典是一歷史的文獻，必須經由讀者之提問與對話，方能深化其理解與詮釋，此提問與對話是第一層之理解與詮釋。此理解詮釋後，最後方能形成一種「再體驗」的自身轉化之功能。是故，其步驟乃是虛心理解而後再體驗的過程。以此來對應「治療學」之概念。首先，病患藉其醫書，對應其症狀與治法，此爲第一層的「切己治療」。這說明了，醫者與病患亦非直接的醫治，他必須以其醫書爲中介，先做「虛心切己」之覽，以明其症與治法。其次，再經由切己之治療，轉向一「自療其病」之過程，即知其病後對症下藥，以達康復其體之結果。

　　第三、從成德之層面來說，經典是具有治療之功能，但必須經經由「切己自療」，經典治療學之功能才得以彰顯。「虛心切己」是經典之治療第一步驟，藉由經典展開的意義與問題脈絡切己體驗。最終「反身而誠」達到自我之「自療」。此過程即是從廣義的治療關係，轉向主體的自療對治之發展。

　　二曲對經典之閱讀，其態度是積極與重視的。他爲其弟子開出了包括〈體用全學〉，討論體用思想之書目，以及〈讀書次第〉，作爲指導爲學之書目。在〈體用全學·識言〉中，其弟子張珥就指出：「欲爲明體適用之學，須讀明體適用之書；未有不讀明體適用之書，而可以明體適用者也。」〔註52〕來表

<hr>

〔註52〕見〈體用全學·識言〉，《二曲集》，卷七，頁48。

明二曲重視閱讀之意；其弟子李士璸在〈讀書次第‧識言〉亦針對二曲之書目指出：「由《小學》漸入《大學》，自經傳徐及文史，步步有正鵠，書書有論斷，眞入聖之正門，爲學之上路也。」〔註53〕故重視閱讀、重視經典，是二曲對自身「治療」與「自療」，而使主體身心轉化的方法策略之一，也是二曲對儒學經典正面功能之體現。這正是儒家經典所具體展現之目的所在，也是二曲對儒學經典視爲治療功能的補證。

　　所以「經典」之閱讀，是「治療學」開展的第一個層次。二曲以經典如同醫書一般，對人之疾病有其「治療」與「自療」之功能。這是爲二曲對儒學經典功能之詮釋，亦是爲己之學──人格完善、完美實現之途徑。

第六節　主體之自療──論良知本心之體驗

　　「治療」與「自療」之「終極目的」，即在於自復其體、自全其疾。而此康復之歷程，除經典之切己治療與自療外。最爲關鍵的是，乃是對自身良知本心之體驗。二曲認爲「主體之自療」──良知本心之體驗，乃爲一「識本心之良」的「立本」之實踐歷程。其過程中乃一向內的「驗之以體」後，再據此良知本心之體驗，順而擴之「由仁義行」而成聖的學習歷程。這是對治「存有的異化」中，最爲重要的自療之道。二曲指出：

　　顧爲學先要識本，誠識其本而本之，本既得，則末自盛。〔註54〕

關於「本」爲何？二曲指出：

　　即各人心中知是知非，一念之靈明是也。此之謂天下之大本。立者，
　　立此而已。無他肫肫，此即肫肫；無他淵淵，此即淵淵；無他浩浩，
　　此即浩浩。時出者，由此而時出也；朝聞者，聞此也；夕死而可者，
　　既覷本面，一證永證，一了百了，生順死安，無復餘憾也。〔註55〕

爲學之首要在於「本體之識」、「識本心之良」之後而立本。二曲認爲「本」，乃《中庸》所言的「立天下之大本」。《中庸》言：「唯天下至誠，爲能經綸天下之大經，立天下之大本，知天地之化育。夫焉有所倚？肫肫其仁！淵淵其淵！浩浩其天！苟不固聰明聖知達天德者，其孰能知之？」〔註56〕此「本」

〔註53〕見〈讀書次第‧識言〉，《二曲集》，卷八，頁55。
〔註54〕見〈靖江語要〉，《二曲集》，卷四，頁34。
〔註55〕見〈靖江語要〉，《二曲集》，卷四，頁34。
〔註56〕見《中庸章句》，〔宋〕朱熹撰，《四書章句集注》，頁38。

乃人性之本源，萬物之所以然，亦人之的良知本心。就陽明言即是「知是知非一念之靈明」。良知之說雖淵於孟子，但孟子論心乃從惻隱之心、羞惡之心、辭讓之心、是非之心四端來言。而陽明則側重以「是非之心」來論良知，如〈四句教〉中的「知善知惡是良知」〔註57〕。二曲言「由識本而立本」，代表者自療的第一個步驟，即在對於良知本心之自覺體認與把握，這是主體面對「存有的異化」中，最具「永恆性」與「積極性」的療法。是故，能對此「良知本心」之體驗與挺立，人的一生存有的意義即得到彰顯，此即《論語》「朝聞道，夕死可矣。」、《西銘》所謂「存，吾順事；歿，吾寧也。」之涵意所在。傅偉勳就認為對於終極真實（ultimate of reality）等天命、天道等實存主體──良知的體認，乃是所以保證每一單獨實存能在精神上超克死亡，或徹底解決生死問題的真正理論與根據〔註58〕。換言之，儒學之生死是置於道德生命的「自我實現」之層次上的，惟有發抉、體驗、實現道德生命之真實與意義價值，主體才能真正超克死亡，達至主體安身立命的終極關懷（ultimate concern）。

其次，具體來說，「良知本心」之體驗，何以為「存有的異化」之自療？就儒學之觀點來說，人之心性本質是自明自覺的覺省狀態，是一種無執無滯，超越對立二元分別心的狀態，然因受先天氣質、軀殼起意、外在物誘之影響，而使此虛明之心有所障弊，此障弊處即「執之成習，習之成業，業染

〔註57〕 牟宗三就指出孔子講仁，孟子由仁而講仁、義、禮、智，王陽明由仁、義、禮、智而獨講「智」。王陽明何以獨以末德來了解心？其因在於王以講仁已濫，乃特從「智」上為訣竅而了解心。不過其「智」並非四端並立之「智」，而是將「智」冒上來。陽明之智為虛德亦為實德。此「智」從其為心之德而言是實，但此實乃虛，所謂虛即「靈」，即「覺」，即所謂虛靈不昧。這說明了，若以仁來了解心，乃實德，從智了解心，則為「虛靈不昧」。而「智」冒上來後，則通透心之全體，而彰著心之虛靈，此為虛。若虛靈真的不昧，則實德才能被拖帶出來，實德被拖帶出來，即是「心即理」，由此心所發出的即是「理」，即是法則。王陽明指此虛靈不昧，即是「良知」。「良知」即是非之心，是非個好惡，只好惡便盡了是非，只是非就盡了萬事萬變。故是非是個大規矩。良知並非現在所謂的直覺本能，而是本心之明，其運用，是具體的、當機的，不是抽象的。它是跨越在意的善惡之上，是絕對的至善，故曰無善無惡。這種將「智」冒上來了解心，乃是王陽明一大妙處、一大貢獻。見牟宗三著，〈王學的正解〉，見氏著《人文講學錄》，收入於《牟宗三先生全集（二十八）》（臺北：聯經出版社，2003年4月），頁100～101。

〔註58〕 見傅偉勳著，〈世界宗教與死亡超克〉一文，見氏著，《死亡的尊嚴與生命的尊嚴》，頁106～107。

難解」（林師安梧語）而形成率意冥行之弊。然雖爲浮雲所障，只要雲霧一散，人心之虛靈明覺即能歸至「本然狀態」，促使主體之起心動念處，無一不合乎道德行爲之規範。

從主體之「自療」層次來說，本心、本性、本體、本原、良知本心是一種先天對疾病具有治療、自療之功能，但此治療、自療之功能，極易因個人與集體環境的交叉污染下，而暫失其能。是故，只要主體「自識」此功能，向內反身而誠、驗之以體，回到本體的源頭活水處，即能再度的對「存有的異化」產生「自療」之功能。林師安梧就指出：

> 在意義治療學的系絡裡，人們必須去除存有的執定所開啓的執染，
> 必須回到存有的意義之源，而歸本於自家的本心（亦即宇宙的本
> 體），由此本心的涵養，靜存其氣，方可去除惡習也。〔註59〕

這說明了「存有的異化」，必須回歸至「存有的本體」，方能產生對「存有的異化」之自療，這種歷程即是一種「存有的回歸」。可見，患病之處在己，自療亦在主體，亦只有主體方能眞正的對自我之病產生去疾之功能。

而從主體的價值與生命意義之追求上，二曲認爲對「良知本心」之「體驗」是存有的「終極意義」所在。二曲指出：

> 歲月易過，富貴如電。吾身尚非吾有，身以外何者是吾之有。須及
> 時自策自勵，自作主宰，屏緣滌慮，獨覷本眞。毋出入，毋動搖，
> 毋昏昧，毋倚落。湛湛澂澂，內外無物。往復無際，動靜一原。含
> 眾妙而有餘，超思言而迥出。此一念，萬年眞面目也。至此，則無
> 凡聖可言，無生死可了，先覺之覺後覺，覺此也；《六經》之「經後
> 世」，經此也；《大學》之「致知」，致此也；《中庸》之「愼獨」，愼
> 此也；《論語》之「時學習」，學習乎此也；《孟子》之「必有事」，
> 有事乎此也。以至濂溪之「立極」、程門之「識仁」、朱之「主敬窮
> 理」、陸之「先立乎其大」、陽明之良、甘泉之認，無非恢復乎此也。
> 外此而言學，即博盡羲皇以來所有之籍，是名玩物；著述積案充棟，
> 是名喪志。總之，爲天刑之民。噫！弊也久矣。〔註60〕

首先，二曲認爲人必須對存有之意義與價值作思考。主體之身的富貴窮達、

〔註59〕 見林師安梧著，〈再論「儒學型的意義治療學」——以唐君毅先生的《病理乾
　　　　坤》爲例〉一文，收入於鄭志明主編，《生命關懷與心靈治療》，頁18。
〔註60〕 見〈學髓〉，《二曲集》，卷二，頁21～22。

死生得失，基本上是稍縱即逝的，人應當致力於道德本源、心性價值之開發。而剋就儒學而言，其「終極關懷」（ultimate concern）如「安身立命」，與「終極目標」（ultimate goal）如「仁道之實踐」，皆是建立在具有「虛靈明覺」之特質、「知善知惡」之能力、「好善惡惡」之力量、「動靜一如」之感應、非言詮而為實踐力行等「良知主宰」的自覺與體認等層次上。

其次，溝通「經典治療學」與「主體治療學」兩者層面的匯整。「經典治療學」所揭示與展現的義理，如《六經》所謂的「經後世」、《四書》中如《論語》「學而時習之」、《孟子》的「必有事焉」、《大學》的「致知」、《中庸》之「慎獨」，皆是對此之討論；乃至宋明諸儒的本體工夫，如周敦頤（字茂叔，1017～1073）「主靜立人極」、程明道（程顥，字伯淳，學者稱明道先生，1032～1085）「識仁」、朱子（朱熹，字元晦，號晦庵、晦翁，後世簡稱朱子，1130～1200）「主敬窮理」、象山的「先立乎其大」、乃至陽明的「致良知」、湛甘泉（字元明，1466～1560）的「隨處體認天理」等說，無一不是導向「主體治療學」中的「心性之體驗」。這說明無論「經典治療學」，乃至「主體治療學」中所欲闡明之意義，皆不外乎強調的是對實存主體——良知本心的體驗。

第三、此良知本心之主宰，即主體之本來面目。其工夫進路在於識本、立本的心性體認與工夫修養，這才是「治療學」的真正意義所在；相對的，若是將主體有限之生命，放之於博聞強記、著述立說之中，即陷入所謂的「玩物喪志」的弊病。換言之，「博聞強記、著述立說」對主體而言，不但不是治療，而是反治療，更是添加疾病之主因。

所以談主體之治療——良知本心之體驗，是「治療學」中最為重要的一環，這說明人之病根在己、治療亦在己，惟有回歸至實存主體——良知本心之體驗上，方能真正的切己，除去己病之疾，也才是真正能夠對治「存有的異化」之治療。

第七節 自療之工夫
——論「由仁義行」與「為道日損」

如上所述，「存有的異化」，須透由實存主體——良知本心之體驗的「識本」而「立本」之過程。而此「識」與「立」後，具體的本體工夫，即為「由

仁義行」的擴充工夫，以及「爲道日損」式的減損之爲。首先，關於「由仁義行」之意義。二曲指出：

> 此良昭昭於心目之間，蔽之不能昧，擾之不能亂，減之無所損，增之無所益，與天地合德，而日夜同明，通乎晝夜之道而知，順而行之，便是天則。不必支離葛藤，義襲於外，舍眞求假，空自擔閣。〔註61〕

儒學認爲人性乃是天賦之善，昭昭自明的，是大行不加、窮居不損的，並與天地合德的。此合德之說出自《易經・乾卦・文言》，其言：「夫大人者，與天地合其德，與日月合其明，與四時合其序，與鬼神合其吉凶。先天而天弗違，後天而奉天時。天且弗違，而況於人乎？況於鬼神乎？」〔註62〕是故，對此天賦之善的本握與體現，即是一種由內在心性本體爲基礎順而擴之的工夫，此即孟子所謂的「由仁義行」的「集義」，而非「襲義」的「行仁義」。二曲對此之問題。他指出：

> 性本人人各具之性，則道爲人人當由之道，非堯、舜、禹、湯、文、武、周公、孔子所得而私也。然人人當由，而人人不能盡由，惟堯、舜、禹、湯、文、武、周公、孔子能率其性所固有，由其日用之所當然。如堯之「允執」，舜之「精一」，禹之「祇承」，湯之「以義制事，以禮致心」，文之「不臨亦式，不諫亦人」，武之「敬勝怠，義勝欲」，周公之「思兼」，孔子之「敏求」皆是也。後之學者，誠能如群聖已然之效，而率之、由之、尊所聞，行所知，見群聖之心而因以自是其心，始也，就其效先覺之所爲，而若堯、舜、禹、湯、文、武、周公、孔子之道；終也，自返自照，自戒自證，乃各人自致其各人當由之道也。於堯、舜、禹、湯、文、武、周公、孔子乎何有？若執爲堯、舜、禹、湯、文、武、周公、孔子之道而致之，是義襲於外也，是舍己之田而芸人之田也。其摹擬仿傚、畔援歆羨之私，中心不勝憧憧，乃行仁義者之所爲，而非由行仁義之實際也。〔註63〕

首先，二曲認爲就人性之善層面而言，是聖凡一致的，非聖人獨有而私的，

〔註61〕見〈東行述〉，《二曲集》，卷九，頁64。
〔註62〕見〔魏〕王弼、韓康伯注、〔唐〕孔穎達等正義，《周易正義》，收入於《十三經注疏》，卷一，頁17。
〔註63〕見〈常州府武進縣兩庠彙語〉，《二曲集》，卷三，頁30～31。

故聖凡之別不在於人性本質面之問題，而在於工夫層面之落實。聖人能將此先驗之處，擴充而落實為經驗所在，啓本心之良而落實於日用常行之中，而凡俗則無法落實而失其所良。故問題癥結不在心性論而為工夫實踐層次的。

其次，聖人成聖之歷程是可效法的，這是「學而時習之」的「仿效」之意。亦即，對於「聖之所以為聖」的體驗過程，對於群體大眾在「初學入門之際」，是有意義的；但相對的，最終學習，必然導向一種「自返自照，自戒自證，乃各人自致其各人當由之道也」的自體過程。這說明了每個人的學習歷程是不同的，是無法全盤照收，依序漸進的。存有之個體所面臨之問題與是有差異的，其「處境倫理」亦有所別。故當依其「良知本心」之理，發抉出存有獨特性之經驗，進而創造出屬於自我的道德實踐歷程。此即儒學的「自得」、「由仁義行」的學習價值與態度；若一味學習他人之路而忽略自身之問題，即易產生摹擬仿效的「行仁義」之弊。可見二曲治療學之觀念，實不廢經驗學習，亦重生命自得之體驗。

從治療學的角度來說，每個人之病痛症狀各有不同，病之在名或病之在利等等多有不同。治療之初，或可對比參照並加以診治與治療；但最終則須切己體認病症之根由與深淺，因病而立藥、對症而下藥，方可身其自療之效。相對的，一味依從他人之症，而忽略己身之疾，不但無法收其痊癒之效，更易使其疾病更雪上加霜。孫紹先就從文學治療之層面，提出類似之看法。他指出：

> 經過宣洩，求得精神心理的相對平衡，是文學對一般讀者發揮治療功能的原則。個別欣賞者，由「宣洩」而「模仿」，走火入魔，分不清虛擬世界與現實世界的關係，則不僅治療無從談起，反而會病症加重。〔註64〕

這說明了以「義襲」之弊端，是容易產生無法區別「存有現實」與「經典文獻」之界限。當主體無法依照存有之異化作為對治之過程，治療之意義不但無法達成，甚至會形成一反效果，而更增加病症之惡化的。

第三、實存主體的良知本心工夫，其本質是依良知本心加以擴充集義而成，而具體工夫乃是「有歸於無」之發展。二曲指出：

> 所謂工夫，非是「無生有」，只是「有」歸「無」，惟將平日所蘊，一

〔註64〕見孫紹先著，〈不可輕易翻轉的《風月寶鑑》——對文學治療功能的再認識〉一文，收入於葉舒憲主編，《文學與治療》，頁1119。

切放下，閑思雜慮，盡情屏卻，務令此中空洞虛豁，了無一物，便是
工夫，便是得力。若再有工夫可進，得力可言，非誑即妄。〔註65〕
二曲此處之工夫實指靜坐之工的體驗。所謂「有歸無」，實即「默坐澄心」之
法，即是主體眞我對治假我，進而將對心靈中不當「物欲」、「人欲」、「意見」、
「成見」、「名利」、「陋習」，等負面生理心理意識省察後的消解與剝落，此存
有的異化消解與剝落後，本心自然恢復其湛然虛明、虛明寂定之本然狀態。
至此，所謂的工夫即是保任與存養。從「治療學」的層面來說，這是一種「爲
道日損」式之方法，乃將主體身心之疾一一對治與治療，的恢復主體本然健
全之身心意識過程。二曲在〈消積〉一文中，就曾以中醫治病之譬說明這種
關係。他指出：

> 蒲城惺庵王翁（王省菴），時以性命大事相印，茲訪余小寓。二三友
> 人，亦相與過從共話。一友患食積，翁教以服「消積保中丸」，余因
> 言：「凡痰積、食積，丸散易療，唯骨董積非藥石可攻。」翁詢其故，
> 余曰：「詩文蓋世，無關身心，聲聞遠播，甚妨靜坐。二者之累，廓
> 清未盡，即此便是積。廣見聞，博記誦，淹貫古今，物而不化，即
> 此便是積。塵情客氣，意見才識，胸中一毫消融未盡，即此便是積。
> 功業冠絕一世，而胸中道德之見，一毫消融未盡，即此便是積。道
> 德冠絕一世，而胸中功業之見一毫消融未盡，即此便是積。以上諸
> 積雖深淺不同，其爲心害則一，總之皆骨董積也。」翁因問消之之
> 道奈何，余曰：「若此者其惟實致其知乎，知則則知吾性本一體，原
> 無一物，自爾忘其所長，忘而又忘，并忘亦忘矣。并忘亦忘，始謂
> 之返本還元，始謂之安身立命。」在座聞之，惕然有省，余遂記之，
> 以諗同志。〔註66〕

「消積保中丸」據《沈氏尊生書方》云，其功用在「治痞塊」，乃爲治療痰積、
食積之病〔註67〕。二曲以此引申人之生理疾病易治，人之名心病根，則爲箇
疾而難醫。他認爲人之所執，無論在廣聞博見上、乃或功業道德冠絕一世，
皆因其名心而成病根，因此榮耀之感而使心積累成疾，此皆主體明道修養之
障弊所在，亦是主體反省、對治與超越之下手處。是故，二曲認爲治療之道，

〔註65〕見〈南行述〉，《二曲集》，卷十，頁83。
〔註66〕見〈雜著〉，《二曲集》，卷十九，頁230。
〔註67〕見謝觀編纂，《中國醫學大辭典》，頁2174。

當爲消解此心之執與滯，要能「功成而弗居」，將此得失之心，「忘而又忘，并忘亦忘矣。并忘亦忘」。將此心之「執」與「滯」化解掉，亦要將此化解之心進一步的再「化解」。進而回歸至實存主體——良知本心境識俱泯、無分別心的本然之狀。

所以二曲論自療之工夫，實一「由仁義行」順而行之的擴充工夫，亦是「爲道日損」的化解剝落之工夫。兩者實爲交叉實踐之工夫。前者，就治療學之層面而言，重視依其良知的自療能力去其本疾，因病而立藥；後者則在說明治療工夫之具體操作，乃在於將人的名心病根一一加以消解之過程。

綜上所言，二曲對「成聖之道」所開顯的「治療學」之論述，從「治療」之涵義與意義之開展，其存在之面向與問題如下：首先，論「治療學」，必須存在有「病症」之狀況；其次，此疾病亦必須復有其「診斷」與「治療」、「自療」之過程；最終則有「治癒康復」之結果，方可謂之「治療學」。其論述之重點大抵如下：

第一、二曲論病，實乃是扣緊於儒學的「成聖之道」的問題加以發端的，他認爲儒學本爲「爲己之學」，實然上已淪至「爲人之學」，此即所以須要治療之因由所在。這是因爲科舉功利，名心薰化進而形成染執下的結果。而就病根之診斷上，從「爲己之學」淪至「爲人之學」，追根究柢，其病根之本實乃「名心」所肇。名心乃一切病根之總源頭，亦爲對治下手之處。實確的說，名心實即爲「存有的異化」之關鍵所在。

第二、就治療學之態度，主體之染執、存有之異化，是必須由自身主動去正視與面對的。此就內涉及主體道德意志之確立、義利之辨，故專心致志於道，是治療己症的第一步。再則，心志之確立尚須實踐躬行以爲輔，方能即知即行、知行合一。而就具體展開的治療之法，二曲首先揭示的是儒學經典的意義功能，強調主體閱讀經典應有的體驗與契入，儒學經典所揭示的是對主體身心的治療與自療，主體須反身而誠來掌握體現儒學意涵。其次，最關鍵之自療，從「存有的異化」而言，則必須回歸至實存主體、存有的根源——良知本心之層次。惟有回歸至存有之根源，主體之染執方能達到化解與超越。

第三、從實存主體——良知本心，所進行的工夫，二曲揭示了「由仁義行」之擴充、「爲道日損」式之本體工夫。前者意謂治療與自療，是必須根植於「實存主體」而開顯的「積極之建構」，而非依循仿效之義襲；後者意謂者

治療與自療，是一種切己之悔過自新、克除己過，而達至無過之狀態，並進一步的「消極的去執」，以圖恢復主體的本然之狀。而除主體之自明外，人必須進一步拓展於群體價值的創造。此意謂著成己尙須成物，人非一孤明之存在，而爲一歷史之存在，主體的成德必須也必然的要協助群體生命的安頓，這是儒學仁道之眞諦，明明德而親民，以其良知惻隱之心推之於外感通而論物，此成德之學方可證成。

第四、二曲論成聖之道其特質，是以「中醫治療生理疾病」之觀念，作爲對映「儒學治療學」的論述。二曲認爲存有的異化，本質上即如同主體患病一般，此病根在於名心，故須針對此病根加以治療。再則，他認爲儒學經典與宋明諸儒乃如同名醫與醫書，強調病患當經由閱讀切己，作爲治療主體疾病的第一步驟。但最爲重要的，是必須自療己症，這說明了存有的異化，是必須經由存有的本身回歸存有的根源，方能對症下藥，治癒己病之意義。這也說明了，其治療基本上是融合「道德學習」與「道德自省」之過程。

第五、從存有的異化層面來看，二曲論「成聖之道」，本質上雖論一體之疾，但實際上，他關心的是如何使學術之昌明，與世道人心重建等之問題。質言之，二曲處於一功利社會下，存有的異化並非個體之問題，而是集體性之病症。是故，在論述中二曲對科舉名心之失，多有批評。而對此存有的異化之失，二曲的治療與自療之道，除透由閱讀以及本體工夫外。他更強調對功名意涵的正確體認，立志的意義性與終極價值的落實；而克服這些名心之弊，最終仍須回歸至學術教化層面來做更新，這意謂著承擔世道與人心之重組，治療集體性之病症，是必須依賴「經世講學」過程來完成的，此亦其一生以講學爲職志之關鍵所在。

第三章　心性本體論
──〈學髓〉一說之探究

第一節　緒　論

　　就二曲爲學歷程來看，早年依程朱之說而自學，後一返陸王之尊德性說，並依其「切己自反」與「默坐澄心」之工，而於順治十四年丁酉（1657），產生所謂「證悟」之經驗。就學思歷程而言，在本體證悟後，對於本體與工夫修養，以及爲學之進路，則應有其系統性的立說。如陽明於武宗正德三年戊辰（1508）於「龍場悟道」悟「格物致知」之旨後，隔年即言「知行合一」之論〔註1〕。二曲在此悟道後，於康熙七年戊申（1668），即著有〈學髓〉一說〔註2〕。此說不但是其個人的思想結晶，也是其往後教學之依據。

　　二曲之核心理論，乃是〈明體適用〉說，此說是以儒學「體用觀」爲基、「內聖外王」爲標準，而兼具一「道德修養」與「經世致用」的實學與實行，這是二曲心中「全儒」之實踐與發展。〈明體適用〉說，就理論本質言，是以明體爲基，並依此本體作爲建立經世致用之準則的學說。而〈學髓〉一說提出之目的與意義，即是作爲「明體之論證」與「本體工夫」之道。是故，釐清此說，實爲對理解二曲明體適用之觀念，有其助益之處。

〔註1〕見武宗正德四年己巳（1509）〈年譜一〉云：「是年先生始論知行合一。」見〔明〕王守仁撰、吳光、錢明、董平、姚延福編校，《王陽明全集下》，卷三十三，頁1229。
〔註2〕見吳懷清所著〈二曲先生年譜〉，於康熙七年戊申（1688）下載：「含章錄刊先生安身立命之微言，名曰〈學髓〉。」見《二曲集》，附錄三，頁647。

　　具體來說，所謂〈學髓〉之意，即「爲學之精髓」，其說旨在說明本體工夫與成學之教。二曲之弟子白煥彩（字含章，1620～1694）〔註3〕在〈學髓・序〉就指出其說：「有圖有言，揭出本來面目，直捷簡易，盡徹支離之障，恍惚迷津得渡，夢境乍覺。」〔註4〕所謂「圖」乃指「人生本原圖」，而「本來面目」則指「良知本心」之意。此〈學髓〉說實以圖說揭示良知本心的「本然狀態」與「異化過程」，並對此「異化過程」，提出「工夫之教」。〔註5〕

　　二曲之〈學髓〉一說，主要以「人生本原圖」爲基礎，依序提出性、道、教的本體、宗旨與教授的觀點。儒學自周敦頤（字茂叔，1017～1073）時即開啓以圖爲教的範例〔註6〕，「人生本原圖」即仿此例。「人生本原圖」之「本原」，二曲名之爲「靈原」，實指「良知本心」之謂。是故，其〈學髓〉、「人生本原」、「靈原」三者之脈絡關係與意義爲：「靈原」乃屬良知本心（性）；「人生本原圖」則爲良知本心修道之路徑（道）；至於〈學髓〉，則爲立教之總說明（教）。

　　本文針對二曲〈學髓〉一說之論述，實從陽明心學之〈四句教〉作爲參

〔註3〕　見《清史稿校注・儒林一》載：「白奐彩，字含貞，華州人。私淑於長安馮從吾，玩易洗心，詩、禮、春秋，多所自得。蓄書之富，陝以西罕儷。校讎精詳，淹貫靡遺。而沖遜自將，若一無所知。與同州党湛、蒲城王化泰諸人相切。率同志結社，不入城市，不謁官府，終日晏坐一室，手不釋卷。同知郝斌式廬，聆奐彩論議，退而歎曰：『關中文獻也！』」見趙爾巽等編著，《清史稿校注》，卷四八七，列傳二六七，頁10989。

〔註4〕　見《二曲集》，卷二，頁16。

〔註5〕　二曲論「無念」工夫的得力之要，即在於靜坐之工，此靜坐之工實即修養工夫層次，本文在此暫不列入討論與說明。

〔註6〕　儒學以圖爲教，著名的有周敦頤的〈太極圖〉、湛若水有〈心性圖說〉，劉蕺山有〈人極圖〉。清儒方東樹在其《漢學商兌》中曰：「劉念臺作《人極圖》，李二曲作《學髓圖》，依樣摹擬，固不免陋繆。此乃謂之疵異而斥去之，是豈得爲知言乎！」參見〔清〕江藩、方東樹撰，《漢學師承記（外二種）》（北京：三聯書店，1998年6月），卷上，頁252。此說乃方氏批萬斯同（字季野，號石園，學者稱石園先生，1638～1702）撰《儒林宗派》一書收錄不當之語。方氏著書之意，即意在批江藩（字子屛，號鄭堂，1761～1831）所著《國朝漢學師承記》、《國朝宋學淵源記》中宗漢抑宋與重考據之不當。但其說實涉及一史實考證之問題。如其所言，二曲之〈學髓圖〉實本之劉蕺山〈人極圖〉而來。按劉蕺山之著作──《劉子全書》，最早之初刊乃爲康熙二十五年丙寅（1686）王掞初刻本（見吳光、鍾彩鈞著，〈劉宗周全集編校說明〉一文，收入於〔明〕劉宗周撰、鍾彩鈞編校，《劉宗周全集一》，頁2）。而二曲之〈學髓圖〉，實成於康熙七年戊申（1688），二曲其書無一語言及劉蕺山，兩人之圖亦有其異，故方氏言之「依樣摹擬」，實爲可商榷之處。

照與說明。所謂〈四句教〉，指的陽明於嘉靖六年丁亥（1527）「天泉證道」中所提出的爲學宗旨——「無善無惡是心之體，有善有惡是意之動，知善知惡是良知，爲善去惡是格物」之說〔註7〕。二曲著〈學髓〉一說，實爲陽明思想之闡明。清人鄭珏就指出：「〈學髓〉宗伯安，窺見精一源。」〔註8〕故即以〈四句教〉所展現本體工夫之教，對二曲〈學髓〉一說加以釐清。

就具體之討論，基本上有幾個面向：首先，主要針對〈學髓〉一說之旨義加以釐清。其次，則對此「人生本原圖」的四個標示，逐一論述，討論其良知本心（或稱本體、本原、靈原）所指涉之涵義的界定。第三、相對於良知本心之「本體」層次，接續則從「現象界」來分析「念起」之狀，並言良知本心的異化之過程。最後，則就此良知本心的異化，談「無念」之工夫。

第二節 〈學髓〉意義的詮釋

二曲對〈學髓〉一說的討論，整體來說有三個層次，分別是「良知本心

〔註7〕見〈年譜三〉，〔明〕王守仁撰、吳光、錢明、董平、姚延福編校，《王陽明全集下》，卷三十五，頁1306～1307。此次乃因陽明弟子王龍溪、錢德洪（字洪甫，號緒山，1456～1579）對陽明之說體會不同，而形成〈四有句〉、〈四無句〉之差異。陽明針對王龍溪所悟的〈四無句〉指出：「上根之人，世亦難遇。一悟本體，即見工夫，物我內外，一齊盡透，此顏子、明道不敢承當，豈可輕易望人？二君巳後與學者言，務要依我四句宗旨：無善無惡是心之體，有善有惡是意之動，知善知惡是良知，爲善去惡是格物。以此自修，直躋聖位；以此接人，更無差失。」（同上，頁1306～1307）可見陽明實以〈四句教〉爲一普偏之教理，適用於上下根之人，而無懸空本體，忽略工夫之弊，故爲其教學之定規。「無善無惡」之說，乃源之「天泉論道」中，陽明與其弟子錢德洪、王龍溪論心體之說，關於「天泉論道」之經過，可參《王陽明全集下》嘉定六年丁亥（1527）〈年譜三〉所載（見〔明〕王守仁撰、吳光、錢明、董平、姚延福編校，《王陽明全集下》，卷三十五，頁1306～1307）。陽明以「無善無惡」作爲心體之界定，而有〈四句教〉，此說後經龍溪以〈四無說〉爲倡（可參曾陽晴著，《無善無惡的理想道德主義》（臺北：國立臺灣大學出版委員會，民國81年12月），即形成爲明中葉後學者論辨之處，如劉宗周之師許孚遠（字孟仲，號敬菴，1535～1604）與周汝登（字繼元，別號海門，生卒年不詳）即曾就「無善無惡」一意有所論辨（可參蔡仁厚著，〈周海門「九諦九解之辨的疏解」——王門天泉「四無」宗旨之論辨〉，《鵝湖月刊》第一卷第四期、第五期，民國64年，頁11～20、20～26）。之後包括顧憲成、高攀龍等人亦對此說有其激烈的批判，劉蕺山甚至認爲「王門四句教」實乃王龍溪之杜撰。

〔註8〕見〈南行述〉，《二曲集》，卷十，頁89。

之論證」，討論的是「安身立命」，以及「工夫實踐」之問題；其次，則為「心與身」之關係，討論的是「良知本心」之「主宰性」的問題；第三、則論「心與物」之關係，討論的是「良知本心」與「成己成物」之意義。以下則依序述之：

（一）〈學髓〉第一層之論述，旨在言「良知本心之論證」。從本體工夫之教來說，這是從心性本體論證談起，並言及道德實踐與工夫，藉以闡明儒學道德生命的整體面向。二曲指出：

> 此天之所以與我者也。生時一物不曾帶來，惟是此來；死時一物不能帶去，惟是此去。故學人終日孜孜，惟事此為人生第一要務。動作食息，造次顛沛，一注乎此而深造之，以求自得，居安資深，左右逢源。安此，謂之安身；立此，謂之立命。〔註9〕

此段論述，約有幾點意涵：首先，「此天之所以我者」，乃謂本原出於天，「天命之謂性」也，天乃本原的「所以然」之處。「生時一物不曾帶來，惟是此來，死時一物不能帶，去惟是此去」，則在言明主體的存有意義不在此軀體之存歿，而是此本原之有無。儒學向來重視的是主體的精神生命（德性我），而非形體生命的（形軀我）。如孟子所言人之所以為人，即在此「幾希」之處〔註10〕。是故，論自我實現，乃在於道德生命之彰顯與體現。知上天所賦之性，人自有所當為，此當為之處，乃即在經由主體的道德修養與實踐，達至儒學「終極關懷」（ultimate concern）之目標——「安身立命」的實現。

所謂「安身立命」，實謂主體於世間存在的安頓、以及天賦之善的證立。嚴格來說，主體之安頓實以「立命」為依歸，此立命之道實即《易經》所言的「盡性至命」之意。徐復觀（字佛觀，1904～1982）就指出：「性之根源是命，但性拘限於形體之中，與命不能無所限隔。能盡性，便突破了形體之限隔，而使性體完全呈露；此時之性，即與性所自來之命，一而非二，這即是『至於命』。」〔註11〕盡性至命之目的，在於使主體的道德之心顯露，並使其通向社會、人群，進而成就社會、人群之生命，這是儒學生命的學問的

〔註 9〕 見〈學髓〉，《二曲集》，卷二，頁 17～18。

〔註10〕 孟子曰：「人之所以異於禽獸者幾希，庶民去之，君子存之。舜明於庶物，察於人倫，由仁義行，非行仁義也。」見《孟子集注》〈離婁章句下〉，〔宋〕朱熹撰，《四書章句集注》，卷八，頁 293。

〔註11〕 見徐復觀著，《中國人性論史》（臺北：臺灣商務印書館，民國 79 年 12 月），第七章，頁 211～212。

全幅展現〔註12〕。這說明了，儒學「盡性至命」、「安身立命」的「終極目標」（ultimate goal），最終必然是通向仁道、天道之實現的〔註13〕。此仁道之關懷，即孔子所謂「老者安之，朋友信之，少者懷之。」〔註14〕之境。

　　而所謂「安身立命」之道，必有其「解脫進路」的道德實踐工夫與修養，方可達其目的。二曲指出此工夫與修養，即是孟子反求諸身「深造以自得」之工〔註15〕，這是一種向內逆覺體驗、反身而誠的心性自得之工夫。

　　總的來說，〈學髓〉乃是「良知本心之論證」，旨在言明本原之「所以然」，以及人之「所當然」之處，體驗此良知本心，即為孟子「反身而誠」之工夫。二曲認為良知本心，實乃主體成就道德價值的關鍵樞紐，亦主體一生所學的第一要務所在。

　　（二）〈學髓〉第二層之論述，即在討論「心與身」之關係。具體來說，乃在闡明良知本心為主體道德準則之依據，藉以探討主體成德之問題。二曲指出：

> 目賴此而明，耳賴此而聰，足賴此而重，手賴此而恭。四端五常，三百三千，經綸參贊，賴此以為本。本苟不立，徒以意見擬議，徇迹摹彷，則「襲」之與「集」、「行」之與「由」，毫釐之分，天淵之謬。〔註16〕

> 天若無日月，則遍地昏暗，安能出作入息；人若無良知則滿身成僵屍，安能視聽言動。自己一生大主宰，抵死不認，支離纏繞，摹擬傚效於外，所謂道在邇而求諸遠，騎驢覓驢，可哀也已。〔註17〕

良知本心實乃主體行為之主宰。陽明曰：「爾那一點良知，是爾自家底準則。爾意念著處，他是便知是，非便知非，更瞞地一些不得。爾只要不欺他，實

〔註12〕傅偉勳就指出：「儒家『生命的學問』，本根是在『實存主體』（良知）、『終極關懷』（憂道）與『終極真實』（天命、天道）的三事並了。」見傅偉勳著，〈生命十大層面與價值取向〉，見氏著，《學問的生命與生命的學問》，頁272。

〔註13〕關於儒學「終極目標」（ultimate goal）之闡述，可參傅偉勳著，〈世界宗教與死亡超克〉，見氏著，《死亡的尊嚴與生命的尊嚴》，頁107。

〔註14〕見《論語集注》〈公冶長第五〉，〔宋〕朱熹撰，《四書章句集注》，卷三，頁82。

〔註15〕孟子曰：「君子深造之以道，欲其自得之也。自得之，則居之安；居之安，則資之深；資之深，則取之左右逢其原。故君子欲其自得之也。」見《孟子集注》〈離婁章句下〉，〔宋〕朱熹撰，《四書章句集注》，卷八，頁292。

〔註16〕見〈學髓〉，《二曲集》，卷二，頁18。

〔註17〕見〈常州府武進縣兩庠彙語〉，《二曲集》，卷三，頁28～29。

實落落依著他做去。善便存，惡便去，他這裏何等穩當快樂！」〔註18〕良知
乃人的是非之心、道德知覺，此道德是非之心實構成內在道德準則之依據，
亦為道德之主體。二曲亦以良知為主宰，乃謂「成己」盡性之意必依於此，
經綸參贊之「成人」、「成物」亦由此而立。而這種身之主的主宰能力，是自
有、自顯、自律的，即孟子所謂「集義」、「由仁義」而生；而非他生、他
鑠、他律而「義襲」、「行仁義」而來的，這意謂主體的道德意識與主宰是須
透由「向內之求」、「反身而得」的過程，而非求之於外的學習與仿效（相關
討論，詳見下節）。但此良知本心現實之中多無法彰顯其能，其因素又為何呢？
二曲指出：

> 人人具有此靈原，良知良能，隨感隨應。日用不知，遂失其正，騎
> 驢覓驢，是以謂之百姓。學之如何？亦惟求日用之所不知而知之
> 耳。〔註19〕

可見此良知本心雖天賦在己，但「百姓日用而不知」，遂日喪其知，是故，為
學即在於求此良知本心。此即孟子「放於心而行」而後「求放心」之道。這
是〈學髓〉一說中，所一再申明之重點。

（三）〈學髓〉第三層之論述，「心與物」關係之討論。具體來說，即「良
知本心」與「成己成物」之意義。二曲指出：

> 通天地萬物、上下古今，皆此靈原之實際也。非此靈原，無以見天
> 地萬物、上下古今；非天地萬物、上下古今，亦無以見此靈原。是
> 以語大與小，莫載莫破。〔註20〕

二曲言此「靈原」，是千古一致異地皆同的，乃人同此心心同此理，此為天地
之心，亦千古人心之所在。有此心，方能上體天地之心，亦唯此心，方能往
前見往聖之心。故是「人之所以為人」的同然與普遍處。二曲之「靈原」，實
即孟子、陽明的良知良能說。所謂「靈」，乃指其感應之明覺處，即良知良能
之「知能處」；而「原」乃謂「人生本原」，即良知良能的「天賦之良」。「靈
原」實即「良知本體為其主宰與隨感隨應」之意義。陽明曾言：「良知即是天
植靈根」〔註21〕又曰：「為學須有本原。須從本原用力。」〔註22〕又有「靈明」

〔註18〕見陳榮捷著，《王陽明傳習錄詳註集評》，卷下，頁291。
〔註19〕見〈學髓〉，《二曲集》，卷二，頁18。
〔註20〕見〈學髓〉，《二曲集》，卷二，頁18。
〔註21〕見陳榮捷著，《王陽明傳習錄詳註集評》，卷下，頁314。
〔註22〕見陳榮捷著，《王陽明傳習錄詳註集評》，卷上，頁68。

一說。陽明指出：

> 我的靈明，便是天地鬼神的主宰。天沒有我的靈明，誰去仰地高？
> 地沒有我的靈明，誰去俯他深？鬼神沒有我的靈明，誰去辨他吉凶
> 災祥？天地鬼神萬物離卻我的靈明，便沒有天地鬼神萬物了。我的
> 靈明離卻天地鬼神萬物，亦沒有我的靈明。如此便是一氣流通的。
> 如何與他間隔得？〔註23〕

是故，二曲之「靈原」實即陽明之良知本心、靈根、本原、本來面目、靈明
也。二曲言「非此靈原，無以見天地萬物」、陽明謂「天沒有我的靈明，誰去
仰地高」，實皆謂此靈原靈明，是天地萬物之主宰。但陽明與二曲此處所謂的
「主宰」，並非是主體對存有的「宰制」與「控制」過程，此「主宰」是指主
體對存有一切的體驗與覺解之基礎所在，此即陽明「心外無物」之說。「無此
靈原靈明，便沒有天地萬物」，並非指萬物即消失不存，模糊了「道德之理」
與「客觀物理」之界限的唯心之論。陽明認為主體之心與萬物是同寂同感的，
良知本體乃「能體之處」，天地萬物是「所體之物」，「能體」與「所體」是一
氣流同而無法分隔的。其意乃謂，萬物之意義必須在此良知本心的體驗下，
才能產生道德意義之聯結與創造，這才是其論主宰的真實涵意。

　　而論心與物，其最終目的是在導向一「生機」的自我體現與擴充發展。
二曲指出：

> 順此生機，方是活人。日充月著，完其分量，方是人中之人，立人、
> 達人，轉相覺導，由一人以至於千萬人，由一方以至於千萬方，使
> 生機在在流貫，便是「爲天地立心，爲生民立命」。〔註24〕

所謂「生機」，乃謂「生生不已的創造性原則與力量」，是對己與他人的生命
的「盡性」，也是對己與他人生活的「成就」的力量。儒者本爲與天地合一之
體現者，上天是生生不已之仁，人體天心亦具此生生不已之仁，成己後自當
立人與達人的拓展。一方面重視自我的修養與道德的踐履，另一方面則強調
對社會的關懷與落實，此即儒學強調的「萬物一體」、「一體之仁」。能此之爲，
即是張載〈西銘〉中的「爲天地立心、爲生民立命」的道德責任的體現與落
實。馬一浮的〈橫渠四句教〉就指出：

> 蓋人心之善端，即是天地之正理。善端既復，則剛浸而長。可止於

〔註23〕見陳榮捷著，《王陽明傳習錄詳註集評》，卷下，頁381。

〔註24〕見〈學髓〉，《二曲集》，卷二，頁19。

> 至善，以立人極，便與天地合德。故仁民愛物，便是爲天地立
> 心。……。學者之事，莫非要于識仁、求仁、惡不仁，能如此，乃
> 是爲天地立心。……。儒者立志，須是令天下無一物而不得其所，
> 方爲圓成。……。今人心陷溺，以人害天賦，不得全其正命者，有
> 甚於桎梏者矣。仁人視此，若瘡痏之在身，疾痛之切膚，不可一日
> 安也。故必思所以出水火而登衽席之道，使得全其正命。孔子曰：「老
> 者安之，朋友信之，少者懷之。」學者立志，合下便當有此氣象。
> 此乃爲生民立命也。〔註25〕

天地之心以生物爲心，此心即爲仁，能體此仁而求此仁，進而擴充此仁，即
是「爲天地立心」；而能以此心之擴，能讓天下萬物得其所歸、得其所全，進
而能全其正命也，即是「爲生民立命」。

　　總的來說，二曲對〈學髓〉之整體論述，無論從其立名乃至論述，基本
上是接榫陽明的「良知眞己」說。陽明指出：

> 所謂汝心，亦不專是那一團血肉。若是那一團血肉，如今已死的人，
> 那一團血肉還在。緣何不能視聽言動？所謂汝心，卻是那能視聽言
> 動的。這箇便是性，便是天理。有這箇性，才能生這性之生理。便
> 謂之仁。這性之生理，發在目便會視。發在耳便會聽。發在口便會
> 言。發在四肢便會動。都只是那天理發生。以其主宰一身，故謂之
> 心。這心之本體，原只是箇天理。原無非禮。這箇便是汝之眞己。
> 這箇眞己，是軀殼的主宰。若無眞己，便無軀殼。眞是有之即生，
> 無之即死。〔註26〕

首先，陽明論「爲己」目的在成己，即是要對主體生命加以貞定與道德的落
實，此即二曲所謂「安身立命」之謂。但實際上，人之爲己大多由軀殼起念，
此己乃異化之己，而非眞己也，這是認賊作子之謬。故陽明認爲「眞己」方
爲眞正成己之處。其次，此「眞己」，陽明指出「眞是有之即生，無之即死」，
即二曲所謂「生時一物不曾帶來，惟是此來，死時一物不能帶去」之意。亦
即，存有之意義價值乃在良知本心之證立，而非在於形體之存歿。第三、此
良知本心雖不離感性之視聽言動，但實爲形下感性軀體之主宰。質言之，良

〔註25〕見馬一浮著，〈泰和會語〉，收入於劉夢溪主編，《中國現代學術經典：馬一浮
　　　　卷》，頁6～7。
〔註26〕見陳榮捷著，《王陽明傳習錄詳註集評》，卷上，頁146。

知具有「知善知惡」明覺之力，又具有「好善惡惡」的主體不容已之力量，對於感性經驗具有指導與貞定的作用。是故，為己、成己須由此真己為主；而非由此軀殼異化之己為之。最後，此良知本心乃「性之生理」，即萬物一體之仁，此即二曲「生機」之論。

　　所以可知二曲〈學髓〉說，論良知本心、本原、靈原之說乃淵自陽明真己良知說，這也是二曲指出陽明之說為「千載絕學」之意。其立說之目的，在於透由良知本心的證立，闡明良知乃行為之主宰，並以此為安身立命之基、群體參贊化育之本，藉以闡明為學之精髓處。

第三節　「人生本原圖」的詮釋與說明

　　「人生本原圖」，是二曲在〈學髓〉一文中，對「本體界」與「現象界」的界義與說明，故就其設計，大抵上可分為兩個層次：首先，從圖案文字來說，最上一層「人生本原」部份，二曲乃以大圓圈擬之，二曲並在其左右兩側，分別在其右標以「無聲無臭」、「廓然無對」八字，其左則標之「寂而能照」、「應而恒寂」八字，此乃屬於良知本心之「本體」部份。

　　其次，相對於良知本心「本體」層次，則有第二層「念起」的部份。所謂「念起」代表形下經驗感物而動之過程，屬「現象界」之層次。二曲則以「有對了」點明其意。其右則標之「有意為善，雖善亦私」八字，其後並繫之白色小圓，代表「天理人欲」中之「理」；其左則以「隨境遷轉，自歧本真」八字標之，其後並繫之黑色小圓，代表「天理人欲」中之「欲」。以下則以右圖示之：

　　關於「人生本原圖」之設計與意義，可從二曲〈答朱字綠書〉一書中加以說明。朱氏認為二曲「人生本原圖」，第一圈所謂「渾淪一圈」，似同陽明「無善無惡之旨」，不免流於「性無善無不善」之說，而異乎周子「無極而太極」之意。第二圈「善惡對峙」，同陽明「有善有惡意之動」，不免流於「有性善、有性不善」、「性可以為善，可以為不善」之說，而異乎「秉彝恆

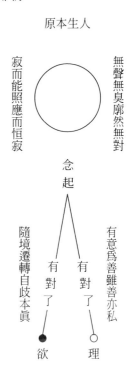

性」、「率性之謂道」、「人性皆善」之旨。針對朱氏提出的質疑與誤解,二曲
指出:

> 蓋其根起於疑陽明之言類於告子之說,故因而疑不佞之圖同陽明之
> 旨。然則門下之疑不佞〈學髓〉,非苟然也,疑陽明也。不佞又何必
> 一一爲鄙圖分疏乎,亦爲釋陽明之疑而已。陽明之是非明,即不佞
> 之圖說明也。〔註27〕

二曲認爲形成誤解的本質因素,來自於對陽明「無善無惡」宗旨的理解之誤。
是故,闡明陽明之義,即是對〈學髓〉一說之釐清。可見〈學髓〉一說實與
陽明〈四句教〉思想有其密切之關係。二曲指出:

> 「心體」即本心也,本心者「道心」之謂也。「道心」即善性也,但
> 異其名稱耳。周子謂「無極而太極」,陽明謂「無善無惡心之體」,
> 其言異,其旨一也。……。且性至善也。而明道則曰:「人生而靜
> 以上不容說,纔說性,便已不是性也。」夫說性便不是性,則人爲
> 之善惡不可爲「心體」明矣。人爲之善惡不可爲「心體」,則「無
> 善無惡」即至善之「心體」,何必更增「至善」字於句內,而後知其
> 爲至善乎?而〈學髓〉渾淪一圈,又何殊於〈太極圖〉之渾淪一圈
> 乎?〔註28〕

首先,關於「性善」與「無善無惡」之關係,陽明在答〈王純甫〉信中即曾
曰:「夫心主於身,性具於心,善原於性,孟子之言性善是也。善即吾之性,
無形體可指,無方所可定,夫豈自爲一物,可從何處得來者乎?」〔註29〕又
曰:「聖人無善無惡。只是無有作好,無有作惡。不動於氣。然遵王之道,會
其有極。便自一循天理。便有箇裁成輔相。」〔註30〕陽明認爲「無」乃良知
本心的無規定性,亦是本體超越現象的純粹性,更爲主體境界無執著性的理
想境界〔註31〕,而非良知本心屬性之界定。心體當是虛無潔淨,而無絲毫念
頭摻雜其中的,當一有是非善惡念頭,主體便不能依本體之公,做出正確之

〔註27〕 見〈答朱字綠書〉,《二曲集》,卷十八,頁 217。
〔註28〕 見〈答朱字綠書〉,《二曲集》,卷十八,頁 217。
〔註29〕 見〈文錄一〉,〔明〕王守仁撰、吳光、錢明、董平、姚延福編校,《王陽明
全集上》,卷四,頁 155。
〔註30〕 見陳榮捷著,《王陽明傳習錄詳註集評》,卷上,頁 123。
〔註31〕 見吳震著,《王陽明著述選評》(上海:上海古籍出版社,2004 年 4 月),頁
205。

判斷；心體是善之根源，故可曰爲無善無惡〔註32〕。二曲對良知本心之論，亦同陽明般指出良知本心即是性體，性體處即爲至善，雖不言善而實至善，並非如告子一般「性無善無不善」，是對人性本質性善之否定。無善無惡之「無」，其意乃謂本體超越處不容言說之特性，至善之體是無善惡向的。「無惡無惡心之體」，旨在說心體的超越與無滯，方能成就一切至善的涵義。是故，「無」乃一遮撥之意，而非對良知本心之善惡屬性的界定〔註33〕。其次，關於「善惡對峙」之圈，二曲指出：

> 有善無不善者，性也；拘於氣，蔽於物，而不能無不善者，情也。
> 情本乎性，性無不善，故善與惡不可對也；情不能不拘於氣而蔽於
> 習，故性雖善，而情不能無善不善也。意者，情之動也，猶人之性
> 皆善，則宜皆爲君子；而世卒不能無小人者，則氣拘而物蔽之也。
> 故小人與君子，同一善性，原不可對峙，氣拘而物蔽之後，則亦遂
> 從其分途，而對之爲君子、小人而已。〔註34〕

「善惡對峙」旨在說明本體之性與形下之情的差異。善惡之對峙是形下之狀態，而非本然之性的描述，本體之性本無不善，但感物而動之情意自有善與不善。是故，「善惡對峙」實屬經驗層次，乃無悖人性之善的。此「善惡對峙」相當於陽明中〈四句教〉中「有善有惡意之動」之層次。

　　從上述之釐清，可見二曲「人生本原圖」，最上一圈實如周敦頤〈太極圖〉中「無極而太極」一環，就義理而言即爲陽明〈四句教〉的「無善無惡心之體」的心體之證，其意在於由圖來體現陽明〈四句教〉中良知本心超然

〔註32〕勞思光就指出：「『良知』作爲『主體』，乃『善』一意義之根源，因離開此『主體』或『主體性』，則一切存有皆成爲中立性之呈現，無『善』或『不善』可說。依此『根源義』，乃可說『良知』爲『至善』，或『心之體』爲『至善』。」（見勞思光著，《新編中國哲學史三下》，第六章，頁507）又曰：「『心體』是至善，即『心體』爲『善』之根源。『心體』既爲『善』之根源，則可說『無善無惡』，因『善之根源』不能再說是『善』或『不善』，正如推理能力爲邏輯之『眞』之根源，推理能力本身不能再說爲『眞』或『不眞』也。故『善之根源』說爲『無善無惡』，並無不可解之語言困難。」（同上，頁512）

〔註33〕陳來分析「無善無惡心之體」其義指出：「它的意義不是否定倫理的善惡之分，它所討論的是一個社會道德倫理不同面向（dimention）的問題，指心本來具有純粹的無執著性，指心的這種對任何東西都不執著的本然狀態是人實現理想的自在境界的內在根據。」見陳來著，《有無之境》，第八章，頁212。

〔註34〕見〈答朱字綠書〉，《二曲集》，卷十八，頁217～218。

之狀。而相對於良知本心層次，即爲第二層的現象界，此第二圈亦如〈太極圖〉中「五性感動而善惡分」之處，此即陽明的〈四句教〉中「有善有惡意之動」的經驗層次。這是二曲立圖言說之本衷所在。

但值得注意的是，〈太極圖〉乃著重於萬物本源創生之過程，二曲並不重視這種宇宙生成論式的探討。「人生本原圖」，實質上側重的是對良知本心之「本體界」，與感物而動的「現象界」層次之論證，而這兩層正是陽明〈四句教〉中可以圖案化的過程，其他如「知善知惡是良知」、「爲善去惡是格物」，此本體工夫之論，亦難用圖案來顯現的。

所以可知〈學髓〉之「人生本原圖」，實爲二曲對陽明論本體與現象、本體與工夫的教學與指導原則。

第四節　「人生本原圖」的本體境界之釋

〈學髓〉一說乃在闡明成德之教的本體工夫，如上所述，相當於陽明「無善無惡心之體」之層次。二曲對此本原亦有所界義。以下則針對這四個標示，分別加以討論：

（一）首先，「無聲無臭」其說乃見之《詩經・大雅・文王》篇，本爲贊天道之不可測度，是無聲音無氣味之意〔註35〕。後爲《中庸》所引〔註36〕，成爲聖德無可復加之形容辭。關於其義，朱子注曰：「蓋聲臭有氣無形，在物最爲微妙，而猶曰無之，故唯此可以形容不顯篤恭之妙。」〔註37〕所謂「篤

〔註35〕如朱子在注周敦頤〈太極圖〉中「無極而太極」一語時曰：「上天之載，無聲無臭，而實造化之樞紐，品彙之根柢也。」（見〔宋〕周敦頤撰、〔清〕董榕輯，《周子全書》，卷一，頁5）這說明「無聲無臭」，亦爲道體無形狀可言之狀詞。

〔註36〕《中庸章句》曰：「詩曰：『衣錦尚絅，』惡其文之著也。故君子之道，闇然而日章；小人之道，的然而日亡。君子之道：淡而不厭、簡而文、溫而理。知遠之近，知風之自，知微之顯。可與入德矣。詩云：『潛雖伏矣，亦孔之昭。』故君子內省不疚，無惡於志。君子之所不可及者，其唯人之所不見乎。詩云：『相在爾室，尚不愧於屋漏。』故君子不動而敬，不言而信。詩曰：『奏假無言，時靡有爭。』是故君子不賞而民勸，不怒而民威於鈇鉞。詩曰：『不顯惟德，百辟其刑之。』是故君子篤恭而天下平。詩云：『予懷明德，不大聲以色。』子曰：『聲色之於以化民，末也。』詩曰：『德輶如毛。』毛猶有倫。『上天之載，無聲無臭。』至矣！」見《中庸章句》，〔宋〕朱熹撰，《四書章句集注》，頁39。

〔註37〕見《中庸章句》，〔宋〕朱熹撰，《四書章句集注》，頁40。

恭」乃「不顯其敬也。」〔註38〕朱子於《四書或問》中就指出：

> 子思懼夫學者求之於高遠玄妙之域，輕自大而反失之也，故反於至
> 進者而言之，以示入德之方，欲學者先知用心於內，不求人知，然
> 後可以謹獨誠身，而馴致乎極也。君子篤恭而天下平，而其所以平
> 者，無聲臭之可尋，此至誠盛德自然之效，而中庸之極功也，故以
> 是而終篇焉。〔註39〕

朱子認為聖人無聲無臭之至德，乃是以誠厚恭敬、謹獨存養等工夫約之於內
的。這是從戒謹恐懼之工夫意義來談「無聲無臭」。

明僧蕅益大師（名智旭，又名際名，別號八不道人，1599～1655）論「無
聲無臭」，則從感官欲望之超越歷程來論。其《中庸直指》就指出：「必若泯
乎見聞之跡，超乎聲色之外，以至於無聲無臭，而後方為盛德之至矣。此盡
性之全功，聖人之能事，究竟極至於此而後已。」〔註40〕這說明了人必須對
種種內在的感官欲望，如聞見聲色對人之限定與阻礙加以超越，最後將此無
明化盡與衝破，方可盡性而成就「盛德」之行。

陽明論「無聲無臭」，則從良知本心之超越意義來說。陽明〈詠良知四首
示諸生〉即題云：「無聲無臭獨知時，此是乾坤萬有基。拋卻自家無盡藏，沿
門持鉢效貧兒。」〔註41〕關於其意，陽明後學王塘南（王時槐，字子植，號
塘南，1521～1605）就指出：

> 聖學失傳，自紫陽以後，為學者往往守定一箇天理在方寸之間，以
> 為功夫，於聖門無聲無臭之旨不相契。故陽明特揭無善無惡，正恐
> 落一善字，便覺涉於形象；提出心體，令人知本心善，亦著不得也。
> 第宗其說者，致有流弊，不若無聲無臭字義直截穩當。〔註42〕

王氏認為朱子以敬論「無聲無臭」，實有所悖良知本心之超越與無滯之特點，
陽明論「無聲無臭」，才是真正的無可著意之謂。凡有著意之處，皆屬不自
然，心體本質上是超越形下之經驗事物，而無對待之相。凡屬相對、對待之

〔註38〕見《中庸章句》，〔宋〕朱熹撰，《四書章句集注》，頁40。

〔註39〕〔宋〕朱熹撰、黃珅校點，《四書或問》（上海：上海古籍出版社、安徽教育
出版社，2001年12月），頁100。

〔註40〕見〔明〕蕅益大師撰，《四書蕅益解》（高雄：高雄淨宗學會，民國83年6
月），頁219。

〔註41〕見〈外集二〉，〔明〕王守仁撰、吳光、錢明、董平、姚延福編校，《王陽明
全集上》，卷二十，頁790。

〔註42〕見〔清〕黃宗羲撰，《明儒學案上·江右王門學案五》，卷二十，頁478。

相，皆無法顯其純一之全。

至於二曲論「無聲無臭」爲何？在其晚年之著的《四書反身錄》中，二曲指出：

> 無聲無臭，此本體之約也；「敬」之一字，聖學所以成始而成終，此工夫之約也。知其約而約之，以求詣乎其實，斯博不徒博，說不徒說。〔註43〕

二曲論本體工夫，乃是調合程朱陸王之說，從其「廓然無對」，以及「念起」處論及「有意爲善雖善亦失」的觀點來看，其論「無聲無臭」應是同陽明之意的。但此良知本心之保任涵養，則須以程朱持敬之工夫，以約其內。他不認爲以敬持之於心，是一種對良知本心超越無滯之破壞，更非是所謂「著意」之害。可見其論「無聲無臭」實爲陽明良知本心與朱子持敬之說的調合。

（二）「廓然無對」，乃爲「廓然大公」與「與物無對」之謂。我們可從二曲與弟子之問答，來理解其說。據〈傳心錄〉載：

> 楷問心。先生曰：「無心」。曰：「心果可以無乎？」曰：「行乎其所無事矣。其未發也，虛而靜，其感而通也。廓然大公，物來順應。如是，則雖酬酢萬變，而此中寂然瑩然，未嘗與之俱馳，非無心而何？」又曰：「《洪範》、《皇極》之數言，吾人宜默存深體。如『無偏無陂，蕩蕩平平』等語，可謂至言。中懷如此，便是心得其平；世運如此，便是世得其平。」〔註44〕

二曲論述「廓然無對」之意義脈絡，實以良知本心「廓然大公」爲本，以「物來而順應」爲良知本心之作用，進而達至「萬物一體」、「與物無對」的道德境界。關於其說，我們可從儒學歷來之論述先加以闡明。首先，〈皇極〉之說乃出自《尚書・洪範》〔註45〕。孔安國以「大中之道」釋之〔註46〕，至朱子

〔註43〕見《四書反身錄》，《二曲集》，卷四十二，頁521。
〔註44〕見〈傳心錄〉，《二曲集》，卷六，頁45。
〔註45〕《尚書・洪範》：「皇建其有極，斂時五福，用敷錫厥庶民。惟時厥庶民于汝極，錫汝保極。凡厥庶民，無有淫朋；人無有比德，惟皇作極。……無偏無陂，遵王之義；無有作好，遵王之道；無有作惡，遵王之路。無偏無黨，王道蕩蕩；無黨無偏，王道平平；無反無側，王道正直。會其有極，歸其有極。曰皇極之敷言，是彝是訓，于帝其訓。凡厥庶民，極之敷言，是訓是行，以近天子之光。曰天子作民父母，以爲天下王。」見〔漢〕孔安國傳、〔唐〕孔穎達等正義，《尚書正義》，收入於《十三經注疏》，卷第十二，頁172～173。

乃曰：「某謂不是『大中』。皇者，王也；極，如屋之極；言王者之身可以爲
下民之標準也。」〔註47〕其意朱子門人陳淳（字安卿，學者稱北溪先生，1159
～1223）於《北溪字義》云：「《書》所謂皇極，皇者，君也；極者，以一身
爲天下至極之標準也。孔安國訓爲大中，全失了字義。人君中天下而立，則
正身以爲四方之標準，故謂之『皇極』。」〔註48〕可見「皇極」實謂君心在於
公平正直，而沒有私心與偏好，追求一種超然公正的心靈狀態，以爲王道
政治之基。此說之後即成爲聖人的本質精神所在。程明道於〈定性書〉中就
指出：

> 夫天地之常，以其心普萬物而無心；聖人之常，以其情順萬事而無
> 情。故君子之學，莫若廓然而大公，物來而順應。《易》曰：「貞吉
> 悔亡。憧憧往來，朋從爾思。」苟規規於外誘之除，將見滅於東而
> 生於西也。非惟日之不足，顧其端無窮，不可得而除也。人之情各
> 有所蔽，故不能適道，大率患在於自私而用智。自私則不能以有爲
> 爲應迹。用智則不能以明覺爲自然。今以惡外物之心，而求照無物
> 之地，是反鑑而索照也。《易》曰：「艮其背，不獲其身，行其庭，
> 不見其人。」孟子亦曰：「所惡於智者，爲其鑿也。」與其非外而是
> 內，不若內外之兩忘也。兩忘則澄然無事矣。無事則定，定則明，
> 明則尚何應物之爲累哉？聖人之喜，以物之當喜；聖人之怒，以物
> 之當怒。是聖人之喜怒，不繫於心而繫於物也。是則聖人豈不應於
> 物哉？烏得以從外者爲非，而更求在內者爲是也？今以自私用智之
> 喜怒，而視聖人喜怒之正爲如何哉？夫人之情，易發而難制者，惟
> 怒爲甚。第能於怒時遽忘其怒，而觀理之是非，亦可見外誘之不足
> 惡，而於道亦思過半矣。〔註49〕

首先，定性實即「定心」。定心則強調「廓然而大公」、「物來而順應」之意。
明道認爲天地之心，就分解而言，乃具「普萬物之心」與「無心」兩種狀態。

〔註46〕見〔漢〕孔安國傳、〔唐〕孔穎達等正義，《尚書正義》，收入於《十三經注
　　　　疏》，卷第十二，頁172。

〔註47〕見〈尚書二：洪範〉，〔宋〕黎靖德編、王星賢點校，《朱子語類五》，卷第七
　　　　十九，頁2045～2046。

〔註48〕見〔宋〕陳淳撰、〔宋〕王雋編，《北溪字義詳解》（臺北：廣文書局，民國
　　　　68年5月），頁159。

〔註49〕見〈河南程氏文集〉，〔宋〕程顥、程頤撰，《二程集》，卷第二，頁460～
　　　　461。

「普萬物之心」，乃公心之發普照萬物。相對的，以公心而發，即無自我的私心，故曰「無心」。是故，「無心」並非「一無所有」的空無之意，而是無私心之謂。二心實爲其一，即「大公無私」也，此爲天心之道德無私的討論。

其次，天地之心如此，體天心之聖亦然，亦以大公無私之心潤及天下，而無自我私心與私情在內。陽明就指出：「性無不善，故知無不良。良知即是未發之中，即是廓然大公，寂然不動之本體。人人之所同具者也。」〔註50〕聖人乃天道之體現者，其心亦是大公無私之心，其情亦是一無私情之謂。是故，「聖人以其情順萬事而無情也」。此正如老子所言「天地不仁」、「聖人不仁」〔註51〕。「不仁」非指無道德之狀態，乃無私心、無私情之謂也。故「大公無私」不但爲天道之性，亦爲聖人之性也。

第三、有「廓然而大公」自有「物來而順應」之事。此處則說明「良知本心」與「所應之物」的關係。所謂「順應」即依大公之理而行，不是「應而無當而逐物而行」，亦非「阻絕而無應」，而是內外一體，依其理應之，而無自我私意與私情，無論動靜皆能如其理之所以然而應之。此心既是廓然大公，亦是天心仁體之顯，而無一毫私意之存，自然「與物無對」。明道〈識仁篇〉就指出：

> 學者須先識仁。仁者，渾然與物同體，義、禮、智、信皆仁也。識得此理，以誠敬存之而已，不須防檢，不須窮索。若心懈，則有防；心苟不懈，何防之有！理有未得，故須窮索；存久自明，安待窮索！此道與物無對，「大」不足以明之。天地之用，皆我之用。孟子言：「萬物皆備于我。」須「反身而誠」，乃侍大樂。若反身未誠，則猶是二物有對，以己合彼，終未有之，又安得樂！〈訂頑〉意思（橫渠〈西銘〉，舊名〈訂頑〉），乃備言此體，以此意存之，更有何事。〔註52〕

明道之仁是從先秦儒學的「仁者愛人」、「博施濟眾」的德性中，發展爲主體的精神境界的「一體」。這種「一體」之說，張載的〈西銘〉已揭其端，其說主要從乾坤天地與現實存有處談一體，張載認爲存有的一切皆在「吾」的意義與覺解中，得到安定與成就，這種態度與精神，即產生「四爲」的人生大

〔註50〕見陳榮捷著，《王陽明傳習錄詳註集評》，卷中，頁217。
〔註51〕見〔晉〕王弼註，《老子註》，第五章，頁12～13。
〔註52〕見〔清〕黃宗羲撰、〔清〕全祖望續修、〔清〕王梓材校補，《宋元學案・明道學案》，第五冊，卷十三，頁6。

業之落實與實踐。明道在〈識仁篇〉中強調此為《訂頑》意思，並加以提倡。爾後，陽明〈大學問〉更以「大人者，以天地萬物為一體者也。」〔註53〕張大其說。

　　總的來說，「廓然無私」之心自與「萬物一體」；與「萬物一體」自當與「與物無對」。這說明了在一體的觀念中，萬物與我皆是宇宙全體中的個體，是互相聯結而悠切相關的，是一體共存而莫非己也。仁者之境即在於「以天地萬物為一體，渾然無物我內外之分隔。」〔註54〕一有內外物我之分隔，即為有對。呂大臨（字與叔，1040～1092）的〈克己銘〉就指出：

　　　　凡厥有生，均氣同體。胡為不仁，我則有己？立己與物，私為町畦。
　　　　勝心橫生，擾擾不齊。大人存誠，心見帝則。〔註55〕

從一氣同體的角度論仁，這是張載〈西銘〉的觀念之基礎。仁與不仁之別即在於物我界限的劃立與分別，一有劃立與分別，己則與萬物成對，明道認為這是人心的「自私用智」所致，陽明則認為乃「私欲之弊」。是故，二者則強調要「反身而誠」與「自明其德」之工，以復其本然的一體之仁。

　　此外，二曲在其晚年之著的《四書反身錄》中，對此觀念亦有所討論。他指出：

　　　　「廓然大公」；動而無事，不擬議安排，「物來順應」。如是則事不
　　　　累心，心不累事，恆若太虛，毫無沾滯，即此是性，即此是聖。」
　　　　〔註56〕

二曲以太虛言人心之本體，乃本之陽明「本體只是太虛」〔註57〕的概念，此意謂良知本心具有超越一切現象的無滯性、無執性，此「無中生有」處，方能不受世俗人欲之困擾，最終能實現「現實之有」之大公無私的「社會責任」

〔註53〕見〈續編一〉，〔明〕王守仁撰、吳光、錢明、董平、姚延福編校，《王陽明全集下》，卷二十六，頁968。
〔註54〕見牟宗三著，《心體與性體二》（臺北：正中書局，民國72年5月），頁220。
〔註55〕見〔清〕黃宗羲撰、〔清〕全祖望續修、〔清〕王梓材校補，《宋元學案‧呂范諸儒學案》，第九冊，卷三十一，頁54。
〔註56〕見《四書反身錄》，《二曲集》，卷四十二，頁522。
〔註57〕見嘉靖六年丁亥（1527）〈年譜三〉云：「德洪請問。先生曰：『有只是你自有，良知本體原來無有，本體只是太虛。太虛之中，日月星辰，風雨露雷，陰霾饐氣，何物不有？而又何一物得為太虛之障？人心本體亦復如是。太虛無形，一過而化，亦何費纖毫氣力？德洪功夫須要如此，便是合得本體工夫。』」〔明〕王守仁撰、吳光、錢明、董平、姚延福編校，《王陽明全集下》，卷三十五，頁1306。

與「道德義務」。〔註58〕

所以仁者之心「廓然大公」，仁者之體「萬物一體」，此無私一體之心，自然「物來而順應」；此心廓然無私、物來而順應，當與存有的一切「與物無對」，這說明了，存有的一切是當是相感而相通，相濡而相沫的。

（三）「寂而能照，應而恒寂」，則就《易傳》「寂然不動、感而遂通天下之故。」〔註59〕談良知本心之寂感作用。儒道禪宗論本體、本心之作用皆有「人心如鏡」之譬。如《六祖壇經》中唐僧神秀（約606～706）、惠能明心見性的「明鏡」之喻〔註60〕。陽明則指出：「聖人之心如明鏡，只是一箇明，則隨感隨應，無物不照。」〔註61〕以心論鏡，陽明之說當淵自《六祖壇經》之典〔註62〕。陽明此意在言，良知本心即體即用，良知之應猶如鏡照之明。就良知本心寂感映照之過程而言：良知本心即寂然之本體，雖未言動，但已潛藏寂感之能，所謂「靜而無靜，動而無動」之謂。而照則屬本體之妙用，即應物之感處仍猶如明鏡一般，此「照」乃以大公無私之心照之，而非私意。一有其私，則此照自當不明，如雲霧在天一般。這說明了，致良知工夫精熟後，自而能照；工夫不得力，寂自不能寂，照自不能照。是故，「寂而能照」，代表本體之悟，亦代表本體工夫得力所在。

其次「應而恒寂」，所謂「應」指寂感之後，良知本心仍歸於寂，本體仍如如不動。如〈定性書〉所謂「不將亦不迎」。所謂「將迎」，即送往迎來之意。乃謂本心未應之前有所預想，應事之後內心有所造作。莊子（莊周，約前369～286）於〈知北遊〉中云：「无有所將，无有所迎。」〔註63〕成玄英（字子實，？～？）〈疏〉言：「夫聖人如鏡，不送不迎。」〔註64〕心體如鏡，

〔註58〕見吳震著，《王陽明著述選評》，頁206。
〔註59〕見〔魏〕王弼、韓康伯注、〔唐〕孔穎達等正義，《周易正義》，收入於《十三經注疏》，卷七，頁154。
〔註60〕如《六祖壇經註釋》〈行由品第一〉中神秀〈偈〉曰：「身是菩提樹，心如明鏡臺，時時勤拂拭，莫使惹塵埃。」惠能〈偈〉曰：「菩提本無樹，明鏡亦非臺，本來無一物，何處惹塵埃？」見東方佛教學院編著，《六祖壇經註釋》，頁21～31。
〔註61〕見陳榮捷著，《王陽明傳習錄詳註集評》，卷上，頁59～60。
〔註62〕關於陽明援「明鏡」論良知說之討論，可參秦家懿著，《王陽明》（臺北：東大圖書公司，民國81年1月），第七章，頁173～176。
〔註63〕見〔晉〕郭象注、〔唐〕成玄英疏、〔清〕郭慶藩集釋，《莊子集釋》（臺北：廣文書局，民國80年1月），卷七下，頁194。
〔註64〕見〔晉〕郭象注、〔唐〕成玄英疏、〔清〕郭慶藩集釋，《莊子集釋》，卷七

不將不迎，即照即寂，一有將迎，心體自不得其正，則如念起而「隨境遷轉自歧本眞」。是故，「寂而能照」乃良知本心，順其本心之正而應；「應而恒寂」，即應照後本心仍如如爲定，不隨波逐流。

　　整體來說，「人生本原圖」所言的四個標示，關於其宗旨意義之所在，鍾彩鈞即指出：

> 悟得靈原，在人生存在與行爲上能「不執」。人生本原是「無聲無臭、廓然無對」的；對境時，它是「寂而能照、應而恒寂」的。悟及此，將認清當前的特殊活動和特殊情境只是此靈原流行的道路，而可以避免可能的陷溺、執念。於是所表現的道德行爲不是有意執其爲善的，而是如其本性的生機流行，「活潑潑的本自周圓」，「虛而靈，寂而神，量無不包，明無不燭，順應無不成宜」，使我的行爲即是宇宙心外顯的表現。〔註65〕

此意謂著在主體悟得靈原本體後，能順應靈原本質之走向，使主體的道德實踐能夠不執與無滯，進而成就主體應有的道德規範。

　　所以二曲「人生本原圖」所言的四個標示，代表者良知本心之界義。「無聲無臭」與「廓然無對」，表示良知本心超越善惡相的絕對純一之全，此純一之全乃廓然無私、與物無對的；而「寂而能照」、「應而恒寂」，則爲此良知本心於寂感作用中的靜亦定、動亦定的過程，這是二曲本之《尚書·洪範》、明道、陽明之說而對良知本心之界定與詮釋。

第五節　經驗現象世界的「念起」

　　「念起」代表「良知本心」應物而動之經驗過程。此處相當於陽明〈四句教〉中「有善有惡意之動」層次。陽明於〈大學問〉中指出：

> 然心之本體則性也，性無不善，則心之本體本無不正也。何從而用其正之之功乎？蓋心之本體本無不正，自其意念發動，而後有不正，故欲正其心者，必就其意念之所發而正之。〔註66〕

依陽明言，意乃心之所發，即意念之謂也。心體本然之狀乃純善而無惡的，

　　　　下，頁194。

〔註65〕見鍾彩鈞著〈李二曲思想概說〉，《孔孟月刊》，頁17～18。

〔註66〕見〈續編一〉，〔明〕王守仁撰、吳光、錢明、董平、姚延福編校，《王陽明全集下》，卷二十六，頁971。

亦是具有無善無惡的「無執性」與「無滯性」的一面。然實際上，主體不可能不應物，一應物必然受其影響而有反映，此即「意之動」也。此意之動並進而形成某種行為。「有善有惡意之動」，旨在說明主體於應事接物過程經驗中，心體所發之意念，乃有依循本體之良知主宰而行，亦有不依本體之良知主宰而行。前者乃良知恆照其中、貞定其內，故所發之念即為善；後者乃依軀殼起念，非依循真己而為惡。這種由「本體」至「念起」之發展，即是探討本體到經驗現象世界中，良知本心異化之過程與因素。以下則依序論之：

　　（一）關於「本體」至「現象界」之過程，二曲在「人生本原圖」中，則以「念起」作為表示。他指出：

　　　　知體本全，不全不足以為知。仁者見之以為仁，知者見之以為知，見相一立，執著未化，終屬半鏡。〔註67〕

　　　　一內外，融顯微。已應非後，未應非先，活潑潑地，本自周圓。有所起伏，自室大全。〔註68〕

二曲對於良知本心之論述，可先做解釋：首先，良知本心本質上是一種「本全」與「本自周圓」之道德呈現與覺醒的理想狀態，就其特質而言乃「一內外，融顯微。已應非後，未應非先，活潑潑地」。所謂「一內外」，乃指良知之作用無分動靜而內外合一的狀態。如陽明曰：「未發之中，即良知也，無前後內外而渾然一體者也。有事無事可以言動靜，而良知無分於有事無事也；寂然感通可以言動靜，而良知無分於寂然感通也。動靜者所遇之時，心之本體固無分於動靜也。」〔註69〕而「融顯微」，則指「體用一源，顯微無間」〔註70〕之意。良知本心是「體」是「微」，良知本心之發為「用」為「顯」，其體用關係是承體起用、體用不二的。至於「已應非後，未應非先」，則為論此寂感之理。《近思錄‧道體》載：「沖漠無朕，萬象森然已具，未應不是先，已應不是後。」〔註71〕陽明亦曰：「人之本體，常常是寂然不動的。常常

〔註67〕見〈學髓〉，《二曲集》，卷二，頁18。
〔註68〕見〈學髓〉，《二曲集》，卷二，頁18。
〔註69〕見〔清〕黃宗羲撰，《明儒學案下‧姚江學案》，卷十，頁190。
〔註70〕此說乃出自程伊川之《易程傳‧序》。其〈序〉言：「至微者，理也，至著者，象也，體用一源，顯微无間，觀會通以行其典禮，則辭无所不備，故善學者，求言必自近，易於近者，非知言者也。」見〔宋〕程頤撰，《易程傳》，頁2。
〔註71〕見古清美註譯，《近思錄今註今譯、大學問今註今譯》，卷一，頁31。關於此

是感而遂通的。『未應不是先，已應不是後。』」〔註72〕這說明在寂靜無形之時，已潛藏萬事萬物之理，是故未感之前，即已含蘊其中；寂感之際，只不過是此潛存之理的展現，亦非有所謂時間先後之可分。最後，所謂「活潑潑」，乃謂良知本心感通與潤物之心，乃即存有即流行的〔註73〕。以上之述，基本上是二曲對良知本心之體用、顯微、寂感、創生等作用之詮釋。

其次，人不可能不接物，一接物即直顯本體之修為得力與否的問題。念起有「隨境遷轉」與「自私用智」之處，此皆屬於「有所起伏，自窒大全」，這是對良知本心之妨害。「知仁之見」語出《易傳・繫詞上》，其曰：「一陰一陽之謂道，繼之者善也，成之者性也。仁者見之謂之仁，知者見之謂之知，百姓日用而不知，故君子之道鮮矣。」〔註74〕關於其義，朱子《周易本義・繫辭上》曰：「仁陽知陰，各得是道之一隅，故隨其所見而目為全體也。」〔註75〕見仁者則不見智、見智者則不見仁，此見仁見智者皆屬「有對了」之一隅，基本上是對「知體」之「本全」與「本自周圓」的一種遮蔽，未能如聖德之合內外之道、既仁且智般的圓融與圓滿。是故，其心靈之鏡並非清靜圓明、洞徹內外的大圓鏡智。

二曲所闡述良知本心的本全與本自周圓，即是一種無分別相的人生境界與智慧。牟宗三對此即以「智的直覺」名之。關於其義與特質，他指出：

> 在此知上之「合內外」不是能所關係中認知地關聯的合，乃是隨超越的道德本心之「遍體天下之物不遺」而為一體之所貫，一心之圓照，這是攝物歸心而為絕對的，立體的，無外的，創生的合，這是「萬物皆備於于我」的合，這不是在關聯方式中的合。……。此圓

說乃二程援禪家之語，可參見陳榮捷對此之考證，見氏著，《王陽明傳習錄詳註集評》，卷上，頁 61。
〔註72〕見陳榮捷著，《王陽明傳習錄詳註集評》，卷下，頁 376。
〔註73〕關於其意，可參牟宗三對《論語》「宰予不仁」一文之釋。他指出：「親喪，食夫稻，衣夫錦，於汝安乎？宰予說『安』，即宰予之不仁，其生命已無悱惻之感，已為其關于短喪之特定理由所牽引而陷於僵滯膠固之中，亦即麻木不覺之中，而喪失其仁心，亦即喪失其柔嫩活潑，觸之即動，動之即覺之本心。是以『不安』者即是真實生命之躍動，所謂『活潑潑地』者是也。」見牟宗三著，《圓善論》（臺北：學生書局，民國 85 年 4 月），第六章，頁 258。
〔註74〕見〔魏〕王弼、韓康伯注、〔唐〕孔穎達等正義，《周易正義》卷七，頁 148～149。
〔註75〕見〔宋〕朱熹撰，《周易本義》，收入於〔宋〕程頤撰，《易程傳》，附錄，頁 580。

> 照之知不是在主客關係中呈現，它無特定之物爲其對象
>
> （object），……，它超越了主客關係之模式而消化了主客相對之主
>
> 體相與客體相，它是朗現無對的心體大主的圓照與遍潤。〔註76〕

這是一種圓頓的觀照之智慧與境界，是將存有的一切不作分割的觀照與體驗。就儒家而言，即是由良知本心對存有之事物感通與推致、擴充與成就；在此感之際，萬有一切並非主體所觀照之客體，而是將其納入所感通之網絡中，加以潤澤。故在此道德體驗之中，主客之存有的分別自當化解與化除。

（二）而當主客不能感通與相潤，即是有所分別，即是良知本心的異化，此即經驗世界感物而動之「念起」的問題。二曲在討論此道體之全與裂後，即針對此分別之妄的弊端加以說明。

首先，就「隨境遷轉自歧本眞」之「欲」處而言，首當釐清「境」字之義。二曲指出：

> 境，不止於聲色貨利，凡人情之逆順，世路之夷險，窮通得喪，毀
>
> 譽壽殀，皆境也。一有所動，皆欲也。自歧自離，愈趨愈遠。〔註77〕

對於「境」的探討，旨在說明人欲爲惡之因，以及對治下手工夫所在。人之所以會自歧本眞而爲欲，即在於「隨境遷轉」。二曲認爲人之爲惡，除「氣質之性」等先天氣稟影響外，後天之「人情事變」，如環境、物誘、名利、窮喪等多層因素亦是導至人成惡之因。「人情事變」即「境也」。「人情」即是主觀心境之狀態，如喜、怒、哀、懼、愛、惡、欲等七情；「事變」即爲客觀之際遇，如窮通得喪等，兩者互爲因果並合融成爲主體遷轉迷失之因。是故，「隨境遷轉」，就意謂主體在人情順逆之際有著「動心」之處，朱子在釋孟子「寡欲」與「不動心」時曰：「未說這事，只是纔有意在上面，便是欲，便是動自家心。」〔註78〕程子亦云：「所欲不必沈溺，只有所向便是欲。」〔註79〕心有所動，自然遠離其心之至平至樂之境。這說明了其「欲」，並非言人之感官欲望而已，而是指主體之心受外在人情事變之波動影響，不能靜動皆定的過程。

〔註76〕見牟宗三著，《智的直覺與中國哲學》，收入於《牟宗三先生全集（二十）》（臺北：聯經出版事業股份有限公司，民2003年），頁241。

〔註77〕見〈學髓〉，《二曲集》，卷二，頁19。

〔註78〕見〈孟子十一：盡心下〉，〔宋〕黎靖德編、王星賢點校，《朱子語類四》，卷第六十一，頁1476。

〔註79〕見《孟子集注》〈盡心章句下〉，〔宋〕朱熹撰，《四書章句集注》，卷十四，頁374。

陽明就更明確的從良知本心與七情之關係加以說明。他指出：

> 七情順其自然之流行，皆是良知之用。不可分別善惡。但不可有
> 所著。七情有著，俱謂之欲，俱爲良知之蔽。然纔有著時，良知亦
> 自會覺，覺即蔽去，復其體矣。此處能勘得破，方是簡易透徹功
> 夫。〔註80〕

這說明聖人並非無情，而是「發乎情而止乎禮」。情乃爲自然之發，不可以善
惡名之，而亦不能順情進而留滯於心，一有留滯與執著，即爲之欲。是故，
境與欲即爲主體動心遷轉之因與所執之處，故當以良知之工復其本然之狀。

　　而既然成惡之因在於人情事變與順逆之境中，自然工夫亦在此而爲。象
山有所謂在人情事勢上做工夫之說〔註81〕。陽明亦指出：「除了人情事變，則
無事矣。喜怒哀樂非人情乎？自視聽言動以至富貴貧賤患難死生，皆事變也。」
〔註82〕這說明了，惟有在人情事變上作工夫，於事上磨鍊，方是對問題的眞
正的對症下藥。

　　二曲認爲人不可能不生其境，除非世上無境、自己無目。是故，只能強
調「心起即境起，境在而心在。心境渾融，方是實際。」〔註83〕二曲言「境
在而心在」，實即意謂著，在人生的順逆之境中，須以超越之良知本心作爲貞
定與對治之功能。心一有所動，良知本心即刻察覺；一有所偏，良知本心即
爲導正，主體生命不能任由人情事變的牽引進而沉淪。陽明對此亦指出：「事
變亦只在人情裡。其要只在致中和。致中和只在謹獨。」〔註84〕良知本心須
在人情事變中產生「即知即覺，即覺即化」的功能，此知覺與覺化之本體工
夫，二曲實以無念名之。〔註85〕

　　（三）「隨境遷轉而爲欲」固有其弊，而「有意爲善而爲理」亦非周全。
這說明了「有意爲善」其動機目的固然爲佳，但實質上就良知本心而言，亦
造成了「著意之私」的弊端。二曲在〈答朱字綠書〉中指出：

> 「有意爲善，雖善亦失」，正恐僞儒義襲而取，不本諸心體之自然，

〔註80〕見陳榮捷著，《王陽明傳習錄詳註集評》，卷下，頁342。
〔註81〕見〈年譜〉云：「復齋家兄一日問曰：『吾弟今在何處做工夫？』某答曰：『在
人情、事勢、物理上做工夫。』」〔宋〕陸九淵著，《陸九淵》，卷三十六，頁
485。
〔註82〕見陳榮捷著，《王陽明傳習錄詳註集評》，卷中，頁73。
〔註83〕見〈學髓〉，《二曲集》，卷二，頁19。
〔註84〕見陳榮捷著，《王陽明傳習錄詳註集評》，卷中，頁73。
〔註85〕二曲論良知本心之本體工夫，詳見「無念之工夫」一節所述。

不率性分之固有，如五霸之假。南軒有所爲而爲之意，豈謂善不可以立意爲乎？所謂前輩苦心救蔽之言也。……。孟子之「勿正」，程子之「不須防檢操存」，皆是意也。〔註86〕

二曲在〈答范彪西徵君〉一書亦指出：

若無所感而有意爲善，猶未見孺子入井，而輒欲怵惕。失何思何慮、寂然不動之本體，便是起爐作竈。即一無所爲而爲，毫無涉私，亦是出位逐行。行仁義非由仁義，非私而何？〔註87〕

這一整段之論述，基本上是探討成就道德行爲之動機純正與否？是依循本性之爲？抑或以假濟私？道德之保任工夫是自然簡易？抑或窮索助長？這是本之孟子、明道、陽明之論述而形成的本體工夫與修養論之觀念。首先，就有意爲善而言，即所謂「義襲」。孟子認爲道德行爲的合理性，當是由內在之仁義自然而出，而非由外襲取的，此即「由仁義行」與「行仁義」之辯證〔註88〕。就正確的仁義德行而言，是「由」內在的「德性」作爲動力進而所趨策、引導，順其本性而自然而爲的；相對的，「行仁義」，則是因仁義爲美、爲利，而「勉強行之」的，此即「義襲」之意。孟子認爲所謂「由仁義行」，即如同堯、舜一般，是依其本性安而行之的；而湯、武則藉「修爲以復其性」〔註89〕；至於五霸則是「假借仁義之名，以求濟其貪欲之私耳。」〔註90〕是故，無論不失其性或善反其性，皆是「盛德之至」，並非爲其干祿而爲之；相對的，不由本性而是因利名之趨，皆非盛德也。這涉及到道德之動機與眞誠與否之問題。李明輝分析孟子這兩層意思認爲：「由仁義行」，是出於義務而行爲；「行仁義」，則是只求行爲合乎義務，前者乃是如康德（Immanuel Kant，1724～1804）所謂的「善的意志」之善，是絕對的、無條件的善；其價值在它於自身，而非在於它之能實現或達成另一項目的。反

〔註86〕 見〈書三〉，《二曲集》卷十八，頁218。

〔註87〕 見〈書三〉，《二曲集》卷十八，頁196。

〔註88〕 孟子曰：「人之所以異於禽獸者幾希，庶民去之，君子存之。舜明於庶物，察於人倫，由仁義行，非行仁義也。」（見《孟子集注》〈離婁章句下〉，〔宋〕朱熹撰，《四書章句集注》，卷八，頁293）又曰：「堯舜，性之也；湯武，身之也；五霸，假之也。久假而不歸，惡知其非有也？」見《孟子集注》〈盡心章句上〉，〔宋〕朱熹撰，《四書章句集注》，卷十三，頁358。

〔註89〕 見《孟子集注》〈盡心章句下〉，〔宋〕朱熹撰，《四書章句集注》，卷十四，頁373。

〔註90〕 見《孟子集注》〈盡心章句上〉，〔宋〕朱熹撰，《四書章句集注》，卷十三，頁358。

之，後者是一種相對的、有條件的善；其價值僅在於它之能實現或助成所預設的目的〔註91〕。這說明了，德行乃本之德性之眞誠與自然處，而非有所爲之利，德性與德行之間，應當存在於一種非功利、不造作、自然而眞誠爲德的體現關係。孟子這種「義襲」之觀念，至宋明之後，即被心學視爲本體著意之觀念〔註92〕。陽明對此是多有論述的。如《傳習錄》載：

> 誠意只是循天理。雖是循天理，亦著不得一分意。故有所忿懥好樂，則不得其正。須是廓然大公，方是心之本體。知此即知未發之中。〔註93〕

> 爲學工夫有淺深。初時若不著實用意去好善惡惡，如何能爲善去惡？這著實用意，便是誠意。然不知心之本體原無一物，一向著意去好善惡惡，便又多了這分意思，便不是廓然大公。書所謂『無有作好作惡』，方是本體。〔註94〕

> 學者用功，雖千思萬慮，只是要復他本體，不是以私意去安排思索出來。若安排思索，便是自私用智矣。」學者之蔽，大率非沈空守寂，則安排思索。〔註95〕

> 既去惡念，便是善念，便復心之本體矣。譬如日光被雲來遮蔽，雲去光已復矣，若惡念既去，又要存箇善念，即是日光之中添燃一燈。〔註96〕

> 先生嘗語學者曰：「心體上著不得一念留滯，就如眼著不得些子塵沙，些子能得幾多；滿眼便昏天黑地了。」又曰：「這一念不但是私念；便好的念頭亦著不得些子。如眼中放些金玉屑，眼亦開不得了。」〔註97〕

〔註91〕見李明輝著，〈孟子與康德的自律倫理學〉一文，見氏著，《儒家與康德》（臺北：聯經出版社，民國79年7月），頁52～53。

〔註92〕筆者認爲孟子之「義襲」與「本體不著意」，兩者在問題本質上，當有若干之差距。前者是有其明顯的功利目的，如朱子所言「以求濟其貪欲之私耳」的，後者乃是良知本心、本體無執著的越越，其弊病非在於功利之弊，而在於自私用智，但兩者同樣皆有心體之弊的問題。

〔註93〕見陳榮捷著，《王陽明傳習錄詳註集評》，卷中，頁124。

〔註94〕見陳榮捷著，《王陽明傳習錄詳註集評》，卷上，頁141。

〔註95〕見陳榮捷著，《王陽明傳習錄詳註集評》，卷中，頁241。

〔註96〕見陳榮捷著，《王陽明傳習錄詳註集評》，卷下，頁310。

〔註97〕見陳榮捷著，《王陽明傳習錄詳註集評》，卷下，頁380。

陽明指出「初學之際」自當著實的好其善惡其惡，此即誠意、正心之功。但實際上，在好善惡惡之基礎上尚要理解「心之本體原無一物」，在意向上自覺作到「不著意思」，如果著意於某物，就是多了這份意思，就會產生忿懥好樂情意的留滯，使內心的平衡即未發之中的破壞〔註98〕。是故，「著意」即成心體之害，亦即在本體已復之際，則當順本體而出，不可以私意逆之。牟宗三就指出：

> 依陽明「動於意」，則無論善念惡念皆為惡。此又為深一層之障。意之動是直接的，可以說是第一序的意，而「動於意」則是間接的，可說是第二序上的意：順第一序的意又返回來多了一點念。此念純粹是私，清一色、同質地歧出而全為私，故動於意後，無論善念惡念，一齊皆壞。陽明亦說：「無善無惡理之靜，有善有惡氣之動。」此「氣之動」與「意之動」同。而「氣之動」亦與「動於氣」不同。「動於氣」，一齊皆壞。與「動於意」同。〔註99〕

這說明「動於意」，即是有其自私用智的，故為心體之害。是故，「有意為善雖善亦私」。這說明了，二曲如同陽明一般，皆強調良知本心當是「無有作好，無有作惡」之特質。

其次，就修養工夫而言，孟子所謂「必有事焉」、「勿正」、「勿忘」、「勿助長」〔註100〕。朱子釋其義曰：「勿預期其效；其或未充，則但當勿忘其所有事，而不可作為以助其長，乃集義養氣之節度也。」〔註101〕此意謂著工夫只是集義，集義乃順其本然之理而為（必有事焉），不可預期（正也），亦不可有所過度之偏（助長）與不及（忘）的作為。此即明道於〈識仁篇〉所謂：「識得此理，以誠敬存之而已，不須防檢，不須窮索。」〔註102〕之意。這點明本

〔註98〕見陳來著，《有無之境》，第八章，頁 210。

〔註99〕見牟宗三著，《宋明儒學的問題與發展》（臺北：聯經出版事業股份有限公司，民國 92 年），頁 241。

〔註100〕《孟子集注》載：「『敢問夫子惡乎長？』曰：『我知言，我善養吾浩然之氣。』『敢問何謂浩然之氣？』曰：『難言也。其為氣也，至大至剛，以直養而無害，則塞于天地之間。其為氣也，配義與道，無是，餒也。是集義所生者，非義襲而取之也。行有不慊於心則餒矣。我故曰，告子未嘗知義。以其外之也。必有事焉而勿正，心勿忘，勿助長也。』」見《孟子集注》〈公孫丑章句上〉，〔宋〕朱熹撰，《四書章句集注》，卷三，頁 231～232。

〔註101〕見《孟子集注》〈公孫丑章句上〉，〔宋〕朱熹撰，《四書章句集注》，卷三，頁 232。

〔註102〕見〔清〕黃宗羲撰、〔清〕全祖望續修、〔清〕王梓材校補，《宋元學案·明道學案》，第五冊，卷十三，頁 6。

體修養之工，皆屬自然而非人爲的。

　　所以二曲論「念起」處，無論「隨境遷轉」或「有意爲善」皆屬有對，這都是念起之弊，這都是對於良知本心「廓然大公」之偏失。二曲認爲良知本心處不容擬議造作與自私用智，亦非隨境遷轉而動心的。他強調的是「集義」、「由仁義行」之德，重視的是自然之工，而非「義襲」、「行仁義」等助長之爲的。

第六節　「無念」之工夫

　　從「念起」之層次來看，無論是「隨境遷轉自歧本眞」，亦或「有意爲善雖善亦失」，兩者皆有所謂分別之妄而有「自私用智」與「隨境而遷」之弊，此弊當如何對治與轉化呢？二曲即指出「無念之工」。二曲指出：

> 無念之念，乃爲正念，至一無二，不與物對。此之謂「止」，此之謂「至善」。念起，而後有理欲之分，善與惡對，是與非對，正與邪對，人禽之關，於是乎判。所貴乎學者，在愼幾微之發，嚴理欲之辨。存理克欲，克而又克，以至於無欲可克；存而又存，以至於無理之可存。欲理兩忘，纖念不起，猶鏡之照，不迎不隨，夫是之謂「絕學」，夫是之謂「大德敦化」。〔註103〕

首先，關於「無念」之說，禪宗六祖惠能即有「無念」之說。六祖惠能言「無念」，並非要人念頭斷覺而百物不思，沒有念頭乃流於枯木禪，既非儒學之義，亦與禪家之說有別。《六祖壇經・定慧品第四》曰：

> 善知識！我此法門，從上以來，先立無念爲宗，無相爲體，無住爲本。無相者，於相而離相；無念者，於念而無念；無住者，人之本性。……。念念之中，不思前境。若前念今念後念，念念相續不斷。名爲繫縛。……。善知識！於諸境上，心不染，曰「無念」。於自念上，常離諸境，不於境上生心。〔註104〕

惠能以「無念爲宗，無相爲體，無住爲本」，此說是其宗旨、體性與根本之意。三者雖連貫而一致，但實以「無念」爲樞紐，而涵攝其無相與無住之說。按其意，惠能認爲人於經驗世界中存有心念是必然的，念頭斷覺而百物

〔註103〕見〈學髓〉，《二曲集》，卷二，頁19。
〔註104〕見東方佛教學院編著，《六祖壇經註釋》，頁111～113。

不思，反而是對心念之理解與修證上之錯誤所導致的。但這不意謂者，此存在之心念皆爲純正無誤的。惠能提出「無念」工夫，即在說明人會對外境有所染著，故會產生主體無明迷闇之過程，所以要經由「無」的工夫，促使主體不爲外在客相所繫縛而累，亦不在念念諸法中生心動念，進而保持自身之超越性的一面，達到眞如清靜本性的把握與體會。方立天就指出：

> 慧能認爲，人心是活動的，也是需要活動的，念就是心的一種動相。
> 但念有淨念和妄念之分，所謂無念，不是不起念，而是心應不起虛
> 妄分別的思想。無相是不具有相對的形相。不執取對象的相對相、
> 差別相。無住是指沒有任何住著、執著的心靈狀態。〔註105〕

可見惠能禪觀的工夫，實爲對二元對立之妄心的否定與超越。二曲就指出：「善與惡對，是與非對，正與邪對，人禽之關，於是乎判。」〔註106〕此皆是對良知本心超越無滯的否定，而一流於分別之妄即有所愛取，一有所愛取即有所爭奪，這都是對德性圓滿無虧的一種破壞。老子即曰：「天下皆知美之爲美，斯惡已；皆知善之爲善，斯不善已。」〔註107〕這說明有美之名即生醜名，此同異是非的分別心一起，天下之事自然紛紜而詐僞興起。可見「無念」基本上，即在對心念的二元對立所形成之弊，加以「化解」與「消除」，由無念而正念，進而導向良知本心超越善惡的本質意義。惟有超越善惡，無意必固我之自私用智，良知本心所發之念，方是至善而無惡的。

其次，從「無念」之工夫，是可見禪學對二曲之影響，不過二曲之「無念」仍與惠能之說有所殊別。二曲所謂「無念」，雖言主體能力不失，不爲客體所染，但其所體之理與工夫仍與惠能之說有所不同。二曲強調「念起」之對治工夫，並非如惠能僅建構在「心悟」之根本義中。所謂「心迷法華轉，心悟轉法華。頌經久不明，與義作讎家。無念念即正，有念念成邪。有無俱不計，常御白牛車。」〔註108〕二曲對念之化解與消除，除心性之體悟外，更著重在「存理克欲」之過程，這是一種深刻道德的踐履之工夫，絕非是通過當下的頓悟而自見眞如本性的方法。再則，二曲經由無念之工夫所體的生機

〔註105〕見方克立著，〈從達摩到慧能：禪法的演變〉，《慈光禪學學報》，1999 年 10 月，創刊號，頁 183。

〔註106〕見〈學髓〉，《二曲集》，卷二，頁 19。

〔註107〕見〔晉〕王弼註，《老子註》（臺北：藝文印書館，民國 85 年 3 月），第二章，頁 7。

〔註108〕見〈機緣品第七〉，東方佛教學院編著，《六祖壇經註釋》，頁 149。

之仁，亦不同禪家契悟之處。此皆二者殊別之處。

　　第三、二曲的之「無念」之工在於：「念起而無念」。無念乃針對「念起」的「分別之妄」的對治與克除。他分別就「隨境遷轉之欲」的「念起」之幾微處，經良知本心之對照後，實踐「窮天理、滅人欲」之功，加以省察克治，括磨洗惕一番後，而至天理彰顯，人欲盡消。相對的，亦就此「有意爲善之私」的「念起」之幾微處，同樣的對治，直至「欲理兩忘，纖念不起，猶鏡之照，不迎不隨」之境。如是，此心方是無有作好無有作惡，此心不送不迎，無善惡對峙分別之相，方是純粹至善之心，方是廓然大公與物無對。就此無念的本體工夫而言，實質上是近陽明「致良知」與「格物」之意。陽明〈四句教〉中即云「知善知善是良知，爲善去惡是格物」。就其涵意，陽明指出：

> 物者，事也。凡意之所發必有其事。意所在之事謂之物。格者，正也，正其不正以歸於正之謂也。正其不正者，去惡之謂也。歸於正者，爲善之謂有。夫是之謂格。〔註109〕

陽明言「物」，即事也，物非「具體個別物」，而是「以事解物」。即應事接物後反映之「行爲」。而「格」即正也。「格物」之義，實即「端正自我之行爲」。這說明了，良知起照鑑之功，知是知非後，能依此天理良知之善而爲之，而好善而惡惡，即爲格物，即爲意誠也。

　　二曲所謂的「無念」，實非無念頭，指的是將此「分別之念」對治後的狀態。無念之後，乃爲正念。此「正念」，非格物之「正念頭」之意，而是對治妄念後的「正確的心念」，即「誠意」後之「意」、「正心」之謂。故從無念工夫層次來看：念起而生，則當以無念之工對治，而當此妄念之消，即爲正念、正心也。牟宗三有段說明可爲補證。他指出：

> 「正心」者即使原因受感受之影響而放失之心復其正位而無一毫忿懥、恐懼、好樂、憂患之謂也。此即孟子所謂「求放心」，亦孟子所引孔子語「操則存舍則亡」之對于心之操存也。通過致知格物以誠意之工夫，則原初所設定的無善惡相的無限智心之自體即如如而朗現矣。故無任何忿懥、恐懼、好樂、憂患等等偏曲之相也。〔註110〕

〔註109〕見〈續編一〉，〔明〕王守仁撰、吳光、錢明、董平、姚延福編校，《王陽明全集下》，卷二十六，頁972。
〔註110〕見牟宗三著，《圓善論》，第六章，頁315。

「正念」實即是「意自誠」之後「心自正」的過程與境界也。這是對心念之妄不斷的加以對治與克服，而終使主體的之心念依良知而行，所發所行自能「從心所欲而不踰矩」，心體亦無所別，而一歸於正，達到廓然無對、無聲無臭之境。

整體來說，就儒學而言，「念起」乃一自然之狀態，人不可能不存有心念，陽明之正念亦非是掃除一切念頭，而是最終使其善念、惡念都不能執著，回歸心理之本然狀態。陳來就指出：「不滯不留，不有不障，是人的一種理想的精神——心理境界。照儒學的立場，一切應該達到的，也就是本來具有的，因此陽明認為，不滯不留實際是心之本體，即心的本然狀態，或本來屬性。」〔註 111〕這說明了，談念起之目的，即是論人心因善念、惡念留滯而執著，障蔽良知本心之理想狀態的一種回歸過程，這種回歸過程，實際上依賴的即是「無念」之工夫。

所以二曲以「無念」為工夫，言此為《大學》之「止於至善」，《中庸》的「大德敦化」、張載「繼往聖之絕學」之意。實言明無念本體工夫之價值意義所在。二曲以「無念」作為對治「念起」之工，雖名如惠能之學，但實應為陽明「致良知」、「格物」等正己之說。

綜上所論，關於二曲〈學髓〉一說之詮釋，大抵有幾層意義的：

第一、〈學髓〉一說實為本體與工夫的討論，旨在於說明「道德意識」與「道德實踐」之關係。意識之存有賴於工夫之擴充與體驗。工夫之發展必依於本體之貞定，兩者互為依存。這是一篇側重於明體之證、內聖之成的學說。

第二、〈學髓〉之整體意義，可以明顯看出在本體之討論中，是援孟子、明道、陽明之論點來說明的。其目的在於：「良知本原的論證」，闡明「良知為行為主宰」與主體「安身立命」之特點，以作為明體之學的體驗與實踐。

第三、關於「人生本原圖」之理解，實可以陽明〈四句教〉加以詮釋，亦可援傅偉勳提出的「整全的多層遠近觀」，如「心性本然門」、「心性應然門」、「心性實然門」、「心性沈沒門」之觀點〔註 112〕，加以釐清：

（一）此圖第一層實即「無聲無臭」、「廓然無對」、「寂而能照」、「應而

〔註 111〕見陳來著，《有無之境》，第八章，頁 205。
〔註 112〕見傅偉勳著，〈儒家思想的長期反思〉，見氏著，《學問的生命與生命的學問》，頁 189。

恒寂」的良知本心「本體」層次，即陽明〈四句教〉的「無善無惡心之體」，
按傅偉勳所言即「心性本然門」，乃道德主體性之界立。

（二）此圖第二層的「念起」，即陽明〈四句教〉的「有善有惡意之動」，
按傅偉勳所言，即「心性實然門」。傅氏認爲此乃「純屬現實自然而價值中立
的」〔註113〕過程，本文在此乃以經驗現象界名之。

（三）此圖第三層，「有意爲善，雖善亦私」、「隨境遷轉，自歧本眞」，
此陽明〈四句教〉「有善有惡意之動」具體呈現之狀態。按傅偉勳所言即「心
性沈沒門」，即主體「生命完全陷於昏沈埋沒之狀態。」〔註114〕但筆者認爲此
說在此雖可解「隨境遷轉，自歧本眞」，但對於「有意爲善，雖善亦私」則有
過重之言。傅氏之說在此未能彰顯有意爲善等自私用意之弊。

（四）「無念」之工夫，實即陽明〈四句教〉中「知善知善是良知，爲善
去惡是格物」，即傅氏所謂的變化氣質的「心性應然門」。

所以，二曲〈學髓〉一說與「人生本原圖」，實從「本體界」論至「現象
界」的「念起」，以及「工夫對治」的本體工夫之教，其意實是深涵陽明〈四
句教〉的思惟與精神的。其「靈原」之說，其實即爲陽明的「良知本心」之
論；「無念」之工，即爲「致知」、「格物」、「誠意」之觀點，「正念」即爲「正
心」之說。可見其思想、思惟實屬心學之模式，其建立此圖此說，即在爲心
學本體工夫的實踐之道，確立一教導之途徑，這是我們把握其學說所應有的
理解與認知。

〔註113〕見傅偉勳著，〈儒家思想的長期反思〉，見氏著，《學問的生命與生命的學
　　　　問》，頁189。
〔註114〕見傅偉勳著，〈儒家思想的長期反思〉，見氏著，《學問的生命與生命的學
　　　　問》，頁189。

第四章　修養工夫論

第一節　緒　論

　　談修養工夫論，針對的是本體的涵育與養護，並促使其生長與發育，使其體現本然之狀的工夫。此「本體」謂之「心」，心乃身之主宰，識得此心，存得此理，方能盡性而至命。然現實中，此心易從軀殼起念，也易常走作，更易爲客慮所染，而使其心昏昧而不明。是故，須要有修養之工，使其有所涵養，有所持守，有所省察，有所收斂，使心不放逸而定於理，炯然常在而惺惺不昧。當心能爲身之主，自能「從心所欲而不踰於矩」。儒學向來重視此工。如孔子言：「操則存」、孟子言：「養心莫善於寡欲」、「集義」、「養氣」、「知言」。而宋明諸子如周敦頤言「無欲」、「主靜」，以及程朱的「主敬窮理」、陽明論致良知等皆是此工。

　　而從傳統儒學之工夫來說，因就個人體會不同，其修養工夫即有所殊。修養工夫，實即爲主體的涵養與省察。所謂「涵養」或「存養」指的是從感性經驗之逆反而把握道德本心之路。牟宗三論此有所謂的「即經驗」的直就良心之初萌「逆覺體證」，與「離經驗」的「默坐澄心」，求喜怒哀樂之未發的「超越逆覺體證」等工夫進路之講法。除此，即爲程朱「順取」之工夫的系統，即強調未發涵養用敬，已發進學致知之路。故依其「逆覺」與「順取」工夫之殊，其「省察」之路亦有所別。依「逆覺」之工者，其省察實即存養之工，逆覺反身而誠之工，是不分動靜的；相對的，朱子「順取」一路，即「動察」之工夫，自然亦建立在所謂的「進學致知」、「格物窮理」之工上。大抵朱子建立的是一認知涵養以成就的道德工夫，故就成聖之學言，實非本

質之工而爲歧出之學。〔註1〕

關於二曲的涵養工夫，岳宏譽在〈南行述〉中就明確的指出：「其學以『靜』爲基，以『敬』爲要，以『返己體認』爲宗，以『悔過自新』爲日用實際。」〔註2〕所謂「返己體認」乃謂「往內的驗之以體」，以身心作爲體驗之處。而「悔過自新」乃二曲早年工夫之要，其〈傳心錄〉中云：「故悔過自新，乃爲學入門第一義。」、「最上道理，只在最下修能，不必鶩高遠。」〔註3〕這說明此說乃日用常行間的自省之修。其說已在前編論述頗詳，此處不再贅言。至於「主靜」與「主敬」乃爲二曲中年教導修養工夫中之主要內容。以下則針對二曲修養工夫分別加以說明：

第一、所謂「修養工夫」，主要是針對良知本心所做的「涵養省察」。故將先從「良知本心」與「涵養省察」之本體工夫等內在關係先作引述與說明。

第二、論二曲的「修養工夫」，即其爲學之基的「主靜」做討論。這是二曲早年的契悟經驗關鍵所在，也是其引導後學的基礎之工。在論述上，首先針對「主靜」工夫，在修養工夫中之意義加以釐清。其次，則從二曲論主靜之境界「虛、明、寂、定」之內容與工夫處分別說明。最後，則論述二曲對「主靜」之弊端與爭議的釐清。

第三、論主靜後，接續則言「主敬」之工。這是良知本心證悟後的「持續保任」的工夫之道。二曲論主敬大抵以主敬乃爲成己、成人道德修養之基礎，其操作乃涵蓋內外、貫穿動靜、徹上徹下等幾個層面。

第四、而除「主靜」、「主敬」之修養工夫，二曲尚有論及「常惺惺」、「終日乾乾」與「愼獨」之說，亦一一說明。最後，並以二曲所言之「肘後牌」所論修養工夫之要，加以釐清，藉以完備二曲的修養工夫之說。

第二節　修養工夫之開展──論良知本心的察識

論修養工夫，如上所述，乃爲針對實存主體的──良知本心的涵養與修復。關於此層之意義，王邁在〈兩庠彙語‧序〉中即指出「先生之言，以正

〔註1〕相關討論，參見鄭宗義著，《明清儒學轉型研究──從劉蕺山到戴東原》，第二章，頁49～50。

〔註2〕見〈南行述〉，《二曲集》，卷十，頁85。

〔註3〕見〈傳心錄〉，《二曲集》，卷六，頁45。

心術、勵躬行爲要，而下手處則靜時涵養，動時省察。」〔註4〕這說明靜、動之際各有其工夫，而論修養工夫之開展，首當其要的即在對於良知本心、本體之察識。我們可藉由二曲與弟子之問答，來釐清此意：

> 問：「學問之要，全在涵養省察，當如何？」先生曰：「也須先識頭腦。否則，『涵養』，是涵養箇什麼？『省察』，是省察箇什麼？若識頭腦，『涵養』，涵養乎此也；『省察』，省察乎此也。時時操存，時時提撕，忙時自不至於逐物，閒時自不至於著空。」敢問：「如何是頭腦？」先生曰：「而今問我者是誰？」在座聞之，咸言下頓豁，相與嘆曰：「先生一言之下，令人如還故鄉，此古人所以貴親炙也。」〔註5〕

儒學論涵養與省察，實乃爲一貫穿靜動、未發已發之狀態。分析來言，「涵養」指的是「未發之靜」道德意志的自我淨化之工夫；「省察」指的是「已發之動」意念的自我檢點之工夫。前者在於主靜、靜坐等「默坐澄心」之過程中涵養，後者則在「事上磨煉」中，不斷的自我省察與修正，而使行爲在應事接物之際能合乎道德規範。二曲認爲「涵養與省察」等修養工夫，首當建立在對頭腦（即良知本心、本體、本原）的體驗、識取、把握的過程，這說明二曲之修養工夫，是以良知本心、心性本原體驗爲優先的本體工夫之道。從「良知本心」與「修養工夫」之存在與輔助之關係來說，良知本心之開顯，極易與主體、客體之交來產生染執作用，並進而促使此良知本心產生昏昧與外馳之弊端。是故，要有操存與提撕、涵養與省察。而此所有的修養工夫，必須建立在對此昭昭自明、不經思索的，乃行爲之主宰，與一念之靈明的良知本心之覺識中。陸象山有段討論，可借爲補證。他指出：

> 《論語》中，多有無頭柄底說話。如「知及之，仁不能守之」之類，不知所守者何事？如「學而時習之」，不知習者何事？非學有本領，未易讀也。苟學有本領，則知之所及者及此也，仁之所守者守此也，時習者習此也，說者說此，樂者樂此，如高屋之上建瓴水矣。學苟知本，六經皆我註腳。〔註6〕

象山言「本」，實即二曲所謂的「頭腦」；象山提及的《論語》的「知及之」、

〔註4〕見〈兩庠彙語・序〉，《二曲集》，卷三，頁23。
〔註5〕見〈常州府武進縣兩庠彙語〉，《二曲集》，卷三，頁26。
〔註6〕見〔清〕黃宗羲撰、〔清〕全祖望續修、〔清〕王梓材校補，《宋元學案・象山學案》，第十五冊，卷五十八，頁11。

「仁守之」與「時習之工」，即二曲的涵養與省察中所言之「識」。象山主張「知本」與「立本」，即強調工夫的方向，必須驗之於體，回歸到對主宰之體認，這是一種本體之工。主體開顯與應物之際後，即易產生存有異化與染執，要對此異化與染執之「對治」與「治療」，即要「歸根返本」。歸根方能復命，返本方能開新，此本不知，此本不立，所有的修養工夫，即不能亦不易產生功效。

儒學人生向度之展開，乃本之於主體的「道德修養」，以及在道德之修養後，接續拓展而出的「社會實踐」。而道德修養之所以能完成與實現，首先便來自對良知本心、道德本體之識察、自覺後所進行的涵養與省察之工。故對良知本心之體驗與識察，是儒學道德修養與實踐學之開展的必要前提。

所以論修養工夫之開展，實即討論知本方能立本之涵意，乃由知本、立本後而進行的本體工夫。這說明了，必須能識頭腦後方能靜時涵養、動而省察，此意謂著工夫必然是本體工夫，是由本體帶動的工夫。

第三節　主靜之工夫

良知本心的體驗與識取，乃修養工夫之前提。而良知本心之證，又如何得致呢？二曲指向的是以體驗未發之中的主靜、靜坐之工夫。

關於二曲對主靜的討論，約有幾層。首先，是對於主靜、靜坐意義的探討。此層就意義上而言，主靜、靜坐之工夫，乃是主體的「證悟」之本質前提。就行為實踐上，即為「靜虛而動直」之論述。此即《中庸》所謂有「未發之中」，始有「中節之和」之義。其次，主體證悟的過程，就其目標是一種對本體或心體的「虛、明、寂、定」境界的追尋，何謂「虛、明、寂、定」，此為接續應當說明之處。第三、這種主體或心體境界的證得，它必須依靠主體實切的涵養保任與操存之工夫，具體而言，則為「主敬」與「窮理克欲」之工夫。第四、就主靜或靜坐之工，可能產生「偏靜而遺動」之弊，關於此弊，二曲亦多所說明，此為論主靜之工夫，最後當加以闡明的。以下則分別敘之：

一、談「主靜」工夫之意義

二曲重視主靜與靜坐，是源自早年「默坐澄心」的個人體驗。而在中年之教的過程中，亦為入學教導之初步工夫所在。二曲指出：

水澂則珠自現，心澂則性自朗。故必以靜坐爲基，三炷爲程，齋戒
爲功夫，虛明寂定爲本面，靜而虛明寂定，是謂「未發之中」；動如
而虛明寂定，是謂「中節之和」。時時返觀，時時體驗。一時如
此，便是一時的聖人；一日如此，便是一日的聖人；一月如此，便
是一月的聖人；終其身常常如此，緝熙不斷，則全是聖人，與天爲
一矣。「齋」者，齊也，所以齊其不齊也。或靜或動，覺有一念之不
如此，便是不齊，即齊之者。「齋戒」者，防非止惡，肅然警惕之謂
也，終日乾乾，保攝乎此而已矣。〔註7〕

首先，就靜坐之目的是指向「心性自朗」經驗過程。心性自朗即是一種復性
的工夫體驗，這是一種對自我進行反省、觀照、修正與回復的本體工夫。此
心性自朗的過程目的，在於導向於一個「成聖」的人格完美的目標。具體來
說，人的行爲之所以無法得到正確的方向，即在人的未發之際無法呈現一種
理想的狀態。是故，靜坐即是從人的未發層次做反觀與體驗的過程。按二曲
所言人必須在未發之際求中，方能在已發之動爲和。此說源自《中庸》，《中
庸》就提示了「未發之中」與「已發之和」的工夫經驗。所謂「喜怒哀樂之
未發」，是指主體未應物時的前意識狀態，此乃存有之根源，是境識俱泯的無
分別相，故謂之「中」；「已發」，乃指意識應事接物之狀態，乃存有的開顯，
亦存有最爲易受執染而受異化之狀態〔註8〕。是故，儒學論「中和」，即在察
識體驗中照見其染，而成就爲淨執，進而達其中節之和的修養歷程。二曲所
強調的是，無論在此未發或已發之之際，其心皆能到達一種虛明寂定之狀
態，能此之爲而緝熙不斷，便時而爲聖，時時爲聖，無時而不聖了。

　　基本上這種強調未發之靜爲已發之動的基礎，重視的是此先天未發之涵
養，而此未發之功，即來自靜坐之處。據〈學髓〉載：

問「得力之要」。曰：「其靜乎。」曰：「學須該動靜；偏靜，恐流於
禪。」曰：「學固該動靜，而動則本於靜。動之無妄，由於靜之能純；
靜而不純，安保動而不妄。」……。今吾輩思慮紛挈，亦恐無靜之
可流。」〔註9〕

在主體修養工夫中，主靜之工夫容易招受非議因素在於，容易流於如禪學偏

〔註7〕見〈學髓〉，《二曲集》，卷二，頁20～21。
〔註8〕見林師安梧著，〈再論「儒學型的意義治療學」──以唐君毅先生的《病理乾
　　　　坤》爲例〉一文，收入於鄭志明主編，《生命關懷與心靈治療》，頁18。
〔註9〕見〈學髓〉，《二曲集》，卷二，頁19。

靜而遺動之弊。二曲認爲主體的修養當貫穿動靜，動靜一如，但主體應物而動之妄與正，卻是來自靜時之涵養，所謂「靜虛方能動直」之意。動靜本不相離，但「靜實爲動之君，若動而無靜，則所謂動者，將爲浮動，浮動且成乎亂矣。」〔註10〕這說明應物而動之際，個人的思慮是一種紛亂之狀態，於此際論涵養，已屬後著，難以迴護完全，故涵養首先當置於未發之處講究。二曲指出：

> 天道不翕聚則不能發散，風之積也不厚，則負大翼也無力，夫物亦
> 有然者矣。是故學問之要得力之要，莫要於靜。程子每見人靜坐，
> 便嘆其善學。〔註11〕

關於「天道不翕聚則不能發散」，程明道曰：「乾，陽也，不動不剛。『其靜也專。其動也直。』不專一則不能直遂。坤，陰也，不靜則不柔。『其靜也翕，其動也闢。不翕聚則不能發散。』」〔註12〕這說明動直之發散，得力於靜專之收斂，此乃靜坐之功效所在。

其次，何以靜虛能夠產生動直之效應，本質上即在於「默坐澄心，體認天理」，以及「以心觀心」的工夫。二曲指出：

> 李延平有云：『爲學不在多言，默坐澄心，體認天理』。此二語乃用
> 功之要也，學須從此下手始得力。」〔註13〕

關於所謂爲學不在多言，旨在重視強調此實踐與體驗之義，二曲早年之悟就歸結於此「默坐澄心」之工夫。「默坐澄心」之工夫，即在於對良知本心省察克治之體驗。二曲指出：

> 靜默返照，要在性靈澄徹；性靈果徹，寐猶不寐，晝夜昭瑩，如大
> 圓鏡。〔註14〕

> 以心觀心，乃學問用功之要，高明廣大之域，必如此，方可以馴
> 至。始也，以心觀心，久之無心可觀。夫觀心而至於無心可觀，斯
> 至矣。〔註15〕

〔註10〕見〈原內聖第四〉，熊十力著，《原儒》（臺北：明文書局，民國77年12月），下卷，頁422。
〔註11〕見〈靖江語要〉，《二曲集》，卷四，頁38。
〔註12〕見〈河南程氏遺書〉，〔宋〕程顥、程頤撰，《二程集》，卷第十一，頁129。
〔註13〕見〈靖江語要〉，《二曲集》，卷四，頁37。
〔註14〕見〈答張伯欽〉，《二曲集》，卷十六，頁161。
〔註15〕見〈答王天如〉，《二曲集》，卷十六，頁164。

> 每日靜多於動，恭默寂坐，無思無慮，一念不生，則全體自現。至
> 此，見方是眞見，得方是眞得。行住坐臥，終日欽欽，保而勿失，
> 方是眞成。〔註16〕

「靜默返照，要在性靈澄徹」，說明主靜、靜坐之工夫本質目的在於「澄心」
之功能。其具體之則，即是「以心觀心」之法。這說明了，人溺於日常接應
之際、而爲客慮情緣所擾，良知本心無法得以呈現與顯露。其補救之法，即
是由日常生活的應物之際，加以超越與隔離，使主體眞實面對自我之問題「捫
心自問」，作一深切的體察與反省。於此過程中，「靜默返照」，即爲隔離日常
之接應，以求「用志不紛，乃凝於神」，不受外誘與外擾，實切指向身心之體
驗；而「以心觀心」，即是以「眞我」對治「假我」，所進行的觀照、體驗、
省察、克服等過程。至此之證與完成，此心即能虛靈而不昧，所生之妄念即
已澄清。這種主靜之工夫，牟宗三稱之爲「超越的體證」。他指出：

> 李延平之靜坐以觀喜怒哀樂未發前之大本氣象爲如何，此亦是逆覺
> 也。但此逆覺，吾名之曰「超越的體證」。「超越」者閉關（「先王以
> 至日閉關」之閉關）靜坐之謂也。此則須與現實生活暫隔一下。隔
> 即超越，不隔即內在。此兩者同是逆覺工夫。「逆」者反也，復也。
> 不溺於流，不順利欲擾攘而滾下即爲「逆」。〔註17〕

在超越閉關逆覺體證的過程中，其目的在於對此心之妄的去除，並促使其心
能如明鏡、如止水般的湛然虛明，此虛明之心即能產生對本心之理的體驗，
使心與理一，心即是理，產生證悟的經驗。二曲就指出：

> 學須屏耳目，一心志，向「無聲無臭」處立根。胸次悠然，一味
> 養虛，以心觀心，務使一念不生。久之，自虛室生白，天趣流盎，
> 徹首徹尾，煥然瑩然，性如朗月，心若澄水，身體輕鬆，渾是虛
> 靈。〔註18〕

> 詹阜明請教象山，令其閉目靜坐，阜民靜處一月，往見象山，象山
> 逆而笑曰：「此理已顯也。」問：「何以知之？」曰：「瞻之眸子而
> 已。」問：「道果在邇乎？」象山曰：「萬善皆是物也。」……。由

〔註16〕見〈答張伯欽〉，《二曲集》，卷十六，頁162。
〔註17〕見牟宗三著，《心體與性體》，第二冊，頁476。關於此說之詳論可參高柏園
　　　　著，〈論牟宗三先生「逆覺體證」義之運用〉一文，《鵝湖月刊》第二十二卷
　　　　第七期，民國86年。
〔註18〕見〈答張澹庵〉，《二曲集》，卷十六，頁145。

諸子觀之，學須以悟爲得，否則道理從聞見而入，皆古董塡塞以障靈原者也。〔註19〕

「屛耳目」，指的是即去除日常生活之對應，一反於內做靜觀的工夫。而向「無聲無臭」立根，即爲對心體超越無滯、無執的體證。這種默澄之證，「久之自虛室生白，大趣流盎，徹首徹尾，渙然瑩然。」所謂「虛室生白」，語出《莊子‧人間世》。莊子曰：「瞻彼闋者，虛室生白，吉祥止止。」成玄英《疏》言：「觀察萬有，悉皆空寂，故能虛其心室，乃照眞源，而智惠明白，隨用而生。白，道也。」〔註20〕虛室乃謂心靈，白乃指道，其意乃言心靈空虛，即可產生智光返照，得道而證悟之經驗。牟宗三就指出，理學家講心性，是要從現實人生衝破束縛來談覺悟，此覺悟實同宗教家講重生一般，其目的即在於牽連在現實的生命，激盪一下，把糾纏的雜染完全剝掉，透出眞正的「我」來。此即從現實混沌不分的自然生命中，提鍊出眞實的生命，即呈現道德心性，這是價值、理想的總根源〔註21〕。依二曲來說，主靜、靜坐是作爲體驗心性本源、良知本心之主要工夫，此道德心性本原之覺悟，方是確保存有於現實場域中，能夠產生合乎道德行爲之意義與價值所在。

所以主靜或靜坐乃爲學得力之要。二曲認爲靜乃動之前提，此靜之工即在一方體察天理，一方澄清其心之妄，在此對照與去妄存眞的工夫累積中，即能導向良知本心之證悟，此悟即是現實應物而動的依據與憑藉，至此，主體的行爲即能達到應物之動而不失序之過程。

二、「虛、明、寂、定」之闡釋

主靜的工夫，其首要目的在於「心性自朗」的過程，其終極目標在之「成聖」的意義。而就實際之操作上，其基本上是導向一「虛、明、寂、定」的本體之境的追求。首先，所謂「虛明」，討論的是心體的「虛靈不昧」、「湛然虛明」的特質。唐君毅在〈中國先哲人心觀〉一文中即指出：「心之虛靈一義，原爲道家老莊之言，而繼爲儒家之荀子所採，爲魏晉王弼、何晏所宗，爲宋明理學家所重。」〔註22〕而宋明諸子中，最值得注意的是朱子與陽明之說。

〔註19〕見〈靖江語要〉，《二曲集》，卷四，頁38。
〔註20〕見〔晉〕郭象注、〔唐〕成玄英疏、〔清〕郭慶藩集釋，《莊子集釋》，卷二中，頁41。
〔註21〕見牟宗三著，〈質的世界之根源：心性之學〉一文，見氏著《人文講學錄》，收入於《牟宗三先生全集（二十八）》，頁80～81。
〔註22〕見唐君毅著，《中國文化之精神價值》（臺北：正中書局，民國86年10月），

　　朱子言心雖亦如禪言「虛靈不昧」，但實爲有別。他在《大學》中解釋明德之意，即言「『明德者，人之所得乎天，而虛靈不昧，以具眾理而應萬事者也。』禪家則但以虛靈不昧者爲性，而無以具眾理以下之事。」〔註23〕明德乃天命之性，其性之明，攸關在心，此心即是「虛靈不昧」。朱子對此義指出：「靈處只是心，不是性。性只是理。」〔註24〕「心官至靈，藏往知來。」〔註25〕「虛靈自是心之本體，非我所能虛也。耳目之視聽，所以視聽者即其心也，豈有形象。然有耳目以視聽之，則猶有形象也。若心之虛靈，何嘗有物！」〔註26〕朱子之意在於「性爲實理」而「心爲虛靈」，心性是不一的。虛靈乃心的本質特性。具體來說，「虛」乃就其「無形無象」精神本質來說明的；而「靈」，乃指不受時空約束與限制的「藏往知來」精神活動而言。整體來說，心體虛靈乃知覺活動之主宰者，是所以然之處，是屬於精神意識主體之所在，自然與感官知覺有形有象，具有一定的時空背景而有殊別的。而此知覺活動之主體，其意義在於對性理之涵藏。朱子言：

> 心也。人心虛靈，包得許多道理過，無有不通。雖間有氣稟昏底，亦可克治使之明。萬物之心，便包許多道理不過，雖其間有稟得氣稍正者，亦止有一兩路明。如禽獸中有父子相愛，雌雄有別之類，只有一兩路明，其他道理便都不通，便推不去。人之心便虛明，便推得去。就大本論之，其理則一；纔稟於氣，便有不同。〔註27〕

第六章，頁 126。具體來說，儒、道二家對此「虛靈明覺」之心的說法亦有殊別。唐氏指出：「此種虛靈明覺之人心觀爲道家所提出，而亦遠於孔子空空如也、毋意毋必毋固毋我之教。道家之言，亦復爲後儒如荀子及宋明儒者之所取。儒家與道家之不同，在儒家根本重有爲，而道家根本重無爲。道家養虛靈之心，而自葆其光輝，其隨感而應，爲不得已事。儒家則自覺的求有以用其心，盡其心。如孔孟之操心、盡心，皆所以顯全幅之眞性情。」同上，頁 128。

〔註23〕見〈大學一：經上〉，〔宋〕黎靖德編、王星賢點校，《朱子語類一》，卷第十四，頁 265～267。

〔註24〕見〈性理二：性情心意等名義〉，〔宋〕黎靖德編、王星賢點校，《朱子語類一》，卷第五，頁 85。

〔註25〕見〈性理二：性情心意等名義〉，〔宋〕黎靖德編、王星賢點校，《朱子語類一》，卷第五，頁 85。

〔註26〕見〈性理二：性情心意等名義〉，〔宋〕黎靖德編、王星賢點校，《朱子語類一》，卷第五，頁 87。

〔註27〕見〈孟子七：離婁下〉，〔宋〕黎靖德編、王星賢點校，《朱子語類四》，卷第五十七，頁 1347。

所謂包得許多道理，即「具眾理」也，能推的去即「應萬事」。是故，心體虛靈，能夠藏往知來，能夠知理與行理，即為人與禽獸之別，亦為君子與庶人之殊。當然亦為儒釋論此心之異。而能夠知此行此，便是湛然虛明之體現。朱子指出：

> 人心如一箇鏡，先未有一箇影象，有事物來，方始照見妍醜。若先有一箇影象在裏，如何照得！人心本是湛然虛明，事物之來，隨感而應，自然見得高下輕重。事過便當依前恁地虛，方得。若事未來，先有一箇忿懥、好樂、恐懼、憂患之心在這裏，及忿懥、好樂、恐懼、憂患之事到來，又以這心相與滾合，便失其正。事了，又只苦留在這裏，如何得正？〔註28〕

朱子此處乃以「虛明」來釋「正心修身」之意。如上所述，「虛」乃指無形無象之謂，未有一個形象在前，其意涵在於否定主體的主觀意識、個人的意必固我之前見，與個人主觀感受與意欲。心「無形無象」方能「應物而真」，應物而真才能「如理而行」，應物而真如理而行，即是主體之清明，此清明處即指心不迷闇而能如理而行理，如《大學》之明明德之「明德」、《中庸》的自明誠之「明」。故虛而能明，即在說明心體的內在的工夫涵養與實踐的過程。不過，朱子論心乃氣之靈，其心乃認知之心，乃非道德本心，心能知理而非理也。

至於陽明論良知本心，亦言虛靈不昧，不過其論心終與朱子有別，而如象山言「心即理」也。陽明指出：

> 「虛靈不昧，具眾理而萬事出」。心外無理。心外無事。〔註29〕

> 知是理之靈處。就其主宰說便謂之心。就其稟賦處說便謂之性。孩提之童，無不知愛其親，無不知敬其兄。只是這個靈能不為私慾遮隔，充拓得盡，便完完是他本體。便與天地合德。自聖人以下，不能無蔽。故須格物以致其知。〔註30〕

牟宗三分析陽明論良知本心之說，即認為「良知是從心的整體上說。表現心的一面，須從虛靈明覺處了解；其另一面須從天理的意義來了解。」、「良知指點心的虛靈明覺，必須帶上天理，即天理亦在心的虛靈明覺中透，在心的

〔註28〕 見〈大學三：傳七章釋正心修身〉，〔宋〕黎靖德編、王星賢點校，《朱子語類二》，卷第五十七，頁347。

〔註29〕 見陳榮捷著，《王陽明傳習錄詳註集評》，卷上，頁70。

〔註30〕 見陳榮捷著，《王陽明傳習錄詳註集評》，卷上，頁140。

虛靈明覺中表現出來。故良知一面表心的靈明，一面表天理。」〔註31〕這說明了論心不談天理，即如佛老論心一般。朱子雖言心虛靈不昧，但又見於心易為形下情緒所染，故不以心為理。而陽明則論心乃合「虛靈不昧」與「天理」併而論之。

其次，至於「寂定」，即前節所言《易傳》所謂「寂然不動，感而遂通」之說，以及明道〈定性書〉所論「寂亦定、動亦定」的意義。其說在於說明心體虛明而存理，自然能即寂即定、隨感而應，動靜一如。關於此層之意，陽明就指出：「定者心之本體。天理也。動靜所遇之時也。」〔註32〕定乃心之本體，此意謂者心體必依於理，而理則無動靜之相，動靜皆時也。無論動時或靜時，皆能依於天理，依於天理即能靜亦定、動亦定的過程。

釐清「虛、明、寂、定」的意義後，即可就二曲之說來加以討論。首先他指出：

> 只是要主靜，靜極明生。無事自不起念，有事自不逐物，如明鏡，如止水，終日鑑而未嘗馳，常寂而常定，安安而不遷，百慮而一致，無聲無臭，渾然太極矣。所謂「有物先天地，無形本寂寥，能為萬物主，不逐四時彫」是也。〔註33〕

「主靜而明生」，是主體經由靜坐涵養之工，而產生的湛然虛明之體，此明即明鏡之智，此明鏡之智能思惟、體察、化裁與實踐等用。而「無事自不起念，有事自不逐物」，即無有所將，無有所迎，心體無意、必、固、我，亦不隨波逐流。至此之明，本體處則如「明靜止水」，感應處「即寂即定」，動靜一如，寂亦定，動亦定。至於「渾然太極」，太極乃謂理也，故「渾然太極」，乃指心與理一，心即理也，此心即是天理之流行，二曲論心乃如象山、陽明言此心即理。最後，所謂「有物先天地，無形本寂寥，能為萬物主，不逐四時凋」〔註34〕則為對此本體的總描述。關於其意，羅整庵在〈讀佛書辨〉就指出：

〔註31〕見牟宗三著，〈質的世界之根源：心性之學〉一文，見氏著《人文講學錄》，頁82。

〔註32〕見陳榮捷著，《王陽明傳習錄詳註集評》，卷上，頁78。

〔註33〕見〈常州府武進縣兩庠彙語〉，《二曲集》，卷三，頁30。

〔註34〕關於「有物先天地，無形本寂寥，能為萬象主，不逐四時彫」一語之來歷與意思，黃百家於《宋元學案‧濂溪學案下》中指出：「晁氏謂元公師事鶴林寺僧壽涯而得『有物先天地，無形本寂寥，能為萬象主，不逐四時彫』之偈。《性學指要》謂：『元公初與東林總遊，久之無所入，總教之靜坐，月餘忽有得，以詩呈曰：『書堂兀坐萬機休，日暖風和草自幽。誰道二千年遠事，而今

「有物先天地，無形本寂寥，能爲萬象主，不逐四時凋。」此高禪
所作也。自吾儒觀之，昭然太極之義，夫復何言？然彼初未嘗知有陰
陽，安知有所謂太極哉？此其所以大亂眞也。今先據其言語解釋一
番，使彼意既明且盡，再以吾儒言語解釋一番，然後明知其異同之
實，則似是之非，有不難見矣！以佛家之言爲據，則無始菩提，所謂
「有物先天地」也；湛然常寂，所謂「無形本寂寥」也；心生萬法，
所謂「能爲萬象主」也；常住不滅，所謂「不逐四時凋」也。〔註35〕

觀其意可知二曲引禪言，旨在說明良知本體，是超越與先驗的，是創生與主
宰的，雖無形卻具常寂之明，並具有永涵不變的特質。老子亦有此論，其言：
「有物混成，先大地生。寂兮寥兮，獨立而不改，周行而不殆，可以爲天下
母，吾不知其名，字之曰道。」〔註36〕道之本質即爲生化之理，其道體深不
可識，故曰「寂寥」，其體雖深不可識，但作用卻永恆不變、至健而不息，廣
大而無窮，是一切存有之本。至於對此心體之特質描述。二曲指出：

無聲無臭，不睹不聞。虛而靈，寂而神，量無不包，明無不燭，順
應無不咸宜。若無故起念，便是無風興波。即所起皆善，發而爲言，
見而爲行，可則可法，事業烜卓，百世尸祝，究非行所無事。有爲
之爲，君子不與也。〔註37〕

又曰：

虛若太空，明若秋月，寂若夜半，定若山嶽，則幾矣。〔註38〕

所謂「寂而神」，乃《易傳》言寂感之體的妙用，其曰：「易無思也，無爲也，

只在眼睛頭。』總肯之，即與結青松社。』游定夫有『周茂叔窮禪客』之
語。……。」（見〔清〕黃宗羲撰、〔清〕全祖望續修、〔清〕王梓材校補，
《宋元學案・濂溪學案下》，第四冊，卷十二，頁 134）黃百家於《宋元學
案・橫渠學案上》則從儒學的立場加以批評。他指出：『『維天之命，於穆不
已』，此道之大原也。釋氏以理能生氣，天道之運行氣也，求道于未有天地之
先，而曰『有物先天地，無形本寂寥』，以眞空爲宗，反以其心法之所謂空者
而起滅天地，遂謂山河大地皆覺迷所生。緣心起滅，悉屬幻妄，于是造三十
六諸天種種譸張之説，是以小緣大，以末緣本。總由其不知天命，不識理即
是氣之本然，離氣無所謂理，妄認氣上一層別有理在，理無窮而氣有盡，視
天地乃理之所生，轉覺其運行覆載之多事。眞所謂夏蟲之疑冰者與！」同
上，《宋元學案・橫渠學案上》，第六冊，卷十七，頁 40。
〔註35〕見〔清〕黃宗羲撰，《明儒學案下・諸儒學案一》，卷四十七，頁 1133～1134。
〔註36〕見〔晉〕王弼註，《老子註》，第二十五章，頁 49～50。
〔註37〕見〈學髓〉，《二曲集》，卷二，頁 18～19。
〔註38〕見〈學髓〉，《二曲集》，卷二，頁 21。

寂然不動，感而遂通天下之故。非天下之至神，其孰能與於此？」〔註39〕而「虛若太空」、「虛而靈」，與「量無不包」，旨在說明與形容心體之廣大，他具有無形無象與超越時空的精神特質，以及藏知的功能本質；而「明若秋月」、「明無不燭」，則在討論此虛明之心應物而真，如理而行的過程；而「寂若夜半」、「定若山嶽」與「順應無不咸宜」，則在謂此心體寂然不動，感而遂通，無論靜或動皆能定於天理之過程。

總的來說，二曲論「虛、明、寂、定」，主要在論述良知本心的本然狀態。此層本然之狀，主要是經由「主靜」工夫來達成的。論此心之「虛、明、寂、定」，在於對存有的根源的本然之狀的作一論述。從靜態之意義來說，惟有存有的根源是無執、無滯，超越分別心之狀態，方能確保現實場域中存有的一切活動，是合乎道德規範的。從動態之意義來說，存有的開顯進而形成存有的異化，必須回歸存有的根源之「虛、明、寂、定」之狀態，才能使異化染執處得以痊癒。

所以「虛、明、寂、定」乃二曲在主靜與靜坐工夫中所欲達至的良知本心的本然之狀的特質，虛明乃此心的虛靈明覺，亦是天理彰顯之處；能寂定方能靜動皆依於天理而行而無所悖離，此為二曲對良知本心之特質的界義所在。

三、主靜工夫之開展

虛明寂定，這是主體經由內在的涵養，如默坐澄心而到達到的境界。二曲論主靜之工夫，大抵有幾個層面，首以主靜、靜坐工夫為前導，此過程之際，則以「窮理滅欲」為主，達此虛明寂定之境後，則以「主敬」工夫為操存與持守。關於其主靜之工夫，二曲在〈學髓〉一文中，即以圖表明其工夫之要則。其圖如右：

此圖表的內容分為三層，就整體的意義、工夫與方法而言。二曲指出：「必以靜坐為基，三炷為程，齋

右側圖表：

虛	明	寂	定

齋戒

此神明其德之要務也　靜坐

昧爽香	中午香	戌亥香
雞鳴平旦，與此相近。起而應事，易於散亂。先坐一炷以凝之。	自朝至午，未免於紛於感應。急坐一炷，以續夜氣。	日間語默動靜，或清濁相乘。須坐一炷以驗之，果內外瑩徹脫灑不擾否？

〔註39〕見〔魏〕王弼、韓康伯注、〔唐〕孔穎達等正義，《周易正義》，卷七，頁154。

戒爲功夫，虛明寂定爲本面。」〔註40〕第一層爲此本體、心體追求的境界「虛、明、寂、定」的四字標示。第二層乃點明追求此本體境界，其重要性與工夫。二曲言「此神明其德之要務也。」就其內容而言即爲「齋戒」與「靜坐」的兩大內容，強調此爲德性之存的首要關鍵。宋儒謝上蔡即曰：「近道莫如靜。齋戒以神明其德，天下之至靜也。心之窮物有盡，而天無盡，如之何包之？此理有言下悟者，有數年而悟者，有終身不悟者。」〔註41〕即強調透由主靜之工夫，齋戒其心作爲悟道之前提。至於二曲論齋戒則曰：「『齋』者，齊也，所以齊其不齊也。或靜或動，覺有一念之不如此，便是不齊，即齊之使。『齋戒』者，防非止惡，肅然警惕之謂也。」〔註42〕其目的在使此心毋出入動搖、昏昧與倚落，乃爲澄心正念、窮理克欲之過程。第三層即爲具體操作法則：二曲在此分三個階段，強調一日三炷香，此三炷香乃爲主體靜坐與齋戒的工夫。關於此三炷香之意義。二曲指出：

> 吾人自少至長，全副精神俱用在外，每日動多於靜。今欲追復元始，
> 須且矯偏時弊，靜多於動，庶有入機。三度之坐，蓋爲有事不得坐，
> 及無坐性者立。若夜能持久，則不在此限。〔註43〕

二曲認爲必須於靜中之存養人的元始，方能使動靜之際才無失序的問題。故其特點強調在「夜氣」之湛然虛明氣象的保存。如第一炷香，乃「昧爽香」。二曲指出：「雞鳴平旦，與此相近。起而應事，易於散亂。先坐一炷以凝之。」〔註44〕這是靜動寂感相接之刻，容易形成發散之弊，二曲認爲此時靜坐之目的在於「凝神」。即將湛然虛明之氣象再一次的收斂凝聚。而第二炷香爲「中午香」，強調的是此夜氣之續。二曲指出：「自朝至午，未免於紛於感應。急坐一炷，以續夜氣。」〔註45〕此處針對的是日常應物而動之際的紛亂，用意在於返本於此湛然虛明，以免問題滋生而難以迴護。最後一炷香則爲「戌亥香」，二曲指出：「日閒語默動靜，或清濁相乘。須坐一炷以驗之，果內外瑩徹脫灑不擾否？」〔註46〕這是午夜之際，此靜坐旨在對此本體、心體做反

〔註40〕見〈學髓〉，《二曲集》，卷二，頁20。
〔註41〕見〔清〕黃宗羲撰、〔清〕全祖望續修、〔清〕王梓材校補，《宋元學案・上蔡學案》，第八冊，卷二十四，頁6。
〔註42〕見〈學髓〉，《二曲集》，卷二，頁21。
〔註43〕見〈學髓〉，《二曲集》，卷二，頁20。
〔註44〕見〈學髓〉，《二曲集》，卷二，頁20。
〔註45〕見〈學髓〉，《二曲集》，卷二，頁20。
〔註46〕見〈學髓〉，《二曲集》卷二，頁20。

省與檢視之工，就一日之所行做數省吾身之反。

其次，二曲對主靜、靜坐所形成之工夫。在過程中強調的是此即爲主體的窮理克欲的工夫。儒學論「欲」，孟子首言「養心莫善於寡欲」〔註47〕。自宋代起，周敦頤則轉以「無欲」言之〔註48〕，往後宋明諸子則大抵皆言「窮天理、滅人欲」之工夫。如朱子曰：「人之一心，天理存，則人欲亡；人欲勝，則天理滅，未有天理人欲夾雜者。學者須要於此體認省察之。」「大抵人能於天理人欲界分上立得腳住，則儘長進在。」〔註49〕朱子認爲爲學之道，即在革此人欲而復盡天理。明儒薛瑄於〈讀書錄〉就中指出：「廣大虛明氣象，無欲則見之。」〔註50〕這點明主體之虛明，實際上是經由「窮理克欲」而至「無欲」之歷程後所得的體驗。陽明亦曰：「知是理之靈處。就其主宰說便謂之心。就其稟賦處說便謂之性。孩提之童，無不知愛其親，無不知敬其兄。只是這個靈能不爲私慾遮隔，充拓得盡，便完完是他本體。便與天地合德。自聖人以下，不能無蔽。故須格物以致其知。」〔註51〕陽明認爲良知本心是天賦之性亦是虛靈不昧的，這種天賦之性具體體現於「愛親敬兄」的人倫實踐中，但此心此性雖虛靈不昧，卻極易爲私欲所隔，故主體必須藉格物以擴充此知，而此「格物致知」，實質上即爲一「窮天理，滅人欲」之過程。二曲在針對由「靜坐」導向「虛明」過程之際，亦重視此理欲之辨的工夫。他指出：

> 靜坐而不嚴理欲之辨，固不可；靜坐而先橫一理欲之辨於胸中，亦不可。心齋有云：「只心有所向便是欲，有所見便是妄。既無所向，又無所見，便是無極而太極。良知一點，分分明明，停停當當，此神聖之所以經綸變化而無窮也。」〔註52〕

首先，所謂「向」，是指主體受外在人情事變，產生的心靈的趨向，王艮（字

〔註47〕見《孟子集注》〈盡心章句下〉，〔宋〕朱熹撰，《四書章句集注》，卷十四，頁374。
〔註48〕周敦頤《通書·聖學第二十》云：「聖可學乎？曰：『可』。曰：『有要乎？』曰：『有』。請聞焉。曰：『一爲要』。一者，無欲也。無欲則靜虛動直。靜虛則明，明則通；動直則公，公則溥。明通公溥，庶矣乎！」見〔宋〕周敦頤撰、〔清〕董榕輯，《周子全書》，卷九，頁165。
〔註49〕見〈學七：力行〉，〔宋〕黎靖德編、王星賢點校，《朱子語類一》，卷第十三，頁224。
〔註50〕見〔清〕黃宗羲撰，《明儒學案上·河東學案上》，卷七，頁117。
〔註51〕見陳榮捷著，《王陽明傳習錄詳註集評》，卷上，頁140。
〔註52〕見〈靖江語要〉，《二曲集》，卷四，頁37。

汝止，號心齋，1483～1541）謂之「欲」，誠如上節所言，此處之欲，並非是
指主體的感官欲望，而是著於「七情之意」，這種說法乃導源於程子對孟子
「養心莫善於寡欲」之解，程子就指出：「所欲不必沈溺，只有所向便是
欲。」〔註53〕至於「見」，即爲主體先橫於某種見解、主觀意識與意念，王艮
稱其爲「妄」。二曲認爲在靜坐中當嚴「理欲之辨」，此乃「默坐澄心」中的
「眞我」對治「假我」的窮理滅欲之工。但相對的，誠如〈學髓〉所言「有
意爲善，雖善亦私」。這說明了本體之工，是順乎心體之應，而非自我造作，
依其擬議與意見爲主，若事未來，先有一箇忿懥、好樂、恐懼、憂患之心於
此，其心便失其正。

　　而由主靜、靜坐達至「虛、明、寂、定」後，其工夫的內在環節即爲「主
敬」之操存。二曲指出：

> 學苟眞實用力，操存久則自覺身心爽泰。當其未與物接，必有湛然
> 虛明時，即從此收攝保住，勿致汩昧，馴至常虛常明，浩然無涯。
> 所謂「夜身人復靜，此境對誰言」，樂莫樂於此。孔曰「樂在其中」，
> 顏曰「不改其樂」，皆是此等景況也。問：「如何操存，方能臻此？」
> 先生曰：「只是要敬，敬則內外澄徹，自無物欲之累，高明廣大之域，
> 自不難致。」曰：「如斯而已乎？」先生曰：「學者胸中能有如此景
> 況，不發則已，發則自無不善。遇親自能孝，遇兄自能弟，當惻隱
> 時自惻隱，當羞惡時自羞惡，當辭讓時自辭讓，當是非時自是非，
> 溥博淵泉而時出之。經綸酬酢變通，夫焉有所倚！」〔註54〕

首先，二曲此說之意，強調主體的操存與等實切之功，這種工夫操久則存，
眞積力久則入，身心自然有所改變，促使主體在未接物時呈現一「湛然虛明」
的清明狀態。明儒夏尚朴就指出：「李延平云：『人於旦晝之間，不至牿亡，
則夜氣愈清；夜氣清，則平旦未與物接之時，湛然虛明氣象，自可見矣。』
此是喜怒哀樂未發氣象。」〔註55〕「夜氣」之說乃本於孟子〔註56〕，孟子是

〔註53〕見《孟子集注》〈盡心章句下〉，〔宋〕朱熹撰，《四書章句集注》，卷十四，
　　　　頁374。
〔註54〕見〈靖江語要〉，《二曲集》，卷四，頁36。
〔註55〕見〔清〕黃宗羲撰，《明儒學案上‧崇仁學案四》，卷四，頁66。
〔註56〕孟子曰：「牛山之木嘗美矣。以其郊於大國也，斧斤伐之，可以爲美乎？是其
　　　　日夜之所息，雨露之所潤，非無萌蘗之生焉，牛羊又從而牧之，是以若彼濯
　　　　濯也。人見其濯濯也，以爲未嘗有材焉，此豈山之性也哉？雖存乎人者，豈
　　　　無仁義之心哉？其所以放其良心者，亦猶斧斤之於木也。旦旦而伐之，可以

以牛山之牧伐以喻人心之放，旨在言人之所以不善，即在於主體缺乏的操存與。所謂「故苟得其養，無物不長；苟失其養，無物不消。孔子曰：『操則存，舍則亡。出入無時，莫知其鄉。』惟心之謂與？」〔註57〕而此操存之工夫，所指的是「未與物接時」的「夜氣」之存。這說明了，湛然虛明之氣，乃主體應物之據，故主靜之工即在涵養此湛然虛明之氣象。

其次，二曲認爲所謂的「操存」，實質上即爲「主敬」之功，此意謂由主靜、靜坐而得之「證悟」，並非如「事上磨鍊」而來的實切與具體，要使此「默坐澄心」而得之眞我、一念之靈明，炯然而常在，則有待於「主敬」持守而不失之功。這說明了主靜、靜坐掙脫假我、放下客情塵緣之束縛，使其無物欲之累後，尚須有主敬的「提起」之功，方能眞正達至「湛然虛明」之境。是故，主靜、靜坐後，仍有待主敬之工夫之持守，這是二曲修養工夫論之特色所在。〔註58〕

第三、而得此湛然虛明之氣象得後，所謂「工夫」即轉爲「保任」與「涵養」此虛明之心，有保任與涵養此虛明才不因接物之動而有所變質與改變，能從心所欲而不踰矩，自然能會一種道德精神之樂，此樂即「孔顏之樂」。所謂「孔顏之樂」，乃本之《論語》的記載，之後成爲宋明諸子求道爲學之體驗〔註59〕。《論語・述而》篇云：「子曰：『飯疏食飲水，曲肱而枕

爲美乎？其日夜之所息，平旦之氣，其好惡與人相近也者幾希，則其旦晝之所爲，有梏亡之矣。梏之反覆，則其夜氣不足以存。夜氣不足以存，則其違禽獸不遠矣。」見《孟子集注》〈告子章句上〉，〔宋〕朱熹撰，《四書章句集注》，卷十一，頁330～331。

〔註57〕見《孟子集注》〈告子章句上〉，〔宋〕朱熹撰，《四書章句集注》，卷十一，頁331。

〔註58〕關於「主敬」之分析，詳見下節之論。

〔註59〕儒學自宋代始即重視顏淵之學。宋初三先生胡瑗即首發其端。黃百家在《宋元學案・安定學案》中指出：「先生在太學，嘗以『顏子所好何學論』試諸生。先生得伊川作，大奇之，即請相見，處以學職，知契獨深。伊川之敬禮先生亦至。」（見〔清〕黃宗羲撰、〔清〕全祖望續修、〔清〕王梓材校補，《宋元學案・安定學案》，第一冊，卷一，頁26～27）胡安定乃宋初三先生之一，爲伊川所推崇。程伊川即著有〈顏子所好何學論〉一文。其文曰：「聖人之門，其徒三千，獨稱顏子爲好學。夫《詩》、《書》、六藝，三千子非不習而通也，然則顏子所獨好者，何學也？學以至聖人之道也。聖人可學而至與？曰：然。……。凡學之道，正其心，養其性而已。中正而誠，則聖矣。」（同上，《宋元學案・伊川學案下》，第五冊，卷十六，頁96）這是從學乃學道，聖人可學而至的角度來討論的。除此，宋代理學之祖周敦頤亦重視顏淵。《通書・志學第十》則強調要：「志伊尹之所志，學顏子之所學。」（同上，《宋元

之，樂亦在其中矣。不義而富且貴，於我如浮雲。』」〔註60〕這是孔子的「樂在其中」。而顏淵「不改其樂」，則見《論語・雍也》云：「子曰：『賢哉，回也。一簞食，一瓢飲，在陋巷。人不堪其憂，回也不改其樂。賢哉，回也。』」〔註61〕這種樂基本上是主體有所自得，能夠隨遇而安，心境如一之樂。施邦曜就指出：

> 樂不是快活之謂。是胸中有一段自得處。常人與聖賢不能同樂者，蓋聖人有得，常人無得也。得則事變不能遷。無得則便逐境爲憂喜。故有大憂、大怒、大驚、大懼之事。聖賢未嘗不加敬惕。然其自得于己者，事變之竅會，無不了當于胸中。只事臨事敬慎耳。若常人毫無把柄，便惶惑憂懼。故仁者之不憂，知者之不惑，勇者之不懼，聖賢之能樂也。常人未免憂懼惑，安得樂？常存戒懼，正是君子求自得處。〔註62〕

此處乃謂「樂」，並非感官知覺的快活之意，而是深造而自得，得其道的精神之樂。程子就指出顏淵「非樂疏食飲水也，雖疏食飲水，不能改其樂也。」〔註63〕亦「非樂簞瓢陋巷，不以貧窶累其心而改其樂也，故夫子稱其賢。」

學案・濂溪學案上》，第四冊，卷十一，頁100）《通書・顏子第二十三》亦指出：「顏子一簞食，一瓢飲，在陋巷，人不堪其憂，而不改其樂。夫富貴，人所愛也，顏子不愛不求而樂乎貧者，獨何心哉？天地間有至貴至富、可愛可求而異乎彼者，見其大而忘其小焉爾。見其大則心泰，心泰則無不足，無不足則富貴貧賤，處之一也。處之一則能化而齊，故顏子亞聖。」（同上，《宋元學案・濂溪學案上》，第四冊，卷十一，頁103）而程明道亦曰：「昔受學于周茂叔，每令尋仲尼、顏子樂處，所樂何事。」（同上，《宋元學案・濂溪學案上》，第四冊，卷十一，頁129）整體上來說，宋代的孔顏之樂，仍屬一種儒學爲學方向的體驗之一。而自明代開始，陽明重視灑落之胸懷，並推重其說，並言「樂，爲心之本體。」（見陳榮捷著，《王陽明傳習錄詳註集評》，卷中，頁236）將「孔顏之樂」從爲學的體驗，推自於本體的特質。爾後，陽明後學泰州王心齋更推揚其說，其〈樂學歌〉云：「人心本自樂，自將私欲縛。私欲一萌時，良知還自覺。一覺便消除，人心依舊樂。樂是樂此學，學是學此樂。不樂不是學，不學不是樂。樂便然後學，學便然後樂。樂是學，學是樂。嗚呼！天下之樂，何如此學？天下之學，何如此樂？」（見〔清〕黃宗羲撰，《明儒學案下・泰州案一》，卷三十二，頁718）則將爲學的主旨定在追求本心良知實現之樂的過程中。

〔註60〕見《論語集注》〈述而第七〉，〔宋〕朱熹撰，《四書章句集注》，卷四，頁97。

〔註61〕見《論語集注》〈雍也第六〉，〔宋〕朱熹撰，《四書章句集注》，卷三，頁87。

〔註62〕見施邦曜，《陽明先生集要》，收入於陳榮捷著，《王陽明傳習錄詳註集評》，卷中，頁236。

〔註63〕見《論語集注》〈述而第七〉，〔宋〕朱熹撰，《四書章句集注》，卷四，頁97。

〔註 64〕可見，其樂亦非樂疏食飲水與簞瓢陋巷也，乃是主體敬惕修養於心，進而體道而有所成，並且對客觀變化了然于胸，不隨境遷轉，對人情事變無憂無懼無惑，「居易以俟命」的精神境界。

所以二曲言主靜、靜坐之工夫，重視的是「未與物接」時之工夫，二曲於早、中、晚皆有主靜與靜坐之工。具體而言，在此涵養之際二曲指出當嚴辨理欲，但亦不可「而先橫一理欲之辨於胸中」。這說明主靜之工夫須建構的在一符合自然無為的特質，是不可以妄為與意見所影響的。其次，主靜工夫有得時，工夫即轉為「主敬」之持守，而達至「虛、明、寂、定」後，最後工夫即轉為「涵養保任」之工夫。其目的在於培養湛然虛明之心，以促使主體應事接物之際，主體之行為能夠合乎道德之規範。

四、關於「主靜」工夫之爭議與釐清

二曲論主靜與、靜坐，其歷史傳承主要來自宋儒以來「涵養未發之中」之工夫心得，除此，亦值得注意的，即為陽明「龍場靜坐」之經驗。二曲對於陽明靜坐經驗的討論，主要針對於主靜是否會產生「偏靜而遺動」之弊，有悖於陽明晚年動靜一如之教的爭議的釐清。此處之論，我們可先從《傳習錄》一些記載來了解說明陽明的看法。其載：

> 一友靜坐有見，馳問先生。答曰：「吾昔居滁時，見諸生多務知解口耳異同，無益於得。姑教之靜坐：一時窺見光景，頗收近效。久之，漸有喜靜厭動，流入枯槁之病。或務為玄解妙覺，動人聽聞。故邇來只說『致良知』。」〔註65〕

> 初學時心猿意馬，拴縛不定。其所思慮多是人欲一邊。故且教之靜坐息思慮。久之，俟其心意稍定。只懸空靜守，如槁木死灰，亦無用。〔註66〕

據〈年譜〉武宗正德五年（1510）載，陽明即教以靜坐，但其目的並非要其「坐禪入定」，而是「蓋因吾輩平日為事物紛拏，未知為己，欲以此補小學收放心一段工夫耳。」〔註67〕他認為諸生之誤，基本上，有兩個層次的問題：

〔註64〕見《論語集注》〈雍也第六〉，〔宋〕朱熹撰，《四書章句集注》，卷三，頁87。
〔註65〕見陳榮捷著，《王陽明傳習錄詳註集評》，卷下，頁324。
〔註66〕見陳榮捷著，《王陽明傳習錄詳註集評》，卷上，頁75。
〔註67〕見〈年譜一〉，〔明〕王守仁撰、吳光、錢明、董平、姚延福編校，《王陽明全集下》，卷三十三，頁1230～1231。

其一即所謂「知解」與「口耳異同」之問題。以心體工夫而言，其弊在於只停留在言語思解與分析之層次，未能深體於心。其次，即心猿意馬，不能「用志不紛，而凝於神」。以上諸弊，皆在於未能實切的身體力行與身心體驗，亦不能定心於理。是故，針對其弊，陽明則以靜坐矯之，以「收斂」取代「發散」，由「向外」導之於內，從「言語思解」到「言行斷絕」，對主體進行返觀省察之功，將其紛亂擾動之欲，加以貞定，以求有所得。

　　但藥凡有用處亦有所傷，此傷之弊即在於「喜靜厭動」如槁木死灰般，進而陷於禪學者易形成的「遺物理、絕思慮、廢事業」之弊〔註68〕。從現實之層次而言，主體不可能不應物，主體的偏靜，在應物之際中則易形成「遇事不濟」的弊端。陽明「因病立藥」所治之處，即針對此溺於寂靜而發的。是故，他對於靜坐工夫之揭示與調整，乃志在矯正諸生所學之謬。據《傳習錄》載：

> 問：「靜時亦覺意思好。才遇事，便不同。如何」？先生曰，「是徒知養靜，而不用克己工夫也。如此臨事便要傾倒。人須在事上磨，方立得住，方能靜亦定，動亦定。」〔註69〕

不遇事時主體之工夫是易有成效的，但遇事時主體的情境不但有所轉變，其難度亦同樣增加，故遇事之不濟是本可預期的。可見陽明並非否定此靜時之工，而是更進一步的將工夫層面加以擴大，括及靜與動，若著定於一邊，自會產生偏執之失。而此層之工即為「致良知」。陽明指出：

> 良知明白，隨你去靜處體悟也好。隨你去事上磨鍊也好。良知本體，原是無動無靜的。此便是學問頭腦。我這箇話頭，自滁州到今，亦較過幾番，只是「致良知」三字無病。醫經折肱，方能察人病理。〔註70〕

> 省察克治之功，則無時而可間。如去盜賊，須有箇掃除廓清之意。無事時，將好色好貨好名等私，逐一追究搜尋出來。定要拔去病根，永不復起，方始為快。常如貓之捕鼠。一眼看著，一耳聽著。纔有一念萌動，即與克去。斬釘截鐵，不可姑容與他方便。不可窩藏。不可放他出路。方是真實用功。方能掃除廓清。到得無私可

〔註68〕見熊十力著，《原儒‧原內聖第四》，下卷，頁387。
〔註69〕見陳榮捷著，《王陽明傳習錄詳註集評》，卷上，頁62。
〔註70〕見陳榮捷著，《王陽明傳習錄詳註集評》，卷下，頁324。

克，自有端拱時在。雖曰「何思何慮」，非初學時事。初學必須思省
察克治。即是思誠。只思一箇天理。到得天理純全，便是何思何慮
矣。〔註71〕

陽明對良知之工的規定是「無時而可間的」、「無動無靜的」，這意謂著工夫之
落實是即動即靜，無時而不工的。無論靜時或動時，皆需實切的致良知，眞
實的省察克治。而此省察克治之實質內容，即爲「存天理、去人欲」。據《傳
習錄》載：

問：「寧靜存心時，可爲未發之中否」？先生曰，「今人存心，只定
得氣。當其寧靜時，亦只是氣寧靜。不可以爲未發之中」。曰，「未
便是中。莫亦是求中功夫」？曰，「只要去人欲，存天理，方是功夫。
靜時念念去人欲，存天理。動時念念去人欲，存天理。不管寧靜不
寧靜。若靠那寧靜，不惟漸有喜靜厭動之弊。中間許多病痛，只是
潛伏在。終不能絕去，遇事依舊滋長。以循理爲生，何嘗不寧靜？
以寧靜爲主，未必能循理。」〔註72〕

致良知乃依天理之爲，動靜一如的，寧靜不只是主體收斂的「存氣」，這是不
應物無事消極的過程，它所講究是主體未發之際，仍積極的對念頭的克治與
存心。故陽明早年之教從「默坐澄心」一轉爲晚年的「致良知」，是一種對本
體工夫的不斷的超越，除體現了因病立藥的特質與精神所在，更是心物合一，
本體與流行動靜如一工夫之統合。了解陽明其意後，可以來理解二曲對此之
解釋。二曲指出：

新建論「動靜合一」，此蓋就已成言。方學之始，猶未馴之鷹，輒欲
其去來如意，顯不颺矣。即新建之盛德大業，亦得力於龍場三載之
靜坐，靜何可忽也。〔註73〕

靜以培動之基，動以驗靜之存，刻刻照管，步步提撕，須臾少忽，
則非鄙滋而悔吝隨矣。誠能屛緣習慮，常寂常定，口無他言，目無
他視，耳無他聞，心無他念，內想不出，外想不入，潔潔淨淨，灑
灑脫脫，此即一念萬年之眞面目也。〔註74〕

〔註71〕見陳榮捷著，《王陽明傳習錄詳註集評》，卷上，頁76。
〔註72〕見陳榮捷著，《王陽明傳習錄詳註集評》，卷上，頁66〜67。
〔註73〕見〈學髓〉，《二曲集》，卷二，頁20。
〔註74〕見〈傳心錄〉，《二曲集》，卷六，頁46。

二曲認爲陽明之教當有「已成」與「方學之始」之切割。動靜合一當是所謂工夫修養有所得力之時。陽明早年龍場靜坐，是其天德王道體現的根本動力所在，其意義在於發散之際須靠此收斂之功，方能有所成就。是故，依此來看，二曲認爲主靜或靜坐對於初學之際，易受客緣塵念所波動，是有其積極的成效，必須加以保存的。當然，最後之工自是「動靜一如」的。熊十力就指出：「聖學祇是動靜融成一片。然始學時，卻須有習靜一段工夫，以立其基，否則常以浮亂度其一生而已。」〔註75〕故就最終之工夫言，「靜以培動之基，動以驗靜之存」，工夫是即動即靜，不分靜動，靜時培基，動時驗存，時時體現一種專心一致，肅然警惕，心體湛然虛明，常寂而常定的過程，能此之爲，即是體現人的良知本來面目。二曲以主靜說扯上陽明三載靜坐之說，近人是有批評的。如鄭宗義就指出：

> 通過內在體驗所把握的是淵然有定向有主宰的本心，又怎會「猶未馴
> 之鷹，輒欲其去來如意，顯不颺矣」呢？相反的人亦可反過來批評你
> 專講靜坐工夫，縱靜極明生，亦不保證其能自然貫落於日用踐履中，
> 出關後七顚八倒者多矣。由此正足印證二曲亦根本不契陽明致良知
> 之教，而直欲以靜坐取代致良知，乃扯上陽明三載靜坐云云。〔註76〕

鄭氏之言，主要針對二曲之靜坐之工實爲不契陽明致良知之功。這說明「超越逆覺體證工夫」，實非致良知之教。牟宗三在論聶雙江、羅念菴之致虛守寂時，亦認爲「超越逆覺體證工夫」只是權法而非定法〔註77〕。鄭氏認爲經由

〔註75〕見〈原內聖第四〉，熊十力著，《原儒》，下卷，頁387。
〔註76〕見鄭宗義著，《明清儒學轉型研究——從劉蕺山到戴東原》，第四章，頁105。
〔註77〕牟宗三指出：「經過枯槁寂寞之後，一切退聽，而後天理炯然，此等于閉關，亦等于主靜立人極，等于靜坐以觀未發氣象。然經過此一關以體認寂體或良知眞體，並不能一了百當，這不過是抽象地單顯知體之自己，並不能表示其即能順適地貫徹下來。故延平經過觀未發氣象後，必言冰解凍釋，始能天理流行。用于良知亦復如此。一切退聽而歸寂矣，及出來應事，仍不免有意念之私，私欲氣質之雜，良知天理還是下不來。陽明言致良知是從此能否貫下來處著眼以言致，致即使其貫下來之謂。如何能貫下來，還須靠良知本身有不容地要湧現出來之力量，並無其他繞出去的巧妙辦法。說起來是一個圈子。爲打斷這循環的圈子，必就良知當下呈現而指點之，指點以肯認之即是逆覺，步步逆覺體證之，即步步致以擴充之。故只言致良知即足矣。並不須停止這致良知，回頭枯槁一番以後返地致此良知之寂體。你若以爲需要或願意有此枯槁，你就去作好了，這只是隨個人而定。及至眞要使良知寂體流行于日用之間，還是要作陽明所說的那一套。」見牟宗三著，《從陸象山到劉蕺山》，第三章，頁310。

內在之體驗，此心必然清明如理，此爲一理想狀態而非現實之必然。就二曲而言，論主靜工夫後，即以主敬工夫予以操存之，以愼獨工夫克治己念，即爲其對治主靜靜坐後，可能受意念之私感染而進行之工夫，故其說不易形成弊端而有所顚倒。但顯然的，其認爲二曲不契陽明致良知之功，是有其中肯之處。

　　所以二曲論主靜工夫，並非揚棄陽明晚年之修正，而是依循陽明教學之進展而爲的。他分工夫乃初始與已成。主因在於初學者易爲浮動，故須以主靜培根，以爲應事接物之據。後者，工夫得力，「主靜」與「事上磨鍊」自然不會分裂爲二，而爲動靜一如之過程。

第四節　主敬之工夫

　　二曲論涵養工夫，是以靜爲基礎，而以主敬爲要。這說明除了主體的收斂外，主體必須應事而接物，而接物之際如何將所體之湛然虛明、虛靈之心加以持守而不失，就有賴於「主敬」之工。基本上，二曲對「主敬」之討論，主要是延續程朱之說，不過內容討論上，亦有其差異。具體來說，主因在於二曲之思想，本質上仍屬心學式，故對於「涵養須用敬」後的「窮理須致知」這層意思即爲擱置，這是與程朱論「主敬」之工夫，所顯現的最大差異性，此差異性亦反映在具體的「主敬」工夫之論述上。

　　主靜之工夫，如上所述，乃爲涵養此心至「虛、明、寂、定」等境界之主要步驟，此心之涵養，則仍需「主敬」工夫之操存。二曲論主敬，除本之儒學經典外，主要依循的是程朱「主敬」之工夫。二曲之論，首先以「主敬」乃道德修養之基，故爲成己亦爲成人的基本工夫。其次，則從「貫穿內外動靜」、「徹上徹下」、「敬以直內、義以方外」等層面來論述「主敬」之工夫。這說明了就成德之學而言，主敬之「徹上徹下」，是由小學至大人之學的一致性工夫；就主體修養而言，主敬是「無事之靜」亦是「有事之動」的持守而不失；是由內的「敬以直內」，而至「義以方外」；是內心之「主一無適」，亦在外在容貌之「莊嚴整齊」，此爲二曲論主敬之重點所在。以下則依序論之：

一、「恭敬」乃「道德修養」之基

　　儒學論敬雖倡於程朱之說。但實然上，儒學文獻本即談恭論敬，只是

皆未成專論而已。二曲論「恭敬」，首先乃本之於儒學文獻來立說的。二曲指出：

> 《禮記》一部，開卷第一義便曰：「毋不敬，儼若思，安定辭，安民哉。」而《論語》之稱「安人，安百姓」，以至於《中庸》所謂「篤恭而天下平」，莫不本於修己以敬。蓋己身莊敬不肆，儼然人望而畏之，默有以律其驕肆多矣。己身安定和平，人對之則鄙吝自消，是不言而飲人以和，鮮有不和者矣。此所謂正己而物正，一正百正，一了百了，心平則氣和，氣和則天地之和亦應矣。乃位育參贊之實際也，夫何疑？〔註78〕

所謂「毋不敬，儼若思，安定辭，安民哉。」為《禮記‧曲禮》開宗明義之言，主要在闡明禮主於敬，說明「人君行禮無有不敬。」〔註79〕無論其心、其言、其口皆當肅然與警慎。而「篤恭而天下平」，則出自《中庸》。其云：「詩曰：『不顯惟德，百辟其刑之。』是故君子篤恭而天下平。」〔註80〕旨在說明德行光大，乃為諸侯之效。故君子能夠篤厚恭敬，自然天下太平。而「安人」、「安百姓」則為《論語》中孔子之言。其載：「子路問君子。子曰：『脩己以敬。』曰：『如斯而已乎？』曰：『脩己以安人。』曰：『如斯而已乎？』曰：『脩己以安百姓。脩己以安百姓，堯、舜其猶病諸！』」〔註81〕此說在言「修己以敬」是儒學修己安人、安百姓之本質與前提。二曲認為「恭敬」，除為主體道德修養之本外，亦是儒學修己安人精神之實現。惟有修身以敬，方能正己而後正人，亦是主體位育天地、參贊萬物之前提。故恭敬乃道德修養之基，而為成己成人之則。程伊川就指出：

> 君子脩己以安百姓，篤恭而天下平，惟上下一於恭敬，則天地自位，萬物自育，氣無不和，而四靈畢至矣。此體信達順之道，聰明睿智皆由是出，以此事天饗帝。〔註82〕

朱子亦曰：

〔註78〕見〈常州府武進縣兩庠彙語〉，《二曲集》，卷三，頁27。
〔註79〕見〔漢〕鄭元注、〔唐〕孔穎達等正義，《禮記正義》，卷一，頁12。
〔註80〕見《中庸章句》，〔宋〕朱熹撰，《四書章句集注》，頁40。
〔註81〕見《論語集注》〈憲問第十四〉，〔宋〕朱熹撰：《四書章句集注》，卷七，頁159。
〔註82〕見《論語集注》〈憲問第十四〉，〔宋〕朱熹撰，《四書章句集注》，卷七，頁159。

因歎「敬」字工夫之妙，聖學之所以成始成終者，皆由此，故曰：「修
己以敬。」下面「安人」，「安百姓」，皆由於此。〔註83〕

整體來說，二曲論「恭敬」之心，實爲主體之修養之基。所謂「基礎」，即說明恭敬之修養乃人文教化、參贊化育中具有「優先性」與「本質性」的意義所在。所謂「優先性」，乃指己正方能正人與正物，修己方能安人；從「本質性」而言，所有的道德涵養與道德實踐都必須一依於「恭敬之心」方有所成。從「人己物我」之角度來說，主體之莊敬，就內而言，可變化個人驕傲肆意之弊；就外而言，個人的內在修養，自然形成應物之際的平和之狀，此心之平和故能感物而動，此感物而動之成，即爲修己安人之具體實現。是故，恭敬之內在之修養，實爲主體成己後的進一步成人、成物的必要性過程。

所以二曲論「恭敬」，實從儒學文獻作爲切入。他認爲「恭敬」之工夫，始之於主體道德修養之成己，終之爲成人與參贊化育爲目標，此乃儒學之要義精神所在。

二、「主敬」乃貫穿「內外動靜」之工夫

主敬之功是貫穿動靜，是無事與有事兩者的工夫，也是對治偏靜而遺動的過程，更是內在的「存心」與外在的「檢身」並重之法。就儒學而言，談「敬」本屬修養之工夫，未成專論，而自周敦頤以「主靜立人極」爲宗後，程朱則矯「靜」以爲「敬」〔註84〕，成爲其爲學綱領。程朱之學主旨即爲「涵養須用敬，敬學在致知。」〔註85〕前者爲其修養論之主張，後者則爲其知識論之義。其目的在於未發之際，將此心保持於一種收斂、謹畏，和警覺的知

〔註83〕見〈學六：持守〉，〔宋〕黎靖德編、王星賢點校，《朱子語類一》，卷第十二，頁207。

〔註84〕對於「以敬代靜」，程伊川言：「纔說靜，便入於釋氏之說也。不用靜字，只用敬字。纔說著靜字，便是忘也。」（見〈河南程氏遺書〉，〔宋〕程顥、程頤撰，《二程集》，卷第十八，頁189）「敬則自虛靜，不可把虛靜喚做敬。」（見〔清〕黃宗羲撰、〔清〕全祖望續修、〔清〕王梓材校補，《宋元學案・伊川學案上》，第五冊，卷十五，頁90）而對敬字的重視與轉變，朱子即明確的指出：「『敬』字，前輩都輕說過了，唯程子看得重。」、「人之爲學，千頭萬緒，豈可無本領！此程先生所以有『持敬』之語。」、「程先生所以有功於後學者，最是『敬』之一字有力。」（見〈學六：持守〉，〔宋〕黎靖德編、王星賢點校，《朱子語類一》，卷第十二，頁209～210）

〔註85〕見〈河南程氏遺書〉，〔宋〕程顥、程頤撰，《二程集》，卷第十八，頁188。

覺狀態，集中注意力於內心，以作爲窮理致知準備的主體條件。〔註86〕

　　至於其所謂「敬」，則強調「主一無適」與「整齊嚴肅」之意。程子曰「所謂敬者，主一之謂敬，所謂一者，無適之謂一。」〔註87〕朱子乃合併言「主一無適之謂敬」。關於其義，陳淳於《北溪字義》中曰：「主一，只是心主這箇事，更不別把箇事來參插」、「無適者，心常在這裡，不走東、不走西、不走南、不走北。」〔註88〕故「主一無謂之謂敬」，乃以敬應事而不走作之意。至於「整齊嚴肅」，陳淳《北溪字義》曰：「整齊嚴肅，敬之容。如坐而顧倒，衣冠落魄便不是敬。」〔註89〕「恭就貌上說，敬就心上說。恭主容，敬主事。」〔註90〕顯然的，「整齊嚴肅」所指的是外在儀容的之端正。程朱論恭敬，實就內外合一的道德修養。

　　二曲論主敬，亦從「主一無適」與「整齊嚴肅」之內外修養，來貫穿敬字的涵義。他指出：

> 莊敬靜默，整頓威儀，刻刻照管，步步提撕，須臾少忽，則非鄙滋
>
> 而悔吝隨矣。慎之，慎之！〔註91〕

所謂「莊敬靜默」，「莊敬」是指內在的持養之工〔註92〕，強調主體的莊重敬肅之態度，而「靜默」乃孔子所謂的「默而識之」〔註93〕，即不言而存之於

〔註86〕見陳來著，《宋明理學》，第三章，頁161。

〔註87〕見〈河南程氏遺書〉，〔宋〕程顥、程頤撰，《二程集》，卷第十五，頁169。

〔註88〕見〔宋〕陳淳撰、〔宋〕王儁編，《北溪字義詳解》，頁124～125。

〔註89〕見〔宋〕陳淳撰、〔宋〕王儁編，《北溪字義詳解》，頁127。

〔註90〕見〔宋〕陳淳撰、〔宋〕王儁編，《北溪字義詳解》，頁128。

〔註91〕見〈靖江語要〉，《二曲集，》卷四，頁37。

〔註92〕見《朱子語類》載：「問：『克己復禮』，乾道：主教行恕，坤道，如何？」曰：「仲弓資質溫粹，顏子資質剛明。『克己復禮，天下歸仁。爲仁由己，而由人乎哉！』顏子之於仁，剛健果決，如天旋地轉，雷動風行做將去！仲弓則斂藏嚴謹做將去。顏子如創業之君，仲弓如守成之君。顏子如漢高祖，仲弓如漢文帝。伊川曰：『質美者明得盡，渣滓便渾化，卻與天地同體。其次惟莊敬以持養。』顏子則是明得盡者也，仲弓則是莊敬以持養之者也，及其成功一也。」潛夫曰：「舊曾聞先生說：『顏冉二子之於仁，譬如捉賊，顏子便赤手擒那賊出！仲弓則先去外面關防，然後方敢下手去捉他。』」（見〈論語二十四：顏淵篇下〉，〔宋〕黎靖德編、王星賢點校，《朱子語類三》，卷第四十二，頁1077）基本上朱子將工夫分爲乾坤兩種不同型態的工夫，他指出：「乾道，奮發而有爲，坤道靜重而持守。」見〈論語二十四：顏淵篇下〉，〔宋〕黎靖德編、王星賢點校，《朱子語類三》，卷第四十二，頁1076～1077。

〔註93〕見《論語章句》〈述而第七〉：「子曰：『默而識之，學而不厭，誨人不倦，何有於我哉？』」〔宋〕朱熹撰，《四書章句集注》，卷四，頁93。

心，此兩者即爲內在的「存心法」；「整頓威儀」即是檢身法，即爲外在的整齊莊肅。這兩者之工則須刻刻照管，步步提撕，即心有主宰而不走作，不敢妄爲，主一無適之謂也，這是無分「有事之動」與「無事之靜」之工夫。二曲認爲只要一少忽，主體的道德意義即爲喪失，主體即陷入動而悔吝之處。

　　所以二曲論主敬乃爲貫穿內外動靜之工夫，這是他本其程朱之立說處，主要將主敬視爲「內在存心」與「外在檢身」之法，並以「主敬」之持守，貫穿「無事之靜」與「有事之動」的道德修養工夫。

三、「主敬」乃「徹上徹下」之工夫

　　敬就道德實踐層次，有「由內而外」的存心與檢身，以及「敬內義外」之工夫。而就道德學習層面，則有「徹上徹下」之功。關於「徹上徹下」之意，程明道指出：

> 居處恭，執事敬，與人忠。此是徹上徹下語，聖人元無二語。
> 〔註 94〕

朱子亦曰：

> 敬已是包得小學。敬是徹上徹下工夫。雖做得聖人田地，也只放下這敬不得。如堯舜，也終始是一箇敬。如說「欽明文思」，頌堯之德，四箇字獨將這箇「敬」做擗初頭。如說「恭己正南面而已」，如說「篤恭而天下平」，皆是。〔註 95〕

> 「敬」字是徹頭徹尾工夫。自格物、致知至治國、平天下，皆不外此。〔註 96〕

所謂「徹上徹下」指的是成德之學的「下學與上達」，亦是成德之學「成始成終」的基礎與發展。「下學」，指的是灑掃應對的小學之教。朱子在《大學章句・序》曰：「人生八歲，則自王公以下，至於庶人之子弟，皆入小學，而教以灑掃、應對、進退之節，禮樂、射御、書數之文。」〔註 97〕而「上達」即

〔註 94〕見〔清〕黃宗羲撰、〔清〕全祖望續修、〔清〕王梓材校補，《宋元學案・明道學案》，第五冊，卷十三，頁 26。

〔註 95〕見〈學一：小學〉，〔宋〕黎靖德編、王星賢點校，《朱子語類一》，卷第七，頁 126。

〔註 96〕見〈大學四：或問上：經一章〉，〔宋〕黎靖德編、王星賢點校，《朱子語類二》，卷第十七，頁 371。

〔註 97〕見《大學章句・序》，〔宋〕朱熹撰，《四書章句集注》，頁 1。

指能「上達天理」，即是指「及其十有五年，則自天子之元子、眾子，以至公、卿、大夫、元士之適子，與凡民之俊秀，皆入大學，而教之以窮理、正心、修己、治人之道。」〔註98〕基本上，《大學》並未有言「主敬」一說，朱子則認爲這是伊川的補闕所在〔註99〕。二曲論「主敬」，亦言其爲「徹上徹下」之工夫。他指出：

> 成始成終，不外一「敬」。「敬」之一字，是聖賢徹上徹下的工夫，
> 自灑掃應對，以至於察物明倫，經天緯地，總只在此。是絕大功業，
> 出於絕小一心。〔註100〕

所謂「察物明倫」乃孟子稱舜之語。孟子曰：「人之所以異於禽獸者幾希，庶民去之，君子存之。舜明於庶物，察於人倫，由仁義行，非行仁義也。」〔註101〕熊十力指出所謂「明於庶物」乃「觀於大自然，而明其理也。」〔註102〕而「察於人倫」，其意有二，即「人性之參究，及己立、立人，己達、達人之道，察之經，而後躬行有本也。」或「民群萬變，皆有前因後果可尋，能深察之，利於變通也。」〔註103〕此乃點明須以明睿之智對物理人事之深察與勘照。至於「經天緯地」，乃「以人之工，參預贊助乎大化，而匡正其不齊，以長育萬物也。」〔註104〕的參贊化育。這說明了主敬，乃是貫徹始終的道德之工夫與實踐，亦是儒學修己安人、經綸參贊之目標落實中的最重要的環節。

所以二曲認爲由灑掃應對的小學之教，察物明倫的成人之教，以至於參贊天地化育之功的成物之教，皆從敬字作起，這說明了主敬不但是個人道德之修養，亦是儒學道德實踐之終極目標所在。

四、「敬以直內，義以方外」

主敬的涵養之功，是一種內外交兼的工夫。所指的是《周易・坤卦・文

〔註98〕見《大學章句・序》，〔宋〕朱熹撰，《四書章句集注》，頁1。

〔註99〕朱子言敬雖小學不傳「伊川卻是代補一『敬』字。」見〈大學四：或問上：經一章〉，〔宋〕黎靖德編、王星賢點校，《朱子語類二》，卷第十七，頁370～371。

〔註100〕見〈常州府武進縣兩庠彙語〉，《二曲集》，卷三，頁26。

〔註101〕見《孟子集注》〈離婁章句下〉，〔宋〕朱熹撰，《四書章句集注》，卷八，頁293～294。

〔註102〕見熊十力著，《明心篇》，頁38。

〔註103〕見熊十力著，《明心篇》，頁38。

〔註104〕見熊十力著，《明心篇》，頁37。

言》所指的「敬以直內，義以方外」〔註105〕之說。此說旨在說明內在存心之敬，與外在事上集義之功兩種工夫之合，程朱之學則相當重視此說。自程子開始，開始重視敬、義的會合與統一。程伊川言：「敬只是涵養一事，必有事焉，須當集義。只知用敬，不知集義，是都無事也。」〔註106〕「有諸中者，必形諸外。惟恐不直內，內直則外必方。」〔註107〕此集義之處，即是在遇事之際，能否以義來辨其是非。朱子更指出：「涵養須用敬，處事須是集義。」「敬義只是一事。如兩腳立定是敬，才行是義；合目是敬，開眼見物便是義。」「方未有事時，只得說『敬以直內』。若事物之來，當辨別一箇是非，不成只管敬去。敬、義不是兩事。」、「須敬義夾持，循環無端，則內外透徹。」〔註108〕其目的在於，無論動靜，主體須能省覺與察識敬與不敬、義與不義，進而達到「敬中有義」、「義中有敬」之統一。此說後來影響到明初之思想，如吳與弼即提出「敬義夾持」之說，而胡居仁則有「敬為義之體」之說。

　　二曲論「主敬」，亦言「敬以直內，義以方外」之說。根據〈靖江語要〉載：

> 問：「如何操存，方能臻此？」先生曰：「只是要敬，敬則內外澄徹，自無物欲之累，高明廣大之域，自不難致。」曰：「如斯而已乎？」先生曰：「學者胸中能有如此景況，不發則已，發則自無不善。遇親自能孝，遇兄自能弟，當惻隱時自惻隱，當羞惡時自羞惡，當辭讓時自辭讓，當是非時自是非，溥博淵泉而時出之。經綸酬酢變通，夫焉有所倚！」〔註109〕

此處所謂之「敬則內外澄徹」的內外，已非存心與檢身之內外，而是此「敬心」與「義行」之間的問題。按二曲所言「敬則內外澄徹，自無物欲之累」，強調的是有內在的「主一無適」之敬，自然能有「義以方外」的過程。主一無適之「直內」，即是一種個人精神意念的集中與收斂，使心思不妄思走作，

〔註105〕見〔魏〕王弼、韓康伯注、〔唐〕孔穎達等正義，《周易正義》，卷一，頁20。

〔註106〕見〔清〕黃宗羲撰、〔清〕全祖望續修、〔清〕王梓材校補，《宋元學案·伊川學案》，第五冊，卷十五，頁57。

〔註107〕見〈河南程氏遺書〉，〔宋〕程顥、程頤撰，《二程集》，卷第十八，頁185。

〔註108〕見〈學六：持守〉，〔宋〕黎靖德編、王星賢點校，《朱子語類一》，卷第十二，頁216。

〔註109〕見〈靖江語要〉，《二曲集》，卷四，頁36。

心專一於天理，不昏亂而浮動而為物欲所染，保持一種清明靜定之過程。而能定靜自能安、慮、得，應事之際則能處事得義。前者志在培體，培養孟子的「四端」仁、義、禮、智之體；後者應用，乃即體承用，承仁、義、禮、智之體，自能有惻隱、羞惡、辭讓、是非之用。具體而言能敬親為仁、孝悌為義。其《四書反身錄》亦指出：

> 此非一路可入，或考諸古訓，或證諸先覺，或靜坐澄源，或主敬集
>
> 義，或隨處體認，內外交詣，不靠一路，故曰「博」。〔註110〕

此乃釋「博學」之義，亦即二曲認為盡性一路，其方法乃為多元，「主敬集義」亦是其達至盡性之功。嚴格來說，二曲論「敬以直內，義以方外」，其論集義處顯然的是與程朱有別的，以朱子為例，其「集義」是與「知言」合併而論的，朱子釋「知言」曰：「知言者，盡心知性，於凡天下之言，無不有以究極其理，而識其是非得失之所以。……。蓋惟知言，則有以明夫道義，而於天下之事無所疑。」〔註111〕是故，可見程朱論「敬以直內，義以方外」，仍為一偏窮理致知之意涵，與二曲本心自具理則處是有殊別的。

所以二曲「敬以直內，義以方外」，雖本之程朱言「主敬」、「集義」之說。但實然上，二曲對理的看法，是內在於心非窮理於外的。這說明了能涵敬與內，自能合義於外，由成己、成人、成物，當能能夠致高明廣大之境，其與程朱之說是有殊別的。

第五節　其他修養工夫論

二曲論修養工夫，除「主靜」、「主敬」外，尚有其他說法。其中主要如「常惺惺」、「慎獨」與「終日乾乾」之說，本文於此亦逐一論之。而最後則將以二曲晚年之著〈富平答問〉中「授受記要」之「肘後牌」中所言的本體修養工夫觀念，以為總結。以下則依序論之：

一、「常惺惺」

二曲論修養工夫除主靜、主敬工夫外，亦言所謂「常惺惺」之說。所謂「常惺惺」，是指主體要不斷的保持一種「喚醒此心」的省覺與提撕之狀態。

〔註110〕見《四書反身錄》，《二曲集》，卷三十，頁 422。
〔註111〕見《孟子集注》〈公孫丑章句上〉，〔宋〕朱熹撰，《四書章句集注》，卷三，頁 231。

基本上，主體不保持惺惺之狀，則主體易成昏憒，自然則隨物流轉而無復收拾了。此說乃源自禪說〔註112〕，程門弟子謝上蔡則將「主敬」與「常惺惺」併而論之〔註113〕。之後，朱子對此說則有所承繼亦有所釐清。朱子指出：

> 人心常炯炯在此，則四體不待羈束，而自入規矩。只為人心有散緩時，故立許多規矩來維持之。但常常提警，教身入規矩內，則此心不放逸，而炯然在矣。心既常惺惺，又以規矩繩檢之，此內外交相養之道也。〔註114〕

> 今人心聳然在此，尚無惰慢之氣，況心常能惺惺乎！故心常惺惺，自無客慮。〔註115〕

朱子指出「常惺惺」即是讓此心「炯然常在」之意，這是一種提撕內心的涵養之法，基本上其對治的是外來的客慮對主體之影響，故要「常常提警」，這是屬於主體的治內之道。此外，更須濟以外在的「規矩繩檢」，主體內在常醒不昧，外在行為又能依序而為，至此方可謂「內外」之相養之道。

除此，「常惺惺」之說，最常與「主敬之說」，以及禪學之「常惺惺」有所混合。朱子亦有所區別與界說。據《朱子語類》載：

> 問：「敬，諸先生之說各不同。然總而行之，常令此心常存，是否？」
> 曰：「其實只一般。若是敬時，自然『主一無適』，自然『整齊嚴肅』，自然『常惺惺』，『其心收斂不容一物』。但程子『整齊嚴肅』與謝氏尹氏之說又更分曉。」〔註116〕

> 或問：「先生說敬處，舉伊川主一與整齊嚴肅之說與謝氏常惺惺之說。就其中看，謝氏尤切當。」曰：「如某所見，伊川說得切當。且如整齊嚴肅，此心便存，便能惺惺。若無整齊嚴肅，卻要惺惺，恐

〔註112〕據陳榮捷先生之考證，此說乃出自瑞巖禪師（約850～910）之語。參見陳榮捷著，《王陽明傳習錄詳註集評》，卷中，頁230。

〔註113〕謝上蔡云：「敬是常惺惺法，齋是事事放下，其理不同。」見〔清〕黃宗羲撰、〔清〕全祖望續修、〔清〕王梓材校補，《宋元學案・上蔡學案》，第八冊，卷二十四，頁9。

〔註114〕見〈學六：持守〉，〔宋〕黎靖德編、王星賢點校，《朱子語類一》，卷第十二，頁200。

〔註115〕見〈學六：持守〉，〔宋〕黎靖德編、王星賢點校，《朱子語類一》，卷第十二，頁200。

〔註116〕見〈大學四：或問上：經一章〉，〔宋〕黎靖德編、王星賢點校，《朱子語類二》，卷第十七，頁371。

無捉摸，不能常惺惺矣。」〔註117〕

首先，朱子認為主敬之工夫，其工夫涵意是與常惺惺不同的。是故，他對謝上蔡「以敬為常惺惺」則有一些補充。具體而言，敬乃主一無適之存心，又是整齊顏肅之檢身，主體內外交相涵養與持守下，主體之心自然喚醒與常在，若是無主敬之工，常惺惺之法，只是一個抽象虛無的目標。如《朱子語類》載：

> 問：「上蔡說：『敬者，常惺惺法也。』此說極精切。」曰：「不如程
> 子整齊嚴肅之說為好。蓋人能如此，其心即在此，便惺惺。未有外
> 面整齊嚴肅，而內不惺惺者。如人一時間外面整齊嚴肅，便一時惺
> 惺；一時放寬了，便昏怠也。」〔註118〕

換言之，朱子認為「主敬」自然「常惺惺」，常惺惺是主敬工夫的自然效驗，不可荒廢主敬而遽談常惺惺。陳淳於《北溪字義》即曰：「人心妙不可測，出入無時。……。惟敬便存在這裏。所謂敬者，他只是此心常存在這裏，不走作不散漫，常恁地惺惺，便是敬。」〔註119〕內外之嚴肅，是保持主體心靈喚醒與省察的前提，故「主敬」自然「常惺惺」。而「主敬」而「常惺惺」，就朱學而言，其目的當然在於「窮理以致其知」的目標。如《朱子語類》載：

> 問每日做工夫處。曰：「每日做工夫，只是常常喚醒，如程子所謂『主
> 一之謂敬』，謝氏所謂『常惺惺法』是也。然這裏便有致知底工夫。
> 程子曰：『涵養須用敬，進學則在致知。』須居敬以窮理。若不能敬，
> 則講學又無安頓處。」〔註120〕

就涵養工夫而言：由主敬而喚醒此心，此心自惺惺不昧，之後則以此醒覺靈明之心窮理而致其知，此即朱學的「涵養須用敬，進學則在致知」的工夫進路意涵所在。從另一個層次言，主體惺惺不昧之明，亦來自於窮理致知後，無此之窮致，此不昧之處，畢竟為虛說。故就朱子而言，此工夫當為一種循環回復的過程。其次，關於儒之「常惺惺」與禪學「常惺惺」之別。據《朱

〔註117〕見〈大學四：或問上：經一章〉，〔宋〕黎靖德編、王星賢點校，《朱子語類
　　　　二》，卷第十七，頁371。
〔註118〕見〈大學四：或問上：經一章〉，〔宋〕黎靖德編、王星賢點校，《朱子語類
　　　　二》，卷第十七，頁372。
〔註119〕見〔宋〕陳淳撰、〔宋〕王雋編，《北溪字義詳解》，頁124。
〔註120〕見〈朱子十三：訓門人四〉，〔宋〕黎靖德編、王星賢點校，《朱子語類七》，
　　　　卷第一百十六，頁2801。

子語類》載：

> 或問：「謝氏常惺惺之說，佛氏亦有此語。」曰：「其喚醒此心則同，
> 而其爲道則異。吾儒喚醒此心，欲他照管許多道理；佛氏則空喚醒
> 在此，無所作爲，其異處在此。」〔註121〕

朱子認爲儒佛對此「常惺惺」之說有同有異，同之處爲「喚醒此心」；異處即
是此心既喚後能否窮理以致知？能否以此心經綸參贊？這是一種對現實世間
的積極性的參與，以及消極性的迴避之別。相對於朱子以「主敬」概括「常
惺惺」來說，陽明則從另一角度來談。據《傳習錄》載：

> 不思善不思惡時認本來面目。此佛氏爲未識本來面目者設此方便。
> 本來面目，即吾聖門所眞知；今既認得眞知明白，即已不消如此說
> 矣。隨物而格，是致知之功，即佛氏之「常惺惺」，亦是常存他本來
> 面目耳，體段工夫，大略相似，但佛氏有箇自私自利之心。所以便
> 有不同耳。〔註122〕

陽明之說是以佛氏「本來面目」釋「良知」，以「常惺惺」處明其「致良知」
之功，此乃隨機指點，並非謂儒釋之說皆爲相近。他認爲儒釋「常惺惺」之
常提不放的工夫大抵相同，但誠如朱子所言，此心惺惺不昧後便有公私、義
利之別，此爲儒釋論「常惺惺」之差異所在。

鰲清「常惺惺」之說，可以來看二曲對此說的討論。二曲指出：

> 惺惺一念是也。能常惺惺，無事時澄然湛然，何思何慮；事至，則
> 隨感而應，思其所當思，自不妄思，慮其所當慮，自無雜慮。蓋賊
> 盜切竊發，多乘半夜，太陽一出，而屏跡暍影之不暇，又何敢肆。
> 〔註123〕

二曲在〈答張澹庵〉一書中亦指出：

> 炯炯常覺，則主人翁在室，不至認賊作子，以識神爲本面。空空無
> 適，則自無善不動。〔註124〕

基本上，二曲認爲常惺惺之工夫之特質，是無分動靜的，實涵「無事之靜」
與「有事之動」等時間性的貫穿。無事之際則心體湛然虛明；有事之際，心

〔註121〕見〈大學四：或問上：經一章〉，〔宋〕黎靖德編、王星賢點校，《朱子語類
　　　　二》，卷第十七，頁373。
〔註122〕見陳榮捷著，《王陽明傳習錄詳註集評》，卷中，頁228。
〔註123〕見〈靖江語要〉，《二曲集》，卷四，頁36。
〔註124〕見〈書一〉，《二曲集》，卷十六，頁144。

官則思，思則得之，其思不妄。主體不斷的保持一種省覺的狀態，自然不爲其虛妄之念所影響。此心惺惺不昧、炯然而常在，在應事接物之際，行爲自然合乎道德規範而無有所失了。

二曲論「常惺惺」其本質爲「思慮之妄」而發的，其說大抵與朱子認爲「常惺惺」之效應不同，亦非以「常惺惺」爲窮理致知目標差異，而近於陽明「良知」之意。

所以二曲論「常惺惺」，實爲重視良知本心的醒覺、提撕之狀態，此心能惺惺不昧，故無論有事、無事，皆能隨感隨應不走作而放逸。

二、「愼獨」之本體工夫

二曲論修養工夫，亦從《中庸》所言的「愼獨」之說來加以說明。所謂「愼獨」，《中庸》云：

> 天命之謂性，率性之謂道，修道之謂教。道也者，不可須臾離也，可離非道也。是故君子戒愼乎其所不睹，恐懼乎其所不聞。莫見乎隱，莫顯乎微。故君子愼其獨也。〔註125〕

本質上《中庸》所言之「愼獨」，乃如朱子所言重視的是「人所不知而己所獨知之地也。」〔註126〕其意義強調的是，獨處狀態的敬愼之舉。而二曲論「愼獨」，則從本體工夫之意義作爲詮釋。二曲指出：

> 凡有對便非獨，獨則無對，即各人一念之靈明是也。孟子謂「天之所以與我者」，與之以此也。此爲仁義之根，萬善之源，徹始徹終，徹內徹外，更無他作主，惟此作主。「愼」之云者，朝乾夕惕，時時敬畏，不使一毫牽於情感，滯於名義，以至人事之得失，境遇之順逆，造次顚沛，死生患難，咸湛湛澄澄，內外周閒，而不爲所轉，夫是之謂「獨」。〔註127〕

> 「愼之」云者，藉工夫以維本體也，「獨愼」云者，即本體以爲工夫也。藉工夫以維本體，譬之三軍然。三軍本以聽主帥之役使，然非三軍小心巡警，則主帥亦無從而安；非主帥明敏嚴整，則三軍亦無主，誰爲之馭？因問「主帥」。曰：「即各人心中之一念惺惺者也。

〔註125〕見《中庸章句》，〔宋〕朱熹撰，《四書章句集注》，頁17。
〔註126〕見《中庸章句》，〔宋〕朱熹撰，《四書章句集注》，頁18。
〔註127〕見〈靖江語要〉，《二曲集》，卷四，頁35～36。

> 此之謂一身之主，再無與偶，故名之曰『獨』。慎之者，藉巡警以衛
> 此主也。然主若不明，雖欲慎，誰為慎？吾故曰『慎獨、獨慎之義
> 明，而後慎可得而言』者，此也。」〔註128〕

> 終日欽凜，保守此「獨」，勿令放逸，使中常惺惺，湛然虛明，即
> 此便是「慎獨」；或靜或動，覺有一念之昏惰，即勿昏惰，即此便
> 是「提起」；惟恐有一念之非僻，務小心翼翼，即此便是「防於未
> 然」。〔註129〕

首先，二曲論「慎獨」，乃以「獨」為本體、以「慎」為工夫。故「慎獨」實
為本體工夫之論。具體來說，「慎獨」，即為工夫以保任本體；「獨慎」即為由
本體帶動的修養工夫。

其次，二曲所謂「獨」之意義，已非《中庸》所言「人所不知而己所獨
知之地也」之「慎獨」。其「獨」指的是「廓然大公，與物無對」的一念之靈
明、心性本原、良知本心之謂也，此循陽明立說也。是故，其論「慎獨」實
為一本體工夫之意義，其目的在藉此「慎」之工夫，持守操存此「獨」之本
體，使其惺惺而不昧，絅然而常在，保持其「湛然虛明」之狀態，以使主體
應事接物之際能不為外物所轉，而喪失其虛靈明覺之處。

所以二曲論「慎獨」實為本體工夫之論，實以敬慎持守之工，維護此一
念之靈明，使其不走作、惺惺而不昧，達其湛然虛明之本然狀態，促使主體
應事接物之際，能夠合乎道德原則之過程。

三、「終日乾乾」

二曲論良知本心之體驗與察識後，另外強調的是「終日乾乾」之工夫。「終
日乾乾」乃出自《周易·乾卦》其言：

> 九三曰「君子終日乾乾，夕惕若，厲無咎。」何謂也？子曰：「君子
> 進德修業。忠信，所以進德也；修辭立其誠，所以居業也。知至至
> 之，可與幾也。知終終之，可與存義也。是故居上位而不驕，在下
> 位而不憂。故乾乾因其時而惕，雖危無咎矣。」〔註130〕

所謂「乾」者，健也。「終日乾乾」，即「健而又健」，此說主在談對本原之學

〔註128〕見〈南行述〉，《二曲集》卷十，頁82～83。
〔註129〕見〈答胡士侯〉，《二曲集》，卷十六，頁147。
〔註130〕見〔魏〕王弼、韓康伯注、〔唐〕孔穎達等正義，《周易正義》，卷一，頁14。

體察與涵養的工夫。熊十力就指出：

> 故求仁之學，只在返而識得固有仁體，任其流行無間。勿使私意私
> 欲得起而違礙之。日常語默動靜，皆是仁體呈露。是謂不違仁。終
> 食之間，至暫也。暫時無可或違於仁，其嚴至矣。〔註131〕

這說明此「終日乾乾」之工，乃為本原的求仁之學，此求仁處是無終食之間
違仁，造次必於是，顛沛必於是。有此乾乾之敬，自能進德修業常懷惕厲，
能夠知幾與義，故惕若而無咎。二曲亦指出：

> 終日乾乾，收攝保任，屏緣息慮，一切放下，此心湛然若止水，朗
> 然如明鏡，則幾矣。〔註132〕

> 千古聖賢，皆從兢業中成。吾人不真實為己，則已苟真實為己，須
> 終日乾乾，如涉春冰，如是則天理常存，而此心不死。故區區嘗謂
> 堯舜十六字心傳，須濟以「戰戰兢兢，如臨深淵，如履薄冰」十二
> 字，工夫方有下落。〔註133〕

> 《易》曰：「君子進德修業，欲及時也。」故必朝乾夕惕，存其固有；
> 日淘月汰，去所本無。一有縱逸，便非及時，斯德無由進而業無由
> 修，人道或幾乎息矣。〔註134〕

二曲論「終日乾乾」，旨在是強調道德實踐乃一無間斷之工夫，一有放逸，則
成德立業必然的必遭受失敗之下場。這是一種戒慎恐懼、兢兢業業之人生態
度。至於「收攝保任」，這是強調對本體、心體的涵養與保任之工。這說明了，
修養工夫是無時而間，時時刻刻都必須加以照管與對治的。

所以終日乾乾，乃二曲本之《易經》的乾道精神，言主體在道德實踐中
一種戒慎恐懼、兢兢業業之人生態度。這說明了道德實踐是一無間斷之工，
惟有保持朝乾夕惕之精神，進德修業方為可成之事。

四、二曲修養工夫之道總論

二曲於晚年之著的〈富平答問〉中，有一「授受紀要」。此「授受紀要」
並有其一「肘後牌」，二曲論此牌之功用乃為「佩日用常行宜於肘後，藉以自

〔註131〕見熊十力著，《讀經示要下》，卷三，頁640。
〔註132〕見〈傳心錄〉，《二曲集》，卷六，頁45。
〔註133〕見〈南行述〉，《二曲集》，卷十，頁75。
〔註134〕見〈南行述〉，《二曲集》，卷十，頁80。

警自勵，且識之於不忘也。上帝臨汝，無貳爾心，其可忽乎！」〔註135〕其後並有圖言，以明其學之本體工夫的總結說明。其圖如右：

二曲釋此圖之意。他指出：

> 終日欽凜，對越上帝，篤恭淵默以思道；思之而得，則靜以存其所得。動須察其所得，精神纔覺放逸，即提起正念，令中恆惺惺；思慮微覺紛雜，即一切放下，令萬緣屏息。修九容，以肅其外，擴善端，以肅其內。內外交養，湛然無適，久則虛明寂定，渾然太極，天下之大本立矣。大本立而達道行，以之經世宰物，猶水之有源，千流萬派，自時出而無窮。然須化而又化，令胸中空空洞洞，無聲無臭，夫是之謂盡性至命之實學。未至於斯，便是自棄。
> 千萬努力，念茲在茲！〔註136〕

```
恭　默
修　提　擴
九　起　善
容　　　端
　　放
　　下
虛　明　寂　定

經　綸　參　贊
　　化
無　聲　無　臭
```

此圖之說明與討論，可分幾點陳述如下：

首先，就本體工夫言，二曲此圖說約分為四層。第一層，以「恭默」為修道之旨，重視的是靜存動察之修養工夫。而第二層，二曲分別以「提起」、「放下」之訣，以其工夫之要，並以「修九容」、「擴善端」為內外交養之工夫。此乃為修養工夫所欲達至的「虛、明、寂、定」之境。至此，謂之立本、謂之明體。至於第三層，乃謂「經綸參贊」，此乃明體後之達用階段。最後一層，則為本體「無聲無臭」之境界，此為此心無滯無執超越之境。論其工夫之要，二曲則以「化」字以明之。總的來說，二曲認為此圖說乃「盡性至命」之學的整體實踐。

其次，分述其重點之意。關於「終日欽凜，對越上帝」這是對存有超越的宗教性敬畏之心，此正如「肘後牌」中所言「上帝臨汝，無貳爾心」之意。而所謂「篤恭淵默以思道」，「篤恭」乃持敬之意。如《中庸》所言「篤恭而天下平」〔註137〕；「淵默」乃謂「深沉靜默」。《淮南子・泰族訓》曰：「齊明盛服，淵默而不語。」〔註138〕這說明了修道者貴在持敬而專一，守道而不

〔註135〕見〈富平答問〉，《二曲集》，卷十五，頁134。
〔註136〕見〈富平答問〉，《二曲集》，卷十五，頁135。
〔註137〕見《中庸章句》，〔宋〕朱熹撰，《四書章句集注》，頁40。
〔註138〕見劉文典撰、馮逸、喬華點校，《淮南鴻列集解下》（北京：中華書局，1997

言。此時之工夫乃爲靜存動察之修養工夫，其目的在使其一念之靈明，惺惺而不昧，綱然而常在。

第三、關於「提起」、「放下」之工夫。所謂「提起」，乃相對於「放逸」之心的覺察。二曲於〈答胡士偀〉一書中指出

或靜或動，覺有一念之昏惰，即勿昏惰，即此便是「提起」；惟恐一念之非僻，務小心翼翼，即此便是「防於未然」。〔註139〕

可見「提起」實乃一小心翼翼、戒愼恐懼之心，面對心意散亂之際，加以持正此念之工夫。而至於「放下」，則指將一切著欲之情緣客塵，加以排除。

除提起正念與放下此塵心外，更有所謂「修九容」與「擴善端」內外教養之工夫。所謂「擴善端」，乃孟子四端之心的擴充。孟子曰：「惻隱之心，仁之端也；羞惡之心，義之端也；辭讓之心，禮之端也；是非之心，智之端也。人之有是四端也，猶其有四體也。有是四端而自謂不能者，自賊者也；謂其君不能者，賊其君者也。凡有四端於我者，知皆擴而充之矣，若火之始然、泉之始達。苟能充之，足以保四海；苟不充之，不足以事父母。」〔註140〕而「修九容」，則指容貌間之存察。《禮記‧玉藻》曰：「足容重，手容恭，目容端，口容止，聲容靜，頭容直，氣容肅，立容德，色容莊，坐如尸，燕居告溫溫。」〔註141〕孔穎達曰：「此一節明君子動止之儀，手足口目之節。」〔註142〕這是屬於主敬工夫中，強調外在容貌之恭敬嚴嚴之意〔註143〕。此「提

〔註139〕見〈書一〉，《二曲集》，卷十六，頁147。

〔註140〕見《孟子集注》〈公孫丑章句上〉，〔宋〕朱熹撰，《四書章句集注》，卷十三，頁238。

〔註141〕見〔漢〕鄭元注、〔唐〕孔穎達等正義，《禮記正義》，卷三十，頁569。

〔註142〕見〔漢〕鄭元注、〔唐〕孔穎達等正義，《禮記正義》，卷三十，頁569。

〔註143〕如《朱子語類》中有三則與此相關之記載。如：「問：『《禮記》九容，（問）〔與〕《論語》九思，一同本原之地，固欲存養：於容貌之間，又欲隨事省察。』曰：『即此便是涵養本原。這裏不是存養，更於甚處存養？』」（見〈禮四：小戴禮〉，〔宋〕黎靖德編、王星賢點校，《朱子語類七》，卷第八十七，頁2246）「問：『色容莊』最難。曰『心肅則容莊，非是外面做那莊出來。』陳才卿亦說『九容』。次早，才卿以右手拽涼衫，左袖口偏於一邊。先生曰：『公昨夜說『手容恭』，今卻如此！』才卿赧然，急叉手鞠躬，曰：『忘了。』先生曰：『爲己之學有忘耶？向徐節孝見胡安定，退，頭容少偏，安定忽屬聲云：『頭容直！』節孝自思：『不獨頭容要直，心亦要直。』自此便無邪心。學者須是如此始得。』」（見〈朱子十一：訓門人二〉，〔宋〕黎靖德編、王星賢點校，《朱子語類七》，卷第一百一十四，頁2754）「廖晉卿請讀何書。曰：

起」、「放下」與「擴善端」、「修九容」之工，眞積力久則入，至此方可達至「虛、明、寂、定」等明體立本之處。

第四、明體立本後當爲「經世宰物」，所謂「大本立而達道行」。這說明經綸參贊，乃本之於道德本體之明，有體自然有用，強調的是由道德引導政治之實踐。以此心性本原之理想價值，建立一道德之理想世界爲究竟的經世致用層面。

最後，則爲「無聲無臭」之境，如上所述，二曲以「化」字明之。所謂「無聲無臭」，乃良知本心無執無滯心靈之超越，其所對治的是如〈學髓〉一說所言「隨境遷轉，自歧本眞」、「有心爲善，雖善亦私」，此「化」實爲一無念之工夫而非如孟子所言的聖人之境〔註144〕，乃化其不當之念，而達其「正念」之過程。

所以「肘後牌」是二曲本體工夫的整體要則，在具體操作上，修養工夫是以培養此心至「虛、明、寂、定」本來面目爲目標，是以「無聲無臭」等無執、無滯之超越爲特質，其工夫則以「主靜」之「默坐澄心」對治情緣客塵，以顯善端，使仁體呈露，並加以擴充與涵養；並以主敬爲操存，內加以持守而不失，外加以檢身以肅其外，至此即爲明體而立本之道。二曲於此本體工夫之歷程中，體現的是一嚴格而自律之精神、戒愼恐懼、兢兢業業之人生態度，並有著對超越本體的敬畏之狀態，此皆其論本體工夫中所透顯的特質所在。此本體工夫後，則爲建體而備用，轉向於經世宰物的社會實踐。

『公心放已久，精神收拾未定，無非走作之時。可且收斂精神，方好商量讀書。』繼謂之曰：『〈玉藻〉九容處，且去子細體認。待有意思，卻好讀書。』」（見〈朱子十七：訓門人八〉，〔宋〕黎靖德編、王星賢點校，《朱子語類七》，卷第一百二十，頁2902）所謂「九思」出自《論語》：「孔子曰：『君子有九思：視思明，聽思聰，色思溫，貌思恭，言思忠，事思敬，疑思問，忿思難，見得思義。』」（見《論語集注》〈季氏第十六〉，〔宋〕朱熹撰，《四書章句集注》，卷八，頁173）整體來說，朱子認爲修九容誠爲內外交養之工夫，外在之容貌之莊嚴與內心之持敬是一致的，內心不走作，自然言行舉止能夠動靜合宜的。

〔註144〕如孟子云：「大而化之謂之聖。」（見《孟子集注》〈盡心章句下〉，〔宋〕朱熹撰，《四書章句集注》，卷十四，頁370）朱子釋此乃謂：「大而能化，使其大者泯然無復可見之迹，則不思不勉、從容中道，而非人力之所能爲矣。」（同上，頁370）